KARL BARTH · ETHIK I

KARL BARTH · GESAMTAUSGABE

II. Akademische Werke

1928

ETHIK I

THEOLOGISCHER VERLAG ZÜRICH

KARL BARTH

ETHIK I

Vorlesung
Münster Sommersemester 1928,
wiederholt in Bonn,
Sommersemester 1930

Herausgegeben von
Dietrich Braun

THEOLOGISCHER VERLAG ZÜRICH

© 1973
Theologischer Verlag Zürich
Alle Rechte vorbehalten
Printed in Switzerland by Meier + Cie AG Schaffhausen
ISBN 3 290 16201 X

INHALT

VORWORT

Was sollen wir tun? Im Sommer- und Wintersemester 1928, ein Jahr nach dem Erscheinen von Martin Heideggers *Sein und Zeit* und Carl Schmitts *Der Begriff des Politischen,* im gleichen Jahr, da Eberhard Grisebach sein Werk *Gegenwart* veröffentlicht, die Kierkegaard-Renaissance einen Höhepunkt erreicht und der Begriff «Entscheidung» in aller Munde ist, hat sich Karl Barth in Münster erstmals in einer akademischen Vorlesung der Grundfrage der Ethik gestellt. Die christliche Form dieser Frage lautet: Was ist uns von Gott geboten? Nicht der Mensch, das Wort Gottes als Gebot und Inanspruchnahme des Menschen ist als handelndes Subjekt das Thema der theologischen Ethik! Es wäre mißverstanden, wenn man es begreifen wollte als «eine ruhende objektive, irgendwo aufgeschriebene oder irgendwie zu formulierende Wahrheit, die der Mensch wissen oder auch nicht wissen, anerkennen oder auch nicht anerkennen kann, deren er sich durch Einsicht und Tat zu bemächtigen vermöchte». Vielmehr will es ausdrücklich verstanden werden als «Offenbarung des Gebotes Gottes, als gegenwärtiges ... für den, der Gottes Wort hört, nicht zu überhörendes Ereignis mitten in der Wirklichkeit unseres Lebens.»

Die Ethikvorlesung von 1928 ist zu Lebzeiten Karl Barths nicht im Druck erschienen, weil der Verfasser, wie er seinem Freunde Eduard Thurneysen gegenüber bekannt hat, in ihr noch als Anwalt der später von ihm leidenschaftlich abgelehnten Lehre von den Schöpfungsordnungen erscheint. Man wird sich indessen durch jenen Umstand und diese Erklärung nicht den Blick dafür verstellen lassen dürfen, daß in der Vorlesung von 1928 – jener Anleihe bei einem Stück anfechtbarer Überlieferung zum Trotz –

in Wahrheit längst eine ähnliche, aus der Wiederentdeckung des Wortes geborene Neubegründung der Stoffe der allgemeinen und speziellen Ethik stattgefunden hat, die im Hinblick auf die Lehre vom Wort Gottes Barths schon im Frühherbst 1927 veröffentlichte *Christliche Dogmatik im Entwurf* erkennen läßt. Karl Barth befand sich in jenen Münsterer Jahren in regem Gespräch einerseits mit seinem Bruder, dem Philosophen Heinrich Barth, dem Religionsphilosophen und späteren Professor für mathematische Logik und Grundlagenforschung Heinrich Scholz und dem Philosophen Hinrich Knittermeyer, andererseits mit führenden Repräsentanten der damaligen katholischen Theologie. Mit unter dem Eindruck der Anregungen, die er in jenen Gesprächen empfing, dürfte die Ethikvorlesung entstanden sein. In strengem Sinne nicht mehr zur dialektischen Phase in der Entwicklung der Theologie Karl Barths, zum Römerbrief und zu den Schriften des reformatorischen Aufbruchs vom Anfang der zwanziger Jahre gehörig, auf der anderen Seite aber auch noch nicht ein Ausdruck des neuen Prinzips der Analogie, stellt das vorliegende Werk das tragende Brückenglied dar für den Weg, der von dem Aufsatz *Das Problem der Ethik in der Gegenwart* von 1922 (Ges. Vorträge I, S. 125 ff.) zur Ethik innerhalb der *Kirchlichen Dogmatik* führt. Karl Barth hat in seiner Vorlesung von 1928 einen Gesamtabriß der theologischen Ethik gegeben, in dem er hierin vorwegnahm, was innerhalb der *Kirchlichen Dogmatik* am Ende eines jeden Bandes als Lehre von Gottes Gebot entfaltet worden ist. Während jedoch dieses sein theologisches Hauptwerk Fragment geblieben ist – der Verfasser hat außer der Grundlegung der Ethik (KD II, 2) und jenem Abschnitt der speziellen Ethik, der im Anschluß an die Lehre von der Schöpfung dem Gebot des Schöpfergottes nachgeht (KD III, 4), nur die Tauflehre (KD IV, 4) und wenige Paragraphen der Versöhnungsethik hinterlassen – dürfte dem Abriß von 1928 zweifellos deshalb besonderes Interesse zukommen, weil er nicht nur den einzigen vollständigen Entwurf einer bis in Einzelfragen gehenden Erläuterung der Lehre von der Heiligung, sondern gleichzeitig das erste ausgeführte Lehrgefüge darstellt, das wir von Karl Barth besitzen.

Der Text der Vorlesung hat dieser Edition in doppelter Gestalt vorgelegen: in dem – auf Grund der nicht erhaltenen handschriftlichen Niederlegung – durch Charlotte von Kirschbaum, die langjährige Mitarbeiterin von Karl Barth, nach Diktat angefertigten, maschinengeschriebenen Original, und in einer Abschrift, die Rudolf Pestalozzi, Kaufmann in Zürich und Freund des Verfassers, herstellen und hektographieren ließ und die in Form zweier Hefte (Ethik I, 254 S. und Ethik II, 301 S.) 1929 vom Christlichen Studentenweltbund, Genf, vertrieben worden ist.

Der Verfasser hat das Original durch eine Reihe von – teils mit Tinte, teils mit Blei an den Rand geschriebenen – Zusätzen erweitert. Unter ihnen lassen sich zwei Gruppen unterscheiden: Auf der einen Seite handelt es sich um Ergänzungen, die unmittelbar nach der Niederschrift, vermutlich vor Beginn des jeweiligen Kollegs, in den Text aufgenommen worden sind, da die Pestalozzi-Abschrift sie bereits enthält. Der um diese Gruppe von Zusätzen erweiterte Text stellt mithin den Wortlaut der Vorlesung dar, die 1928/29 von Karl Barth gehalten worden ist. Er wird in dieser Ausgabe als Text A bezeichnet. Auf der anderen Seite handelt es sich um Nachträge, die, da sie nicht in die Pestalozzi-Abschrift von 1929 eingegangen sind, offenkundig erst zu einem späteren Zeitpunkt abgefaßt wurden. Nach seiner Übersiedlung von Münster nach Bonn hat Karl Barth die Ethikvorlesung im Sommersemester 1930 und im Wintersemester 1930/31 vor den dortigen Hörern wiederholt. Die Vermutung lag daher nahe, daß die zweite Gruppe von Zusätzen zum Original bei Anlaß jener Wiederholung entstanden sein könne. Ein Vergleich mit Kollegnachschriften, die mir zwei der damaligen Hörer, Herr Pfarrer Helmut Traub und Herr Professor D. Helmut Gollwitzer, D.D., freundlicherweise zur Verfügung stellten, hat diese Annahme bestätigt. Grundlage der vorliegenden Ausgabe wurde daher Text B: der vollständige Text der Ethikvorlesung von 1928/29 erweitert um die Zusätze von 1930/31. Um die letzteren als solche kenntlich zu machen, wurden sie in dieser Ausgabe durch Häkchen eingefaßt (⌐...¬). Dabei ist in der Regel auf die Wiedergabe einzelner Wörter der Erstfassung verzichtet worden, wenn diese lediglich um der Einfügung dieser Erweiterungen willen durch den Verfasser entweder gestrichen oder umgestellt werden mußten. Hingegen wurde ein von der Streichung betroffenes Wort, ein Satzteil oder Satz als Text A dann in die Anmerkungen aufgenommen, wenn in Text B eine den Sinn erweiternde oder präzisierende Neufassung an seine Stelle getreten ist.

Bei der Wiedergabe des Textes als solcher habe ich mich an folgende (von der Konferenz der Editoren der Karl Barth-Gesamtausgabe festgelegte) Richtlinien gehalten: Sätze, die anakoluthen Charakter hatten, wurden durch Worte, die in eckige Klammern gesetzt worden sind, sinngemäß vervollständigt, ausgelassene Worte in eckigen Klammern hinzugefügt. – Ohne besonderen Vermerk wurden falsche grammatikalische Formen korrigiert, Verdoppelungen gestrichen und Schreibfehler richtiggestellt. – Die Schreibweise des Verfassers wurde im Prinzip der heute üblichen Rechtschreibung angeglichen und nur dort unverändert beibehalten, wo sie für Karl Barth besonders charakteristisch ist, z. B. bei der Großschreibung von Alle, Viele, Jeder oder Andere. – Desgleichen wurde die Zeichensetzung nach den heute gültigen Regeln verbessert und vervollständigt. In Zweifelsfällen habe ich mich an die in der *Kirchlichen Dogmatik* erkennbare Tendenz gehalten. – In Text A vorhandene Unterstreichungen von Worten oder Sätzen wurden durch Kursivdruck wiedergegeben. Doch hat Karl Barth sowohl vor Beginn seiner Vorlesungen in Münster wie zwei Jahre später bei der Erstellung von Text B noch nachträglich Unterstreichungen vorgenommen: einerseits zum Zweck des mündlichen Vortrags, andererseits, um das sachliche Gewicht einzelner Worte oder Wortverbindungen zusätzlich hervorzuheben. Natürlich war es nicht immer möglich, beide Intentionen eindeutig zu unterscheiden. Die nachträglich vorgenommenen Unterstreichungen sind daher in allen jenen Fällen nicht in den vorliegenden Text aufgenommen worden, in denen die Wortwahl innerhalb des Satzganzen sie als unnötig erscheinen ließ. – Ferner wurde der Text im Interesse größerer Übersichtlichkeit durch die Einführung neuer Absätze untergliedert. Gelegentlich hat bereits der Verfasser entweder durch Punkt und Gedankenstrich oder durch einen einfachen Schrägstrich (der freilich in nicht wenigen Fällen nur das Ende des betreffenden Kollegs indiziert), solche zusätzlichen Absetzungen vorbereitet. Es erwies sich jedoch als nötig und hilfreich, darüber hinaus den Text durch weitere Absätze zu gliedern. Sie wurden, da durch den Herausgeber eingefügt, jeweils durch einen senkrechten Strich nach dem Punkt gekennzeichnet. – Ein von Karl Barth gestrichener Absatz aus der Erstfassung sowie Randglossen im Manuskript, die Anmerkungen zum Text, nicht aber eigentliche Korrekturen oder notwendige Ergänzungen zum Haupttext darstellten, sind in die Anmerkungen aufgenommen worden. – Hat der Verfasser nur den Wortlaut einer Bibelstelle zitiert oder nur eine Anspielung auf eine solche gemacht, so wurde die betreffende Stelle durch den Herausgeber dem Text in eckigen Klammern beigefügt. – Im Haupttext in der Regel nur mit Kurztitel angeführte Werke anderer Autoren wurden in den Anmerkungen mit vollständigem Titel unter Einschluß von Erscheinungsort und -jahr und den Seitenzahlen der von Karl Barth benutzten Ausgabe genannt. Auf Neuausgaben der zitierten Werke wurde hingewiesen. – Zitate aus Büchern und Schriften sind nach Möglichkeit vollständig nachgewiesen worden. Wichen sie vom ursprünglichen Wortlaut ab, so wurde die Anmerkung durch ein «Vgl.» eingeleitet; waren sie unvollständig oder lag ein offensichtlicher formaler Irrtum in der Zitierung durch den Verfasser vor, so wurde in der Anmerkung der richtige Text des Zitates gegeben.

Ein Bibelstellen-, Namen- und Sachregister wird dem zweiten Band beigegeben werden.

Mein Dank gilt Herrn Professor Dr. Markus Barth, der für die Edition dieses Buches wertvolle Vorarbeit geleistet und mir vor allem durch die Entzifferung eines Teils der handgeschriebenen Marginalien seines Vaters wesentlich geholfen hat. Herrn Pfarrer

Dieter Zellweger, Herrn Dipl.-Päd. Siegfried Müller und Frau Else Koch habe ich dafür zu danken, daß sie mir bei der Feststellung der Titel einiger älterer Werke bzw. bei Nachforschungen behilflich waren, die zeitgeschichtliche Fragen betrafen. Für seinen kundigen Rat bei der grammatischen und syntaktischen Klärung verschiedener Textstellen, für seine Hilfe bei der Verifikation nicht weniger Dicta, deren Erhellung detektivischen Spürsinn erforderte, wie überhaupt für viele wichtige Hinweise, danke ich vor allem Herrn Dr. Hinrich Stoevesandt. Er hat mich bei dem Unternehmen dieser Edition, namentlich in dessen Schlußphase, tatkräftig unterstützt. Schließlich gebührt mein Dank Herrn Dr. Fritz Schröter, der die Korrekturen durchgesehen und noch hier und da eine Anregung für die Verbesserung des Manuskripts gegeben hat, sowie dem Theologischen Verlag Zürich für sein Entgegenkommen und die freundliche Zusammenarbeit.

Berlin, im Januar 1973   Dietrich Braun

ABKÜRZUNGEN

Ethik I

Einleitung

§ 1 ETHIK UND DOGMATIK

Ethik als theologische Disziplin ist diejenige Hilfswissenschaft der Dogmatik, ⌐in der im Worte Gottes die Antwort auf die Frage nach der Güte menschlichen Handelns gesucht wird. Sie ist als besondere Erläuterung der Lehre von der Heiligung Besinnung darauf⌐,[1] daß und inwiefern das in der christlichen Predigt verkündigte und vernommene Wort Gottes eine bestimmte Inanspruchnahme des Menschen vollzieht.

1.

Ethik (von ἦθος) ist gleichbedeutend mit Moral (von mos). Beides heißt Sittenlehre. Sitte (vom altdeutschen situ) heißt aber eine menschliche Handlungsweise, eine Stetigkeit menschlichen Handelns. Ethik oder Moral heißt also allgemein: Lehre, Wissenschaft, Kunde von den menschlichen Handlungsweisen, von den Stetigkeiten menschlichen Handelns. Aber in dieser Allgemeinheit definiert wäre Ethik noch nicht unterschieden von drei anderen Wissenschaften. Es fragt ja auch die *Willenspsychologie* nach den naturgesetzlichen, es fragt die Sittenkunde oder Moralstatistik oder *Kulturgeschichte* nach den in der Geschichte frei gewordenen und frei bestehenden, und es fragt die *Rechtswissenschaft* nach den durch die staatliche Gemeinschaft garantierten und sanktionierten Stetigkeiten menschlichen Handelns. Die Auf-

---

[1] Text A: «*in der in Erläuterung der Lehre von der Heiligung Besinnung darauf stattfindet,*»

gabe der Ethik wird aber faktisch überall, wo sie als Aufgabe überhaupt in Angriff genommen wird, als eine von den Aufgaben jener anderen Wissenschaften verschiedene Aufgabe aufgefaßt.|

Sittlichkeit im Sinn der ethischen oder moralischen Frage ist erstens etwas Anderes als Kongruenz einer Handlungsweise mit einem allenfalls ausfindig zu machenden *Naturgesetz* menschlichen Wollens und Handelns: mag auch das sittliche Handeln diesem Naturgesetz unterliegen, so ist es doch nicht um dieser empirisch feststellbaren Übereinstimmung willen sittliches Handeln. Auch die naive Identifikation von Naturgesetz und Sittengesetz, wie wir sie etwa bei *Rousseau,* bei *L. Feuerbach,* bei *E. Haeckel* finden, gibt sich durchaus nicht einfach als eine Beschreibung, sondern durchaus als eine Inanspruchnahme des menschlichen Wollens und Handelns.[2] Sie wird bei den drei Genannten und noch mehr bei den eigentlichen Vollendern des ethischen Naturalismus, bei *M. Stirner* und *Fr. Nietzsche,* geradezu zur Sache einer leidenschaftlichen Verkündigung.[3] Ein Naturgesetz predigt man nicht, wie die Identität zwischen Naturgesetz und Sittengesetz von Rousseau bis Nietzsche immer wieder gepredigt worden ist. Wo gepredigt wird, da bedeutet Identifikation in Wirklichkeit offenbar Prädikation, d.h. aber, da geht man aus von der Unterschiedenheit beider.|

Sittlichkeit im Sinn der ethischen Frage ist ferner etwas Anderes als Kongruenz des menschlichen Handelns mit dem, was man landläufig «Sitte» nennt, d.h. mit einer mehr oder weniger verbreiteten *Gewohnheit.* Mag auch diese Kongruenz weithin statt-

[2] Vgl. von J. J. Rousseau v. a. den *Discours sur l'origine et les fondements de l'inégalité parmi les hommes,* 1754: Œuvres de J. J. Rousseau avec des Notes historiques, 22 vol. Paris 1819–20, T. IV, pp. 201–373; ferner: L. Feuerbach, *Über Spiritualismus und Materialismus,* 1866. Sämtliche Werke, neu hrsg. v. W. Bolin und F. Jodl, Stuttgart 1960[2], Bd. X, S. 91–229, sowie: E. Haeckel, *Die Welträtsel,* 1899, v. a. Kap. 19: Monistische Sittenlehre. Gemeinverständliche Werke, hrsg. v. H. Schmidt-Jena, Leipzig 1924, Bd. 3, S. 358 ff.

[3] Vgl. M. Stirner, *Der Einzige und sein Eigentum,* Leipzig 1845.1901[3]. F. Nietzsche, *Jenseits von Gut und Böse,* 1886. Ders., *Zur Genealogie der Moral,* 1887. Nietzsche Werke, Kritische Gesamtausgabe, hrsg. v. G. Colli und M. Montinari, VI. Abt. 2. Bd. Berlin 1968.

2

finden, mag sich eine ethische Richtung, für die etwa die Namen *Höffding* und *Paulsen* bezeichnend sein mögen,[4] einer Identifikation der beiden Begriffe zuweilen genähert haben, so hat es doch niemand unternommen, Sittenlehre im Ernst in Sittenkunde aufgehen zu lassen und zu bestreiten, daß unsittliche Sitten einerseits und andererseits sittliche Durchbrechung der Sitten Möglichkeiten sind, mit denen die Ethik zu rechnen hat.|

Und Sittlichkeit im Sinn der ethischen Frage ist drittens etwas Anderes als Kongruenz mit den bestehenden *Staatsgesetzen,* also als Legalität. Mag die Staatsgesetzlichkeit mit ihrer handgreiflichen Allgemeingültigkeit etwa nach *Jerem. Bentham* (* 1832) als der prägnanteste Ausdruck für jene Stetigkeit menschlichen Handelns, nach der die Ethik fragt, aufgefaßt werden,[5] und mag die Moralität nach *H. Cohen* sich selbst verstehen wollen als immanente Kraft der Legalität,[6] mag vielleicht eine unendliche Annäherung zwischen Sittlichkeit und Recht die Vorstellung sehr vieler positivistischer und idealistischer Ethiker sein, so ist doch eine einfache Gleichung zwischen Ethik und Jurisprudenz zu behaupten bis jetzt noch niemandem eingefallen.|

Es wäre eben das Ende oder das Noch-nicht-angefangen-Haben der ethischen Frage, wenn man sie mit der psychologischen, der geschichtlichen, der juridischen Problematik, der der Begriff der menschlichen Handlung allerdings auch unterliegt, wirklich und restlos vereinerleien wollte und könnte. Die ethische Frage

---

[4] H. Höffding (1843–1931), dänischer Philosoph, verfaßte u. a. eine *Ethik* 1887, deutsch: Leipzig 1888.1922[3], und wurde hinsichtlich der von ihm angewandten psychologisch-historischen Methode oft in einem Zusammenhang mit dem deutschen Philosophen F. Paulsen (1846–1908) genannt. Dieser sucht in seiner Ethik den Formalismus Kants durch eine breit ausgeführte Darstellung der Wirklichkeit des sittlichen Lebens zu ergänzen: *System der Ethik mit einem Umriß der Staats- und Gesellschaftslehre,* Berlin 1889, Stuttgart und Berlin 1921[12].

[5] Vgl. J. Bentham, *An Introduction to the principles of morals and legislation,* 1780. The Works of Jeremy Bentham, pub. by John Bowring, 11 vols. 1838–1843. Neudr.: New York 1962, vol. 1, pp. 1–154.

[6] Vgl. H. Cohen, *Ethik des reinen Willens,* Berlin 1904.1907[2].1921[3] (= System der Philosophie 2. Teil).

ist nicht möglich ohne Aufmerksamkeit gegenüber den Stetigkeiten menschlichen Handelns, nach denen jene anderen Wissenschaften fragen. ⌜Es ist aber die Kenntnis der natürlichen, geschichtlichen, rechtlichen Stetigkeiten, die zum Problem werden und nach sittlicher Erkenntnis rufen kann. Und das ethische Problem kann nicht anfangen, wo nicht eben die natürliche, geschichtliche, rechtliche Stetigkeit menschlichen Handelns zum Problem geworden ist. Aber eben indem dies geschieht, greift die Frage über die natürliche, geschichtliche, rechtliche Möglichkeit und Wirklichkeit grundsätzlich hinaus.⌝ Sie wird *ethische* Frage als Frage nach dem *Ursprung* solcher Stetigkeit, nach der *Richtigkeit* der natürlichen, geschichtlichen, rechtlichen Regel, nach der *Würde,* die eine menschliche Handlung zur Handlungsweise erhebt, die ihr den Anspruch gibt, als regelmäßig aufzutreten, sich wiederholen zu dürfen, ja für Andere vorbildlich zu sein. Diese Frage ist durch den Verweis auf jene anderen Stetigkeiten noch nicht erledigt, sondern gerade durch die Einsicht in jene anderen Stetigkeiten ist diese Frage *gestellt. Gelten* sie denn? das ist die ethische Frage. Eben die *Geltung* alles für das menschliche Handeln Gültigen, der *Ursprung* aller Stetigkeiten, die *Würde* alles Allgemeinen, die *Richtigkeit* aller Regeln ist die *Sittlichkeit* oder die *Güte* menschlichen Handelns, nach dem die Ethik fragt. ⌜Mit den Begriffen Geltung, Ursprung, Würde, Richtigkeit bezeichnen wir vorläufig und allgemein das die Problematik der Psychologie, der Kulturgeschichte, der Jurisprudenz *Transzendierende,* nach dem im Unterschied zu jenen in der *Ethik* gefragt wird.⌝

Wir haben uns in diesem ersten Paragraphen klarzumachen, in welchem bestimmten Sinn wir uns auf dem Boden der *Theologie* mit der Ethik zu beschäftigen haben.

2.

Es versteht sich nicht von selbst, daß es in der Theologie eine besondere Disziplin gibt, die diesen Namen trägt und die sich dieser Aufgabe zuwendet, daß wir in der Theologie irgendwie außerhalb der Dogmatik auch noch *Ethik* zu treiben haben. Und die Frage, ob und in welchem Sinn dieses enzyklopädisch zu begründen ist, gehört keineswegs, wie *E. W. Mayer* (Ethik S. 192)[7] etwas geringschätzig meint, bloß «zu dem alten Inventar der theologisch-ethischen Literatur», sondern sie ist, wie sie auch beantwortet werde, für den Charakter und die Richtung des Unternehmens, diese Disziplin zu behandeln, bedeutsam genug, daß wir uns einer Verständigung darüber nicht entziehen dürfen. Wir hören und prüfen zunächst, wie diese Frage bisher beantwortet worden ist.

Theologische Ethik gab es keineswegs von jeher. Gelegentlich – in Andeutungen und Weisungen zu einzelnen konkreten Problemen, in exegetischen und homiletischen Exkursen, an bestimmter Stelle auch der dogmatischen Untersuchungen und Darstellungen – ist zwar die Frage nach der Güte menschlichen Handelns von den Theologen von Anfang an gestellt und beantwortet worden. ⌜Gegen ihre Verselbständigung innerhalb des theologischen Nachdenkens und Redens scheinen jedoch noch bis tief ins zweite Jahrhundert hinein Hemmungen bestanden zu haben. Es ist bezeichnend, daß einer der ersten, von dem wir besondere ethische Traktate besitzen, der spätere Montanist *Tertullian* gewesen ist.[8] Und der Verfasser der vermutlich ältesten christlichen ἠθικά oder Sammlung christlicher Lebensregeln ist kein Anderer als der große Theoretiker und Organisator des morgenländischen Mönchtums *Basilius von Caesarea.*[9] Als systematische und von der Entwicklung des christlichen Credo gesonderte Arbeit ist sodann die Schrift des *Ambrosius* De officiis (etwa 391) zu nennen. Bezeichnend für sie ist einmal, daß sie sich nach Titel, Form und Inhalt ziemlich eng an das heidnisch-klassische Vorbild des Cicero anschließt, sodann daß

---

[7] E. W. Mayer, *Ethik*. Christliche Sittenlehre, Gießen 1922, S. 192.

[8] Tertullians zahlreiche ethische Monographien sowohl aus der vormontanistischen wie aus der montanistischen Zeit finden sich: CSEL 20.70.76 sowie teilweise verbessert: CChrL 1 und 2.

[9] s. MPG 31, 619–1428.

5

sie sich immer wieder als eine Lebensanweisung nicht sowohl für den Christen als solchen und im allgemeinen als vielmehr für den künftigen Kleriker gibt, in der auch Mahnungen wie die nicht fehlen (I 73f.), daß man auf der Straße weder mit der Langsamkeit eines umhergetragenen Götzenbildes einherwackeln noch mit der Schnelligkeit eines gehetzten Wildes laufen solle.[10] Die Voraussetzung, auf Grund deren es zu einer selbständigen christlichen Ethik gekommen ist, ist zweifellos die Vorstellung von der Möglichkeit und Wirklichkeit einer evidenten menschlichen Heiligkeit, eines ⌜nach *Tertullian* noch allgemein, nach *Basilius* und *Ambrosius* jedenfalls⌝ vom Klerus und dann vor allem vom Mönchsstand geforderten und zu realisierenden vollkommenen Christenlebens und das Bedürfnis, diese evidente Heiligkeit nun auch zu beschreiben und zu normieren. Es ist sachlich bedeutsam, daß man dabei unwillkürlich wieder in die bekannten Gedankenbahnen des *Aristoteles* und der Stoa einlenken mußte – ⌜eine Folgeerscheinung, für die neben *Ambrosius* etwa der Name *Gregors des Großen* als repräsentativ genannt werden mag, der die vier antiken Kardinaltugenden ausgerechnet in das Buch Hiob hineinzuinterpretieren wußte⌝.[11]|

Die mittelalterlich-christliche Ethik in nuce findet man darum nicht in einem Lehrbuch, sondern in der berühmten Regel des *Benedikt von Nursia* (Ende des 6. Jh.)[12] oder am Ende des Mittelalters etwa in der dem *Thomas von Kempen* zugeschriebenen Imitatio Christi.[13] Aber auch eine umfassende und rein wissenschaftliche Darstellung der Ethik, wie die, die *Thomas von Aquino* im zweiten Teil seiner Summa theol. unter den Titeln De actibus

---

[10] s. MPL 16, 25–194.

[11] s. MPL 75, 509–1162; 76, 9–782.

[12] *Benedicti Regula*. Rec. R. Hanslik, Vindobonae 1960, CSEL 75.

[13] Thomae Hemerken a Kempis, Opera omnia, 7 voll., ed. M. J. Pohl, Freiburg 1902–1922. Vol. 2: *De imitatione Christi quae dicitur libri IV*, Freiburg 1904.

Vgl. von den neueren deutschen Ausgaben: Gerrit Grote, *Die Nachfolge Christi oder das Buch vom Innern Trost*. Neugestaltet und übertragen v. F. Kern, Olten und Freiburg 1947.

humanis in universali und in particulari gegeben [hat], hat ihre Grundlage ebenso unzweideutig in Aristoteles wie ihre Spitze und ihren eigentlichen Skopus in der vita religiosa in jenem engsten Sinn des Begriffs, nämlich im Leben des Geistlichen und des Klostermenschen.[14] Die Tendenz zur Verselbständigung der ethischen Fragestellung ist bei Thomas unverkennbar vorhanden, noch scheinen aber auch bei ihm Hemmungen dagegen vorhanden zu sein; denn faktisch hat er sie doch nicht außerhalb, sondern innerhalb der Dogmatik und ihrer Fragestellung grundsätzlich untergeordnet zur Darstellung gebracht.|

Luther mit seinem Sermon von den guten Werken (1520)[15] wird man ja gewiß nicht als reformatorisches Vorbild einer selbständigen theologischen Ethik in Anspruch nehmen wollen, und das starke Interesse, das *Calvin* an der ethischen Frage genommen hat, hat ihn nicht gehindert, die Besprechung der regenerierenden Bedeutung des heiligen Geistes und des Glaubens, des Gesetzes und des Gehorsames gegen das Gesetz dem Gang seiner Dogmatik einzugliedern.[16] ⌐Von *Melanchthon* besitzen wir zwar zwei Fassungen einer *philosophischen* Ethik (von 1538 und 1550, Corp. Ref. 16),[17] aber über den systematischen Ort der theologischen Ethik kann auch bei ihm nach seinen Loci kein Zweifel bestehen.⌐[18]

---

[14] *Summa theologica.* Vollständige, ungekürzte deutsch-lateinische Ausgabe. Die deutsche Thomas-Ausgabe, Salzburg 1933 ff. Bd. 9–14 *(Prima Secundae)* und Bd. 15–24 *(Secunda Secundae).*

[15] WA 6, 202–276.

[16] Vgl. *Institutio Christianae Religionis,* Genevae 1559, III,1–3.6–10, sowie 11–18.19, aber auch schon II,6–8.

[17] *Epitome philosophiae moralis,* 1538, CR XVI,21–164; *Ethicae doctrinae elementa,* 1550, CR XVI,165–276.

[18] Zu der Weise, in der Melanchthon die einzelnen Topoi der theologischen Ethik (de Lege divina, Expositio Decalogi, de Lege naturae, de usu Legis, de discrimine consiliorum et praeceptorum, de bonis operibus etc.) mit der Dogmatik verbunden hat, vgl. v.a. den Aufriß der *Loci praecipui theologici* von 1541, CR XXI,601–1050, aber auch den Weg, auf dem sich diese Gliederung von den *Loci communes* von 1521, CR XXI,81–227, über die *Loci communes theologici* von 1533, CR XXI,253–332, und deren Erweiterungen (CR XXI,331–560) allmählich herausgebildet hat.

Es waren die Epigonen der Reformation, die allmählich die Dinge anders zu sehen begannen. ⌜Der Lutheraner *Thomas Venatorius* mit seiner Schrift De virtute christiana libri tres (1529)[19] ist hier als erster zu nennen. Er war Nürnberger, stand offensichtlich unter dem Einfluß des Andreas Osiander und beschrieb demgemäß den Glauben als eine dem Menschen in Christus mitgeteilte Liebe, Lebenskraft und Tugend (W. Gass II, 107).⌝[20] Auf der fatalen Grenze, auf der der Calvinismus zum Puritanismus wird, hat dann zuerst *Lambert Danäus* in Genf seine Ethices christianae libri tres geschrieben.[21] Ihm folgt 1634 des Lutheraners *Georg Calixt* Epitome theologiae moralis.[22] Im 17. Jahrhundert – es ist die Zeit des Jesuitismus in der katholischen, des Pietismus in der protestantischen Kirche, in der Philosophie die Zeit des Einbruchs des Cartesianismus mit seiner Neuentdeckung der Schöpferrolle des menschlichen Subjekts, in der Kunst die Zeit des Barock mit dem faustischen Pathos seines Ausdruckswillens – beginnt das Interesse an der christlichen Moral bei den katholischen, lutherischen und reformierten Theologen ein ganz neues spezifisches Gewicht zu bekommen. ⌜Die Dogmatiker versichern jetzt – für die Reformatoren war das selbstverständlich gewesen –, daß die Theologie nicht nur eine theoretische, sondern auch eine praktische Wissenschaft sei, *magis practica quam speculativa* heißt es zuletzt schon (F. Turrettini I 7, 15),[23] und als Resultat mannigfacher Überlegungen⌝ beginnt die

[19] Th. Venatorius, *De virtute Christiana libri tres,* Norinbergae 1529.

[20] W. Gass, *Geschichte der christlichen Ethik,* 2. Bd. 1. Abt. Berlin 1886, S. 107f.

[21] L. Danaeus, *Ethices Christianae libri tres,* Genevae 1577.1640[7].

[22] G. Calixt, *Epitome theologiae moralis,* pars prima, Helmstedt 1634.

[23] F. Turrettinus, *Institutio Theologiae Elencticae,* in qua status controversiae perspicue exponitur, praecipua orthodoxorum argumenta proponuntur et vindicantur et fontes solutionum aperiuntur, Genevae 1679–85. 1688[2]. 1847.

Im locus primus (De theologia) quaestio VII: An Theologia sit Theoretica an Practica? heißt es in Absatz XV wörtlich: «Theologiam tamen magis esse practicam, quam speculativam patet ex *fine ultimo* qui est praxis, licet enim omnia mysteria non sint regulativa operationis; sunt tamen impulsiva ad operationem; Nullum enim est tam θεωρητὸν & a praxi remotum, quin

Unterscheidung von theologia dogmatica und theologia moralis sich allgemein durchzusetzen.|

Im 18. Jahrhundert hat dann die Moraltheologie schon unverkennbar die Führung übernommen. Finden wir bei *Schleiermacher* Glaubens- und Sittenlehre des Christentums wieder in ein gewisses Gleichgewicht und in gegenseitige Beziehung gebracht, so darf doch nicht übersehen werden, daß dies im Rahmen und auf Grund einer beiden grundsätzlich übergeordneten Geisteswissenschaft geschieht, die Schleiermacher wiederum eben – Ethik nennt,[24] eine Auffassung, die hundert Jahre später in verschiedenen Modifikationen von *W. Herrmann*[25] ebenso wie von *E. Troeltsch*[26] bestätigt und neu aufgenommen wird. Es ist dann freilich im 19. Jahrhundert neben vielen einfachen Nebeneinanderstellungen von *K. I. Nitzsch* und später von *Martin Kähler* und *H. H. Wendt* auch der Versuch erneuert worden, die Ethik nach dem Vorbild des Thomas und der Reformatoren in die Dogmatik einzugliedern.[27] Für die Tendenz der Zeit ist doch zweifellos viel bezeichnender der umgekehrte Versuch von *R. Rothe,* entsprechend seiner Theorie von dem allmählichen Verschwinden der Kirche im Staate, die Dogmatik, abgesehen von der ihr zugewiesenen kümmerlichen Rolle einer Darstellung der Theologie

incitet ad Dei admirationem & cultum, nec Theoria salutaris est, nisi ad praxim revocetur Jo. 13, 17...» p. 23.

[24] Vgl. F. Schleiermacher, *Kurze Darstellung des theologischen Studiums,* Berlin 1811. 1830[2] §§ 29. 35. Kritische Ausgabe m. Einl. u. Register v. H. Scholz, Leipzig 1935, SS. 12. 15.

[25] Vgl. W. Herrmann, *Ethik,* Tübingen 1901. 1909[4]. 1913[5] (1921), S. 1ff.

[26] Vgl. E. Troeltsch, *Grundprobleme der Ethik.* Erörtert aus Anlaß von Herrmanns Ethik, ZThK 12 (1902) 44–94. 125–178 (= Ges. Schriften, Bd. II, Tübingen 1913, S. 552ff.).

Die Entgegnung W. Herrmanns findet sich in der Vorrede zur 3. Aufl. seiner Ethik, S. XIf.

[27] C. J. Nitzsch, *System der christlichen Lehre,* Bonn 1829. 1851[6], S. 3ff. M. Kähler, *Die Wissenschaft der christlichen Lehre von dem Grundartikel aus,* Erlangen 1883–1887, S. 461ff. Neudruck: Neukirchen 1966, S. 467ff.

H. H. Wendt, *System der christlichen Lehre,* Göttingen 1906, S. 12ff.

der Bekenntnisschriften, gänzlich in die Ethik aufzulösen.[28] Es wird sich zeigen müssen – ich denke hier an *E. Hirsch* auf der einen,[29] an *F. Gogarten* und *R. Bultmann* auf der anderen Seite –,[30] ob die Erneuerung des Interesses an der ethischen Aufgabe und Bestimmtheit der Theologie infolge der Kierkegaard-Renaissance der letzten zehn Jahre schließlich nicht ebenfalls in der Richtung von R. Rothe wirksam werden wird.[31]

[28] R. Rothe, *Theologische Ethik,* I–III, Wittenberg 1845–1848, I–V, Wittenberg 1867–1871 [2].
Zur Theorie vom allmählichen Aufgehen der Kirche im Staat s. V, S. 357. 397 f., daneben aber v. a. Rothes Frühwerk: *Die Anfänge der christlichen Kirche und ihrer Verfassung,* Wittenberg 1837.

[29] E. Hirsch (1888–1972), seit 1921 Ordinarius für Kirchengeschichte, seit 1935 für Systematische Theologie an der Universität Göttingen, theologischer Antipode von K. Barth, der als erster Inhaber des neu geschaffenen Lehrstuhls für Reformierte Theologie in Göttingen von 1921–1925 Fakultätskollege von Hirsch war.

[30] F. Gogarten (1887–1967), seit 1917 Pfarrer in Stelzendorf, seit 1925 in Dorndorf a. d. Saale und zugleich Privatdozent für Systematische Theologie in Jena, 1931 o. Professor in Breslau, seit 1935 in Göttingen. Durch seine gegen die Kulturtheologie des 19. Jh. gerichteten Veröffentlichungen in den Jahren 1919–1922 wurde Gogarten neben E. Thurneysen zum engeren Kampfgenossen von K. Barth. Gemeinsam begründeten diese drei Theologen 1922 die Zweimonatszeitschrift *Zwischen den Zeiten,* die unter der Schriftleitung von G. Merz ein Jahrzehnt hindurch das Organ der «Dialektischen Theologie» darstellte. Ihr Titel ging auf einen programmatischen Aufruf zurück, den Gogarten 1920 in der *Christlichen Welt* veröffentlicht hatte, CW 34 (1920) 374–78 (= Anfänge II, S. 95–101).
R. Bultmann (1884), 1912 Privatdozent für NT in Marburg, 1916 a. o. Professor in Breslau, 1920 o. Professor in Gießen, seit 1921 in Marburg. Vgl. Karl Barth – Rudolf Bultmann, *Briefwechsel 1922–1966,* hrsg. v. B. Jaspert. Zürich 1971 (= Bd. V,1 dieser Ausgabe).

[31] Hierbei ist generell an die – von K. Barth mit wachsendem Befremden wahrgenommene – Tendenz zur Konzentration der Theologie auf die Anthropologie gedacht, eine Neigung, die sich in Verbindung mit der Kierkegaard-Renaissance bei den genannten Theologen allerdings auf unterschiedliche Weise artikulierte, bei dem Holl-Schüler E. Hirsch ausdrücklich undialektisch, bei F. Gogarten und R. Bultmann im Sinne einer Auffassung von «theologischer» Dialektik, die sich von derjenigen Barths durch ihre Bezogenheit auf die Geschichtlichkeit des Seins des Menschen und seiner Rede von Gott wesenhaft unterschied. Vgl. E. Hirsch, *Jesus Christus der Herr.* Theologische Vorlesungen. Göttingen 1926. Ders., *Antwort an Rudolf Bultmann,* ZSTh 4 (1927) 631–61. Ders., *Kierkegaard Studien* I–III, Gütersloh 1930–1933.

So weit in den Umrissen die *Geschichte* des Problems. Denn die verhältnismäßige Neuheit der ganzen Verselbständigung der Ethik in der Theologie samt der ihr folgenden Tendenz zur gänzlichen Aufsaugung der Dogmatik in die Ethik weist auf ein *Problem* hin: Nehmen wir vorweg an, es sei so, daß die Theologie in irgendeinem Zusammenhang und in irgendeinem Sinn auch die Frage nach der Güte des menschlichen Handelns zu erörtern habe – ist es dann sachgemäß und ratsam, wenn sie dies in Form einer besonderen, von der Dogmatik unterschiedenen Disziplin tut?

Es könnte dabei erstens der *negative* Akzent, den bei dieser Unterscheidung die *Dogmatik* bekommt – als redete sie nicht auch, als redete sie nicht gerade von der Güte des menschlichen Handelns –, eine Entleerung der Aufgabe der Dogmatik bedeuten, die von dieser aus allen Ernstes beanstandet werden müßte. ⌐Es war doch wohl verfänglich, wenn schon um die Mitte des 17. Jahrhunderts von zwei «Teilen» der Theologie, d.h. zuerst von der agnitio, dann zweitens vom cultus Dei gesprochen wurde. *(Wendelin,* Prologomena IV S. 38.)[32] Diejenigen Theologen be-

F. Gogarten, *Die religiöse Entscheidung,* Jena 1921. Ders., *Von Glaube und Offenbarung,* Jena 1923. Ders., *Ich glaube an den dreieinigen Gott.* Eine Untersuchung über Glaube und Geschichte, Jena 1926. Ders., *Die Schuld der Kirche gegen die Welt,* Jena 1928. Ders., *Das Problem einer theologischen Anthropologie,* ZdZ 7 (1929) 493–511.

R. Bultmann, *Das Problem einer theologischen Exegese des Neuen Testaments,* ZdZ 3 (1925) 334–57 (= Anfänge II, S. 47–72). Ders., *Welchen Sinn hat es, von Gott zu reden?,* ThBl 4 (1925) 129–35 (= GuV I, S. 26–37). Ders., *Jesus* (Die Unsterblichen, Bd. I), Berlin 1926. Ders., *Die Frage der «dialektischen» Theologie.* Eine Auseinandersetzung mit Erik Peterson, ZdZ 4 (1926) 40–59 (= Anfänge II, S. 72–92). Ders., *Zur Frage der Christologie* (Eine «Diskussion» mit E. Hirsch) ZdZ 5 (1927) 41–69 (= GuV I, S. 85–113). Ders., *Die Bedeutung der «dialektischen Theologie» für die neutestamentliche Wissenschaft,* ThBl 7 (1928) 57–67 (= GuV I, S. 114–133).

[32] M. F. Wendelinus, *Christianae Theologiae libri II,* methodice dispositi, perpetua praeceptorum succinctorum & perspicuarum omnium controversiarum, quae in Ecclesiis & Scholis Theologicis hodie agitantur, compendiosa & logica tractatione ita illustrati & temperati, ut & adultioribus S. S. Theologiae studiosis & novellis tironibus commode inserviant. Hanoviae 1634. 1641[3].

wiesen mehr Takt, die diese Teilung wenigstens nicht in Form
einer Zweiteilung der ganzen Dogmatik zur Anwendung brach-
ten (so Wendelin, P. Mastricht[33] u.a.), sondern wie der Lutheraner J. Gerhard irgendwie durchgängig fruchtbar zu machen
suchten.[34] Was bedeutete es aber für die Dogmatik, als nun die
Ethik ihr gegenüber gar in eine besondere Disziplin verlegt
wurde?[1] Was bedeutet es für die Dogmatik, wenn es wirklich so
ist, wie *De Wette* (Lehrbuch S. 1)[35] meint: daß in der Glaubenslehre unsere Erkenntnis sich glaubend und ahnend zur ewigen
Wahrheit erhebt, in der Sittenlehre aber das Gesetz aufgezeigt
wird, nach dem unsere Tatkraft im Leben Zwecke verwirklicht?

In Proleg. IV: De partitione Theologiae Christianae heißt es: «Hactenus
de causis Theologiae Christianae: sequuntur partes ejus, quae duae sunt: Una
de Dei agnitione: altera de ejusdem cultu: quarum utraque ad Dei gloriam
hominisque salutem directa», p. 54.

[33] P. van Mastricht, *Theoretico-Practica Theologia,* qua, per singula capita
Theologica, pars exegetica, dogmatica, elenctica & practica, perpetua suc-
cessione conjugantur. T. I, Trajecti ad Rhenum 1698⁹. Die Aufteilung des
Werkes wird im 1. Teil, lib. I: de praecognitis Theologiae, cap. 3: de distri-
butione Theologiae, erläutert. Dort, unter X heißt es: «Pro corollario
subjiciemus σύνταξιν, universae hujus Theologiae. Constat ea: 1. *Fide* ... &
2. *Observantia,* quae habebit: a. Theologiam *moralem* ... b. Theologiam
Asceticam ...» p. 49. Unter III begründet Mastricht die Zweiteilung nach
fides und caritas mit 2. Tim. 1,13, p. 47. Der Grundriß des Werkes ist gleich-
wohl dreiteilig: dem ersten Teil fehlt eine Gesamtüberschrift, der zweite Teil
trägt den Titel: «Idea Theologiae moralis», der dritte Teil den Titel: «Hypo-
typosis Theologiae Asceticae, de exercitio pietatis».

[34] J. Gerhard, *Loci theologici,* cum pro adstruenda veritate tum pro de-
struenda quorumvis contradicentium falsitate per Theses nervose, solide et
copiose explicati. 9 voll. Jenae 1610–1625. 1657². Neuausgabe durch
Ed. Preuss, Berlin 1863 ff. und Fr. Frank, Leipzig 1885. Gerhard hat die enge
Verbindung von Dogmatik und Ethik dadurch augenfällig gemacht, daß er
auf jedes Lehrstück einen Abschnitt «De usu» folgen ließ.

[35] W. M. L. de Wette, *Lehrbuch der christlichen Sittenlehre und der Geschichte
derselben,* Berlin 1833.

«Die Erkenntnis erhebt sich von der Sinnlichkeit und verständigen Ansicht im Glauben und in der Ahnung zur Erkenntnis des ewigen Seyns der
Dinge oder der ewigen Wahrheit... Mittels der Thatkraft verwirklichen wir
die Zwecke im Leben ... und das ist die Sphäre der Sittlichkeit und Sittenlehre, welche letztere dem menschlichen Handeln ihre Gesetze vorschreibt.»
S. 1.

Oder wie *A. Schlatter* (Ethik S. 30)[36] sagt: daß der Dogmatiker unser Bewußtsein aufklärt, der Ethiker aber in unseren Willen Licht bringt? Oder nach *G. Wünsch* (Theol. Eth. S. 66),[37] daß die Dogmatik schildert, wie geglaubt, die Ethik aber wie gehandelt werden soll auf Grund der Tatsache des Heiligen? Ist ⌐die agnitio Dei nicht in sich cultus Dei¬, [ist] die «ewige Wahrheit» nicht in sich zweckvoll, das «aufgeklärte» Bewußtsein nicht in sich Wille, der Glaube nicht in sich Tat – was sind sie dann? In welchen Verdacht, ein müßiges Gedankenspiel zu sein, rückt dann die Dogmatik? Sollte sie sich diese und ähnliche Disjunktionen wirklich gefallen lassen, dann hätte sie allerdings Anlaß, zugunsten der Ethik vom Schauplatz abzutreten. Es könnte aber auch sein, daß sie abzutreten gar nicht in der Lage ist, weil sie einer Aufgabe nachzugehen hat, die ihr die Ethik mit ihrer Frage nach der Güte des menschlichen Handelns abzunehmen durchaus nicht in der Lage ist, die aber andererseits dieses Anliegen der Ethik durchaus und auf der ganzen Linie in sich schließt, so daß mit Thomas und den Reformatoren, denen sich also auch einige von den Neueren angeschlossen haben, die Notwendigkeit und Möglichkeit einer selbständigen theologischen Ethik von der Dogmatik aus resolut in Abrede zu stellen wäre.

Und nun könnte zweitens und umgekehrt der *positive* Akzent, den bei jener Unterscheidung die *Ethik* bekommt, zum vornherein sich als Fehlerquelle erweisen für den Sinn, in dem die Güte des menschlichen Handelns doch allein Gegenstand der Theologie sein kann. Wer Dogmatik und Ethik grundsätzlich unterscheidet, der nimmt es auf sich zu zeigen, daß und inwiefern den beiden wirklich eine verschiedene Fragestellung und Methode zugrunde liegt. Was bei diesem Nachweis herauskommt, ist aber, soweit das Auge reicht, recht bedenklich. ⌐Ich zeige

---

[36] A. Schlatter, *Die christliche Ethik,* Calw und Stuttgart 1914, S. 30. 1929³ (1961) S. 35.

[37] G. Wünsch, *Theologische Ethik,* Berlin und Leipzig 1925 (Sammlung Göschen 900) S. 66.

dies an einigen Beispielen aus der neueren Geschichte der theologischen Ethik.[1]

Nach *Schleiermacher* (Chr. Sitte S. 23)[38] hat die Dogmatik zu fragen: «Was muß sein, weil die religiöse Form des Selbstbewußtseins, weil der religiöse Gemütszustand ist?», die Ethik dagegen: «Was muß werden aus dem religiösen Selbstbewußtsein und durch dasselbe, weil das religiöse Selbstbewußtsein ist?» Wir fragen: Wie kommt man in der Theologie dazu, das religiöse Selbstbewußtsein als seiend, als gegebene Größe, und zwar als gegebenen methodischen Ausgangspunkt zu setzen? Und wenn man das tut – wird die Beschreibung dessen, was aus diesem religiösen Selbstbewußtsein und durch dasselbe werden soll, nun wirklich theologische Ethik, theologische Bestimmung der Güte menschlichen Handelns sein oder nicht etwas ganz Anderes?

ⸯNach *Christian Palmer* (Die Moral d. Chrts., S. 21 f.)[39] ist der Unterschied zwischen Dogmatik und Ethik einfach der zwischen Göttlichem und Menschlichem. Die Glaubenslehre hält uns dasjenige vor, was Gott durch seine Heilsoffenbarung für uns getan und vollbracht hat, so daß wir nicht erst zu handeln, nicht erst Opfer zu bringen oder Werke zu verrichten haben, um unsere Seele zu retten, sondern nur annehmen dürfen, was schon vollständig geschehen ist, uns nur stellen und gründen dürfen auf den Grund, der schon gelegt ist für alle Ewigkeit. Aber ebenso ist das Reich Gottes immer zugleich auch das Resultat menschlicher, sittlich freier Tätigkeit, jede wahrhaft sittliche Handlung ebensosehr die Tat des Menschen wie eine Wirkung Gottes. Die Ethik hat es mit der menschlichen, d. h. durch den menschlichen Willen, durch menschlich freies Tun vermittelten Seite des Reiches Gottes zu tun. Wir fragen: ob uns das Reich Gottes denn wirklich auch in diesem Sinn, als Tat des Menschen offenbar ist, oder ob der Blickwechsel von den Taten Gottes zur Tat des Menschen

---

[38] F. Schleiermacher, *Die christliche Sitte nach den Grundsätzen der evangelischen Kirche im Zusammenhang dargestellt.* Hrsg. v. L. Jonas, Berlin 1843. 1884² (= F. Schleiermachers Sämtliche Werke I, 12), S. 23.

[39] Chr. Palmer, *Die Moral des Christentums,* Stuttgart 1864, S. 21ff.

14

nicht notwendig eine Metabasis eis allo genos bedeuten muß, durch die nachträglich auch das in Frage gestellt wird, ob es in der so koordinierten Glaubenslehre wirklich um die Taten Gottes und nicht hier wie dort letztlich um die Schleiermachersche Analyse des menschlichen Selbstbewußtseins ging?[1]

Nach *A. Ritschl* (Rechtf. u. Vers. 4. Aufl. III S. 14)[40] begreift die Dogmatik «alle Bedingungen des Christentums in dem Schema der Bewirkung durch Gott, die Ethik, indem sie diese Erkenntnis voraussetzt, begreift das Gebiet des persönlichen und gemeinschaftlichen christlichen Lebens in dem Schema der persönlichen Selbsttätigkeit». Wir fragen: Wie kommt man in der Theologie dazu, christliches Leben als solches zu begreifen? Und in welchem Sinn mag menschliche Selbsttätigkeit Gegenstand einer wirklich theologischen Ethik zu heißen verdienen?

Nach *Th. Haering* (D. Chr. L. S. 9 f.)[41] «zeigt die Glaubenslehre, wie uns das Reich Gottes als Gabe Gottes im Glauben an Christus zu gewissem persönlichem Besitze wird; die Sittenlehre, wie uns dieser Glaube Antrieb und Kraft ist, an der in jener Gabe enthaltenen Aufgabe mitzuarbeiten, daß das Reich Gottes verwirklicht werde, immer mehr zu uns und durch uns komme, ‹hier zeitlich und dort ewig›». Wir fragen: Wie kommt man in der Theologie dazu, den Glauben an Christus als Kraft und Antrieb zur Mitarbeit an der Verwirklichung des Reiches zu «zeigen»? Wird der Antrieb und die Kraft, auf die man «zeigen» kann, nicht etwas ganz Anderes sein als der Glaube, und die Ethik, die sich hier «zeigen» zu können getraut, nicht etwas ganz Anderes als theologische Ethik?|

Nach *O. Kirn* (Grundr. d. E. S. 1)[42] faßt die Dogmatik «das christliche Leben nach seiner Begründung auf Gottes Heilsoffen-

---

[40] A. Ritschl, *Die christliche Lehre von der Rechtfertigung und Versöhnung*, Bd. I–III, Bonn 1870–1874, Bd. III 1895[4], S. 14.

[41] Th. Haering, *Das christliche Leben*. Ethik. Stuttgart 1902. 1907[2] S. 9. 1926[3] ebd.

[42] O. Kirn, *Grundriß der Theologischen Ethik*, Leipzig 1906, S. 1. 1936[7] S. 1f.

barung, also unter dem Gesichtspunkt der gläubigen Rezeptivität», die Ethik aber dasselbe «nach seiner tätigen Entfaltung, also unter dem Gesichtspunkt der gläubigen Spontaneität», ins Auge. Wir fragen: wie wohl Dogmatik sowohl wie Ethik das christliche Leben, das doch nach Kol. 3,3 verborgen sein soll in Gott, ins Auge zu fassen bekommen mag, und ob wohl die Darstellung dessen, was man als «gläubige Spontaneität» in der Tat ins Auge fassen kann, wirklich theologische Ethik zu heißen verdienen wird? ⌐Alle diese Auffassungen sind Variationen des alten augustinischen Themas, wonach man göttliches und menschliches Tun in der Gnade als die zwei Seiten eines und desselben Geschehens zusammenzuschauen hätte. Eben die Möglichkeit dieser Zusammenschau ist aber problematischer, als es hier zugegeben wird.¬|

Nach *Schlatter* (S. 30) verhält es sich folgendermaßen: Die Dogmatik gewinnen wir dann, «wenn wir auf das achten, was wir geworden sind und an uns wahrnehmen, die Ethik dann, wenn wir uns das verdeutlichen, was wir werden und aus uns machen wollen. Nachdem uns der Dogmatiker Gottes Werk gezeigt hat, das für uns und in uns geschehen ist, ... zeigt uns der Ethiker unser Werk, das uns deshalb zugeteilt ist, weil wir Gottes Werk sind». Wir fragen: Was heißt denn in der Theologie «auf etwas achten», «etwas wahrnehmen», «sich etwas verdeutlichen», «zeigen»? Dürfte es die Eigenart des theologischen Wahrnehmens und Zeigens nicht etwa mit sich bringen, daß von einer solchen handfesten Verteilung des Problems in Gottes Werk und unser Werk gar nicht die Rede sein kann, daß die Wahrnehmung dessen, was wir werden und aus uns machen wollen, das Zeigen auf unser Werk (bei aller Beteuerung, daß wir selbst Gottes Werk seien) zu einer theologischen Ethik nie und nimmer führen kann?|

Nach *Carl Stange* (Dogm. I S. 50ff.)[43] weist die Dogmatik im Blick auf alle einzelnen Aussagen des christlichen Glaubens nach,

[43] Vgl. C. Stange, *Dogmatik,* 1. Bd.: Einleitung in die Dogmatik, Gütersloh 1927, S. 49ff. v. a. S. 53.

daß das in der Symbolik festgestellte Wesen des Christentums dem Ideal entspricht, das die Religionsphilosophie als das Wesen der Religion überhaupt erwiesen hat, sie weist nämlich nach, daß das Christentum Offenbarungsreligion ist. Die Ethik nun führt denselben Nachweis im Blick auf die Wirkung, die das Christentum auf die Gestaltung des geschichtlichen Lebens ausübt. Eine geschichtliche Erscheinung einer bestimmten Form geschichtlichen Lebens muß sich ja als Auswirkung des Wesens darstellen, das dieser bestimmten Form des geschichtlichen Lebens eigen ist. Indem die Ethik solche Auswirkungen beschreibt, die nur als Auswirkungen des Wesens eben des Christentums zu verstehen sind, und ebenso das Christentum als das Wesen, das diese Auswirkungen hervorbringt, führt auch sie den Nachweis, daß das Christentum Offenbarungsreligion ist. Wir fragen: angenommen, dieser Nachweis sei überhaupt ein in sich sinnvolles Unternehmen, angenommen also, es sei möglich, sich mit Schleiermacher auf jene überlegene Plattform zu stellen, von der aus das Christentum als eine «bestimmte Form des geschichtlichen Lebens» eingesehen und mittels eines Idealbegriffs von Religion an anderen solchen «Formen des geschichtlichen Lebens» gemessen werden könne – wie aber kommt man als Theologe dazu (unser Einwand gegen Stange ist derselbe wie der gegen alle vorher Genannten), die Kontinuität zwischen der «Erscheinung» und dem «Wesen» dieser «bestimmten Form des geschichtlichen Lebens» festzustellen? Überträgt sich denn der Charakter des «Wesens» des Christentums: daß es Offenbarung ist, so selbstverständlich auf die «Erscheinung», auf seine geschichtliche Auswirkung, daß aus dieser jene ohne weiteres abgelesen werden kann? Wie wird eine nun wirklich und ehrlich der «Erscheinung» sich zuwendende Ethik den Anspruch begründen, theologische Ethik zu sein?

Wir halten alle diese Versuche, Dogmatik und Ethik methodisch zu unterscheiden, darum auch, von der Ethik aus betrachtet, für bedenklich, weil dabei mit großer Regelmäßigkeit ein bedenklicher Wechsel in der Blickrichtung, eine bedenkliche Vertauschung des Subjekts mit einem anderen Subjekt, nämlich Gottes mit dem Menschen stattfindet, was merkwürdigerweise gerade in der Formel von Schlatter am krassesten in die Erscheinung tritt. Diese bedenkliche Vertauschung beruht aber auf der bedenklichen Vermutung, als sei die Theologie durch die Offenbarung in die Lage versetzt, von Gott und vom Menschen in einem Atemzug zu reden, und zwar ganz und gar zugunsten des Menschen, also dem Blick auf den heiligen Gott einen zweiten Blick auf den heiligen Menschen folgen zu lassen. Eben auf Grund dieser Voraussetzung ist es ja, wie wir sahen, in der alten Kirche, nicht ohne Anleihen bei Cicero und Aristoteles, zu einer theologischen Ethik gekommen. Diese Vermutung und die auf ihr beruhende Vertauschung bedeutet aber ganz einfach die Preisgabe der Theologie, ⌜jedenfalls als christliche Theologie⌝. Die Theologie ist ⌜christliche⌝ Theologie, wenn und sofern sich ihre Aussagen auf die Offenbarung beziehen. Die Offenbarung ist aber die Offenbarung Gottes und nicht des frommen Menschen. Wechselt sie nun, und wäre es unter Berufung auf die Offenbarung, die Blickrichtung, bezieht sie sich auf einmal auf die «gläubige Spontaneität», auf das, was wir werden und aus uns machen wollen, auf die Auswirkung des Wesens des Christentums und wie diese Formeln alle lauten, so wendet sie sich in Wirklichkeit von der Offenbarung *ab,* so hört sie auf, Theologie zu sein. Die vermeintliche Erweiterung ihres Gegenstandes bedeutet in Wirklichkeit, daß er ihr verlorengeht. Den Beleg dafür bieten die vorhin beiläufig aufgeführten Definitionen der Dogmatik, auf die wir hier nicht näher eintreten können, von denen aber zu zeigen wäre, daß sie nicht minder mißlich sind als die der Ethik. Es kann ja nicht anders sein, als daß eine so definierte Ethik auch die Dogmatik und sicher die ganze übrige Theologie in Mitleidenschaft ziehen muß.

Die Theologie ist die Darstellung der Wirklichkeit des sich an den Menschen richtenden Wortes Gottes. Diese Darstellung stellt sie vor drei verschiedene Aufgaben: sie fragt als *Exegese* nach der Offenbarung dieses Wortes in der Heiligen Schrift; sie fragt als

Dogmatik nach der notwendigen Beziehung des Inhalts der heutigen Predigt der Kirche zu diesem in der Schrift offenbarten Worte; sie fragt als *Homiletik* nach der notwendigen Beziehung der Form der heutigen Predigt zu diesem Worte. Die Aufgaben dieser drei eigentlichen Disziplinen der Theologie sind verschieden: wesentlich historischen Charakter hat die erste, wesentlich dialektisch-kritischen die zweite, wesentlich technologischen Charakter die dritte. Die Blickrichtung aber und das Subjekt, von dem die Rede ist, sind dieselben. Exegese, deren Gegenstand wirklich die frommen Persönlichkeiten der Propheten und Apostel oder auch Jesu selbst, eine Dogmatik, deren Gegenstand wirklich das fromme Selbstbewußtsein, eine Homiletik, deren Gegenstand wirklich die Frömmigkeit des Predigers und seiner Gemeinde geworden sein sollte, hat eben damit aufgehört, Theologie zu sein. Sie hat dann den Boden unter den Füßen verloren, auf dem der Theologie ein ihr eigentümlicher Gegenstand auf eine ihr eigentümliche Weise gegeben ist. Denn jene Definition der Theologie läßt sich nicht ebensogut auch umkehren.|

Theologie ist also nicht Darstellung der Wirklichkeit des an den Menschen sich richtenden Wortes Gottes *und* Darstellung der Wirklichkeit des Menschen, an den sich das Wort Gottes richtet. Das ist freilich auch eine Wirklichkeit, und es braucht nicht erst gesagt zu werden, daß die Theologie in keiner von ihren Hauptdisziplinen an ihr vorübergehen kann. Sie kennt ja auch die Wirklichkeit des Wortes Gottes nur als die Wirklichkeit des an den Menschen sich richtenden Wortes Gottes und kann von dieser Bestimmung ihres Gegenstandes keinen Augenblick abstrahieren. Eben darum kann man sagen, daß nicht nur die Dogmatik, sondern die Theologie überhaupt das Problem der Ethik von Haus aus und auf der ganzen Linie in sich schließt. Aber der Mensch, an den sich das Wort Gottes richtet, kann in der Theologie nirgends zum Thema, zum Subjekt, von dem geredet wird, werden. Er ist nicht, er ist in keinem Sinn ein zweiter Gegenstand der Theologie, an den dann mit einer Umwendung des Blickes auch noch heranzutreten wäre. Wo dieser Übergang eintritt, wo Fragen wie die möglich werden: was wir werden und aus uns machen wollen, da ist der Tod im Topf [vgl. 2. Kön. 4,40]! Denn die Wirklichkeit des Menschen, den das Wort Gottes anredet, befindet sich, so gewiß die Theologie sie keinen Augenblick aus dem Auge verlieren darf und kann, mit der Wirklichkeit des Wortes Gottes selber keineswegs auf derselben Ebene, so daß eine solche Koordination der Betrachtung von oben und von unten, wie sie in den besprochenen Formeln der Neueren vorgesehen ist, möglich wäre. So mögen Rezeptivität und Spontaneität, so mögen Gabe und Aufgabe, so mögen Inneres und Äußeres, so mag Sein und Werden sich koordinieren lassen, so läßt sich aber nicht koordinieren Gott und Gottes Wort auf der einen und der Mensch auf der anderen Seite. Es ist nicht wahr, daß diese zweite Wirklichkeit jener ersten etwa als zweiter Pol in irgendeinem Spannungsverhältnis gegenüberstehe. Es ist nicht wahr, daß der fromme Mensch am Kommen des Reiches Gottes mitzuarbeiten habe, sondern – und das ist etwas ganz Anderes – um das Kommen des Reiches Gottes hat er zu beten. Es ist nicht wahr, daß er sich zum Worte Gottes verhalte wie das Subjekt zum Objekt. Das Alles sind Vorstellungen, die nur möglich sind auf Grund der die alte katholische Kirche ruinierenden Ansicht von der Synthese und Kontinuität zwischen Natur und Übernatur, die ein Wiedereindringen des Heidentums in die Kirche bedeutete.|

Sondern die Wirklichkeit des durch das Wort Gottes angeredeten Menschen verhält sich zu der Wirklichkeit des Wortes Gottes selbst wie das Prädikat sich zum Subjekt verhält, d. h. sie ist *diese* Wirklichkeit nie und nirgends und in keiner Hinsicht an sich, sondern eben nur als mitgesetzt in jener. Sie ist nur von jener aus ausfindig zu machen; man kann von ihr nur reden, indem man von jener redet. Christen gibt es nur in Christus, nicht an sich, nur von oben, nicht von unten gesehen, nur im Glauben, nicht im Schauen, also gerade nicht so, wie es Mohammedaner und Buddhisten und Atheisten, wie es Katholiken und Protestanten gibt.|

Redet man von Christen und Christentum und Christlichkeit

in diesem letzteren Sinn – und das können wir Alle schon der Kürze halber weithin nicht vermeiden –, dann muß man sich bewußt sein, daß man von der christlichen *Welt* redet, die wahrlich Welt, Kosmos im Sinn des Johannesevangeliums ist, wie die ganze übrige Welt. Man redet dann eben typisch untheologisch. Warum soll man nicht auch untheologisch vom Christentum reden statt von Christus? Zweifellos: auch der fromme Mensch, auch der Christ an sich kann ein dankbarer, interessanter und lehrreicher Gegenstand wissenschaftlicher Forschung sein. Es gibt sogar eine ganze der Exegese, der Dogmatik und der Homiletik in gleicher Weise unentbehrliche theologische Hilfsdisziplin, nämlich die *Kirchengeschichte,* in der scheinbar, dialektisch, der Belehrung halber, er, der christliche Mensch als solcher, zum Gegenstand auch der theologischen Forschung wird. Aber gerade die Kirchengeschichte macht es nolens volens wahrhaftig sichtbar, daß dieser christliche Mensch nicht an sich der von Gottes Wort angesprochene Mensch ist, daß von *seiner* evidenten Heiligkeit, und wenn er Augustin oder Luther hieße, wirklich nie und nirgends die Rede sein kann. Gerade sie weist auf, daß der Christ und das Christentum an sich Phänomene im Kosmos neben vielen anderen Phänomenen sind. Gerade sie mit ihrer dialektisch gemeinten, untheologischen Fragestellung macht deutlich, daß theologisch gefragt und geantwortet werden müßte, wenn es darum ginge, den Christen etwa noch als etwas Anderes denn als einen Teil und Träger des Kosmos zu verstehen. |

Darum geht es nun aber offenbar, wenn in der Theologie nach der Güte menschlichen Handelns gefragt wird. Wir haben im ersten Absatz unseres Paragraphen gesehen, daß diese Frage von Haus aus die Fragen der Psychologie sowohl wie der Geschichts-, wie der Rechtswissenschaft transzendiert. Offenbar muß sie das auch in der Theologie tun, wo unter Güte konkret jedenfalls etwas in der Richtung des Begriffs Gottgemäßheit zu verstehen sein wird. Es gibt allerdings auch in der Theologie in methodischer Fortsetzung der Linie der Kirchengeschichte und in Analogie zu jenen im ersten Absatz genannten profanen Disziplinen die Hilfswissenschaften der Religionspsychologie, der religiösen Volkskunde und des Kirchenrechts. Soll es nun in der Theologie Ethik geben, soll hier in irgendeinem Sinn nach der Güte oder Gottgemäßheit menschlichen Handelns gefragt werden, so kann diese Frage weder mit der religionspsychologischen noch mit der Frage der religiösen Volkskunde, noch mit der des Kirchenrechts zusammenfallen, sie kann ihnen und damit der Kirchengeschichte aber auch nicht methodisch an die Seite treten. Ihr Gegenstand kann nicht das christliche, gottgemäße und insofern gute Leben des Menschen als solches sein, sondern, in jenen Begriffen unseres ersten Absatzes geredet: die *Richtigkeit* seiner Christlichkeit, ihre *Geltung,* ihr *Ursprung* und ihre *Würde* als solche. Sie kann die Güte menschlichen Handelns nicht anderswo suchen als in der Güte des an den Menschen sich richtenden *Wortes.* Sie wäre nicht nur nicht Theologie, sondern auch nicht Ethik, wenn ihr Verhältnis zur Dogmatik, wenn ihre Fragestellung in der Weise bestimmt werden sollte, wie wir es uns von den angeführten theologischen Autoren haben sagen lassen, und wie es durch die nicht allzu glückliche Geschichte des Problems allerdings nahe genug gelegt ist.

3.

Die Antwort auf die Frage nach einer der Sache vielleicht besser entsprechenden enzyklopädischen Eingliederung der Ethik in die Theologie finden wir am besten, indem wir nun selbständig zu überlegen versuchen, ob und wiefern denn die Ethik tatsächlich im Aufgabenkreis der Theologie liegen möchte.

Wir definierten die Theologie als Darstellung der Wirklichkeit des an den Menschen sich richtenden Wortes Gottes. Wir sahen, daß sich dieses Thema nicht in zwei Themata Gott *und* der Mensch zerfällen läßt, daß sich also *so* die theologische Ethik nicht begründen läßt, als ob, nachdem von dem, was Gott für uns, an uns und in uns getan, hinreichend die Rede gewesen, nun endlich auch das Andere zur Sprache gebracht werden müsse: was wir selber zu tun haben. Wahrhaftig nicht aus Gleichgültigkeit gegen das, was mit dieser zweiten Frage gemeint ist, lehnen wir sie ab, aber weil wir sie, in dieser Abstraktion als zweite der ersten gegenübergestellt, weder als theologische noch wie wir zuletzt sahen, als ethische Frage ernst nehmen können. Aber treten wir nun dem, was mit ihr gemeint sein könnte, näher.

Es ist offenbar innerhalb der Theologie im besonderen die *Dogmatik,* der gegenüber das Anliegen der Ethik angemeldet ist. Die Dogmatik ist die Wissenschaft vom Inhalt der christlichen Predigt, nämlich von der Beziehung der Predigt zum offenbarten Worte Gottes. Das Anliegen der Dogmatik besteht darin, daß in der christlichen Predigt das *Wort Gottes* zu Gehör komme. Sie stellt die Wirklichkeit des Wortes Gottes dar ⌐nicht direkt, aber⌐ in ihrem Reflex in der allseitigen Bewegung des frommen Menschenwortes durch diesen seinen Gegenstand, ⌐in der dogmatischen Dialektik, deren intentionaler Ursprungs-, Beziehungs- und Zielpunkt eben die Wirklichkeit des Wortes Gottes ist⌐. Wie sollte sie dabei je aus den Augen verlieren dürfen und können – an den Menschen richtet sich ja auch das Menschenwort der Predigt –, daß die Wirklichkeit des Wortes Gottes, die sie letztlich auf der ganzen Linie für sich selber muß reden lassen – die Wirklichkeit des vom Menschen wirklich *gehörten,* den Menschen wirklich angehenden, in Anspruch nehmenden und mit Beschlag belegenden Wortes ist? Den *Menschen,* nämlich den existierenden, d.h. also nicht bloß denkenden, sondern, indem er denkt, lebenden, handelnden, irgendwie in der *Tat* seines Daseins begriffenen Menschen. Nur der *Täter* des Wortes, d.h. der vom Worte Gottes auf frischer Tat ergriffene Hörer dieses Wortes, *ist* sein wirklicher Hörer. ⌐Weil es Gottes Wort an den *wirklichen* Menschen und weil der wirkliche Mensch der im *Wirken,* in der *Tat* seines Lebens begriffene Mensch ist⌐,[44] hört man es nicht abseits, sondern *im* Akt, und zwar nicht in irgendeinem Akt, sondern im Lebensakt, im Akt seiner Existenz, oder man hört es gar nicht. Man

---

[44] Text A: «*Man hört es nicht abseits...*»

hört es nicht in der Zerstreuung, und wäre sie noch so tiefsinnig und geistvoll, in der man wähnt, daß es wohl wahr sei, daß es einen aber nicht angehe, daß von jemand oder von etwas Anderem die Rede sei als von uns selbst. Anders denn in dieser Aktualität des wirklich *gesprochenen* und *vernommenen* Wortes kann die Dogmatik ihren Gegenstand an keiner einzigen Stelle ihres langen Weges darstellen wollen, so weit sie sich oft scheinbar (aber nur scheinbar) von der konkreten Wirklichkeit und Lage des Menschen entfernen muß. |

Und wie sollte es anders sein, als daß dieser Sachverhalt dann auch an ganz bestimmter Stelle des Weges der Dogmatik ausdrücklich zur Sprache kommen muß: dort nämlich, wo die Dogmatik als Lehre von der Versöhnung im besonderen auch das zu sagen hat, daß das Ereignis der Versöhnung des sündigen Menschen durch Gott mit Gott ein an diesem Menschen, wie er ist, sich vollstreckendes wirkliches Ereignis ist, daß Gottes Gnade ihn *angeht?* Wer es etwa (aber das wäre allerdings sehr bedenklich) in der übrigen Dogmatik, ⌐in der Lehre von Gott etwa oder in der Lehre von der Schöpfung oder in der Christologie⌐, noch nicht gemerkt haben sollte, der müßte es spätestens an dieser Stelle merken: tua res agitur, oder Alles ist für dich Unsinn; das Wort Gottes, dessen Wirklichkeit wir zu umschreiben versuchen, ist nicht nur geredet, sondern ⌐für dich⌐, zu *dir* geredet. Du kannst nichts denken, sagen noch tun, du kannst keinen Atemzug vollbringen, ohne daß es so oder so Entscheidung wäre gegenüber dem dir gesagten Worte Gottes. |

Diese ⌐in Gottes Offenbarung grundsätzlich vollzogene, in der Heiligen Schrift bezeugte, in der christlichen Predigt promulgierte⌐ Inanspruchnahme des Menschen als solchen nennen wir in der Dogmatik die *Heiligung.* Eben damit, daß wir das Wort nicht nur als das Wort Gottes verstehen, nicht nur als das Wort unseres Schöpfers, nicht nur als das Wort seiner Treue und Barmherzigkeit in Christus, nicht nur als das berufende und rechtfertigende Wort, und weiter nicht nur als das Wort, das die Kirche begründet, und das uns unsere Erlösung verheißt, damit, daß wir es – das Alles sollte genügen, möchte man denken – ausdrücklich und nachdrücklich auch als das *heiligende* Wort verstehen, haben wir das Recht zu dem Satz, daß in der Wirklichkeit des Wortes Gottes die Wirklichkeit des das Wort vernehmenden Menschen enthalten und damit die christliche Antwort auf die Frage nach der Güte menschlichen Handelns gegeben ist.

Gut heißt: *durch Gottes Wort geheiligt,* so könnten wir kurz formulieren und in Erinnerung an den ganzen starken Inhalt dieses Begriffs der Heiligung das Bedürfnis nach einer besonderen Ethik in der Theologie rundweg in Abrede stellen. Es ist durch die Erinnerung an den ethischen Charakter der Dogmatik überhaupt und durch die Erinnerung an die ausdrückliche Beantwortung der ethischen Frage in der Lehre von der Heiligung gesichert, daß Ethik als selbständige Disziplin *neben* der Dogmatik eine Unmöglichkeit ist. Ihr Anliegen ist nicht nur im allgemeinen, sondern auch im besonderen eigenstes Anliegen der Dogmatik selber.

Es wäre nun aber nicht wohlgetan, wenn wir es bei dieser Feststellung bewenden lassen und auf alles Weitere verzichten würden. Die ethische Frage ist offenbar nicht eine Frage neben vielen anderen, sondern in eminentem Sinn die menschliche *Existenz*frage. Wie wir wollen, *so* – und was wir tun, *das – sind* wir. Es ist nicht so, daß der Mensch existiert und dann u. a. auch noch handelt, sondern er existiert, indem er handelt. Sein Handeln, sein existere, sein Hervortreten ist seine Existenz. Die Frage, ob und inwiefern er *richtig* handelt, ist also keine andere als die, ob er denn richtig *existiert.* Fragt nun die Ethik eben nach dieser Güte des menschlichen Handelns und zielt die Dogmatik ihrerseits im ganzen und im besonderen auf den Satz, daß das menschliche Handeln insofern gut ist, als Gott es heiligt, so ist dieser Koinzidenzpunkt jedenfalls für beide Teile von ganz einzigartiger Bedeutung. Lassen wir es zunächst dahingestellt, was es für die Ethik, die ja nicht von Haus aus und selbstverständlich theologische Ethik ist, bedeutet, daß ihr hier in der Dogmatik die Theologie, die Stimme der christlichen Kirche begegnet. Der Dogmatik jedenfalls kann es nicht gleichgültig sein, daß sie hier, im Anliegen der Ethik als ihrem eigenen Anliegen, auf die menschliche Existenzfrage stößt. Es ist allerdings nicht so – diesen Einbruch *Kierkegaards* in die Theologie, wie er, wenn ich recht sehe, etwa bei *Bultmann* stattfindet, könnte ich nicht gutheißen –, [45] daß die menschliche Existenzfrage als solche auch das Thema der Theologie und der Dogmatik wäre. Ihr Thema ist das Wort Gottes und nichts sonst, aber das Wort Gottes freilich als Beantwortung nicht nur, sondern als Ursprung der menschlichen Existenzfrage. Jene alle Psychologie, Sittenkunde und Rechtswissenschaft transzendierende Frage nach dem Guten besteht und besteht darum in so unheimlicher *Dringlichkeit* und kommt darum wie jede echte Frage von einer heimlich im voraus gegebenen *Antwort* her, weil dem Menschen das Wort Gottes gesagt ist, weil das Wort Gottes sein Leben in Anspruch nimmt.

Der Gegenstand der Dogmatik ist schlechterdings das Wort Gottes, der Gegenstand des Wortes Gottes aber ist schlechterdings die menschliche Existenz, das menschliche Leben oder Handeln. Dieser Sachverhalt kann nun offenbar für die Dogmatik nicht nur ein Beziehungspunkt, ein Locus neben anderen sein, von dem aus sie re bene gesta, nachdem das Nötige dazu in der Lehre von der Heiligung gesagt ist, zur Tagesordnung übergehen könnte. Sondern daß sie diesen Beziehungspunkt wirklich hat, daran hängt die ganze Entscheidung der Frage, ob sich ihre Darstellung der Wirklichkeit des Wortes Gottes von einer in der Haltung eines Zuschauers entworfenen Metaphysik unterscheidet, die als solche, als Darstellung einer nicht existentiell gehörten, den

[45] Vgl. S. 10, Anm. 31.

Bultmann bestimmt, was «dialektische Theologie» ist, als «Einsicht in die Dialektik der Existenz des Menschen, d. h. in seine und seiner Aussagen Geschichtlichkeit». Vgl. *Die Bedeutung der «dialektischen» Theologie für die neutestamentliche Wissenschaft,* v. a. S. 59f., 66f. An dieser Bestimmung sollten sein und Barths Weg auseinandergehen, vgl. Karl Barth – Rudolf Bultmann, *Briefwechsel 1922–1966,* passim, für die Jahre 1927/28, namentlich die Briefe Nr. 39. 40. 47. 48 (S. 67ff. 80ff.). Zum Problem des Kierkegaard-Verständnisses Bultmanns und zur Stellung Barths zu Kierkegaard s. H. Diem, *Methoden der Kierkegaardforschung,* ZdZ 6 (1928) 165ff. 170.

Menschen nicht angehenden, ihn nicht in Anspruch nehmenden, nicht zur Verantwortung ziehenden Wirklichkeit bei allem möglichen Tiefsinn, bei allem möglichen Reichtum ihres Inhalts auf keinen Fall die Wirklichkeit des Wortes Gottes wäre. Gott, außerhalb der Beziehung zu unserer Existenz verstanden, ist eben, und wenn er der dreieinige Gott von Nicaea, und wenn er der vollständig umschriebene Gott Luthers und Calvins wäre, nicht Gott, sondern ein menschlicher Götze, ein Begriffsgott.|

Es steht nun freilich nicht in unserer Macht, der Dogmatik diese Beziehung auf die Wirklichkeit des Menschen zu geben, sowenig es in unserer Macht steht, die Darstellung der Dogmatik Darstellung der Wirklichkeit des Wortes Gottes sein zu lassen. Beides tut Gott ganz allein und selber nach seinem souveränen Wohlgefallen. Es ziemt aber der theologischen Wissenschaft, hier wie überall zu Gottes Dienst bereit zu sein, welches dann auch sein Wille sein möge. Wie die Dogmatik Maßregeln ergreifen kann und ergreift, um der Zerstreutheit des menschlichen Denkens, das sich der Aufmerksamkeit auf das *Wort* immer wieder entziehen möchte, wenigstens einigermaßen zu wehren, so kann sie Maßnahmen ergreifen, um derselben Zerstreutheit wenigstens einigermaßen zu wehren, wenn sie vergessen möchte, daß es sich um das an den *Menschen* sich richtende Wort handelt. Sie kann sich einmal darum bemühen, dieser Zerstreutheit passim, ⌐durchgehend durch Vermeidung aller reinen Spekulation, und positiv durch ständige Beachtung und Hervorhebung des Entscheidungscharakters aller ihrer Sätze¬ entgegenzutreten. Sie wird zweitens nicht versäumen, die Lehre von der Heiligung mit dem Nachdruck vorzutragen, der ihr gebührt, weil hier die Frage nach dem Gegenstand des Wortes Gottes brennend wird. Sie wird aber drittens wohl daran tun, eingedenk dessen, daß sie Menschenwerk ist, und eingedenk des klassischen Vorbildes des Überganges von Röm. 11 zu Röm. 12,1, sich nicht darauf zu versteifen, daß alles Nötige schon gesagt sei, sondern – an dieser Stelle geradezu einer ganzen *Hilfswissenschaft* Raum zu geben, die die Lehre von der Heiligung noch einmal selbständig aufnimmt und in ihrem eigenen Zusammenhang in allen ihren Konsequenzen entwickelt.|

Die Anerkennung der Notwendigkeit einer solchen Hilfswissenschaft bedeutet ein gerade an dieser Stelle sehr angebrachtes, durch die Tat bewiesenes Demutsbekenntnis der Theologie. Indem sie *ihr* entscheidendes Wort, das Wort vom Hören des Wortes, in der Tat noch einmal sagt, als hätte sie es noch nicht gesagt, anerkennt sie, daß *ihr* entscheidendes Wort nicht *das* entscheidende Wort ist. Sie weist mit dieser Wiederholung darauf hin, daß gerade im entscheidenden Punkt alle Theologie nicht Meister-, sondern bestenfalls Gesellenarbeit sein, daß von einem dogmatischen System als in sich selbst genugsamer Darstellung des hohen Gegenstandes nicht die Rede sein kann. Sie hat nicht vom Himmel herab geredet, und wenn sie es noch so gut gemacht hätte, sondern auf Erden, und darum muß sie noch einmal sagen, was nur Gott selber ein für allemal gesagt haben kann.|

Solche Hilfswissenschaften kennt die theologische Enzyklopädie bekanntlich auch an anderer Stelle, und es würde sich wohl zeigen lassen, daß sie alle in irgendeinem Sinn die Bedeutung eines ganz ähnlichen Vorbehalts der Theologie gegen sich selber haben. So treten Einleitung ins A. T. und N. T., vorderasiatische und hellenistische Religionsgeschichte, Palästinakunde als Hilfswissenschaften neben die *Exegese,* so Liturgik, Katechetik usw. neben die *Homiletik,* so schon Dogmengeschichte und Symbolik neben die *Dogmatik,* speziell neben die Prolegomena zur Dogmatik, so die Kirchengeschichte als Hilfswissenschaft neben alle drei theologischen Disziplinen.|

Eine solche Hilfswissenschaft der Dogmatik ist nun auch die *Ethik.* Keine μετάβασις εἰς ἄλλο γένος darf hier stattfinden – das ist es, was wir als den Fehler der üblichen Unterscheidung zwischen Dogmatik und Ethik erkannt haben, und was gerade zu vermeiden ist. Aufgabe und Methode der Ethik sind dieselben wie die der Dogmatik. ⌜Theologische Ethik ist *selbst* Dogmatik, keine selbständige Disziplin neben der Dogmatik. Wir gehorchen nur einer unterrichtstechnischen Notwendigkeit, wenn wir sie hier gesondert von jener behandeln.[1] Es geht auch in der Ethik um die Besinnung auf das Wort Gottes als den überlegenen Sinn und Gegenstand und Träger der christlichen Predigt in Form der Kritik des frommen Menschenwortes – nun aber speziell um die Besinnung darauf, daß dieses Wort Gottes, das in der christlichen Predigt verkündigt und vernommen werden soll, den Menschen in ganz bestimmter Weise in Anspruch nimmt. Es war ja, wir denken nochmals an das Vorbild der paulinischen Briefe, besonders des Römerbriefs, an sich sehr wohl am Platz, wenn schon die alte Kirche dem Problem der Ethik jene qualifizierte Aufmerksamkeit schenkte. Es steckte auch in jener ganzen neuzeitlichen Emanzipation der Ethik gegenüber der Dogmatik nicht nur ein berechtigtes Anliegen, und in ihrem Überwuchern eine Nemesis und geschichtlich wohlverständliche Reaktion gegenüber dem Sündenfall, vor dem keine Dogmatik sicher ist, dem Sündenfall in eine Zuschauermetaphysik, in den Luxus einer müßigen Weltanschauung. Es ist aber an der Zeit, daß man aus diesem geschichtlich berechtigten, aber sachlich hochgefährlichen Reagieren gegen eine unethische Dogmatik herauskomme, Zeit, jenem Anliegen so gerecht zu werden zu suchen, wie es jedenfalls auf dem Boden der Reformationskirchen allein möglich ist, so nämlich, daß jene letztlich heidnische Einführung eines zweiten heterogenen Gesichtspunktes, bei dem dann wohl der erste und eigentliche unvermeidlich verlorenzugehen pflegt, rückgängig gemacht und auch in der Ethik ausschließlich, wenn auch in der besonderen Zuspitzung *ihrer* Frage, nicht nach einem Zweiten, sondern nach dem Einen und Einzigen, was not tut, gefragt wird. Anders als so müßte das Unternehmen einer theologischen Ethik letztlich kirchenzerstörende statt kirchenbauende Bedeutung haben.

§ 2 THEOLOGISCHE UND PHILOSOPHISCHE ETHIK

Ethik ist theologische Ethik, sofern sie die Güte des menschlichen Handelns erkennt in der den Menschen heiligenden Wirklichkeit des Wortes Gottes. Indem sie sich mit dieser Voraussetzung bekennt zu der konkreten Offenbarung Gottes in Christus durch den heiligen Geist, anerkennt sie die Berechtigung einer anderen Ethik, die als philosophische Ethik auf dem Boden desselben christlichen Bekenntnisses die Güte menschlichen Handelns ⌐in der durch jene Wirklichkeit begründeten Möglichkeit des durch den Mitmenschen rechtmäßig beanspruchten menschlichen Tuns⌐[1] suchen und finden wird.[1]

1.

Ethik ist nicht von Haus aus und nicht selbstverständlich gerade theologische Ethik, haben wir bereits gesagt. Nach der Güte menschlichen Handelns wurde von jeher und wird auch heute beständig auch ganz anders als im Rahmen der Theologie gefragt. Theologische Ethik bedeutet geschichtlich betrachtet zweifellos so etwas wie eine *Annexion,* wohl vergleichbar dem gar nicht selbstverständlich einwandfreien Einzug der Kinder Israels ins Land Kanaan, auf dessen Boden längst ganz andere Völker wenn nicht ältestes, so doch sehr altes Heimatrecht zu haben behaupteten. Auf dem scheinbar allen möglichen anderen Fragestellungen offenstehenden und längst unter einer Reihe z. T. sehr ernsthafter anderer Fragestellungen beleuchteten und bearbeiteten Gebiet der ethischen Überlegung ereignet sich das Auftreten, man möchte fast sagen der Einbruch eines Konkurrenten, dessen Fragestellung

---

[1] Text A: «*in der jener Wirklichkeit entsprechenden Möglichkeit suchen und finden wird.*» – K. Barth dürfte sich vor allem in diesem Paragraphen in stillem Gespräch mit seinem Bruder, dem Philosophen Heinrich Barth (1890–1965) befunden haben. Vgl. daher wie zur Ethikvorlesung insgesamt so namentlich zu § 2 Abschnitt 4, c (S. 67ff.) dessen Werk *Philosophie der Praktischen Vernunft,* Tübingen 1927.

sich von allen anderen hier möglichen und wirklichen Fragestellungen so außerordentlich unterscheidet, daß von jenen aus
gesehen der Zweifel an der Legitimität seines Tuns fast unvermeidlich erscheint, um so mehr als dieser keineswegs in der
Lage ist, sich friedlich als ein Diskussionsredner unter vielen
anderen zu gebärden, sondern, wie bescheiden sich sein Auftreten
in der Form immer vollziehen und wie primitiv sein wissenschaft-
liches Rüstzeug sich vielleicht ausnehmen möge, durchaus den
Anspruch zu erkennen gibt, daß gerade er es sei, der mit seiner
Fragestellung hier das letzte, alle anderen in sich aufhebende
Wort zu sagen habe.|

Wenn der philosophische Ethiker, gleichviel welcher Richtung,
wie es gelegentlich vorkommen soll, der Arbeit der theologischen
Ethik seine Aufmerksamkeit schenkt, dann findet er sich wie in
eine fremde Welt versetzt. Es ist vor Allem ein rätselhaftes
angebliches Wissen um ein *Woher?* und *Wohin?* alles ethischen
Fragens und Antwortens, das ihm hier fremdartig entgegentritt.
Was ihm selbst Problem ist: das Gesetz oder das Gut[e] oder
der Wert, nach dem er als philosophischer Ethiker fragt als nach
dem Maßstab, an dem das Handeln des Menschen zu messen ist,
das Problem der *Wahrheit* des Guten – scheint hier kein Problem
zu sein, das ist hier, nämlich im *Gottes*begriff einer rechtschaffenen theologischen Ethik, im Begriff der *Wirklichkeit* des
am Menschen durch sein Wort handelnden Gottes vielmehr der
in sich selbst gewisse, der durchaus vorausgesetzte *Ausgangspunkt*
alles Fragens und Antwortens. Und umgekehrt: was ihm selbst
kein Problem ist, die wirkliche *Situation* des Menschen im Lichte
der ethischen Frage und Antwort, seine wirkliche *Bindung* an die
Norm des Guten, seine wirkliche *Distanz* von aller Erfüllung
dieser Norm, und die wirkliche *Überwindung* dieser Distanz nicht
vom Menschen, aber von der als Wirklichkeit erkannten Wahrheit
des Guten selbst her, das alles ist es, was hier gerade brennendes
Problem, gerade Ziel alles ethischen Fragens und Antwortens ist.
Was hat eine Problematik, die beherrscht ist vom Wissen um
jenes Woher? und um dieses Wohin? mit dem zu tun, was er

selbst nochmals, gleichviel ob er sich zum Naturalismus, zum Positivismus oder zum Idealismus bekennt, Ethik nennt? Von welchem philosophisch-ethischen System aus gesehen müßte die Definition des Guten als des durch Gottes Wort geheiligten Handelns, die wir im ersten Paragraphen beiläufig gegeben haben, nicht Kopfschütteln erregen? Kann der philosophische Ethiker nicht verkennen, daß es hier wie in der Nachforschung, die er selbst Ethik nennt, irgendwie um die Frage nach der Güte menschlichen Handelns geht, so ist doch *dieses* Irgendwie geeignet, ihm die Entscheidung nahezulegen, daß hier einerseits Unmögliches, andererseits Unbeträchtliches unternommen werde. *Unmögliches* darum, weil es eine Aufhebung der Grundgesetze des menschlichen Denkens bedeute, vom Gottesbegriff als dem gegebenen Inbegriff des Guten, von der als Wirklichkeit gedachten Wahrheit eines an den Menschen gerichteten schlechthin überlegenen entscheidenden Wortes einfach auszugehen. *Unbeträchtliches* darum, weil die Frage nach der wirklichen Situation des Menschen, weil Begriffe wie die des Gewissens, der Sünde, der Gnade allenfalls psychologische und geschichtliche Wichtigkeit haben möchten, die Frage der Ethik aber, die Frage nach dem wahren Gesetz, Wert oder Gut und nach der aus diesen Kriterien abzuleitenden Qualität des menschlichen Handelns nur belasten und verwirren könnten. Diese Entscheidung, also die summarische Ablehnung der theologischen Ethik als solcher, ist dem philosophischen Ethiker als solchem jedenfalls sehr nahegelegt.|

Durch diese Sachlage ist es nun aber umgekehrt dem theologischen Ethiker sehr nahegelegt zu vergessen, daß er sich in der Situation des Angreifers und nicht des Angegriffenen befindet, daß es ihm, wenn er sein eigenes Tun versteht, nicht anstehen kann, sich seinethalb zu entschuldigen, daß er ipso facto, daß er als Theologe das Gebiet der ethischen Überlegung betritt, die angeblichen Ureinwohner dieses Landes keineswegs als Instanz betrachten kann, denen gegenüber Rechenschaft zu geben ihm geboten oder auch nur möglich wäre.|

Der Protest oder die Ignorierung, mit denen die philosophische Ethik die theologische abzulehnen pflegt, bedeutet für diese die Versuchung, ihre Auseinandersetzung mit jener in Form einer *Apologetik* zu vollziehen. Das ist die erste Möglichkeit, der wir hier entgegenzutreten haben. Apologetik ist der Versuch einer Begründung und Rechtfertigung des theologischen im Rahmen des philosophischen oder – allgemeiner und bezeichnender – des nichttheologischen Denkens, in unserem Fall also: der theologisch-ethischen im Rahmen der philosophisch-ethischen Fragestellung.

Es ist Apologetik, wenn *Schleiermacher* zwar nicht das spezifisch christliche, wohl aber das diesem nach ihm zugrunde liegende allgemeine religiöse Selbstbewußtsein mit seinem sittlichen Gehalt oder mit seiner sittlichen Richtung als ein auch der philosophisch-ethischen Fragestellung unvermeidliches Moment behaupten und damit die christliche Ethik wenigstens indirekt vor dem Forum der philosophischen rechtfertigen will (Chr. Sitte, S. 29, 75). Es ist Apologetik, wenn *De Wette* die Offenbarung, aus der sich die christliche Ethik herleitet, rühmt als die «in die Erscheinung getretene, verwirklichte Vernunft» (Lehrbuch, S. 2); wenn *Hagenbach* die philosophische Ethik auf das Christliche hinzielen läßt, in dem sie erst ihre Vollendung finde, weil der Gottesglaube als der höchste Sproß des sittlichen Lebens sich darstelle (Enzykl. 12. Aufl., S. 436);[2] wenn *W. Herrmann* meint, ohne weiteres in Anspruch nehmen zu können, jede Ethik, die nicht bloß den Begriff des Guten, sondern auch die Verwirklichung des Guten durch Menschen behandeln wolle, müsse dafür sorgen, daß die christliche Religion als eine sittlich-befreiende Kraft verstanden werde, müsse also gleichsam in ihrer Spitze selbst christliche Ethik werden (Ethik, 4. Aufl., S. 3); wenn *G. Wünsch* die christliche Ethik verstehen lehren will als eine in der philosophischen Ethik vorgesehene Möglichkeit von «Wertgesinnung», als Beja-

---

[2] K. R. Hagenbachs *Encyclopädie und Methodologie der Theologischen Wissenschaften,* Leipzig 1833. 12. Aufl. revidiert, ergänzt u. hrsg. v. M. Reischle, Leipzig 1889, S. 436.

hung einer bestimmten «Wertposition», nämlich des «real anerkannten Heiligen in Form von Personalität» als des «im Transzendenten verankerten Hauptwertes», während sie sich der philosophischen gleichzeitig dadurch empfiehlt, daß ihre formalen Kriterien mit denen jener identisch sind (Theolog. Eth., S. 59f.);[3] wenn schließlich *A. Schweitzer* den Unterschied von religiösem und philosophischem Denken im Blick auf die indische Ethik auf den relativen Unterschied zwischen einem mehr intuitiven und einem mehr analysierenden Erkennen des sittlichen Grundprinzips meint zurückführen zu sollen (Kult. u. Ethik, S. 24f.).[4]

Alle diese und ähnliche Verknüpfungen können das nicht leisten, was sie ausgesprochener- oder unausgesprochenerweise leisten wollen: die Begründung und Rechtfertigung der theologisch-ethischen im Rahmen der nichttheologisch-ethischen Fragestellung. Es bestehen zwei Möglichkeiten:

Entweder es wird bei diesen Verknüpfungen ernst gemacht mit der Voraussetzung, daß es darum angebracht sei, die theologische Ethik an der philosophischen als ihrer berufenen Richterin, als der Instanz zur Beantwortung der Wahrheitsfrage zu messen, weil der eigentümliche Gehalt der theologisch-ethischen Fragestellung oder doch der leere Raum dafür in der philosophischen von Hause aus, und zwar in überlegener, ursprünglicher Weise enthalten sei und nur – und das wäre dann eben das Geschäft der apologetischen Argumentation – zur bewußten Entfaltung gebracht werden müsse, um eben damit den gesuchten Rechtsgrund für die Existenz einer theologischen Ethik zu beschaffen. Sind jene Verknüpfungen so gemeint, dann bedeuten sie nichts anderes, als daß eben jener eigentümliche Gehalt der theologisch-ethischen Fragestellung zum vornherein preisgegeben ist. Etwas Anderes ist dann gemeint, begründet, gerechtfertigt als *diese* Fragestellung mit *ihrem* eigentümlichen Gehalt. Die Apologie mag dann gelingen, aber sie ist gegenstandslos geworden, noch

---

[3] Vgl. G. Wünsch, a.a.O. S. 59ff., v. a. S. 61f.

[4] Vgl. A. Schweitzer, *Kultur und Ethik,* München 1923. 1958[11], S. 23f. (= Kulturphilosophie 2. Teil).

bevor sie begonnen hat. Der Philosoph, der etwa ein dem Woher? und Wohin? des theologischen Fragens und Antwortens wirklich überlegenes Prinzip zu kennen, der dem Theologen gegenüber als Richter in der Wahrheitsfrage auftreten zu können meint, hat ganz recht, wenn er sich in einer rechtschaffenen theologischen Ethik in einer fremden Welt fühlt. Er kann sich hier in der Tat ärgern! Eine theologische Ethik ist keine rechtschaffene theologische Ethik mehr, wenn sie sich in jene Unterordnung begibt, in der sie einem solchen Philosophen kein Ärgernis mehr bietet. Jenes Woher? und Wohin? des theologischen Fragens und Antwortens besteht weder in einem notwendigen Moment unseres Geisteslebens noch in der Verwirklichung der menschlichen Vernunft, noch auch in der Verwirklichung des Guten durch Menschen, noch in einer – und wäre es die höchste – «Wertposition» – und wenn sie das «Heilige» in Form der Personalität und diese noch so sehr als «im Transzendenten verankert» anerkennte –, noch in einem allenfalls statt analysierend zur Abwechslung intuitiv zu erkennenden Prinzip des Sittlichen. Es besteht in der Wahrheit des Wortes Gottes, das als solches aus keinem anderen Wort abzuleiten, an keinem anderen Wort zu messen und auf seine Gültigkeit zu prüfen ist, das sich der Mensch in keiner Weise sagen, sondern nur gesagt sein lassen kann, das er vielleicht nicht gehört, das er aber, wenn er es gehört, nur im Gehorsam gehört haben kann, ohne in der Lage zu sein, darüber zu befinden, warum er ihm gehorchen muß. ⌜Gerade das Unternehmen einer *wirklichen* theologischen Ethik wäre der philosophischen Ethik gegenüber *nicht* gerechtfertigt durch den Nachweis, daß philosophische Ethik die theologische irgendwie notwendig in sich enthalte. Das Prinzip einer *wirklichen* theologischen Ethik wäre durch diesen Nachweis *nicht* gedeckt. Immer noch wäre sie, mit diesem Prinzip arbeitend, dem Philosophen ein ärgerliches Unternehmen.⌝ Philosophische Ethik könnte sich jene Apologie gefallen lassen und einer ⌜pseudo⌝-theologischen, ⌜mit diesen Existenzbedingungen zufriedenen⌝ Ethik die gewünschte Lizenz erteilen, ohne sich darum auch nur einen Augenblick in ihrem Verdikt gestört zu fühlen, daß es sich in einer wirklichen, rechtschaffenen theologischen Ethik – auf die die Apologetik als solche Verzicht leistet – um Unmögliches und Unbeträchtliches handele.

Oder aber (zweite Möglichkeit) jene Verknüpfungen ⌐zwischen dem Problem der philosophischen und der theologischen Ethik¬ sind ⌐nicht in der Meinung¬ vollzogen, ⌐als ob die theologische Ethik von der philosophischen her ihre Begründung empfangen müsse, sondern¬ unter der ganz anderen Voraussetzung, daß die philosophische die theologische Fragestellung insofern in sich enthalte, als auch das Philosophieren auf dem Boden der für die Theologie bezeichnenden Erkenntnis, nämlich auf dem Boden der Erkenntnis der Offenbarung des Wortes Gottes stattfinde. Die Philosophie sei heruntergestiegen von ihrem Richterthron und stelle sich mit ihrem Fragen und Antworten auf gleichen Fuß – der Streit der Fakultäten sei nämlich eine Kinderei – neben die Theologie, mit der sie, ohne darum aufzuhören Philosophie zu sein, das Wissen um jenes Woher? und Wohin? *teile.* Unter dieser Voraussetzung könnten jene Verknüpfungen dann mehr oder weniger alle bedeutsam werden: nicht zur Apologie der theologischen Ethik – die Philosophie würde dann selber statuieren, daß es einer solchen gar nicht bedarf –, wohl aber umgekehrt: um die Berechtigung, ja Notwendigkeit einer philosophischen Ethik neben der theologischen einleuchtend zu machen. Eine Philosophie, die mit der Theologie, die so gut wie die Theologie – denn warum sollte der Theologie in dieser Hinsicht ein Vorrecht oder Vorsprung zukommen, sie ist Menschenwerk so gut wie die Philosophie! – das Hören des Wortes Gottes zur Voraussetzung hat, sie könnte in der Richtung solcher und ähnlicher Verknüpfungen als Frage nach ⌐der *Möglichkeit*¬ und als Hinweis auf die Möglichkeit des Begriffs, von dessen Wirklichkeit die Theologie methodisch ausgeht, der Theologie als ebenbürtiger Gegenspieler an die Seite treten. Vielleicht nicht selten geradezu als ihr lebendiges Gewissen, wenn etwa die Erinnerung an die Möglichkeit jenes Begriffs geeignet sein sollte, zur Erkenntnis, zu neuer Erkenntnis der je und je vergessenen *Wirklichkeit* aufzufordern. Das ist die Verhältnisbestimmung von theologischer und philosophischer Ethik, auf die wir hier in der Tat hinauswollen. Aber wenn jene Verknüpfungen so gemeint sein sollten, dann können sie eine Begründung und Rechtfertigung der theologischen im Rahmen der philosophischen Ethik gerade nicht bedeuten wollen. Dann ist ja von beiden Seiten eingesehen, daß jene Annexion zu Recht geschehen ist. Was sollte dann von der Philosophie her in Sachen des eigentümlichen Ausgangs- und Zielpunktes der theologischen Ethik zu begründen und zu rechtfertigen sein, wenn die Philosophie etwa mit der Theologie, wenn auch auf *ihre* Weise, *christliche* Wissenschaft, wenn sie nicht Rebellion, sondern wie die Theologie Gehorsam wäre? Mit Apologetik also – das ist das Ergebnis dieser unserer ersten Erwägung – kann eine ernsthafte Auseinandersetzung zwischen theologischer und philosophischer Ethik auf alle Fälle nichts zu tun haben. Die theologische Ethik kann dem Philosophen das Befremden über ihr eigenes Gebaren nicht ersparen, so gewiß es ihr selbst immer wieder befremdlich genug sein wird. Sie *ist* von ihm aus gesehen eine unerhörte Annexion. Sie darf nicht ihm zuliebe tun, als ob es so gefährlich nicht wäre. Sie darf ihr eigentümliches Woher? und Wohin? nicht verharmlosen, um sich einen Platz an der Sonne zu sichern. Sie muß den Philosophen wie den Theologen wie jeden Menschen durch ihre Existenz als rechtschaffene theologische Ethik vor die Entscheidung stellen, ob er ihr Unternehmen als unmöglich und unbeträchtlich ablehnen oder aber die Voraussetzung dieses Unternehmens zu der seinigen machen will. Sie kann sich sinnvoll und für beide Teile fruchtbar nur dann mit ihm verständigen, wenn sie als wirklich theologische Ethik Farbe zu bekennen entschlossen ist und bleibt. ⌐Es gibt keine Apologie der theologischen Ethik gegenüber einer Philosophie, die sich nicht mit auf den Boden ihrer eigenen Voraussetzung stellt. Eine Philosophie aber, die das tut, wird keine solche Apologie fordern. Apologetik bedeutet, was auch von der Philosophie her zu ihren Versuchen zu sagen sei, von der Theologie her gesehen die Verschleierung der Entscheidung, in der die theologischen Sätze allein Gültigkeit haben wollen und können.[1]

2.

Die apologetische Haltung der theologischen gegenüber der philosophischen Ethik ist nicht die einzige, der gegenüber wir uns zu sichern haben. Neben der Apologetik empfiehlt sich der Theologie zur Behauptung ihrer Existenz die Methode der *Isolierung*, neben der Synthese die *Diastase*. Sie tritt kaum je allein auf, sondern sie bildet eine Art Ergänzung, Fortsetzung und Krönung jener, etwa wie der Krieg die Fortsetzung der Politik mit anderen Mitteln sein soll. So ist ja der Theologie trotz aller Apologetik die Erinnerung an die Eigenart ihrer Aufgabe und ihres Tuns nie so total verlorengegangen, daß sie nicht irgendwo plötzlich auch ihr Selbstbewußtsein wiederentdeckt, daß sich der Nachweis der philosophischen Begründung ihrer Aufgabe und ihres Tuns nicht irgendwie vollendet hätte in dem Nachweis ihrer Selbständigkeit, ihres Abstandes, ihres besonderen Charakters gegenüber der Aufgabe und dem Tun des Philosophen. Die für nötig gehaltene Rechenschaftsablage gegenüber der Philosophie wäre ja allzu gut gelungen, wenn ihr Ergebnis etwa das sein sollte, daß theologische Ethik selbst nichts anderes als eben philosophische Ethik ist. Dahin darf sie offenbar nicht führen, so nahe sie gelegentlich wie z. B. bei *W. Herrmann* dahin geführt hat,[5] sondern nachdem sich der Theologe vor dem Philosophen legitimiert hat, muß er wohl oder übel im Gegenteil an einem bestimmten Punkt nun doch auch zeigen, inwiefern er keine überflüssige Figur, kein bloßer Doppelgänger des Philosophen ist. Irgendeine kleine Überlegenheit, ein geheim-

---

[5] W. Herrmann, a.a.O. S. 1ff.: «In der Theologie ist es üblich, eine philosophische und eine theologische oder christliche Ethik zu unterscheiden. Es gilt zunächst, diesen Begriff einer besonderen theologischen Ethik als unhaltbar aufzulösen.»

nisvolles Mehr- und Besserwissen gegenüber der Philosophie wird nun nicht ohne Pathos behauptet und näher zu bestimmen versucht. Insofern bekommen wir es hier mit einer zweiten, von jener ersten verschiedenen Haltung der theologischen Ethik zu tun. Sie muß und will nun, gedeckt durch jene Verknüpfungen, ihre Eigenart, ihre Besonderheit, ihre Selbständigkeit nachweisen. Was in dieser Richtung gesagt zu werden pflegt, läßt sich in vier Gedankenkreise zusammenfassen: |

Man statuiert 1. als *Quelle* der theologischen Ethik mit *E. W. Mayer* (S. 191) das sogenannte christlich-religiöse Bewußtsein und definiert ihre Aufgabe mit *F. Schleiermacher* als die «Beschreibung derjenigen Handlungsweise, welche aus der Herrschaft des christlich bestimmten Selbstbewußtseins entsteht» (Chr. Sitte, S. 33). Statt «christlich-religiöses Bewußtsein» können *De Wette* (Lehrbuch, S. 2), *Kirn* (Grundr. d. E., S. 2),[6] *Wünsch* (Theolog. Eth., S. 64) auch «Offenbarung» sagen. Im Gegensatz dazu werden als Quelle der philosophischen Ethik von *De Wette, I. A. Dorner* (Chr. Sittenlehre, S. 21)[7] und *E. W. Mayer* die Vernunft, von *Kirn* die Erfahrung, von *Wünsch* Vernunft und Empirie miteinander namhaft gemacht. Gemeint ist offenbar so oder so ein nicht christlich bestimmtes Selbstbewußtsein. |

2. Der *Ort* der theologischen Moral ist, wie besonders *Schleiermacher* scharf betont (S. 33 f.), die Kirche, verstanden als Gemeinschaft der christlichen Gesinnungsgenossen. Das ethische Subjekt der theologischen Ethik ist nach *Wünsch* (a. a. O.) «der durch die Bekehrung wiedergeborene Mensch, dem die Erkenntnis Gottes durch die Erleuchtung zuteil geworden ist». Ihr fehlt also nach *Schleiermacher* (S. 29) «die universalhistorische Tendenz». Ihr Verhältnis zur philosophischen Ethik ist dahin zu bestimmen: «Was die christliche Sittenlehre gebietet, verbindet nur die Christen; die philosophische Ethik macht einen allgemeinen Anspruch, denn sie will jeden binden, der sich zur Einsicht der philo-

---

[6] Vgl. O. Kirn, a. a. O. 1936[7], S. 3.

[7] I. A. Dorner, *System der christlichen Sittenlehre,* hrsg. v. A. Dorner, Berlin 1885, S. 21.

sophischen Prinzipien, aus denen sie abgeleitet ist, erheben kann»
(S. 2). Das ethische Subjekt der philosophischen Ethik ist nach
Wünsch «der Vernunftmensch».[8]|

3. Man findet die *Voraussetzung* der theologischen Ethik mit
I. A. Dorner und mit *Hagenbach* (Enzykl., S. 436) im «Geist Gottes
oder Christi als der in den Gläubigen wirksamen Macht»[9] oder
mit *Kirn* (S. 3) in der «Lebensenergie der von Gottes Geist er-
füllten Persönlichkeit», die Voraussetzung der philosophischen
Ethik dagegen nach denselben in der sittlichen oder vernünftigen
Selbstbestimmung des Menschen.[10] Nach *Wünsch* fragt diese: «Was
soll ich tun, weil der kategorische Imperativ befiehlt?», jene aber:
«Was soll ich tun, weil Gott ist?»[11]|

Und man findet 4. den *Inhalt* der theologischen Ethik mit
Hagenbach (S. 435) in «geschichtlich bestimmten sittlichen Anschauungen», vor Allem in der «persönlichen gottmenschlichen
Lebenserscheinung des Erlösers», oder mit *De Wette* (S. 3f.) in
«positiven Gesetzen»,[12] oder mit *Kirn* (S. 3) in der «Idee des
Reiches Gottes»,[13] während der philosophischen Ethik von *Hagenbach* die «für jeden, der Vernunftwesen sein will, gültige Idee
der sittlichen Persönlichkeit» zugewiesen wird.[14] ⌜Nach
I. A. Dorner wäre das Innerliche, die Einzelpersönlichkeit, der

---

[8] G. Wünsch, a.a.O. ebd.

[9] Vgl. K. R. Hagenbach, a.a.O. S. 436: «... als der in dem Gläubigen
wirksamen Macht.»

[10] Vgl. O. Kirn, a.a.O. 1936[7], S. 3: «... die theologische Ethik ordnet
dem menschlichen Willen die leitende und belebende Wirkung des Geistes
Gottes über... Endlich eignet der theologischen Ethik mehr die intensive
Richtung, sofern sie die sittliche Durchbildung der Persönlichkeit in den
Vordergrund stellt, während die philosophische sich, mehr auf extensive Vollständigkeit und die Weite des Umblicks bedacht, um die allseitige Würdigung
des sittlich Guten zu bemühen pflegt.»

[11] G. Wünsch, a.a.O. ebd.

[12] Vgl. W. M. L. de Wette, a.a.O. S. 3: «Den eigenthümlichen Gehalt
der christlichen Sittenlehre kann man nach Analogie der politischen Gesetzgebung positiv nennen, und ihr positive Gesetze, im Gegensatze der natürlichen, beilegen ...»

[13] Vgl. O. Kirn, a.a.O. 1936[7] ebd.

[14] K. R. Hagenbach, a.a.O. ebd.

besondere Stoff der theologischen, dagegen «die Weltseite des Ethischen», die sozialen Verhältnisse etc., der besondere Stoff der philosophischen Ethik (S. 22).[115] Und so weiter! Das ist die Haltung der Diastase.|

Aber sollte sie nicht vielleicht ebenso bedenklich sein wie die vorhin geschilderte Haltung der Synthese? Was geschieht denn nun eigentlich im Zeichen dieser ⌐mehr oder weniger einleuchtenden und⌐ kunstvollen Antithetik? Wiederum besteht offenbar eine doppelte Möglichkeit:|

Entweder die bewußte Rollenverteilung zwischen den beiden Partnern wird säuberlich durchgeführt. Die Meinung ist also die, es gebe eine ernsthafte *theologische* Ethik, die wirklich nur nach dem Handeln fragt, das unter der Herrschaft des christlich-religiösen Selbstbewußtseins und im Gebiet der entsprechenden geschichtlichen Anschauung entsteht, deren Normen nur für die Kirchgenossen verpflichtend sind, die dann freilich als «Gläubige» vorausgesetzt werden, in denen der Geist Gottes wirksame Macht ist. Und es gebe ferner eine ernsthafte *philosophische* Ethik, die sich ebenso abstrakt auf Vernunft und Empirie zurückführen lasse, die sich mit der «Idee» des Sittlichen zufriedengebe, deren letztes Wort die Selbstbestimmung des Menschen sei und die als solche den Anspruch auf Allgemeingültigkeit erheben dürfe.|

Wir fragen dazu zweierlei: 1. Kann die Theologie der Vernunft oder der Empirie oder beiden zusammen einen abstrakten Wahrheitsgehalt, notabene einen allgemeingültigen abstrakten Wahrheitsgehalt, zuerkennen, um den sie als Theologie – also ebenso abstrakt mit der Offenbarung oder mit den Expektorationen des religiösen Selbstbewußtseins beschäftigt – sich nicht weiter zu bekümmern hätte, den sie getrost dem philosophischen Nachbarn überlassen dürfte, um ihrerseits, wie *Christian Palmer* (Die Moral d. Chrts., S. 18) gespottet hat, «gleich dem Vogel Greif in dunkeln Höhlen alte Traditionen zu hüten»? ⌐Ist sie etwa gerade gut genug als Lehre von der Kultur der Einzelpersönlichkeit?⌐ Ist die Offen-

---

15 Vgl. I. A. Dorner, a.a.O. S. 21.

barung Offenbarung der Wahrheit, und ist das religiöse Selbstbewußtsein Bewußtsein der Wahrheit? Oder sind sie etwas Anderes, etwa obskure Quellen von allerlei religiösen Vorstellungen,
an denen die Philosophie getrost ihres Weges vorbeiziehen
dürfte, ja vielleicht im Einverständnis mit den Theologen gar
müßte? Sind sie zur Erkenntnis der Wahrheit unentbehrlich oder
nicht? Ist es der Theologie Ernst mit ihrem angeblichen Wissen
um ein aller Vernunft und Empirie überlegenes Woher? und
Wohin? alles ethischen Fragens und Antwortens, wie kann sie
dann eine Philosophie ernst nehmen, die dieses Wissen etwa wirklich entbehren oder gar verleugnen sollte? Müßte sie nicht, statt
sich auf ein solch schimpfliches Schiedlich-Friedlich einzulassen,
den Mut haben, eine philosophische Moral, die nicht als solche so
gut wie sie selbst christliche Moral ist, Unmoral zu nennen?|

Und wir fragen 2.: Wie, wenn sich die Philosophie nun gar
nicht auf die Dauer in jenen luftleeren Raum der Idee verweisen
lassen sollte, in dem wir Theologen sie immer wieder gerne unter-
bringen möchten? Wenn sie sich das Problem der Verwirklichung,
der Konkretion, der faktischen Lebenslage des Menschen und
wiederum das Problem der jenseitigen Voraussetzung aller Verwirklichung auf die Dauer keineswegs von den Theologen ent-
reißen lassen wollte? ⌜Gehört es etwa zum Wesen der Philosophie, daß sie es mit dem Bösen leicht zu «nehmen pflegt und
darum auch mit der Versöhnung» (I. A. Dorner, S. 24)?⌝[1] Daß der
Positivismus und weithin auch der kantische Idealismus es sich
geleistet hat, diese ganzen Problemgebiete unbestellt zu lassen,
das beweist noch lange nicht, daß die Philosophie das immer tun
wird. Mit welchem Recht sollten ihr die Theologen dann ein
Überschreiten der bei jener Antithetik vorausgesetzten Grenze
verwehren wollen? Oder sollten sie die Absicht haben, die Philosophie dann in der Stimmung des älteren Bruders im Gleichnis
vom verlorenen Sohn auf diesem ihrem vermeintlichen Spezial-
und Sondergebiet zu begrüßen? Lebt sie heimlich davon, daß
sich die Philosophie eines möglichst schnöden Pelagianismus
und womöglich Atheismus befleißigt und von dem Wunsch, es

möchte dabei nur immer sein Bewenden haben, damit sie selber nicht überflüssig werde? Das sind die beiden Fragen, die gegenüber der ersten Möglichkeit aufzuwerfen sind.|

Oder aber – zweite Möglichkeit – jene Rollenverteilung ist gar nicht so streng gemeint. Man weiß darum, daß alle Wahrheit im Worte Gottes beschlossen ist und daß sie darum als vernünftige oder als geschichtliche, als profane oder als religiöse, als kirchliche oder als gesellschaftliche Wahrheit auch die Theologie angeht, auch Thema der Theologie sein muß und daß sie andererseits auch der Philosophie nicht anders zugänglich ist als durch dasselbe Wort Gottes. Die Theologie dispensiert sich also keineswegs davon, ebenso allgemeingültig zu reden wie die Philosophie, und die Philosophie redet als christliche Philosophie. Dann fällt aber der heimliche oder offene Vorzug, den sich die Theologie bei jener Antithetik zu sichern pflegt, als befinde sie sich in einem Heiligtum, von dem die Philosophie ausgeschlossen wäre; dann wird sie der Philosophie nicht mehr Aufgaben zuschieben dürfen, die sie selbst als falsch gestellt ablehnen muß, wie etwa die Entwicklung der Irrlehre von der sittlichen Selbstbestimmung des Menschen (als könnte, was in der Theologie falsch ist, in der Philosophie wahr sein), wie sie sich ihrerseits dafür bedanken wird, ähnliche Aufgaben von der Philosophie zugeschoben zu erhalten; dann wird sie nicht alsbald scheel sehen und mißtrauisch das Ausbleiben ihrer eigenen Terminologie beklagen dürfen, wenn eine Philosophie der praktischen Vernunft nun vielleicht, ohne aufzuhören, Philosophie zu sein, jenes überlegene Wissen, das sie selbst kennzeichnet, nicht ablehnt, sondern ihrerseits in ihrer Weise fruchtbar macht. Es ist dann mit einem Wort aus mit der Herrlichkeit eines der Philosophie gegenüber gesicherten Theologenstandpunktes – sondern wiederum kann die Theologie mit ihrer direkten kirchlichen Bindung nur neben die *indirekt* ebenso gebundene Philosophie treten. Sollten jene Rollenverteilungsvorschläge dahin zielen: auf die Verhältnisbestimmung zwischen einer christlich-*theologischen* und einer *christlich*-philosophischen Ethik, dann mögen sie als Vorschläge und Hinweise wiederum nicht unbedeutsam sein. Aber jene Haltung der Isolierung, als wüßte die Theologie um Geheimnisse, die eine ernsthafte Philosophie nicht *auch* weiß, wissen *muß,* um ernsthafte Philosophie zu sein, jene Haltung muß dann fallen, so gut wie die apologetische.

Ist alle, aber auch alle Apologetik erledigt, tut die Theologie als Theologie rücksichtslos, was ihres Amtes ist, dann ist eben damit ihre Selbständigkeit aufgerichtet und dokumentiert und braucht ihr deren Behauptung kein Anliegen mehr zu sein. Ist sie ihres Gegenstandes, des überlegenen Wortes Gottes, sicher, dann kann es sie unmöglich beunruhigen, daß dasselbe Wort Gottes in ganz anderer Weise auch der Gegenstand der Philosophie ist. Die Verschiedenheit, daß sie als Wissenschaft vom Zeugnis der Kirche ihn unter der Kategorie der *Wirklichkeit,* die Philosophie aber als Inbegriff der Wissenschaft vom Menschen ihn unter der Kategorie der *Möglichkeit* betrachtet und zum Kriterium erhebt, bedeutet dann eine Farbenverschiedenheit des Professorentalars, über die ein Prestigestreit keinesfalls am Platze sein kann. Das Pathos der Diastase wird entbehrlich, wenn es eingesehen sein sollte, daß die wahre Diastase nicht zwischen Theologie und Philosophie, sondern zwischen beiden und ihrem genuinen Gegenstand stattfindet, während beide im Raume der Kirche beieinander sind und sich grundsätzlich und letztlich nichts vorzuhalten haben. Das Spiel von Pharisäer und Zöllner, mit dem sich die Theologie so oft für ihre Mißachtung seitens der Weltweisheit ein wenig schadlos zu halten pflegt, das mysteriöse Pochen auf ein besonderes Verhältnis gerade der Theologen zum lieben Gott, während der Philosophie, dem armen «Vernunftmenschen» eben doch nur der kategorische Imperativ übrigbleibe – das Alles ist dann ausgespielt. Daß das geschieht, das dürfte aber für das Gelingen der theologischen wie jeder wirklichen Ethik eine nicht unwichtige ethische Voraussetzung sein.

3.

Wir haben uns noch über eine dritte Möglichkeit des Verhältnisses zwischen theologischer und philosophischer Ethik zu verständigen, die bis jetzt noch gar nicht zur Sprache gekommen ist, die aber geschichtlich und sachlich, bevor wir unsere eigenen Linien anzudeuten versuchen, unsere höchste Aufmerksamkeit verdient: ich meine die römisch-katholische Ansicht von dieser Sache. Man muß ihr, um dies gleich vorwegzunehmen, jedenfalls das nachrühmen, daß bei ihr sowohl das Mißliche der apologetischen wie das der isolierenden Haltung eingesehen und bei allen Zweideutigkeiten nach beiden Seiten und innerhalb der großen Bedenklichkeit des katholischen Systems als solchen nicht ohne Glück vermieden ist. Weder jene Auslieferung der Theologie an eine trotz und in ihrer Profanität als oberste Norm anerkannte Philosophie, noch jene ebenso hochmütige wie unzweckmäßige Abseitsstellung der Theologie gegenüber der Philosophie wird man dieser Ansicht grundsätzlich schuld geben können.[16] Ernsthaft philosophische Moral wird hier – anima humana naturaliter christiana – zwar nicht als theologische, aber als christliche Moral mit aller Entschiedenheit in Anspruch genommen, als solche dann aber auch anerkannt und behandelt als in seiner Weise ebenbürtiger Partner der theologischen Moral, auf dessen Stimme zu hören, dieser keinen Augenblick unterlassen darf, ohne ihm auch nur einen Augenblick wirklich den Vortritt zu gönnen.|

Moral*philosophie* und Moral*theologie* sind einander gegenseitig zugeordnet, setzen sich gegenseitig voraus, sind im katholisch-theologischen Ethiker grundsätzlich immer in Personalunion verbunden, aber so, daß die Moraltheologie von Haus aus den Drehpunkt des exzentrischen Rades bildet und diese Stellung nie verlieren kann. Das Problem des Verhältnisses der beiden Wissenschaften wird bewältigt durch eine schlichte, aber konsequente Statuierung von zwei verschiedenen, an sich gleichberechtigten

---

[16] Jemandem etwas schuld geben = jemanden einer Sache bezichtigen.

Problemsphären, die sich aber notwendig in einer bestimmten Rangordnung folgen, so nämlich, daß die Moralphilosophie die untere, die Moraltheologie die obere Stufe bildet. Erkennt die Moralphilosophie die Grundsätze des sittlichen Handelns, allerdings nicht ohne williges Sichbelehrenlassen durch Erfahrung und Geschichte, mit dem Lichte der natürlichen Vernunft und als Vernunftgrundsätze im selben Sinn wie die Gesetze der Logik als das im Sein wurzelnde Sollen des Menschen als solchen, so läßt sie sich dabei doch – sie wäre sonst dem Irrtum preisgegeben – durchaus durch die Offenbarung leiten. Darum erkennt sie dann auch die Bestimmung des Menschen darin, durch sein Dasein als Geschöpf den *Schöpfer* zu verherrlichen und sich so auf die ewige Seligkeit vorzubereiten, erkennt sie das in den vier aristotelischen Tugenden Klugheit, Gerechtigkeit, Tapferkeit und Mäßigkeit zu betätigende sittlich Gute, d. h. das der vernünftigen Natur des Menschen Angemessene als das bloß *relativ* Gute, relativ nämlich zu dem absolut Guten der göttlichen Wesenheit, das die Idee des Guten ist. Und wenn dem gegenüber die Moraltheologie, nunmehr direkt aus der heiligen Schrift, aus der Tradition und aus der Quelle des lebendigen kirchlichen Lehramts schöpfend, die Erhebung des in Sünde gefallenen Menschen in die Gnadenordnung zur Voraussetzung und die Darstellung der den Menschen faktisch allein zum Ziel führenden übernatürlichen Sittlichkeit, die Entwicklung des positiven christlichen Sittengesetzes und der aus ihm folgenden Pflichten und auf ihrem Gipfel die Entwicklung der drei theologischen Tugenden des Glaubens, der Liebe und der Hoffnung zur Aufgabe hat, so ist doch die Gnade nach katholischer Lehre allerdings ein höheres, vom natürlichen Wesensbestand des Menschen verschiedenes Lebenselement, in ihrem Effekt doch «zugleich Heilung und Erneuerung der Natur aus der Zerrüttung der Sünde und Erhebung der *Natur* zur geheimnisvollen Gottähnlichkeit und Gottebenbildlichkeit» (*Mausbach*, Kult. d. Geg. II S. 540)[17] – gratia non

---

[17] Vgl. J. Mausbach, *Christlich-katholische Ethik,* in: Die Kultur der Gegenwart, hrsg. v. P. Hinneberg, Teil I, Abt. IV, 2. Hälfte: Systematische

destruit sed supponit et perficit naturam – und wird das Gesetz des neuen Bundes, das die Erneuerung regelt, zum vornherein verstanden als «eine treffende Parallele zum Naturgesetz» (S. 523). |

Man braucht diese unzweifelhaft schon in der alten Kirche sich ankündigende, von Thomas von Aquino in den Grundzügen entwickelte und von der römischen Kirche im Lauf der Jahrhunderte immer feiner ausgearbeitete Konstruktion, diese kühne «Verbindung von Aristoteles und Augustinus» (S. 527) nicht erst mit der Zerfahrenheit der entsprechenden protestantischen Aufstellungen zu vergleichen, um zu der Anerkennung genötigt zu sein, daß es sich hier jedenfalls um eine klassische, sagen wir ruhig: um eine der grandiosesten Leistungen auf unserem ganzen Gebiet handelt. Daß wir von ihr zu lernen haben, ist ganz klar. In mustergültiger Weise ist hier festgelegt, 1. daß die letzte und eigentliche Voraussetzung der theologischen und der philosophischen Ethik, von der ersteren aus gesehen, eine und dieselbe sein muß: die Erkenntnis Gottes, 2. daß sich also die theologische Ethik unmöglich und in keinem Sinn durch die philosophische Ethik, mit der sie ja von derselben Wahrheitsantwort herkommt, die Wahrheitsfrage kann stellen und beantworten lassen, 3. daß sie vielmehr eine philosophische Ethik, die jene Voraussetzung entbehrte oder ganz leugnete, als Ethik nicht anerkennen bzw. daß sie jede Ethik im Blick auf die vermutlich auch ihr nicht ganz fehlenden Residuen dieser Voraussetzung nicht als theologische, aber als christliche Ethik in Anspruch nehmen muß, daß sie sie aber auch nur als solche, im Blick auf diese Residuen, d. h. gemessen an ihrer eigenen Voraussetzung als Ethik anerkennen und ernst nehmen kann, 4. daß also zwischen theologischer Ethik und einer auf dem Boden dieser Voraussetzung stehenden philosophischen Ethik nur ein relativer, methodischer, nicht aber sachlicher Gegensatz bestehen kann. Diese Form, diese Hauptzüge der katholischen Konstruktion entsprechen zu genau dem

christliche Theologie, Berlin und Leipzig 1906, S. 540: «Es ist zugleich Heilung, Erneuerung der Natur aus der Zerrüttung der Sünde und Erhebung der Natur zu geheimnisvoller Gottähnlichkeit und Gotteskindschaft.»

Ergebnis unserer eigenen im 1. und 2. Absatz angestellten Erwägungen, als daß sie uns nicht für das Folgende maßgebend sein müßten. |

Dennoch kann nun kein Zweifel bestehen, daß dieselben Sätze bei uns einen ganz anderen Sinn haben müssen als im Katholizismus. Zwischen der katholischen Ansicht und der unsrigen steht eine Verschiedenheit der Auffassung von Gott, vom Menschen, von seiner Sünde und von der ihm widerfahrenden Gnade, auf Grund deren die Intention und der ganze Charakter der Verhältnisbestimmung der beiden Wissenschaften bei weitgehender formaler Übereinstimmung sachlich weit auseinandergehen. |

Es beruht nämlich die katholische Ansicht von der gegenseitigen Zuordnung von Moralphilosophie und Moraltheologie auf der katholischen Grundanschauung von der im Begriff des Seins wurzelnden Harmonie von Natur und Übernatur oder von Natur und Gnade, von Vernunft und Offenbarung, von Mensch und Gott. Die Ordnung des Sollens ist aufgebaut auf die Ordnung des Seins, die Ethik auf die Metaphysik, die die gemeinsame Voraussetzung der Philosophie und der Theologie bildet. Das nachbildende menschliche Erkennen ist grundsätzlich trotz des Sündenfalls des wahren Seins und damit des höchsten Gutes, d. h. Gottes mächtig, wenngleich es wegen des Sündenfalls einer besonderen Erleuchtung durch die Offenbarung bedarf, um faktisch nicht doch in die Irre zu gehen. Der Sündenfall hat die Erkenntnis Gottes so erschwert, daß sie ohne die Gnade Gottes in der Regel und jedenfalls in ihrer ganzen Tiefe nicht wirklich wird. Er hat sie aber nicht geradezu unmöglich gemacht. Auf den Rest von schöpfungsmäßiger Zuordnung des Menschen zu Gott hin, kraft deren ihm ein Erkennen des Daseins, der Einheit, Geistigkeit und Persönlichkeit Gottes auch im Stande der Sünde grundsätzlich ohne die Gnade möglich ist, und mit der in bezug auf sein Sollen und Wollen das durch die Sünde gleichfalls nur geschwächte liberum arbitrium Gott gegenüber zusammentrifft, wird die anima humana als christiana, wird das Licht der natürlichen Vernunft als Prinzip der Moralphilosophie in Anspruch genommen. Dieselbe trotz des Sündenfalls erhalten gebliebene schöpfungsmäßige Zuordnung ist dann auch der Beziehungspunkt, an dem sich die auf die Gnade gegründete, aus Schrift und Dogma schöpfende Moraltheologie zu orientieren hat, nur daß sie es ist, die jener letztlich den inneren Rechtsgrund zu jener Inanspruchnahme zuerteilt, die sie letztlich leitet und die ihr darum auch im Rang vorangehen muß, zu der sich jene nur wie der Unterbau zum Oberbau verhalten kann.|

Diese Voraussetzungen jener katholischen Konstruktion *(G. Wünsch* hat sie als seiner theologischen Ethik letzten Schluß, § 32, S. 122 f., wie es scheint, ahnungslos übernommen!) sind für uns in allen Teilen bedenklich, ja unannehmbar. Es ist nun hier nicht der Ort, den protestantischen Widerspruch, der sich auch in diesem Teilproblem gegen den Katholizismus als Ganzes richtet, anders als in kurzen Strichen skizziert zum Ausdruck zu bringen.|

Er muß einsetzen schon bei der Bestimmung Gottes als des höchsten *Seins.* Wo und wie sollte uns Gott denn in seinem Sein, wo und wie anders denn im Akte und als Akt erkennbar und gegeben sein? Ist der in seinem Sein begriffene Gott eine Größe, deren der Mensch mächtig ist, mit welchem Rechte verdient dann diese Größe Gott zu heißen? Verrät sich diese Zweideutigkeit nicht bedenklich in der Vorstellung, als gebe es, unter der Voraussetzung der natürlichen Erkenntnisquelle nämlich, eine quantitativ verstanden teilweise Erkenntnis Gottes, deren Gegenstand z. B. wohl die Persönlichkeit, aber nicht die Dreipersönlichkeit Gottes, ⌐die Schöpfung, aber nicht die Versöhnung⌐ wäre? Erkennt der Mensch denn wirklich Gott, wo er ihn zugestandenerweise nicht ganz, nicht in seinem Wesen, nicht als den Herrn im prägnanten ⌐und umfassenden⌐ biblischen Sinn dieses Begriffs erkennt? Ist Metaphysik als der Philosophie und der Theologie übergeordnete Grunddisziplin nun nicht doch ein Rückfall in die Apologetik, bei der der Theologie und der Philosophie ihr letzter Ursprung und Gegenstand nur verlorengehen kann? Die Theologie schon der alten Kirche ist bekanntlich weithin apologetisch eingestellt gewesen. Wir werden die später freilich unendlich viel

gesicherter und verfeinerter auftretende katholische Prinzipienlehre gemessen an dem Gewicht dessen, was in den biblischen
Dokumenten als Erkenntnis Gottes beschrieben wird, als eine
Abweichung verstehen müssen, die wir nicht mitmachen können.|

Eben darum ist uns dann aber auch Aufbau der Ordnung des
Sollens auf die Ordnung des Seins ein unerlaubtes Beginnen.
Von welchem Standort aus kommen wir Menschen denn etwa
dazu, diesen Aufbau als solchen zu konstatieren? Muß dieses
Ableiten des Sollens aus dem Sein, von uns, die wir nicht Gott,
sondern Menschen sind, vollzogen, nicht eine Abschwächung, ja
Aufhebung des Sollens als solchen bedeuten? Gibt es ein göttlich
verordnetes Sollen, wie kann es denn für uns anderswo gründen
als in sich selber, muß dann sein Gebot nicht mit dem göttlichen
Akt ⌐des Gebietens, ja mit dem göttlichen Gebieten selbst⌐ eins
und dasselbe sein? Wie kommen wir dann dazu, darüber hinaus-
zuschauen auf ein dahinterliegendes göttliches Sein – und wenn
wir das tun, haben wir es dann als Sollen ernst genommen?|

Fragt man uns aber, warum wir denn die Bestimmung Gottes
als des Seins und die Ableitung des Sollens aus dem Sein so gar
nicht mit dem Ernst des Begriffs von Gott und seinem Gebot
vereinbaren könnten, so können wir nur antworten, weil wir alle
Gemeinschaft des Menschen mit Gott nur als *Gnade* verstehen
können. Gnade aber schließt die Möglichkeit eines solchen Griffs
nach Gottes Sein oberhalb seines Aktes gerade aus. Gnade sagt,
daß wir nur durch den göttlichen Akt und in ihm Gemeinschaft
mit Gott und also auch Erkenntnis Gottes haben. Wir könnten
Gnade nicht mehr als Gnade verstehen, d. h. aber wir könnten
das Ereignis, in dem uns Gott begegnet und uns sein Gebot gibt,
nur als ein faktisch ganz anderes Ereignis, das mit Gott direkt
gar nichts zu tun hat, verstehen, wenn die Gnade ihre Kraft
wirklich mit einem Vermögen unserer Natur und Vernunft teilen,
wenn ein Aufstieg des Menschen zu Gott möglich und eine Ordnung des Sollens wirklich sein sollte auf Grund einer direkten,
das göttliche Sein erfassenden Beziehung des Menschen zu Gott
und also vorbei an seiner Gnade. Es würde uns durch eine solche

Verteilung der Beziehung auf zwei Faktoren, ⌐essentia und gratia¬, auch der zweite angeblich göttliche Faktor, auch die Gnade zu einem Gegenstand unter anderen, dessen wir mächtig sind, wie wir eben der Gegenstände mächtig sind, für die uns aber der Begriff des Göttlichen zu gut sein müßte. Gottes Gnade – das ist das protestantische Axiom, hinter das wir uns nicht zurückdrängen lassen können – ist entweder volle, ganze, alleinige [Gnade], oder sie ist gar nicht göttliche, sondern bestenfalls eine dämonische Kraft und Wahrheit. Wir können in ⌐der Vorstellung¬ einer Gnade, an der ein solches Vorbeikommen möglich wäre, die schließlich doch nur zur Entzündung eines schon vorher vorhandenen Lichtes dienen würde, die ernste Ausschließlichkeit des biblischen Offenbarungs- und Versöhnungsgedankens in seiner Analogie zu der creatio mundi ex nihilo nicht wiedererkennen. |

Eben von dieser positiven Einsicht aus, im Lichte der Erkenntnis der Alleinwirksamkeit und Alleingenugsamkeit der Gnade müssen wir nun aber auch – das ist wohlverstanden nicht das erste, sondern das zweite – die entsprechende Negation, müssen wir den Begriff der Sünde schärfer fassen, als dies die katholische Lehre tut, können [wir] eine bloß relative, quantitative, faktische Bedeutung des Sündenfalls für das Vermögen des Menschen Gott gegenüber nicht zugeben, sondern müssen – ohne der Schöpfung des Menschen durch Gott, ohne der schöpfungsmäßigen Bestimmung des Menschen für Gott darum in manichäischer Weise uneingedenk zu sein – eine Eignung des Menschen zu einem Zusammenwirken des Menschen mit Gott auf Grund jener «Hinordnung» in Abrede stellen. Aus jener «Hinordnung» als solcher und an sich ergibt sich diesseits des Sündenfalls keineswegs die Möglichkeit oder gar Wirklichkeit einer wenn auch eingeschränkten Gemeinschaft mit dem lebendigen, wahren Gott. Gibt es, wie wir später sehen werden, eine Bedeutung der Gnade und damit der göttlichen Gebote gerade für die reine Geschöpflichkeit des Menschen als solche, so ist das eben die Bedeutung der Gnade und keine Natur- und Vernunftsvoraussetzung. Es war wieder eine Abweichung, wenn in der Tat schon die alte Kirche, spätestens seit der zweiten Hälfte des ersten Jahrhunderts,[18] die Quellen der christlichen Sittlichkeit und Sittenlehre in der Vernunft *und* in der Offenbarung und folgerichtig bei Cicero und seinesgleichen *und* in den Evangelien zu suchen und zu finden begann, und diese Abweichung war deutlich erkennbar darin begründet, daß man Gnade nicht mehr als Gnade und Sünde nicht mehr als Sünde zu verstehen begann, als jene Vorstellung von einem vollkommenen Christenstand zu herrschen begann, die wir in § 1,2 an der Wiege der verselbständigten christlichen Sittenlehre mit Bedauern angetroffen haben.|

Rechtfertigung *und* Heiligung sind aber nicht das Werk Gottes *und* des Menschen, sondern allein Gottes Werk, und die Theologie kann sich nicht mit einer Philosophie verbinden, die das anders haben möchte, um dann wohl selber, wie es die katholische Theologie allerdings tut, denselben Weg einzuschlagen. Das kann die Unterscheidung der philosophischen und theologischen Ethik nicht bedeuten, daß beide aus verschiedenen *Quellen* schöpfen, daß beide, wenn auch in gegenseitiger Ergänzung, in *verschiedener* Weise auf Erkenntnis Gottes beruhen. Es gibt nur eine Erkenntnis Gottes, und die ist Gnade. Auch für die Philosophie kann die Gnade nicht eine bloße Erleuchtung und Leitung des an sich durchaus auf geradem Weg zu Gott schon befindlichen menschlichen Denkens sein. Und so ist andererseits die Gnade auch für die Theologie keine Gegebenheit, daß sie sie auch nur in relativem Gegensatz zur Philosophie als ihre besondere Domäne behandeln und auf Grund dieses ihres besonderen Verhältnisses zu ihr – man bedenke: auf Grund ihres besonderen Verhältnisses zu Gottes *Gnade!* – einen Vorrang vor der Philosophie in Anspruch nehmen könnte und dürfte.|

Ist diese Unterscheidung von zwei verschiedenen Quellen der Ethik und die aus ihr gefolgerte Rangordnung von Theologie und Philosophie nun nicht doch wieder ein Rückfall in jene Isolierung der Theologie, bei der sie in vielleicht verhängnis-

---

[18] Richtiger: des zweiten Jahrhunderts.

voller Weise die strenge Gültigkeit ihres eigenen Prinzips in Frage stellt, indem sie der Philosophie ein anderes, neben jenem gültiges zuschiebt und bei der sich die Philosophie ihrerseits vielleicht und mit Recht durchaus nicht beruhigen wird? Hat «der weiseste aller Vermittler», wie *Mausbach* (S. 527) den Thomas nennt, die groben Fehler der Apologetik und der Isolierung, die sich die neuere protestantische Ethik leistet, in der Tat mit kluger Hand vermieden, so erschreckt uns nur um so mehr der Grundirrtum, der dabei vorzuliegen scheint. Was sind schließlich jene protestantischen Fehler anderes als eben Vergröberungen des feinen Irrtums, den wir eben in der «Verbindung von Aristoteles und Augustinus» als solcher erkennen müssen? Lassen wir uns die katholische Verhältnisbestimmung von theologischer und philosophischer Ethik in ihrer Form, in jenen Hauptzügen ihrer Struktur als vorbildlich gefallen, so werden wir ihr jedenfalls eine ganz andere, der protestantischen Einsicht von Gott, Mensch, Sünde und Gnade entsprechende Begründung und inhaltliche Füllung geben müssen.

4.

Wir haben die Auseinandersetzung mit den wichtigsten Typen der Verhältnisbestimmung zwischen philosophischer und theologischer Ethik hinter uns. Wir haben sie von dem bestimmten Ort aus vorgenommen, der uns durch unsere Aufgabe, die Aufgabe einer theologischen Ethik, gewiesen ist. Es ist selbstverständlich, daß dieselbe Auseinandersetzung, von der Philosophie aus angestellt, unter etwas anderen Gesichtspunkten verlaufen müßte. Sie könnte aber jedenfalls, wenn es sich um die Philosophie handelt, um die es sich hier allein handeln kann: um die mit der Theologie deren letztes Wissen teilende Philosophie, sachlich unmöglich zu anderen Ergebnissen führen. In der Ablehnung der apologetischen und der isolierenden Methode und in der sachlichen Ablehnung der katholischen Konstruktion bei gleichzeitiger Anerkennung ihrer hohen formalen Bedeutsamkeit müßte und würde sie, ganz anders argumentierend als wir, mit uns einiggehen. Unter demselben Vorbehalt, aber auch in derselben Erwartung treten wir nun an die Aufgabe heran, selber Antwort auf das in der Überschrift unseres Paragraphen angezeigte Problem zu geben. Also unter Vorbehalt, daß wir uns hier nicht anmaßen, zugleich im Namen der Theologie *und* der Philosophie zu reden, sondern das Wort, das die Philosophie hier mitzureden hätte, grundsätzlich der Philosophie selbst überlassen. Aber auch in der Erwartung, daß die Philosophie zwar dasselbe ganz anders, aber nicht etwas Anderes dazu zu sagen haben dürfte.[19]

a) Die *gemeinsame Christlichkeit* der philosophischen und der theologischen Ethik. Als unter mehr als einem Gesichtspunkt befremdlich dürfte wohl unter den Ergebnissen unserer bisherigen Überlegungen vor allem der Begriff einer *christlichen Philosophie* aufgefallen sein. Bemerken wir zur Erklärung vor allem, daß «christliche Theologie», wenn die Bezeichnung «christlich» einigermaßen prägnant gemeint sein sollte, ein Begriff ist, der sich jenem gegenüber keineswegs durch größere Selbstverständlichkeit auszeichnet. Theologie ist so gut und so schlimm wie Philosophie eine menschliche Wissenschaft. Sie erkennt und begreift und redet auf Erden und nicht im Himmel. Soll nun das Wort «christlich» nicht bloß eine geschichtliche Unterscheidung *dieser* Theologie von den entsprechenden Erscheinungen im Buddhismus oder im Islam bedeuten, ist bei «chistlich» an Christus gedacht und also an des lebendigen, wahren Gottes

---

[19] Ein in Text A hier anschließender, von K. B. später gestrichener Passus lautet: «*Ich habe im Diktat als gemeinsame Voraussetzung der theologischen und philosophischen Ethik genannt das ‹Bekenntnis zu der konkreten Offenbarung Gottes in Christus durch den heiligen Geist›, als Unterscheidungsmerkmale: für die theologische Ethik die Frage nach der den Menschen heiligenden Wirklichkeit des Wortes Gottes, für die philosophische Ethik die Frage nach der dieser Wirklichkeit entsprechenden Möglichkeit. Jene Gemeinsamkeit und diese Verschiedenheiten bilden offenbar die drei Punkte, die wir nun näher zu erläutern und zu bestimmen haben.*» S. oben S. 30.

Die Thesen, die er jeweils an den Anfang eines neuen Paragraphen stellte, pflegte Barth seinen Hörern zu diktieren.

Offenbarung an die Menschen und also an eine Wissenschaft, die als Theologie nicht etwa eine von den Offenbarungen des Dämonischen, deren es auch gibt, sondern dieses, des lebendigen Gottes Offenbarung zum Gegenstand hat, so ist die Frage: Wie kommt diese Wissenschaft zu dem Prädikat «christlich»? – nicht weniger angebracht, als wenn wir fragen: Wie kommt Philosophie, die Wissenschaft von der Verständigung des Menschen über sich selbst, dazu, Gottes Offenbarung vorauszusetzen und damit auf das Prädikat «christlich» Anspruch zu bekommen? Man könnte im Gegenteil erwägen, ob der Anspruch auf Christlichkeit der Theologie nicht sogar in dem Maß noch kühner sein sollte, als wenn er von oder für die Philosophie erhoben wird, als ja in der Philosophie das Christliche, Gottes Offenbarung, wenigstens nur die viel weniger auffallende Bedeutung der entscheidenden, aber unausgesprochenen *Voraussetzung* haben kann, eine Bestimmung, die im gleichen Sinn auf die Wissenschaft überhaupt, auf die Kunst, auf die Erziehung, ja, auf welches praktische Problemgebiet schließlich nicht? anzuwenden wäre, während das Christliche in der allen diesen Gebieten gegenüber gefährlich vereinsamten Theologie geradezu als *Gegenstand* menschlicher Nachforschung, Behauptung und Darstellung aufzutreten behauptet. Könnte es nicht sein, daß gegen die Christlichkeit der Theologie vielleicht mit ernsten Gründen noch mehr einzuwenden wäre als gegen die der Philosophie?|

Beginnen wir mit drei negativen Feststellungen: 1. Das Christliche kann, wenn darunter ernsthaft eben das Wort Gottes verstanden sein soll, auch für den Theologen nicht so etwas wie einen obersten Grundsatz, eine Definition bedeuten, die dann zum Prinzip weiterer Definitionen geeignet wäre und so das Ganze als christlich garantieren würde. 2. Das Christliche kann, ernsthaft verstanden, auch für den Theologen nicht in einer bestimmten Methode, etwa in der Ableitung aller Sätze aus der Heiligen Schrift oder aus dem Dogma oder auch in der möglichst freimütigen und aufrichtigen Aussprache des religiösen Bewußtseins bestehen. 3. Das Christliche kann wiederum nicht etwa in dem

Grad von Tiefe und Kraft liegen, der dem betreffenden Theologen in bezug auf seine persönliche christliche Frömmigkeit eigen wäre. In allen diesen drei Richtungen gesucht, stünde das Christliche offenbar zur Verfügung des Menschen, es könnte dann, wie zu beweisen nicht nötig ist, als Christliches gerade *nicht* ganz ernst genommen, es müßte trotz des Vorhandenseins vielleicht aller dieser drei Eigenschaften mit der Möglichkeit der Unchristlichkeit auch der Theologie beständig gerechnet werden. |

Ernst genommen, kann der Begriff «christlich», auch auf die Theologie angewendet, nur ein Hinweis sein auf das Zeugnis: «*Ich* bin der Weg, die Wahrheit und das Leben» [Joh. 14,6]. Die Christlichkeit der Theologie beruht in keiner Weise in ihr selbst, sondern in der Offenbarung, die ihr Gegenstand ist. Wobei zu bedenken ist: die Offenbarung ist Gott selber, Gott selber aber ist unser Herr, von dem, durch den und zu dem hin wir sind, was wir sind. Wir können den Weg, die Wahrheit und das Leben, wir können also das Christliche schlechterdings nur so haben, daß es uns hat und sofern es uns hat. «Nicht daß ich es schon ergriffen habe oder schon vollkommen sei, ich jage aber dahin, ob ich es ergreifen möchte daraufhin, daß ich von Jesus Christus ergriffen bin.» So redet nicht ein Philosoph, der als solcher, wie wir Theologen es so gerne haben möchten, nichts weiß von dem frohen Besitzen der Seligkeit, sondern so redet Phil. 3,12 der Apostel Jesu Christi gerade von diesem frohen Besitzen. *So* nämlich findet dieses Besitzen statt. Gotteserkenntnis ist, wo sie stattfindet, schlechthinnige Wirklichkeit durch sich selber, ausgezeichnet gerade dadurch, daß sie sich schlechterdings nicht in einer Form menschlichen Ergreifens als solche einsichtig machen läßt, so gewiß sie sich immer in solchen Formen vollziehen wird. Sie selbst ergreift den Menschen, gewiß nicht ohne Rezeptivität, ja nicht einmal ohne Spontaneität des Menschen, aber gerade nicht so, daß Rezeptivität und Spontaneität des Menschen nun etwa auf gleicher Ebene mit ihrem Tun sich auswirkten, als ihr Korrelat in Anspruch zu nehmen wären, so daß es Sinn hätte, etwa von einem religionspsychologischen Zirkel zu sprechen, son-

dern so, daß sie von seiten des Menschen nur geglaubt werden – nicht von einem Erkennen, sondern von einem Erkannt-
werden des Menschen will ja derselbe Apostel geredet wissen
[vgl. Gal. 4,9] – und dann («ich glaube, so rede ich auch»
[2. Kor. 4,13]) im Gehorsam *bezeugt* werden kann.|

So steht es mit der Christlichkeit der Theologie. Sie ist
Gnade, wiederholen wir aus unserer Polemik gegen die katholische Ansicht. Sie ist gerade, weil sie mit dem Worte Gottes
und also mit Gott selber identisch ist, kein Instrument, das in
die Hand des Menschen gelegt wäre. Sie kann nur wirklich sein
in der Wirklichkeit der Tat des lebendigen, wahren Gottes selber.
Sie kann vom Menschen nur bezeugt werden im Glauben und im
Gehorsam, wobei die Kraft dieses Zeugnisses wiederum Gottes
und nicht des Menschen Kraft ist. Dieses Bezeugen des Christlichen, d. h. der sich selbst offenbarenden, durch sich selbst uns
gegenwärtigen Wirklichkeit Gottes, ist das Amt der Kirche, und
im Dienst der Kirche das Amt der theologischen Wissenschaft.
Ihre Christlichkeit, ihre Beziehung zu Gottes Wort, steht, von
oben gesehen, bei Gott, von unten gesehen im Glauben und Gehorsam derer, die diesen Dienst ausüben. Damit ist von beiden
Seiten gesagt, daß es nur eine *göttlich* gesicherte, menschlich
*un*gesicherte Christlichkeit der Theologie gibt. So steht nun die
Christlichkeit der theologischen Ethik in der Wirklichkeit des
göttlichen Gebietens, des Wortes Gottes, sofern es uns Menschen
in Anspruch nimmt und unseren Glauben und Gehorsam findet.

Die theologische Ethik bekennt sich zu Gottes Offenbarung
in Christus durch den heiligen Geist. Es dürfte nach dem Gesagten verständlich sein, daß damit nicht gemeint ist: der Inhalt
und die Form und das religiöse Pathos irgendeiner Bekenntnisformel. So mag, so muß sie freilich auch bekennen. Aber nicht
damit sichert sie ihre Christlichkeit. Ihre Christlichkeit kann sie
selbst überhaupt nicht sichern. Sie kann nur durch die Tat ihren
Glauben und ihren Gehorsam und damit ihr Wissen um Gottes
Offenbarung bekennen. Sie kann vom Christlichen nur Zeugnis
ablegen. Das tut sie, indem sie als theologische Ethik die Wirk-

lichkeit des Wortes Gottes darstellt, wie sie als Gottes Gebot den Menschen heiligt, für Gott in Anspruch nimmt. Wenn sie das getan hat, wie sie zu tun schuldig ist, dann muß sie sich als Hilfswissenschaft der Dogmatik mit der ganzen übrigen Dogmatik als unnützen Knecht bekennen [vgl. Luk. 17,10]. Die Wahrheit selbst muß dann auf ihre Darlegungen das Siegel der Wahrheit drücken. Das Christliche muß dann für sich selbst sprechen. Die Wahrheit ist aber frei und das Christliche ist frei, denn die Wahrheit und das Christliche sind von Gott nicht verschieden. Gott aber ist der Herr, dem in der Kirche und in der Theologie wie in seiner ganzen Schöpfung nur gedient werden kann von solchen, die angeeignet *sind,* ohne sich rühmen zu können, sich etwas angeeignet zu *haben,* was das Rühmen lohnen könnte.

Haben wir erst die Theologie an den ihr in bezug auf ihre Christlichkeit gebührenden Ort gestellt, so sollte es nicht allzu schwer sein, einzusehen, daß ⌜unter denselben Bedingungen⌝ auch eine christliche Philosophie kein Ding der Unmöglichkeit sein kann. Wir werden freilich auch ihre Christlichkeit, das christliche Bekenntnis, das wir ihr im Diktat ausdrücklich zugeschrieben haben,[20] nicht im Inhalt und nicht in der Form und nicht im Pathos einer Bekenntnisformel suchen. Es wird von ihr im Unterschied von der Theologie sogar ausdrücklich zu sagen sein, daß sie das Bekennen in diesem Sinn, wenn sie strenge Wissenschaft sein will, grundsätzlich zu unterlassen hat, so oft sie auch diese Möglichkeit streifen mag. Wir loben uns die berühmten paar Stellen, wo sogar der nüchterne *Kant* nicht umhin konnte, in seiner Weise zum Predigen etwa über den gestirnten Himmel über uns und das sittliche Gesetz in uns überzugehen.[21] Aber gerade an solchen Stellen dürfte auch er, um etwa von Fichte nicht zu reden, die Grenzen der Philosophie überschritten haben.

[20] s. oben S. 30 sowie Anm. 19.

[21] «Zwei Dinge erfüllen das Gemüth mit immer neuer und zunehmender Bewunderung und Ehrfurcht, je öfter und anhaltender sich das Nachdenken damit beschäftigt: der bestirnte Himmel über mir und das moralische Gesetz in mir.» *Kritik der praktischen Vernunft* 1788. Kants Gesammelte Schriften, hrsg. v. d. Königl. Preuß. Akad. d. Wiss., 1. Abt. 5. Bd., Berlin 1908, S. 161.

Denn der Gegenstand der Philosophie ist im Gegensatz zur Theologie nicht das Wort Gottes, das verkündigt, sondern der denkende, wollende und fühlende Mensch, der verstanden sein will. Sie würde sich einer μετάβασις εἰς ἄλλο γένος und einer Vernachlässigung ihrer eigentümlichen Funktion schuldig machen, wenn sie etwa mehr als höchst gelegentlich selbst zur Verkündigung des Christlichen übergehen wollte, wie sie Sache der Kirche und in ihrem Zusammenhang der Theologie ist.|

Zum Zeugnis für die christliche Wahrheit, die die Wahrheit selber ist, ist freilich auch sie und wahrhaftig auch sie keineswegs auf tieferer Stufe als die Theologie berufen, wie es denn im Bereich der Kirche keine menschliche Tätigkeit gibt, die nicht *mit* der kirchlichen Verkündigung – und nochmals wahrhaftig nicht auf tieferer Stufe als sie – unter der Berufung zum Zeugnis von der christlichen Wahrheit stünde. Zeugnis in diesem weiteren, aber nicht geringeren Sinn ist alles Tun von Menschen, das das Hören des Wortes Gottes zur Voraussetzung hat, also im Fall der Philosophie: eine solche Verständigung des Menschen über sich selbst, bei der der Mensch nicht abgesehen von, nicht in vornehmer Abstraktion von, sondern durchaus in Bestimmtheit durch das Wort Gottes als Mensch, der seinem Anspruch und Zuspruch gegenübersteht, aufgefaßt und begriffen wird; bei der er nicht im Allgemeinen, sondern konkret im Raume der von Christus gestifteten und in Christus vereinigten Kirche der begnadigten Sünder gesehen und verstanden wird; bei der darauf geachtet wird und bei der beachtet bleibt, daß der Mensch nicht von Natur und nicht als allgemeine Wahrheit, aber auf Grund von Gottes erschienener Gnade zu Gott gehört und darum, sofern es sich um Ethik handeln soll, am Maßstab dessen, was von Gott zu hören ist, zu messen ist. Keinen einzigen Satz ausdrücklich «christlichen» Inhalts, kein dogmatisches oder biblisches Wort wird eine solche philosophische Ethik auszusprechen brauchen – wie etwa die Christlichkeit der Kunst wahrlich nicht darin besteht, daß ihre Schöpfungen durchaus Christusbilder, Oratorien, christliche Romane und dergleichen sein müssen – sie braucht bloß, wissend um das, was durch Bibel und Dogma bezeugt ist, ihre eigenen Sätze zu bilden nach den besonderen Gesetzen ihres Themas, um eben so, eben in dieser Indirektheit zum Zeugnis vom Christlichen zu werden. Daß sie *ihr* Thema hat, das ausgesprochen ein Anderes ist als das der Theologie, daß das, was für die Theologie Gegenstand ist, für sie nur (aber was heißt hier nur??) eine Voraussetzung ist, das macht sie nicht zur profanen Wissenschaft. Profan ist die Wissenschaft nur, sofern ihr jenes Wissen abginge, profan kann wahrlich auch die Theologie sein, und keine Wissenschaft ist profan, die dieses Wissen zur Voraussetzung hat. |

Die Frage ist begreiflich, ob es denn eine solche mit der Theologie deren letztes Wissen teilende Philosophie geben sollte? Was ist dazu zu sagen? Vor Allem das, daß man von der Theologie aus nur dann das Recht hat, diese Frage zu stellen, wenn man sie zugleich und mit noch größerer Schärfe an das gerichtet hat, was in unserer Mitte Theologie heißt, und was man selber so heißt. Es gibt christliche Philosophie nämlich im selben Sinn, wie es christliche Theologie gibt, nämlich gerechtfertigt nicht durch ihre Werke, sondern gerechtfertigt durch den Glauben. Das Gegebensein der Christlichkeit ist auch in der Philosophie letztlich eine Frage der Gnade Gottes. Als ein Erkanntwerden und nicht als ein Erkennen wird ja letztlich auch das Wissen um die Voraussetzung einer sinnvollen Verständigung des Menschen über sich selbst zu bezeichnen sein, und noch einmal steht es bei Gott, ob er dem in diesem Wissen gründenden Zeugnis einer Philosophie dann auch Zeugniskraft geben will. Aber wir sagen ja dasselbe, wenn wir das Gegebensein des Christlichen eine Frage des Glaubens und Gehorsams nennen. |

Im Blick auf diese Seite der Sache, auf die menschliche Entscheidung, in der die Gnade Gottes sichtbar wird, darf, ja muß nun an alle Philosophie die Frage gerichtet werden, ob sie weiß, wie stark sie «durch die Existenz der christlichen Offenbarung in eine tiefere Verantwortung hineingezogen wird» (*Knittermeyer,* D. Phil. u. d. Chrt. S. 7), daß sie «seit dem Augenblick, da in

Palästina eine Wahrheit verkündet wurde, die den griechischen Logos aus seiner Machtstellung im abendländischen Kulturkreis verdrängte und dem Menschen ein neues Heil offenbarte», mit einer Macht konfrontiert ist, «von der wir wissen, daß sie Gewalt hat über Leben und Tod» und die ihr, der Philosophie, den Lebensatem ausblasen könnte (S. 16f.)? «Die Wirklichkeit ist im Grunde anders geworden. Die Weltgeschichte ist nicht mehr das Weltgericht der Idee, sondern sie steht in der Wirklichkeit des Wortes, das im Evangelium Jesu Christi verkündet ist und das heißt: Gott und der Nächste» (S. 27). «An die Stelle des Menschen und der Vernunft tritt Jesus Christus der Herr und der Glaube, der frei macht» (S. 27), eine Erfahrung, der sich die Philosophie nicht entziehen kann, «so wenig wie das ganze Leben des Menschen sich dieser Erfahrung entziehen kann, daß das Wort von Jesus Christus als das Wort des Heils verkündet ist» (S. 30f.). «Um überhaupt den Anspruch der Philosophie aufrechterhalten zu können, ist es nötig, ihn immer von neuem auf den Menschen in seinem wirklichen Stande zu beziehen und d. h. dann doch wohl, ihn vor Allem der totalen Umwandlung endlich anzupassen, die mit der Wortverkündigung Christi sich ereignet hat» (S. 35f., vgl. 50).[22] Das ist die Frage, die Bußfrage, die die Kirche mit ihrer Verkündigung an die Philosophie zu richten in der Tat nicht unterlassen kann und wohl der Philosophie, wenn sie sie in dieser Weise aus ihrer eigenen Mitte zu hören bekommt. Diese Frage, die Christusfrage *ist* an die Philosophie gerichtet,

[22] Vgl. H. Knittermeyer, *Die Philosophie und das Christentum*. Acht Vorlesungen zur Einleitung in die Philosophie, Jena 1927, S. 7: «Unsere Arbeit hier wird gerade darin mitbestehen, daß wir zu zeigen versuchen, wie stark die Philosophie durch die Existenz der christlichen Offenbarung in eine tiefere Verantwortung hineingezwungen wird...» S. 27: «Damit ist die Wirklichkeit *im Grunde* anders geworden. Die Weltgeschichte ist nicht mehr das Weltgericht der Idee, sondern sie steht fortan in der Wirklichkeit dieses Wortes, das im Evangelium Jesu Christi verkündet ist, und das da heißt: Gott und der Nächste.» «... An die Stelle des Menschen und seiner Vernunft tritt Jesus Christus der Herr und der Glaube, der frei macht.» S. 35f.: «... und d. h. dann doch wohl ihn vor allem der totalen Umwandlung der Wirklichkeit endlich anzupassen, die mit der Wortverkündigung Christi sich ereignet hat.»

weil sie, wie Knittermeyer mit Recht hervorhebt,[23] an den Menschen als solchen gerichtet ist. Wie sollte nicht seine wissenschaftliche Verständigung über sich selbst eine ganz andere Richtung bekommen, wenn er etwa den Ernst dieser Frage vernommen haben sollte? |

Aber dann wird man sich hier wie überall wohl hüten müssen, darüber, ob dieser und jener Mensch, in diesem Fall also dieser und jener Philosoph, nun wirklich ein Hörer und darum auch ein Zeuge des Wortes sei, sichere Worte reden zu wollen. Wir würden ja das Weltgericht doch wieder in das von Christus gerade erledigte Weltgericht der Idee verfälschen und uns selbst zu Weltrichtern einsetzen, wenn wir uns nun etwa mit irgendeiner Norm des Christlichen bewaffnen und unter den philosophischen Ethikern zu dem Zweck Umschau halten wollten, welche wohl nun zu den Schafen, welche aber zu den Böcken gehören möchten. Das Urteil über das menschliche Werk, ob es in Gott getan [vgl. Joh. 3,21], liegt bei der Theologie und bei der Philosophie, wie überall, wo menschliches Werk zu uns redet, in Gottes Hand. Über die Fragen, die wir wohl überall an seine Urheber zu richten haben und die sie uns vielleicht nicht befriedigend beantworten können, werden wir grundsätzlich nicht hinauskommen, auch nicht in diesem letzteren Fall zu einer abschließenden Feststellung darüber, ob ein Werk uns als Zeugnis gelten oder nicht gelten soll. Wir werden uns vorläufig entscheiden und doch nicht versäumen, offen zu bleiben. Es könnte ja sein, daß wir uns hier einem Zeugnis entzogen haben, indem wir es nur als solches noch nicht gehört haben, und daß wir dort der Stimme eines Dämons zu Unrecht unser Ohr geliehen haben. Das Christliche und das Unchristliche wird uns wohl nie und nirgends gesondert wie schwarz und weiß begegnen, sondern das eine wie das andere, und zwar in der Philosophie und in der Theologie, in hundertfältiger Gebrochenheit. Unser Entscheiden und Unterscheiden selber kann nur im Glauben geschehen und nur im Glauben ge-

[23] A.a.O. S. 31f.

rechtfertigt sein. Es genügt vollständig, es muß uns ja für die Theologie auch genügen, daß es eine Gnade Gottes, einen Raum in der Kirche Christi auch für die Philosophie gibt, daß eben damit jede Philosophie zur Besinnung darüber aufgerufen ist, ob der Gegenstand ihrer Besinnung denn auch der wirkliche, d. h. der in das Licht der Offenbarung gestellte Mensch ist, und daß der Wahrheitsgehalt jeder Philosophie daran hängt, wieweit sie auf Grund dieser Besinnung indirektes Zeugnis von der Offenbarung selber ist. Wir brauchen wirklich fremde Knechte nicht zu richten [vgl. Röm. 14,4], um kritisch-wissenschaftlich unseres eigenen Weges gewiß zu werden.

b) Das Wort Gottes als Wirklichkeit und die theologische Ethik

Wir können uns hier kurz fassen, da wir die Sache selbst in unserem dritten Einleitungsparagraphen bei der Entwicklung der Aufgabe der theologischen Ethik, und dann im ersten Kapitel unserer eigentlichen Darlegungen ausführlich zur Sprache zu bringen haben. Sie interessiert uns hier nur in der Gegenüberstellung zur Sache der philosophischen Ethik.

Auch die Theologie ist ein Akt menschlicher Besinnung und Verständigung, aber nun nicht wie die Philosophie der Akt der Besinnung des Menschen auf und der Verständigung über sich selbst, sondern darin grundsätzlich analog der Jurisprudenz, der Natur- und Geschichtswissenschaft, der Medizin: Besinnung und Verständigung über einen von dem forschenden Menschen, dem Subjekt der Wissenschaft jedenfalls methodisch zu unterscheidenden *Gegenstand*. Höchst kontingent ist der Theologie wie allen diesen Wissenschaften der Gegenstand ihrer Forschung und ihres Unterrichts *gegeben*. Reine Selbstbesinnung und Selbstverständigung, «gegenstandslose» Forschung und «gegenstandsloser» Unterricht ist unter allen Wissenschaften *nur* die Philosophie (vielleicht mit Einschluß der Mathematik verstanden). Ihr steht die Theologie gegenüber in der Reihe der *positiven* Wissenschaften (als eine von den drei «oberen» Fakultäten, wie man früher sagte), hervorgegangen sehr schlicht und irdisch aus den konkreten Erfordernissen eines bestimmten menschlichen Zweckgebietes, nämlich der Kirche, die nicht, ohne zu lernen, lehren und darum die Ausbildung ihrer Diener der Universität nicht entziehen wollte, wie denn auch die Universität die durch dieses Zweckgebiet geforderte Besinnung und Verständigung im Kreis ihres wissenschaftlichen Fragens und Antwortens offenbar bis jetzt nicht vermissen wollte.|

Der für dieses Zweckgebiet bzw. für die auf diesem Zweckgebiet geforderte Selbstbesinnung bezeichnende und grundlegende Gegenstand ist nun Gottes Wort, Gottes Offenbarung an den Menschen. Dieser Gegenstand konstituiert und legitimiert die Existenz der Kirche und (als Funktion der Kirche *und* der Universität) die theologische Wissenschaft. Die Existenz dieser Wissenschaft ist einerseits ein Bekenntnis der Kirche, daß sie *wissenschaftliches* Fragen und Antworten in bezug auf diesen Gegenstand für nötig, andererseits ein Bekenntnis der Universität, daß sie wissenschaftliches Fragen und Antworten in bezug auf *diesen* Gegenstand für möglich hält. Es wäre mit der Theologie dann aus, ⌐es müßte dann ernstlich an die Aufhebung der theologischen Fakultät gedacht werden¬, wenn entweder die Kirche an der *Wissenschaft* oder aber die Universität an *dieser* Wissenschaft sich ernstlich desinteressieren sollte.|

Jener Gegenstand der Theologie steht nun für die Philosophie wie die Gegenstände alles menschlichen Denkens und Wollens mit dem Menschen selbst und als solchem, dem sie ihre Aufmerksamkeit zuwendet, grundsätzlich in *Frage*. Er ist für sie einer von den *möglichen* Gegenständen, deren Wirklichkeit für sie, die als Philosophie nur mit der Wirklichkeit des Menschen selbst rechnet, ohne daß sie sie leugnen müßte, nicht in Betracht kommt – es wäre denn, aber das ist etwas ganz Anderes, als Voraussetzung, von der sie den Menschen herkommen sieht. Eine Theologie, die ihr darin folgen wollte, der also das Wort Gottes eine bloße Möglichkeit wäre, deren Wirklichkeit erst zur Diskussion stünde, wäre nun offenbar ein ebenso sinnloses Unternehmen wie eine Jurisprudenz, die das faktische und notwendige Bestehen des Staates und seiner Rechtsordnung, oder wie eine Medizin, die das Faktum und die Notwendigkeit des physischen Lebens des Menschen als ein Problem behandeln wollte. Mag das der Jurist oder Mediziner, sofern er im Nebenfach vielleicht auch Philosoph ist, immerhin tun – in dem Augenblick, wo er juristisch oder medizinisch zu denken beginnt, kann jenes Problem nicht mehr für ihn existieren. Also unter Voraussetzung der *Wirklichkeit* ihres Gegenstandes, mag er immer für die Philosophie als solche nur eine Möglichkeit sein, arbeitet wie jede positive Wissenschaft auch die das Wahrheitsanliegen der Kirche aufnehmende Theologie. Ihr Denken ist in dem selbstverständlichen Sinn, in dem dies auch für die Jurisprudenz und Medizin, ja auch für die Natur- und Geschichtswissenschaft gilt, ein gebundenes, d.h. an die Wirklichkeit dieses Gegenstandes gebundenes Denken. Leistet es sich der Theologe, ungebunden zu denken, als ob er Philosoph wäre – er mag ebenso wie jener nebenamtlich sich betätigende Jurist und Mediziner zusehen, wieweit sich das mit der von seinem Hauptamt geforderten Sachlichkeit verträgt –, dann denkt er eben damit nicht mehr theologisch und kann für das, was er von da aus, ⌜z.B. vom Zuschauerstandpunkt des Historikers oder Psychologen⌝ [aus], denkt und sagt, im theologischen Gespräch unmöglich Mitspracherecht verlangen.

Er kann, sofern er theologischer Forscher und Lehrer sein, d.h. sofern er *seiner* Funktion in der Kirche *und* in der Universität treu sein will, nicht vagabundierend spielen mit allerlei ganz anderen Gegenständen (z.B. wie es in den letzten Jahrzehnten oder Jahrhunderten in der bekannten Ausgiebigkeit geschehen ist, mit der Wirklichkeit der ⌜menschlichen Frömmigkeit und ihrer⌝ Geschichte, als ob ebenso gut ⌜etwas Derartiges wie⌝ das Wort Gottes sein Gegenstand sein könnte). Er kann von diesem seinem Gegenstand nicht abstrahieren, also nicht sich gebärden, als ob Gott nicht oder vielleicht auch nicht gesprochen habe, oder als ob das erst zu untersuchen wäre, ob er das auch wirklich getan habe. Es kann sich aber das theologische Denken auch davon nicht dispensieren, grundsätzlich Denken dieses *Gegenstandes* (als Gegenstand!) zu sein, d.h. seine Begriffe zu bilden als Prädikate *dieses* Subjekts und nicht etwa (wir haben diese Möglichkeit schon in den Erörterungen unseres ersten Paragraphen abwehren müssen) zu einer Darstellung des das Wort Gottes vernehmenden, also des christlich-frommen Menschen zu werden. Könnte es auch bei einer solchen Veränderung des Gegenstandes zweifellos Wissenschaft sein, so hörte es doch damit auf, Theologie zu sein. Über dem Gebot der *Wissenschaftlichkeit,* d.h. der einem bestimmten Gegenstand angemessenen Methodik steht für die positive Wissenschaft und so auch für die Theologie das Gebot der *Sachlichkeit,* d.h. der Treue gegenüber ihrem besonderen Gegenstand, aus der sich dann ihre Wissenschaftlichkeit in concreto erst ergeben muß.|

Soll es nun in der Theologie Ethik geben, eine Bestimmung des Guten im menschlichen Handeln, so kann hier keinesfalls außer Betracht bleiben, daß Gott zum Menschen gesprochen hat und spricht und sprechen wird, daß also dem Menschen «gesagt ist, was gut ist» (Micha 6,8). Es kann hier diese heiligende Wirklichkeit des Wortes Gottes aber auch keinesfalls ein Problem sein. Es kann hier wiederum keinesfalls in Frage kommen, daß anstelle dieser Wirklichkeit etwa die ganz andere der Natur oder der Geschichte zu hören wäre, und wie gesagt keinesfalls, daß der gehorsame oder ungehorsame Mensch zum Thema ihrer Darlegung würde. Ohne in Abrede zu stellen, daß hier wissenschaftliche Probleme und in ihrer Art dringliche Anliegen vorliegen, ist zu sagen, daß die Existenz der Kirche nun einmal durch einen Gegenstand, und zwar durch diesen bestimmten Gegenstand konstituiert und legitimiert ist, daß also die Theologie, sofern es Theologie und dann auch theologische Ethik überhaupt geben soll, nach der Relation dieses Gegenstandes zum Handeln des Menschen, also eben nach der heiligenden Wirklichkeit des Wortes Gottes zu fragen hat und nach nichts sonst. Die wirkliche Güte menschlichen Handelns ist laut der Verkündigung der christlichen

Kirche diese Wirklichkeit. Also hat die theologische Ethik, ihrer Gebundenheit sich nicht schämend, keinen Augenblick von diesem Gesichtspunkt abgehend, keinen Augenblick ihn durch einen anderen ersetzend oder ihn in einen anderen umdeutend, nachzuweisen, *inwiefern* das der Fall ist. Sollte dieser Nachweis ihr etwa nicht gelingen, sollte sie nur mittels einer μετάβασις εἰς ἄλλο γένος, als Religionswissenschaft etwa, ihr Dasein fristen können, dann wäre ihr Unternehmen als solches, dann wäre wohl das Unternehmen der Theologie überhaupt als gescheitert anzusehen; die Kirche täte dann wohl gut, den Anspruch auf Wissenschaft, und die Universität täte wohl, den Anspruch auf *diese* Wissenschaft aufzugeben. ⌜Der Augenblick, mit der theologischen Fakultät Schluß zu machen, wäre dann gekommen.⌝ Solange und sofern die Theologie sich selbst ernst nimmt, kann sie sich keine andere Aufgabe stellen als diese, und solange und sofern man die Theologie als solche ernst nimmt, wird man auch von der Philosophie und von den anderen Wissenschaften her nicht verlangen können, daß sie sich eine andere Aufgabe als eben diese stelle.

c) Das Wort Gottes als Möglichkeit und die philosophische Ethik

Gerade eine selbstbewußte, d. h. auf ihre eigentümliche Sachlichkeit und Wissenschaftlichkeit streng bedachte Theologie wird sich ihre eigene Aufgabe zu allerletzt so stellen, daß damit alle anderen wissenschaftlichen Aufgaben verneint und verunmöglicht oder auch nur als minderwertig diskreditiert und, von ihr aus gesehen, zu einem Scheindasein im Verdacht heidnischer Gottlosigkeit verurteilt würden. Die Theologie hat es wahrhaftig nicht nötig, sich ihre Würde unter den anderen Wissenschaften durch irgendeine krampfhafte Absolutheitsgebärde zu sichern und auch nicht dadurch, daß sie den anderen Wissenschaften Rollen zuweist, die sie selber im Verhältnis zu ihrer eigenen für minderwertig hält. Wenn Paulus Phil. 3,4ff. Alles für Kot erachtet hat, um Christus zu gewinnen, so ist zu bedenken, daß dies nicht gegen den gewöhnlichen geistigen Übermut der Weltkinder, son-

dern gegen den viel gefährlicheren geistlichen Übermut des Pharisäismus gesagt ist und sicher nicht, um an die Stelle des jüdischen einen christlichen und nun gar auch noch gerade einen
theologischen Pharisäismus zu setzen. Gerade eine auf ihre eigenen
Füße gestellte Theologie ist in der Lage, die Berechtigung, und
zwar die Gleichberechtigung anderer Wissenschaften vorbehaltlos
anzuerkennen. Wie sollte es anders sein, als daß gerade durch
ihren besonderen Gegenstand, durch das Wort Gottes, das
menschliche Denken in seine Schranken gewiesen, an seine
menschliche Bedingtheit [erinnert] und also von allem Wahn
theologischer Selbstgerechtigkeit befreit, damit aber auch grundsätzlich befreit wird für das Verständnis für andere Aufgaben,
deren *Gegenstand* allerdings sich mit *diesem* Gegenstand, dem
Gegenstand der Theologie, nicht messen kann, die aber als menschliche *Aufgaben,* gestellt durch die Existenz der anderen menschlichen Zweckgebiete neben dem der Kirche, *Menschen* gestellt und
durch *Menschen* zu bearbeiten mit demselben Ernst und in derselben Schwachheit, in der die Theologie tut, was *ihres* Amtes ist,
wahrlich an Würde hinter ihrer Aufgabe nicht zurückstehen?
Das Wort Gottes sagt dem Menschen jedenfalls auch das, daß er
ein Mensch, d. h. ein den verschiedenen menschlichen Zwecken
und damit als Denker den verschiedenen Gegenständen ver-
haftetes Geschöpf ist. Wer am Worte Gottes gelernt hat, was
harte, härteste Gegenständlichkeit ist, der kann – nach dem
Grundsatz: wer im Großen treu ist, der wird auch im Kleinen
treu sein [vgl. Luk. 16,10] – andere Gegenstände unmöglich
nicht ernst und auch nicht weniger ernst nehmen, sowenig *dieser*
Gegenstand mit anderen auch nur in einem Atem zu nennen ist.|

Diese Anerkennung der nichttheologischen Wissenschaft seitens der Theologie kann sich nun aber nicht bloß auf die anderen positiven Wissenschaften erstrecken. Sondern wenn es in
der Natur der menschlichen Wahrheitsforschung liegt, daß gegenüber den durch die verschiedenen konkreten Zweckgebiete des
Lebens geforderten positiven, auf einen Gegenstand gerichteten
Wissenschaften jene uninteressierte gegenstandslose Selbstbesin-

nung und Selbstverständigung des denkenden Menschen, daß *Philosophie* stattfinden soll, so wird nicht zuletzt, sondern zuerst von der Theologie aus zu sagen sein, daß dies grundsätzlich zu Recht stattfindet. Oder sollte die Theologie sich von der Natur- und Geschichtswissenschaft übertreffen lassen in der Einsicht, daß der Mensch, der in den positiven Wissenschaften nach der Wahrheit des Gegenständlichen fragt, vor Allem immer wieder sich selbst zur Frage werden muß? Sollte der Ernst des γνῶϑι σεαυτόν, das am Anfang der Philosophie steht, nicht gerade von *dieser* positiven Wissenschaft aus, in der der Mensch mit Gottes Wort konfrontiert wird, zuerst und noch ganz anders dringlich einsichtig werden als da, wo die Hingabe an den Gegenstand möglicherweise verbunden sein könnte mit dem Vergessen, daß Wissen ohne das *Wissen* um das Wissen *kein* Wissen ist? Wie könnte das in der Theologie bei der Hingabe an *diesen* Gegenstand etwa vergessen und wie sollte [nicht] Philosophie dann von ihr aus nicht nur anerkannt, sondern geradezu gefordert werden müssen?|

Freilich das kann nicht anders sein: es ist eine ganz bestimmte Philosophie, nicht eine schul- oder richtungsmäßige, aber eine durch ihre Voraussetzung bestimmte Philosophie, die von der Theologie aus gefordert und als berechtigt, als gleichberechtigt anerkannt wird. Wir sagten schon: der Begriff einer christlichen Philosophie kann so wenig wie der einer christlichen Theologie bestimmt sein durch irgendeine besondere Grundformel ihres Inhalts oder durch ein bestimmtes Erkenntnisprinzip oder durch ein bestimmtes Pathos – sonst wäre ja das Christliche doch wieder verstanden als eine Möglichkeit, über die Menschen Verfügung haben –, sondern schlechterdings nur durch das ihrer (in sich die Grenzen der Humanität durchaus wahrenden) Selbstbesinnung vorangehende Wissen um das Christliche, um das Wort Gottes, in der durchgehenden Bestimmtheit der Selbstbesinnung eben durch dieses Wissen. Eine solche Philosophie wird sich, welcher philosophischen Schule sie auch folge, vor Allem dadurch von jeder unchristlichen Philosophie unterscheiden, daß sie sich bewußt ist, indem sie jene Besinnung übt, nicht etwa das letzte lösende Wort in der Frage nach dem Menschen selber sagen zu können, sondern vielmehr, nachdem und indem dieses letzte lösende Wort *gesagt ist,* in lauter vorletzten Worten diese Frage nun erst *stellen* zu müssen. Sie wird gerade darin, daß sie unter Voraussetzung der ein für allemal, nicht von der Theologie, nicht von der Kirche, aber von Gott in Jesus Christus durch den heiligen Geist gegebenen *Antwort* die wirkliche *Frage,* das ganze Problem der Gefragtheit, der Fraglichkeit und Fragwürdigkeit des Menschen in seiner wirklichen Lebenslage nicht umgeht, sondern aufrollt – sie wird gerade darin nicht weniger, sondern mehr wirkliche Philosophie sein als eine unchristliche Philosophie, die sich immer darin als solche verraten wird, daß sie nicht bei der Frage nach dem Menschen verharrt, sondern an irgendeinem Punkt, und wäre es in einer kleinen Apotheose des Fragens selbst, zu einer Antwort übergeht, in Verabsolutierung des Gedachten oder des Denkens selbst oder gar des denkenden Menschen eine Letztwirklichkeit behauptet, bei der sie sich selbst und den Menschen beruhigt und so aus einer Philosophie zu einer wenn auch heidnischen Theologie wird. |

Christliche Philosophie, die vom Hören des Wortes Gottes herkommt, kann warten. Sie weiß, was auch die Theologie wissen muß, daß die Letztwirklichkeit keine menschliche Setzung sein kann, mittels derer der Mensch sich selbst antworten und sich selbst beruhigen könnte. Sie hat die Ichhaftigkeit aller menschlichen Setzungen eines Letztwirklichen, dasselbe, was in der Theologie Sünde heißt, durchschaut als Irrtum. Sie ist freilich faktisch nicht in der Lage, sich etwa des Irrtums einfach zu entledigen (wie sich der Mensch ja auch des Sündigens keineswegs einfach entschlagen kann). Sie kommt also ohne die Thesis, sie kommt als Ethik ohne positive Begriffe, wie Gut, Wert, Zweck, Pflicht, Tugend, Freiheit, Idee nicht aus – sonst könnte sie nämlich nur schweigen oder von der Selbstbesinnung zur Verkündigung, zur Theologie übergehen (aber dann bliebe ja das γνῶθι σεαυτόν! unerledigt, und das darf nicht unerledigt bleiben). Aber wenn sie nun ihre Besinnung vollzieht in Form einer *Selbst*besinnung, als ob nun doch der Mensch selber oder im Menschen selber das Prinzip und die Wirklichkeit des Guten wäre, so weiß sie doch, daß dem nicht so ist, weiß sie doch um die Grenzen der Humanität, weiß sie also um die Vorläufigkeit und Relativität aller jener Positionen, um ihren Charakter als Hinweis auf das Gute, dessen Prinzip und Wirklichkeit wahrlich nicht der Mensch und nicht im Menschen ist. Nicht als wirkliche, sondern als mögliche Antwort auf die Frage des Menschen nach der Güte seines Handelns wird sie jene Positionen auffassen und darstellen, und eben damit wird sie es sein, die diese Frage erst in ihrem ganzen Ernst als Frage aufwirft. |

Sie kann ja das Gute gar nicht anders verstehen denn als Gehorsam. Gehorsam aber ist ein Tun, dessen Güte offenbar in dem liegt, was befohlen und weil es befohlen, nicht darin, daß es getan wird, so gewiß es auch getan, ⌈aber eben befehlsgemäß getan⌉ werden muß, um Gehorsam zu sein. Sie hat jenen Menschen, der mittels Selbstbesinnung, Selbstverständigung, Selbstverantwortung selber sagen will, was gut ist, als einen Lügner und als ein Gespenst durchschaut. Sie ist Aufruf zum wirklichen Menschen, zu dem gesprochen, dem in der Herrlichkeit seiner Ichhaftigkeit *widersprochen* ist, der seinen Spruch wohl anheben, aber nicht zu Ende sagen kann, dessen Spruch über sich selbst nur als abgebrochener Spruch, als Bekenntnis eben zu seiner Gefragtheit Wahrheit haben kann. Sie ist Aufruf zu dem Ich, das nicht mehr meint, des ihm begegnenden Anspruchs Herr zu werden oder wohl gar ihn zu seiner eigenen Bestärkung mißbrauchen zu dürfen, wie dies der letzte höchste Triumph der heidnischen Philosophie ist, sondern das durch diesen Anspruch aufgehoben ist und nur in dieser Aufhebung sich selber begründet finden kann. Sie ist Aufruf zu der Verantwortung, in der der Mensch erkennt und bekennt, daß er selbst das Geforderte immer schuldig bleibt, gerechtfertigt nur ist in der Entscheidung des Gehorsams um des Fordernden und um des Geforderten, nicht um seiner Leistung willen. |

Man beachte wohl: nicht so kann Philosophie diesen Aufruf vollziehen, daß sie selbst die Wirklichkeit des Wortes auftreten und wirken ließe, das Ich des Menschen konfrontierte mit dem Du, das jenen Anspruch an ihn erhebt. Das kann auch die Theologie, das kann auch die verkündigende Kirche nicht, das kann kein Mensch. Ethik in *diesem* Sinn liest Gott der Herr allein und selber, ⌐[jedoch] *weder* der Philosoph *noch* der Theologe¬. Aber auch das ist nicht ihres Amtes: diese Wirklichkeit als solche zu *verkündigen;* darin unterscheidet sie sich eben von der theologischen Ethik. Sie kann also den Menschen nur – dies tut sie mit Kirche und Theologie zusammen – gegenüber der unfruchtbaren und gefährlichen Erinnerung an sich selber an den ganz Anderen erinnern, dem er gegenübersteht, darauf angewiesen, daß dieser ganz Andere dann selber zum Menschen rede. Dieser Andere kann aber für sie – darin unterscheidet sie sich von Kirche und Theologie – nicht Gott selber sein. Auch die Theologie wird ja ihre Verkündigung des Wortes Gottes nicht durchführen können ohne die Erinnerung an den *Nächsten,* den Bruder, in dessen Anspruch an uns das Wort Gottes zu uns kommt. Man wird aber diese Erinnerung nicht als die eigentliche Aufgabe der Theologie bezeichnen dürfen, sondern doch nur als *das* große Mittel, dessen sie sich zu bedienen hat, wenn und sofern es gilt, das Wort Gottes zu bestimmen als das zu uns kommende Wort Gottes. Diese Erinnerung, die Umkehrung der bloßen Selbstverantwortung in die Verantwortung vor dem Du des anderen Menschen, ist vielmehr die eigentliche, in der Ethik konkret zugespitzte Aufgabe der *Philosophie.* Sofern es sich um Selbstbesinnung, um das γνῶϑι σεαυτόν! handelt, ist der Mitmensch der Vertreter und Träger des göttlichen Logos, der den Menschen aus allen Träumen in die Wirklichkeit zu rufen hat.

Wo das Wort Gottes gehört wird, *da* findet *diese* Selbstbesinnung statt, da muß der andere *Mensch* gehört werden. Seine Stimme ist die in aller *heidnischen* Philosophie überhörte Stimme. Philosophie, die diese Stimme hören wollte, könnte unmöglich eine Letztwirklichkeit setzende heidnische Theologie sein wollen.

Der Anspruch des Mitmenschen verhält sich aber zum Anspruch Gottes selbst, wie Möglichkeit sich zu Wirklichkeit verhält. Es ist dasselbe Wort Gottes, um das es hier wie dort geht. In seiner Wirklichkeit kann das Wort Gottes offenbar nicht Gegenstand menschlicher Selbstbesinnung, sondern nur Gegenstand seiner Selbstoffenbarung und daraufhin Gegenstand des Glaubens und Gehorsams und im Glauben und Gehorsam der Verkündigung sein. Menschen können nur dienen, wenn und wo Gott wirklich redet. Aber eben dieses menschliche Dienen ist die der göttlichen Wirklichkeit entsprechende mit ihr selbst gesetzte ⌜in ihr begründete⌝ *Möglichkeit*. Darum, weil die Wirklichkeit des Wortes nicht ohne diese Möglichkeit ist, ist Christus nicht ohne seine Kirche. Dienst am Wort ist ja die menschliche Tätigkeit, die das Wesen der Kirche ist. Die Möglichkeit des zu uns kommenden Wortes Gottes ist der von Gott beauftragte, an seinem Wort dienende Mitmensch. Das gilt nicht nur vom kirchlichen Amt im engeren Sinn, sondern von der Kirche als solcher. Das ist der neue, in Christus wirklich gewordene Sinn des Mitmenschen als des Bruders, des Nächsten. Er *kann* uns Gottes Wort bringen, wenn Gott uns sein Wort ⌜durch ihn⌝ sagen will. Auf diese Möglichkeit hin haben wir ihn aufzunehmen.|

An dieser mit der Wirklichkeit des Wortes Gottes gesetzten Möglichkeit kann nun die Philosophie nicht vorübergehen, wenn sie einmal am Worte Gottes selbst nicht mehr vorübergehen und doch ihrer eigentümlichen Aufgabe getreu bleiben und also nicht Theologie werden will. Sie kann den Menschen nicht mehr anders zur Selbstverantwortung aufrufen, als indem sie ihn sich selbst verstehen lehrt als stehend in jener Verantwortung, die er dem Mitmenschen schuldig ist, *wenn* dieser ihm gegenüber zum Träger und Vertreter des göttlichen Logos eingesetzt ist. Daß er das *ist,* das steht nämlich in einem anderen Buch, das ist nicht so selbstverständlich und direkt wahr, wie es etwa *Gogarten* anzunehmen scheint.[24] ⌜Das *wird* je und je wahr, wenn Gott es

[24] Vgl. F. Gogarten, *Ich glaube an den dreieinigen Gott,* Jena 1926, v. a. S. 60 ff.

wahr werden läßt.[1] Philosophie kann jenes Du, welches mein Ich für Gott gefangennimmt, so wenig zeigen, wie Theologie das Wort Gottes selber zeigen kann. Beide können nur bezeugen, und die Kraft ihres Zeugnisses ist des freien Gottes Kraft. Aber eben: auch Philosophie *kann bezeugen,* wenn und sofern sie wirkliches Wissen um den Menschen, also auch Wissen um die Kirche und also Wissen um den den Menschen zur Verantwortung ziehenden Mitmenschen zur Voraussetzung hat. Als solche bezeugt sie dann nicht etwa nur das Gesetz, sondern durchaus das Evangelium und die Gnade, in welcher freilich das Gesetz inbegriffen ist. Denn es ist Gnade, wenn wir einen mit seinem Anspruch für den göttlichen Anspruch vikariierenden Mitmenschen haben, so gewiß eben damit auch das Gesetz aufgerichtet wird.

Es ist fraglos eine andere Ebene menschlicher Geistestätigkeit, wenn in der Theologie nicht ohne Verweis auf den Bruder von Gott und in der Philosophie um Gottes willen vom Mitmenschen die Rede, wenn dort die Wirklichkeit, hier die Möglichkeit des Wortes Gottes Gegenstand der Nachforschung, wenn dasselbe Wort Gottes dort Gegenstand, hier Voraussetzung ist. Diese Gegensätze sind notwendige Gegensätze menschlicher Begrifflichkeit, als solche mit Fug und Recht Prinzip sauberer Unterscheidung zwischen Theologie und Philosophie, aber doch nicht mehr als das. Nicht Prinzip eines Stufen- und Wertungsunterschiedes! Die Philosophie ist *nicht* ancilla theologiae. Theologie kann nur mit der Philosophie zusammen ancilla ecclesiae, ancilla Christi sein wollen.

§ 3 DER WEG DER THEOLOGISCHEN ETHIK

Die Aufgabe der theologischen Ethik besteht in der Darstellung der Inanspruchnahme des Menschen durch das Wort Gottes. Sie hat 1. das Ereignis dieser Inanspruchnahme als solches, sodann seine Bedeutung für den Menschen, also 2. seine Inanspruchnahme als Gottes Geschöpf, 3. seine Inanspruchnahme als begnadigter Sünder und 4. seine Inan-

*spruchnahme als Erbe des Reiches Gottes darzustellen, wobei unter
2–4 jedesmal a) die Eigenart des jeweiligen ethischen Gesichtspunktes, b) die jeweils maßgebende Gestalt des Erkenntnisgrundes,
c) der jeweils entscheidende Inhalt der ethischen Forderung, d) die
jeweils in Betracht kommende Erfüllung der ethischen Forderung in
Erwägung zu ziehen sein wird.*

1.

Es kann für den Ertrag der theologisch-ethischen Arbeit offenbar
nicht gleichgültig sein, sich darüber vorher ausdrücklich zu verständigen, wie denn nun eigentlich hier gefragt und geantwortet
werden soll. Die Frage der Gewinnung des richtigen Weges oder
der richtigen Einteilung ist keineswegs eine bloße Formfrage. Sie
bedeutet vielmehr hier wie überall nicht mehr und nicht weniger
als die Frage der Gewinnung der richtigen Grundbegriffe, ohne
die man nun einmal wohl unter Umständen fröhlich und gut leben,
nicht aber, wenn es darauf ankommen soll, im Zusammenhang
denken und verstehen kann. Das Maß der Richtigkeit der Begriffe
muß aber hier wie überall sein die Angemessenheit an die besondere Sache, um die es hier in der theologischen Ethik zu
gehen scheint.

Nach den Feststellungen unserer zwei ersten Paragraphen
braucht es nicht mehr begründet, sondern nur noch abgrenzend
gesagt zu werden, welche Problemstellungen und daraus folgende
Einteilungen der theologischen Ethik für uns außer Betracht
fallen müssen.

[Unbrauchbar sind] einmal (im Rückblick auf unsere Fest-
stellung des Verhältnisses von theologischer und philosophischer
Ethik) alle Versuche, die theologische auf die philosophische
Ethik aufzubauen, sie irgendwie aus der philosophischen Ethik
hervorgehen zu lassen. Es ist dies – abgesehen von dem großen
klassischen Sonderfall der katholischen Ethik – der Weg, den
W. Herrmann, O. Kirn, E. W. Mayer, G. Wünsch, im Ansatz auch
De Wette und in Gestalt einer ausdrücklichen Apologetik auch

Th. Haering eingeschlagen haben. Es kommt dann zu Zweiteilungen des Stoffes wie: 1. Natürlich-sittliches Leben und sittliches Denken, 2. Das christlich-sittliche Leben (*Herrmann*);[1] oder: 1. Ethische Prinzipienlehre, 2. Systematische Darstellung des christlich-sittlichen Lebens *(Kirn)*;[2] oder: 1. Moralphilosophie, 2. Morallehre *(Mayer)*;[3] oder: 1. Das Wesen des Sittlichen, 2. Das Wesen des Christlich-Sittlichen *(Wünsch)*.[4] Wir können nach dem Ausgeführten weder die methodische Unterordnung des «christlich Sittlichen» unter ein Sittliches überhaupt und im allgemeinen noch die Selbständigkeit eines solchen Sittlichen überhaupt neben und gegenüber dem Christlichen, noch die angemaßte Überlegenheit einer aus einer besonderen Quelle schöpfenden theologischen Sittlichkeitslehre billigen und müssen daher von dieser Methode Abstand nehmen.|

Wir können aber (im Rückblick auf das über das Verhältnis von Dogmatik und Ethik Gesagte) auch in bezug auf die Fragen selbst, die die übliche theologische Ethik mit oder ohne philosophischen Unterbau ihren Darlegungen zugrunde zu legen pflegt, nicht mit ihr einiggehen. Sie hat nach *Schleiermachers* geistvoller Konzeption zu reden vom «reinigenden» Handeln, wie es durch Kirchen- und Hauszucht und wie es im Staate stattfindet, vom «verbreitenden» Handeln, wie es in der Ehe und extensiv und intensiv wiederum in der Kirche, endlich vom «darstellenden» Handeln, wie es im kirchlichen Gottesdienst, in der Geselligkeit, in der Kunst und im Spiel stattfindet.[5] Es geht nach *Hofmann* um die christliche Gesinnung und ihre Betätigung im sittlichen Handeln im Verhältnis zu Gott, in der Kirche, in

[1] W. Herrmann, a.a.O. S. 15–85 und S. 86–227; 1913[5] (1921), S. 12–87 und S. 88–237. Herrmann nennt den ersten Teil seiner Ethik: «Natürliches Leben und sittliches Denken.»

[2] O. Kirn, a.a.O. S. 9–27 und S. 28–69; 1936[7], S. 9–34 und S. 35–94.

[3] E. W. Mayer, a.a.O. S. 14–70 und S. 173–314.

[4] G. Wünsch, a.a.O. S. 29–58 und S. 59–126.

[5] F. Schleiermacher, a.a.O. S. 30–75; im einzelnen: S. 97–290 («Das reinigende oder wiederherstellende Handeln»); S. 291–501 («Das verbreitende Handeln»); S. 502–705 («Das darstellende Handeln»).

der Familie, im Staate und in der Gesellschaft;[6] nach *Herrmann* um die Frage der Entstehung und um die Frage der Entfaltung des christlichen Lebens;[7] nach *Kirn* um die Entstehung und Entfaltung der christlichen Persönlichkeit einerseits und um die Betätigung der Sittlichkeit in der Gemeinschaft andererseits;[8] nach *Haering* um das neue Leben des Christen als Persönlichkeit und um das christliche Leben in den menschlichen Gemeinschaftskreisen;[9] nach *E. W. Mayer* um die sittliche Willensbeschaffenheit, um die Art sittlichen Handelns in den verschiedenen Tätigkeitsformen und Gemeinschaften, um seine Ordnung und Gliederung und endlich um sein Ergebnis, das Reich Gottes;[10] nach *Wünsch* nicht ganz durchsichtiger Disposition 1. um das Wesen Gottes, 2. um die Folgen der Gotteserfahrung für die Sittlichkeit, 3. um den christlichen Charakter und endlich 4. um «einige Restprobleme», wozu nach Wünsch z.B. die Ethik der Bergpredigt gehört!![11] Originell und kraftvoll ist der Weg *Schlatters,* bei dem die vier platonischen Tugenden Gerechtigkeit, Wahrheit, Seligkeit und Kraft, bezogen auf die Gemeinschaft des Willens, des Erkennens, des Gefühls und des Lebens, das Schema der Untersuchung und Darstellung bilden.[12] |

Wir können darum nicht (auch bei Schlatter nicht) mitgehen, weil dabei, wie gezeigt, eine Unterscheidung von Dogmatik und Ethik, ein Übergang des Blicks von Gott auf den Menschen stattfindet, den wir so grundsätzlich nicht gutheißen können. Wir

[6] J. Chr. v. Hofmann, *Theologische Ethik* (1874), Nördlingen 1878, S. 98–129 und S. 129–350; S. 129–155 («Im unmittelbaren Verhältnis zu Gott»); S. 164–212 («In der Kirche»); S. 212–350 («In den Gemeinschaften des natürlichen Lebens»).

[7] W. Herrmann, a.a.O. S. 86–162 und S. 163–227; 1913[5] (1921), S. 88–170 und S. 170–237.

[8] O. Kirn, a.a.O. S. 32–47 und S. 47–69; 1936[7], S. 40–60 und S. 61–94.

[9] Th. Haering, a.a.O. S. 200–314 und S. 315–454; 1926[3], S. 230–360 und S. 361–536.

[10] E. W. Mayer, a.a.O. S. 194–245; S. 245–308; S. 308–313 und S. 313f.

[11] G. Wünsch, a.a.O. S. 70–82; S. 82–112; S. 112–118 und S. 118–126.

[12] A. Schlatter, a.a.O. S. 47–56 v.a. S. 51ff.; 1923[3] (1961[4]) S. 54–57 v.a. S. 58ff.

haben gegen alle diese Einteilungen den Einwand geltend zu machen, daß sie anderswoher als aus der Sache selbst genommen und nun doch nicht zum Vorteil der Sache an die Sache herangetragen, auf die Sache angewendet sind. Daß im menschlichen Handeln ein kritisches, ein aufbauendes und ein spielendes Moment zu unterscheiden sei, das ist gewiß eine sehr feine Beobachtung *Schleiermachers* – aber ist damit nun wirklich auch das christliche Handeln als solches umfaßt und umschrieben? Daß die Tatsache des christlichen Lebens uns vor das Problem seiner Entstehung und Entfaltung (*Herrmann, Kirn*) stellt oder vor den Gegensatz von Gesinnung und Tätigkeit (*Hofmann*), das ist sicher an seinem Ort richtig, aber sind diese Unterscheidungen nun etwa gerade für das christliche Leben bezeichnend?

Die besonders beliebte, etwa bei *Hofmann, Martensen, Haering, Kirn, Mayer* mehr oder weniger sichtbare Unterscheidung von Individual- und Sozialethik mag einmal als möglich und sinnvoll durchgehen.[13] (*Schlatter* hat Ethik 1914, S. 53 f. beachtenswerte Dinge dagegen gesagt, und sie dürfte uns von einer guten philosophischen Ethik schwerlich empfohlen werden). Man wird aber auf alle Fälle sagen müssen, daß dabei als selbstverständlich vorausgesetzt wird, das christliche Handeln sei eben ein Spezialfall von Handeln überhaupt, und wenn für dieses die Korrelation von Individuum und Gemeinschaft konstitutiv sei, so müsse sie es auch für das christliche Handeln sein. Als eine solche unproblematische Übernahme einer vielleicht richtigen, vielleicht auch etwas willkürlichen Bestimmung des menschlichen Handelns überhaupt als Schema für die Darstellung des christlichen Handelns stellt sich aber nun doch auch, so erfrischend sie neben

---

[13] J. Chr. v. Hofmann, a.a.O. S. 129–164 und S. 164–350; H. Martensen, *Den christelige Ethik,* 1871–1878, deutsch: *Die christliche Ethik,* Gotha 1878, I. Allgemeiner Teil, II. Spezieller Teil: Individuelle Ethik, III. Spezieller Teil: Soziale Ethik.

Th. Haering, a.a.O. S. 200–314 und S. 315–455; 1926[3], S. 230–360 und S. 361–536.

O. Kirn, a.a.O. S. 32–47 und S. 47–69; 1936[7], S. 40–60 und S. 61–94.

E. W. Mayer, a.a.O. S. 246–265 und S. 265–308.

den etwas öden Dispositionen etwa der Ritschlianer wirkt, die *Schlattersche* Ableitung der christlichen Tugendlehre aus Wille, Erkenntnis, Gefühl und Leben dar.[14]|

Alle diese Ableitungen und Einteilungen sind insofern nicht theologisch, als nach denselben Methoden (ihre Richtigkeit einmal unbesehen vorausgesetzt) bei anderer Füllung der Begriffe offenbar ebenso gut eine buddhistische, eine sozialistische, eine anthroposophische wie gerade eine christliche Ethik eingeteilt und abgeleitet werden könnte. Wir vermissen bei ihnen die spezifische Angemessenheit an die besondere Sache, um die es *hier* geht: an das *christliche* Verständnis der Güte menschlichen Handelns. Sollten zu seiner Erklärung nicht etwa Dinge zu sagen sein, die sich im Rahmen eines Begriffs des menschlichen Handelns überhaupt gar nicht sagen lassen? Sollte diesem Verständnis nicht etwa auch ein eigentümlicher Weg des Verstehens unentbehrlich sein? Sollten nicht schwere Verkürzungen dieses Verständnisses unvermeidlich sein, wenn man mit der Selbstverständlichkeit, die uns von Schleiermacher bis zu Schlatter auffällig ist, Wege antritt und begeht, die an sich offenkundig auch anderswohin führen könnten? Oder rächt sich hier nicht die fatale methodische Unterscheidung der Ethik von der Dogmatik, die fatale Abwendung des Blicks von Gott auf den Menschen?|

Besteht diese Unterscheidung und diese Abwendung zu Recht, ja dann muß wohl in der Ethik der Mensch, in diesem Fall die Problematik des menschlichen Handelns das Maß aller Dinge sein, das Thema bilden und der Rahmen sein, innerhalb dessen sich die Untersuchung abspielt. Es darf und muß dann so sein, wie es bei jenen Ableitungen und Einteilungen offenbar vorausgesetzt ist, daß der Mensch gewisse Fragen zu stellen hat: wie er ein christlicher Mensch werden und sein könne?, was es heiße, sich als solcher zu betätigen?, was es wohl sein möchte um christliches Wollen, Erkennen und Fühlen?, was etwa aus seinem Lebens- und Kulturstreben, was aus Wirtschaft, Staat und Kirche,

[14] Vgl. A. Schlatter, a.a.O. S. 53–56; 1929[3] (1961[4]) S. 61–63.

aus Ehe und Familie, aus Kunst und Wissenschaft, aus seiner Arbeit und aus seiner Erholung werden möchte unter der Voraussetzung christlichen Handelns? Die theologische Ethik aber hätte auf diese gar nicht in der Entscheidung gegenüber dem wirklich *ergangenen* göttlichen Gebot, gar nicht verantwortlich *gestellten* Fragen zu antworten, dem Menschen irgend etwas zu sagen, wo er doch das Eine, was hier überhaupt gesagt werden kann, nur mit der Tat seiner Entscheidung gegenüber dem wirklich an ihn ergangenen Wort Gottes – selber sagen kann. Hier kann etwas nicht stimmen.

Keine Frage, daß sich auch so, in einer solchen dem Menschen antwortenden Ethik, des Tiefsinnigen, Wahren, Ernsthaften und Fruchtbaren, des zur Entscheidung Aufrufenden genug sagen läßt, wie das bei den angeführten Autoren in Fülle geschieht. Aber *auch* keine Frage, daß eine solche dem Menschen antwortende, im Grunde untheologische Ethik als solche, durch ihre ganze Haltung einen Schleier ausbreitet über das eigentümliche Woher? und Wohin? einer theologischen Ethik, über ihre Beziehung auf das wirklich ergehende göttliche Wort, einen Schleier, den man, wenn man diesen Schaden einmal gesehen hat, als unmöglich empfinden muß. Warum soll sich die theologische Ethik eigentlich durchaus in diese Haltung einer Auskunftsstelle über alles Mögliche begeben, zu der sie gar nicht berufen ist? Warum soll sie ihre Fragen nicht selbst stellen, *ihre* Fragen, statt sich von außen Fragen stellen zu lassen, die die Theologie wirklich nicht zu beantworten hat? Fragen, bei denen sie überdies nicht einmal die Garantie hat (und aus eigenen Mitteln offenbar auch nicht beschaffen kann), ob die philosophische Ethik, in deren Kompetenz sie doch offenbar fallen würden, sie auch nur als richtig gestellt anerkennen könnte! Warum soll sie sich in jene Stellung und Haltung des Antwortenden drängen lassen, wo auch das Tiefste, Wahrste, Ernsthafteste und Fruchtbarste, was sie vorbringen kann, zum vornherein auf ein totes Geleise geschoben ist, als Aufruf zur Entscheidung nicht gehört werden oder nur dem untheologischen Ansatz zum Trotz gehört werden kann? |

Wenn anders Theologie grundsätzlich Wissenschaft von der

christlichen *Verkündigung* ist, dann muß der Mensch gegenüber ihren Sätzen der Gefragte, nicht aber sie mit ihren Sätzen gegenüber den Fragen des Menschen die Antwortende sein. Ihr Gegenstand ist das Wort Gottes, nicht das vom Menschen in Anspruch genommene, sondern das den Menschen in Anspruch nehmende Wort Gottes. Gewiß den Menschen in der ganzen Problematik seines Handelns! Aber nicht diese Problematik und etwa der Beitrag, den das Christentum dazu zu geben hat, kann ihr Thema werden. Nicht von daher kann sie sich ihre Aufgaben stellen lassen, so gewiß es verkehrt ist, wenn die christliche Verkündigung das tut, nicht von daher kann sie ableiten und einteilen und ihre Grundbegriffe gewinnen. Es wäre denn, sie wollte zur bloßen und dann sicher weniger guten Dublette der philosophischen Ethik werden. Das besondere Problem des *christlichen* Handelns, mit dem wir es hier zu tun haben, wird dann zu seinem Recht kommen, wenn wir das Christliche keineswegs als bloßes Prädikat, sondern, wie es sich in einer Hilfswissenschaft der Dogmatik gehört, als *Subjekt* auffassen, wenn wir nicht das menschliche Handeln als solches, sondern seine Inanspruchnahme durch das Wort Gottes, seine Heiligung, also das Handeln Gottes am Handeln des Menschen den Zentralbegriff, den Ausgangs- und Endpunkt der theologischen Ethik sein lassen.

2.

Wenn diese Bestimmung des Ausgangspunktes des vor uns liegenden Weges richtig ist, so fragt es sich nun weiter, wie die damit gestellte Aufgabe im einzelnen anzugreifen und zu gliedern sein möchte. Verhältnismäßig einfach und selbstverständlich dürfte wohl ein erster Schritt sich als notwendig erweisen. Es dürfte doch wohl vor Allem gelten, das Wort Gottes als Subjekt jener Inanspruchnahme des Menschen, als das den Menschen heiligende Gebot aufzuweisen und darzustellen. Wir meinen ja in der theologischen Ethik die Güte menschlichen Handelns suchen und finden zu müssen in dem Ereignis einer Handlung Gottes selbst am Menschen, nämlich in der Handlung seines Redens, Sprechens, Sich-Offenbarens ihm gegenüber. Der Mensch handelt gut, sofern er als *Hörer* des Wortes Gottes handelt, und der Gehorsam ist das Gute. Also kommt das Gute aus dem Hören und also aus dem göttlichen Sprechen. Man kann es auch so sagen: der Mensch handelt gut, sofern er handelt als von Gott zur *Verantwortung* Gezogener. In und aus der Verantwortlichkeit gegen Gott handeln heißt gebunden handeln. In dieser Bindung geschieht das Gute. Also kommt das Gute aus der Verantwortlichkeit und also aus dem göttlichen Sprechen, dem gegenüber sich der Mensch mit seinem Tun verantwortet. Und man kann es auch so sagen: der Mensch handelt gut, sofern er *christlich* handelt. «Christlich» heißt ja eben theologisch verstanden: als Einer, dem Gott in seiner Offenbarung in Christus durch den heiligen Geist begegnet, dessen Handeln nun in dieser Begegnung, in diesem Gegenüber stattfindet. In diesem Gegenüber handeln heißt «gerichtet» handeln. In dieser Gerichtetheit geschieht das Gute. Also kommt das Gute aus diesem Gegenüber und also aus dem Sprechen Gottes, aus jener Begegnung, in der dieses Gegenüber zustande kommt. Das ist grundsätzlich die theologische Antwort auf die ethische Frage. Ihr Charakteristisches besteht darin, daß sie, indem auch sie nach der Güte menschlichen Handelns fragt, den Menschen versteht als von Gott angesprochen und also vom Menschen weg und auf Gott und sein Sprechen hinweist. Genauer gesagt, auf Gottes *Gebieten*. Das Gute im menschlichen Handeln ist seine Bestimmtheit durch das göttliche Gebieten. Wir werden des Näheren zu erwägen haben, was es mit dieser Bestimmtheit auf sich hat. Aber auf alle Fälle kann eine theologische Ethik das Gute nur in dieser Bestimmtheit des menschlichen Handelns und also in dem göttlichen Gebieten, das diese Bestimmtheit schafft, suchen, nicht aber und in keinem Sinn in dem menschlichen Handeln selbst und als solchem. Warum nicht? Wir können zunächst nur konstatierend antworten: so ernst wird nun einmal hier der Begriff des dem Menschen in schlechthinniger Überlegenheit gegenübertretenden Gottes, so ernst sein Sprechen und also das Angesprochenwerden des Menschen genommen, daß die Frage nach der Güte menschlichen Handelns mit dem Verweis auf den, der allein der Gute ist [vgl. Mk. 10, 18], also mit der Feststellung der schlechthinnigen Transzendenz des Guten, geradezu angewiesen wäre, wenn nun nicht doch und gerade – dadurch daß dieser Gott, der das allein Gute ist, als der Gebietende, nicht als ein transzendentes Sein, sondern als auf uns sich beziehender Akt erkannt ist – seine Immanenz, aber nun freilich diese, diese höchst aktuelle Immanenz eingesehen und damit, aber freilich auch nur damit, eine positive Antwort auf die ethische Frage ermöglicht wäre.|

Also die Inanspruchnahme des Menschen durch Gott, seine Heiligung und damit die Güte seines Handelns ist wirklich in der Wirklichkeit des göttlichen *Gebietens*. Daß und inwiefern dieses göttliche Gebieten Ereignis ist, wird eine theologische Ethik als erstes zu zeigen und als grundlegenden und Alles umfassenden Satz zu entwickeln haben. Wir werden, entsprechend der Lehre von der Offenbarung in den Prolegomena zur Dogmatik, nicht genug Gewicht darauf legen können, daß unter dem beherrschenden Prinzip der theologischen Ethik, also unter dem heiligenden Worte Gottes, eben ein *Ereignis* zu verstehen ist, eine Wirklichkeit, die man überhaupt nicht sieht, wenn man sie nicht als sich ereignende Wirklichkeit sieht. Das Wort Gottes ist für die Ethik so wenig wie für die Dogmatik etwa eine allgemeine Wahrheit, die vom sicheren Port theoretischer Überlegung aus ebenso allgemein zu erkennen wäre, es ist eben kein Sein, aus dem sich dann u.a. ein Sollen gemächlich deduzieren ließe. Es *gibt* sich zu erkennen, und indem es das tut, wird es gehört, wird der Mensch verantwortlich gemacht, findet sein Handeln in jenem Gegenüber statt. Das Wort Gottes ist nur in actu das Wort Gottes. Das Wort Gottes ist *Entscheidung*. Gott *handelt*. Nur auf diese durchaus nicht allgemeine, sondern höchst besondere Wirklichkeit hin wagt es die theologische Ethik, auf die ethische Frage Antwort zu geben. Ihre Theorie ist schlechterdings nicht anders gemeint, denn als Theorie dieser *Praxis*. Aber diese Praxis setzt sie allerdings als stattfindend voraus, und daraufhin wagt sie es zu antworten. In derselben göttlichen Entscheidung, in derselben Aktualität, in derselben Erkenntnis der Offenbarung (aber diese Erkenntnis ist selbst Offenbarung) existiert die christliche Kirche, wird in der christlichen Kirche geglaubt und gehorcht. Indem diese Entscheidung fällt, handelt der Mensch als Hörender, verantwortlich und insofern gut; denn diese Entscheidung besteht darin, daß Gott ihm, dem Gesetzlosen, sein Gebot gibt und ihn so beruft aus der Finsternis zu seinem wunderbaren Lichte [vgl. 1.Petr. 2,9].|

Sie als solche zu verstehen, das wird also unsere erste Aufgabe sein, die sich sinngemäß gliedern dürfte in die drei Fragen nach dem Geschehen, nach dem Inhalt und nach der Bedeutung oder nach der Kraft dieses Gebietens. Das ist [es], was – aber freilich als etwas toto genere Verschiedenes – als unser erstes Kapitel an die Stelle der in der modern-theologischen Ethik so beliebten philosophischen Prinzipienlehre zu setzen wäre.

Aber das kann nun offenbar doch erst die Grundlegung, die allgemeine These sein. Wohin kommen wir von da aus? Die Wirklichkeit des göttlichen Gebietens vorausgesetzt, wird nun offenbar im einzelnen klarzumachen sein, inwiefern sich dieses Gebieten an den *Menschen* richtet, inwiefern hier göttliche Entscheidung über den *Menschen* stattfindet. Die Frage könnte sich nahelegen, ob es nun nicht doch, nachdem dem Anliegen einer theozentrischen Orientierung der Ethik in der Grundlegung genug getan [ist], angemessen sein möchte, zu einem jener Schematismen: Individual- und Sozialethik, Entstehung und Entfaltung des christlichen Lebens, Wollen, Wissen und Fühlen oder dergleichen als Rahmen für den zu gebenden Einzelnachweis zu greifen? Ob es nun nicht etwa doch am Platze sei, den Begriff der Persönlichkeit und des Charakters einerseits, andererseits die soziologischen Begriffe gleichsam als leere Gefäße aufzurichten, in die sich das Christliche zu ergießen hätte? Ob die theologische Ethik ihre Aufgabe nun nicht doch in einer christlichen Beleuchtung des menschlichen Mikrokosmos und Makrokosmos, in einer christlichen Beantwortung der menschlichen Lebensfragen zu suchen habe? Warum sollten wir nicht nachgeben, warum sollten wir nicht jetzt wenigstens auch anders können, wenn es etwa bloß das etwas eigensinnige Anliegen einer streng theozentrischen Orientierung wäre, das uns hemmte, oder wenn es im Interesse der zu erreichenden Klarheit läge, nachzugeben und vom Begriff des Menschen aus weiter zu fragen, oder wenn die Möglichkeiten, vom Begriff des heiligenden Wortes Gottes aus zu fragen, etwa bereits erschöpft sein sollten? Aber das Alles ist nicht der Fall. |

Es geht nicht um das formale Interesse an einer theozentrischen Theologie – wenn wir das hätten, dann müßten wir in der Tat auch anders können, wie denn *Schaeder* längst gezeigt hat, daß er auch anders kann –,[15] es geht einfach um die Frage, ob die theologische Ethik wirklich auch nur im Interesse des Menschen und seiner Lebensfragen handeln würde, wenn sie ihr Erstgeburtsrecht preisgeben und den Gesichtspunkt, den auf dem Felde der Ethik nun gerade sie fruchtbar zu machen hat, aufgeben würde? Kann sie denn, wenn sie sich selbst, wenn sie ihr Prinzip, das als Ereignis verstandene heiligende Wort Gottes, recht verstanden hat, diesem Wort das Wort entziehen und in allerlei Anwendungen zu einem Reden über das Wort übergehen? Muß sie nicht ernst damit machen, daß dieses Wort doch wohl selbst für seine Anwendung sorgen, daß es aber vor Allem zu Ende gehört werden will? Sollte nicht auch die Persönlichkeit, die Wissenschaft, der Staat und welche Problemgebiete menschlichen Handelns immer in Betracht kommen mögen, was ihre christliche Beleuchtung betrifft, besser dabei fahren, wenn man dem Worte das Wort läßt, wenn man es darauf ankommen läßt, was sich, wenn man es nach seiner eigenen Logik reden läßt, von selbst auch im Blick auf diese

---

[15] Vgl. E. Schaeder, *Theozentrische Theologie*. Eine Untersuchung zur dogmatischen Prinzipienlehre, Leipzig I: Geschichtlicher Teil 1909, II: Systematischer Teil 1914, mit I 1925[3] und II 1928[2], v. a. S. 1–75. Den Übergang zur dritten «umgearbeitete(n) und vermehrte(n)» bzw. zweiten «völlig neu gestaltete(n)» Auflage dieses Werkes stellt Schaeders Arbeit *Das Geistproblem der Theologie*. Eine systematische Untersuchung, Leipzig und Erlangen 1924, dar. Hiermit haben sich sowohl E. Brunner, *Theozentrische Theologie?* Eine Bemerkung zu Schaeders ‹Geistproblem der Theologie› ZdZ 2 (1926) 182f. wie K. Barth, *Die Christliche Dogmatik im Entwurf,* München 1927, S. 92ff., ausdrücklich auseinandergesetzt.

Problemgebiete ergeben mag? Es könnte und kann aber auch nicht der Klarheit dienen, wenn wir mit dem Begriff des göttlichen Gebots anfangen und mit Erwägungen über Individuum und Gemeinschaft oder mit der Abwicklung eines psychologischen Schemas oder mit der Abwandlung einer Tafel von christlichen Pflichten und Tugenden fortfahren wollten; denn als Begründung dazu vermöchte unsere Begründung der Ethik kaum dienlich zu sein, und der Begriff des göttlichen Gebots, mit dem wir die Ethik begründen möchten, könnte durch das Betreten eines solchen Nebenweges nur verdunkelt werden. Und nun steht es auch durchaus nicht so, daß wir zum Betreten solcher Nebenwege dadurch genötigt wären, daß der Begriff des Wortes Gottes ja durch die Feststellung seiner Aktualität erschöpft sei. Wir sind ja seinem Inhalt noch gar nicht nähergetreten, wie sollte er denn schon erschöpft sein? Steht es denn nicht so, daß er vielmehr gerade in bezug auf den Menschen, nach dem jetzt in der Tat gefragt ist, einen ganz bestimmten, und zwar einen sehr reichen Inhalt hat, kraft dessen er vielleicht die ganze Problematik des menschlichen Handelns viel kräftiger und tiefer erfaßt und umfaßt, als wenn wir uns darauf einließen, anhand irgendeines fremd an ihn herangetretenen Schematismus an ihm vorbei zu jenen Anwendungen und Beleuchtungen überzugehen? Einen Inhalt, den wir bloß brauchen reden zu lassen, um auf die einfachste und zugleich sachgemäßeste Weise auf den Weg zu kommen, der zu einer übersichtlichen und grundsätzlich erschöpfenden Darstellung unseres Gegenstandes nun einmal erforderlich ist.|

Was sagt denn das Wort Gottes? Es ist das Wort von der göttlichen *Schöpfung,* von der göttlichen *Versöhnung,* von der göttlichen *Erlösung.* Man kann auch sagen: es offenbart das Reich Christi des Herrn als das *regnum naturae,* als das *regnum gratiae,* als das *regnum gloriae.* Man kann auch sagen: es redet uns an auf unsere *Bestimmung* für Gott, auf das Ereignis unserer *Beziehung* zu ihm, auf das Ziel unserer *Vollendung* in ihm. Das sind keine zufällig oder willkürlich gewählten Gesichtspunkte, das sind, wie man sieht, die großen Orientierungspunkte des Ganges der christlichen Dogmatik, auf die aufzubauen bei einer so auf das Ganze gehenden, das Ganze rekapitulierenden Hilfswissenschaft wie die Ethik, offenbar sinnvoll ist. Die Dogmatik zeigt auf Grund und unter Voraussetzung der Entwicklung des Gottesgedankens, mit der wir unser erstes Kapitel der Ethik ⌜wohl noch besser als mit den dogmatischen Prolegomena⌝ in Parallele stellen könnten, 1. wie Gott der Herr ist als *Schöpfer* alles dessen, was nicht er selber [ist], und darum [der Herr] – als des Inbegriffs alles dessen, was nicht er selber ist – des Menschen. Sie begreift die Welt und den Menschen unter dem Gesichtspunkt dieser ursprünglichen und, schon als diese ursprüngliche verstanden, seinem eigenen Sein schlechthin überlegenen Gottesherrschaft. Sie zeigt 2. wie Gott der Herr ist als *Versöhner* des Menschen, als der Bundes-Gott, dessen Treue durch des Menschen Untreue nicht gebrochen werden, sondern nur noch heller ins Licht treten kann, dessen Majestät sich gerade angesichts der Sünde des Menschen als Gnade um so kräftiger erweist. Sie begreift also den Menschen unter dem Gesichtspunkt dieser der Wirklichkeit des Menschen zum Trotz behaupteten Gottesherrschaft, sie begreift ihn in der Paradoxie des Gefallenen und doch Gehaltenen, des Feindes und doch Geliebten, des Rebellen und doch Knechtes. Und sie zeigt 3. wie Gott der Herr ist als der *Erlöser* des Menschen, der Erste, der auch der Letzte ist, dessen Reich kommt, das Reich des überwundenen Zwiespalts, des neuen Himmels und der neuen Erde, der Herrlichkeit. Sie begreift also den Menschen eschatologisch, d.h. unter dem Gesichtspunkt dieser ewigen, ihm, dem in der Zeit lebenden, verheißenen vollendeten Gottesherrschaft, als Wartenden und Eilenden innerhalb einer positiven hoffnungsvollen Grenze, gleichzeitig beschattet vom Tode als von der Aufhebung alles Diesseitigen und belichtet von der Auferstehung der Toten, in der die Alles neu werden soll. Es sind doch nur scheinbar drei Teile oder Stufen der Wahrheit oder der Erkenntnis, die damit angezeigt sind. In Wirklichkeit wird dabei gerade wie in der Lehre von der Dreieinigkeit Gottes, die die heimliche

Wurzel dieser Ordnung ist, dreimal das Eine, dreimal das Ganze gesagt, wobei Jesus Christus, der das Wort Gottes selber ist, von der beherrschenden Mitte des Versöhnungsgedankens aus auch die Voraussetzung und der Inbegriff des Schöpfungsgedankens und des Erlösungsgedankens ist.

Wir sind aber offenkundig nicht in der Lage, auf diese dreifache Bewegung unserer christlichen Erkenntnis zu verzichten, diese dreifach bestimmte christliche Wahrheit etwa in einem Wort auszusprechen. Das eine Wort ist das Wort Gottes selber, das wir nicht aussprechen, sondern nur als zu uns gesprochen hören können. Und was wir hören, das ist eben dieses Dreifache. Eben darum bildet dieses Dreifache nun auch kein System. Wäre es das, so müßte es sich auf *ein* Wort zurückführen lassen. Ein System hat einen Mittelpunkt, einen Kardinalsatz, aus dem sich das übrige deduzieren läßt. Einen solchen vermissen wir hier gerade. Die Wirklichkeit des Wortes Gottes selbst ist freilich der Mittelpunkt, auf den hier Alles ankommt. Aber uns fehlt das Wort für diese Wirklichkeit. Wir können und müssen sie freilich als solche anerkennen, aber wir haben nur Worte, die sich auf sie beziehen, kein Wort für sie selber. Und das sind nun eben ⌐– von dem Satz: «Gott ist der Herr» abgesehen –⌐ diese Worte: Schöpfung, Versöhnung, Erlösung. Sie bezeichnen kein System, sondern einen Weg. Wenn wir diesen gewiß nicht gesuchten, sondern in Gottes Offenbarung, in ihrer Bezeugung durch die heilige Schrift und im Dogma der Kirche in unerfindbarer Kontingenz vorgefundenen Weg als richtig beschrieben voraussetzen dürfen, dann dürfte es doch naheliegen, uns auch in der Ethik an ihn zu halten, statt mit ungarantierten Lehnbegriffen aus der Psychologie und Logik arbeiten zu wollen.|

Der im Begriff des Wortes Gottes selbst enthaltene Begriff des Menschen versteht ihn als Gottes Geschöpf, als Gottes begnadigten Sünder, als Gottes künftigen Erlösten. In diesen Relationen erkennen wir uns selbst, wenn und sofern wir uns in Gottes Wort erkennen. In diesen Relationen muß nun offenbar auch nach unserer Heiligung, nach der Bedeutung jener göttlichen Entscheidung, des Ereignisses des göttlichen Gebietens gefragt werden. In diesen drei Relationen erkennen wir uns als durch Gottes Wort in Anspruch genommen. Das ist der Mensch – und wir legen keinen allgemeinen abstrakten, sondern den konkret christlichen Begriff vom Menschen zugrunde, wenn wir sagen: das ist der *geheiligte* Mensch, der nicht das Subjekt, wohl aber das Prädikat der Aussagen der theologischen Ethik ist. Er ist Gottes Geschöpf, er ist in Christus begnadigter Sünder, er ist Erbe des Reiches Gottes, weil und sofern ihn Gott als das Alles in Anspruch nimmt. In allen diesen Relationen ist das göttliche Gebieten das Prinzip der Güte seines Handelns. Es ist nun klar, daß auch diese drei Relationen nicht etwa drei Stufen oder Teile im Wesen des Menschen bedeuten können und daß es sich also auch bei der so und so und so zu verstehenden Heiligung des Menschen nicht um Stufen oder Teile, um ein so oder so oder so verschiedenes Gebieten Gottes handeln kann, sondern so oder so oder so nur um den einen ganzen Menschen und um das eine ganze Gebot Gottes, wie es dem Menschen in Gottes Offenbarung gegeben wird. Die Unterscheidung kann also auch hier nur logisch und nicht etwa ontisch gemeint sein. Sie kann nur die zu durchlaufenden Momente des Erkenntnisweges, die in Betracht kommenden Gesichtspunkte zum Verständnis der in sich einen und ganzen Wirklichkeit, nicht aber eine Spaltung in dieser selbst bezeichnen. Aber diese eine ganze Wirklichkeit ist ja die Wirklichkeit Gottes selbst, über deren Einheit wir keine Verfügung haben, die sich als schlechterdings aktuelle Wirklichkeit durchaus nicht zur Einheit eines Systems gebrauchen läßt. Als logische Unterscheidung ist die Unterscheidung also notwendig. Wir verfügen nicht über die Synthese, die sie etwa aufheben würde. Gott ist freilich die Synthese, aber Gott ist keine von uns vollzogene oder zu vollziehende Synthese. Der Sinn des göttlichen Gebietens stellt sich uns also notwendig anders dar, wenn wir es als das Gebieten des Schöpfergottes oder des Versöhnergottes oder des Erlösergottes verstehen, obwohl diese drei nicht drei, sondern einer sind. Wie sollten wir sein Gebot in einem Wort ohne jene Andersheit verstehen, wenn wir ihn selbst nur in der angezeigten Bewegung unseres Erkennens verstehen können?|

Und nun zeigt uns die Geschichte der christlichen Ethik mit ihren zahllosen Konflikten zwischen einem an der Schöpfung oder an der Versöhnung oder an der Erlösung, zwischen einem an der Natur oder an der Gnade oder an der ewigen Herrlichkeit orientierten Denken, daß tatsächlich auch im ethischen Denken der Christenheit diese Bewegung wirklich stattgefunden hat. Versteht man, daß das Wort Gottes die sittliche Wahrheit ist, dann versteht man, daß die Unterscheidung, die dieser Bewegung zugrunde liegt, notwendig ist, daß man sie nicht umgehen kann. Man wird dann also nicht nur begreifen, daß jene Konflikte der Geschichte in ihrer Art alle sinnvoll waren, sondern man wird dann auch in der Lage sein, die verschiedenen Anliegen, die hier offenbar angemeldet sind, an ihrem Ort zu Worte kommen zu lassen. An ihrem Ort: man wird dann freilich auch die Starrheit zu vermeiden wissen, in der je und je der eine oder andere der hier an sich möglichen und berechtigten Gesichtspunkte ergriffen und als der absolute und einzige behandelt worden ist. Man wird diese verschiedenen Gesichtspunkte dann aber auch nicht zu einem System vereinigen wollen – das hieße ja, daß man die Notwendigkeit ihrer Unterscheidung, ihre Einheit in der Wirklichkeit Gottes, aber auch nur in der Wirklichkeit Gottes, über die wir keine Verfügung haben, wieder vergessen hätte. Man wird jene Gesichtspunkte dann vielmehr zur Geltung bringen als Stationen eines *Weges*. Man wird also das Wesen der christlich-sittlichen Erkenntnis weder in einer isoliert den einen oder anderen jener Gesichtspunkte bevorzugenden, noch in einer alle drei Gesichtspunkte vereinigenden und unter sich harmonisierenden Konstruktion, sondern dem göttlichen Offenbarungsakt entsprechend im *Begehen* dieses Weges, im Akt des *Durchlaufens* dieser drei Gesichtspunkte, in der grundsätzlich einen Kreis beschreibenden Erkenntnis*bewegung* durch diese drei Punkte suchen und finden.|

Diese Erkenntnisbewegung zu vollziehen ist die Aufgabe des zweiten speziellen Teiles der Ethik, unseres zweiten, dritten und vierten Kapitels, eine genaue Wiederholung im Kleinen derselben Bewegung, die die Dogmatik im Großen vollzieht – mit dem einen nicht methodischen, sondern praktisch-faktischen Unterschied, daß in der Ethik mit speziellster Aufmerksamkeit nach der Inanspruchnahme des Menschen als solcher gefragt wird. Nochmals: Alles wird hier wie in der Dogmatik darauf ankommen, daß das Verhältnis der drei einander folgenden Entwicklungen nicht statisch, sondern kinetisch verstanden wird, wie eben das Bild einer Bewegung weder durch eine Abbildung ihres ersten noch durch die ihres zweiten, noch durch die ihres dritten Stadiums, und auch nicht durch eine rekapitulierende Darstellung oder Zusammenstellung aller drei, sondern allenfalls allein in der Folge aller drei gegeben werden könnte. Wir fragen nach dem Guten. Wir dürfen aber das Gute weder im zweiten noch im dritten, noch im vierten Kapitel zu sehen erwarten, und noch weniger etwa in einer Zusammenstellung ihrer Ergebnisse, sondern wenn überhaupt, dann im Akt des nach diesen Kapiteln sich ordnenden Denkens. Das Gute ist das mir, dem Menschen als Gottes Geschöpf, als begnadigten Sünder, als Erben seines Reiches Gebotene. Indem ich mich selbst als dieser Mensch unter Gottes Gebot gestellt erkenne, erkenne ich das Gute. Ich kann es also nicht anders erkennen, als indem ich es tue. Und indem ich es tue, erkenne ich mich als dieser Mensch: ἐξ αὐτοῦ, δι’ αὐτοῦ, εἰς αὐτόν [vgl. 1. Kor. 8,6]. In Anspruch genommen durch das göttliche Selbst, erkenne ich mich selbst in jenem Kreislauf der Erkenntnis, erkenne ich mich als dreifach in Anspruch genommen. Und mein Handeln in dieser dreifach zu verstehenden Inanspruchnahme ist dann das mir gebotene, ist dann mein gutes Handeln. Wir reden also in unserem zweiten Kapitel vom Gebieten Gottes des Schöpfers, im dritten vom Gebieten Gottes des Versöhners, im vierten vom Gebieten Gottes des Erlösers, durchaus in der Meinung, nicht drei verschiedene Dinge zu sagen, wie ja auch der Schöpfer, der Versöhner, der Erlöser einer und derselbe Gott ist, wie das ἐξ αὐτοῦ, δι’ αὐτοῦ, εἰς αὐτόν eine und dieselbe Inanspruchnahme durch Gott bezeichnet. Wir haben nur, aber das haben wir allerdings, in gründlich verschiedener Weise dreimal dasselbe zu sagen. Eben daraus ergibt sich nun aber, daß der einzuschlagende Weg im einzelnen, in der Anordnung des Inhalts dieser drei Kapitel, dreimal grundsätzlich derselbe sein muß, wenn es auch ganz verschiedene Gedanken sind, die hier und hier und hier zur Sprache zu bringen sind. Es sind aber vier Momente, die sich uns auch hier mit einer gewissen, in der Sache begründeten Notwendigkeit und wenigstens teilweise nicht ohne Stützung durch klassische Vorbilder aufzudrängen scheinen.|

Es dürfte zunächst einleuchten, daß es vor Allem am Anfang jedes der drei Kapitel gelten wird, die *Eigenart des jeweiligen ethischen Gesichtspunktes* herauszuarbeiten, zu zeigen, inwiefern das menschliche Handeln als göttlich geboten (jetzt in diesem, jetzt in diesem, jetzt in diesem Sinn) jedesmal wirklich in ein besonderes, mit dem der anderen Gesichtspunkte nicht zu verwechselndes Licht tritt, inwiefern es gerade unter diesem Gesichtspunkt in unauflösbar eigenartiger Weise von Gottes Wort in Anspruch genommen und insofern geheiligt ist.|

Dieses Besondere der göttlichen Inanspruchnahme dürfte nun, sofern an das Besondere des *Schöpfer*gebotes gedacht werden soll, wie dies am Anfang unseres zweiten Kapitels zu geschehen hat, zu verstehen sein als die Notwendigkeit des uns geschenkten *Lebens*. Indem wir die Notwendigkeit, unter die wir durch den göttlichen Anspruch gestellt sind in diesem ersten Gedankenkreis, von der Schöpfung aus verstehen als Notwendigkeit des Lebens, sagen wir, daß das Gebotene und also das Gute zunächst und zuerst in der Wirklichkeit des menschlichen Existierens zu suchen ist, weil und sofern dieses Existieren auf Gottes Schöpfung und also auf Gottes Willen beruht. Die göttliche Inanspruchnahme will wahrlich, wo sie überhaupt erkannt wird, erkannt sein als eine, die schon damit anhebt, daß wir sind. Wir sind nicht anders als so, daß wir des Herrn sind. Indem wir leben, stehen wir unter der Notwendigkeit, ihm zu leben. Er ist die Notwendigkeit unseres Lebens. Wir brauchen bloß zu verstehen, was Leben heißt, so verstehen wir auch, was uns geboten ist.|

Ganz anders stellt sich nun dieselbe Inanspruchnahme dar, wenn wir sie von der *Versöhnung* aus betrachten. Nun wird dieselbe Wirklichkeit am Anfang unseres dritten Kapitels zu beschreiben sein als die Notwendigkeit des *Gesetzes*. Nun betrachten wir uns selbst ja in unserem Widerspruch zu Gott, als Sünder, freilich sofort in dem Widerspruch, dem von Gott siegreich und überlegen widersprochen ist, als Sünder, deren sich Gott in seiner Gnade ihrem Sündigen zum Trotz angenommen hat. Nun kann das Gebot, kann das Gute offenbar nicht mehr zusammenfallen mit unserem Existieren, nun ist es uns gesetzt, entgegengesetzt, nun streitet es gegen unser Leben, weil wir ja als Sünder leben. Nun ist es als die Kehrseite der Gnade, die uns, den Sündern, widerfährt, das Gericht über uns, dem wir gerade als Begnadigte nicht entgehen können. Nun kommt es darauf an, es eben in diesem seinem Streit gegen uns, als das Gericht über uns, das es jetzt bedeutet, als Gesetz in seiner Notwendigkeit zu verstehen. Göttliche Inanspruchnahme muß jetzt, muß gegenüber uns, den Feinden, denen er Barmherzigkeit erwiesen, *das*: sie muß jetzt das Gesetz bedeuten, dessen Gültigkeit unter keinen Umständen von unserer Verkehrtheit aus in Zweifel zu ziehen, an dem – werde aus uns, was da wolle – nichts zu drehen und zu deuten ist.[16]|

Und dieselbe Wirklichkeit ist, von der *Erlösung* aus gesehen, endlich Notwendigkeit der *Verheißung*. Wir haben nicht nur das Leben als Gottes Geschöpfe, und wir haben nicht nur das Gesetz als Genossen des Bundes seiner Gnade, sondern eben als solche darüber hinaus die Verheißung. Wir sind, hier werden wir im letzten Kapitel ansetzen müssen, indem uns Gott wirklich in Anspruch nimmt, angesprochen als Erben seines ewigen Reiches. Die Verheißung ist das Ziel unseres Lebens, das uns in und mit der göttlichen Inanspruchnahme sichtbar wird. Die Verheißung ist die uns vorgehaltene, zugesagte, im voraus zugeeignete Vollendung. Eben als solche ist nun aber auch sie in eigenartiger

---

[16] Randbemerkung von K. B.: «*Wort Gottes = Gebot, 3 Formen: Leben, Gesetz und Verheißung.*»

Weise göttlicher Anspruch. Auch von daher, auch von der eschatologischen Grenze her, begegnet uns Gott als Gebietender. Auch die Verheißung stellt unser Handeln unter Notwendigkeit. Es ist dieselbe göttliche Notwendigkeit, die wir auch als die Notwendigkeit des Lebens, als die Notwendigkeit des Gesetzes kennen, aber sie dürfte keinen Augenblick fehlen. Wir wüßten von keiner Notwendigkeit des Lebens und des Gesetzes, wenn wir nicht von der Notwendigkeit der Verheißung wüßten, wenn der göttliche Anspruch nicht darüber hinaus, daß er uns leben heißt und daß er uns beugt, uns auch aufrufen würde, einer wirklichen besseren Zukunft zu gedenken, wenn er nicht auch Ziel, Vollendung, Vollkommenheit bedeuten würde.

An diese erste Frage nach der Besonderheit des jeweiligen ethischen Gesichtspunktes wird sich dann in allen drei Gedankenkreisen anschließen müssen die Frage nach der jeweilig besonderen *Erkenntnis* des göttlichen Anspruchs, man könnte auch sagen nach der Form des göttlichen Gebotes.|

Wir erkennen das Gebieten des *Schöpfers,* die Notwendigkeit des *Lebens,* sofern wir unseren *Beruf* erkennen, worunter dann freilich nicht nur das im engsten Sinn so Genannte zu verstehen sein wird, sondern der Inbegriff der Notwendigkeit, des Gebotenseins der konkreten Wirklichkeit, in der jeder einzelne als solcher existiert. Wir leben nicht nach eigener Willkür irgendein Leben, sondern wir leben, sofern wir uns selbst in Gottes Wort erkennen, in der Bezogenheit unseres Lebens zu dem unserer Mitmenschen ein in seinen besonderen Zwecken ganz bestimmtes, ein in bestimmter Weise diese Bezogenheit verwirklichendes Leben. In dieser Bestimmtheit hat unser Leben schöpfungsmäßige Notwendigkeit, wird uns also unser Leben selbst zum göttlichen Gebot.|

Wir erkennen zweitens das Gebieten des *Versöhners,* also die Notwendigkeit des *Gesetzes,* sofern uns, biblisch gesprochen: Mose, d.h. der von Gott *beauftragte Mitmensch,* der uns in irgendeinem Sinne Vorgesetzte, wir könnten auch sagen: sofern uns menschliche *Autorität* begegnet. Die Gebrochenheit, in der wir unter Gottes Gericht gestellt [sind] um unserer Sünde willen, aber auch die Versöhnung mit Gott, in der wir durch seine Gnade existieren, sie werden darin konkret, daß unser Handeln, sofern wir uns selbst in Gottes Wort erkennen, sich nach allen Seiten nicht nur in jener Bezogenheit zum Mitmenschen, also in Form unseres Berufs, sondern nun auch unter dem Widerspruch, unter der Weisung und Belehrung bestimmter, uns überlegener, weil bevollmächtigt gegenübertretender Mitmenschen vollzieht, daß es also immer ein Handeln in bestimmten Unterordnungen, ein unter fremdes menschliches Gesetz gestelltes Handeln ist. In dieser Bestimmtheit wird uns das Gesetz des Guten notwendig als das göttliche Gebot, das gegen uns streitet und dem wir gerade als solchem die Achtung nicht versagen können.|

Und wir erkennen drittens das Gebieten des *Erlösers,* die Notwendigkeit der *Verheißung,* in der Stimme unseres eigenen *Gewissens.* Unsere Bestimmung für das Leben der zukünftigen Welt, unsere eschatologische Bestimmtheit wird darin konkret, daß die Bindung meines Handelns sich nicht erschöpft darin, daß es durch meinen Beruf und durch die mir begegnende Autorität bestimmt ist, daß vielmehr über beides hinaus Erinnerung an das Vollkommene als Maß des Guten in relativer Selbständigkeit gegenüber dem Gebot unseres Berufs sowohl wie gegenüber dem Gebot des beauftragten Mitmenschen in uns selbst stattfindet. In dieser dritten Bestimmtheit wird uns die Verheißung notwendig als göttliches Gebot des letzten ewigen Zieles unseres Handelns. – Das sind die Überlegungen über den Erkenntnisgrund oder über die Form des göttlichen Gebotes, die in allen drei Kapiteln die zweite Wendung unseres Gedankenganges bilden werden.|

Eine dritte Wendung wird dann offenbar die Antwort auf die Frage nach dem *Inhalt* des göttlichen Gebietens zu bringen haben. *Was* will denn Gott, indem er uns für sich in Anspruch nimmt? Wir sind hier in der Lage, ohne weiteres einbiegen zu können in einen bekannten Weg der reformatorischen Theologie, nämlich in die Lehre vom usus triplex legis, in welcher nicht nur die christliche Notwendigkeit, sondern eben damit auch der christliche

Inhalt des Gesetzes Gottes mit großer Vollständigkeit umschrieben ist.|

Das Gebot des *Schöpfer*gottes, die *Lebens*notwendigkeit, der wir uns gehorsam unserem Beruf unterwerfen, ist offenbar inhaltlich die Notwendigkeit und das Gebot der *Ordnung*. Es gibt einen usus legis politicus s.[ive] civilis, sagten die Alten. Das Gebot bedeutet in diesem Sinn die äußere Ordnung unseres Lebens, durch die wir in Disziplin gehalten werden und durch die das menschliche Leben möglich wird als Zusammenleben. Indem wir unserem Beruf leben, anerkennen wir ja, daß wir in der Bezogenheit zum Mitmenschen leben. Wir anerkennen, daß die Notwendigkeit unseres Lebens eben die Gemeinschaft des Lebens ist. Wir anerkennen, daß unser Handeln dadurch gebunden ist, daß es von Haus aus in jener Bezogenheit stattfindet, gebunden durch eine Regel, die für den Mitmenschen ebenso wie für mich und für mich ebenso wie für den Mitmenschen Geltung hat, die seinen wie meinen, meinen wie seinen Zwecken an Würde vorangeht. Diese Bindung durch eine Lebensordnung ist die wohlverstandene Lebensnotwendigkeit. Sie ist dasjenige, was Gott zunächst von uns haben will. Es ist das Problem der durch die Offenbarung nicht beseitigten, sondern bestätigten und neuaufgerichteten lex naturae, das uns, auf die Sache gesehen, hier beschäftigen wird.|

Das Gebot des *Versöhner*gottes, die *Gesetzes*notwendigkeit, unter der wir als begnadigte Sünder stehen, in jener konkreten Unterordnung unter den beauftragten Mitmenschen, ist inhaltlich die Notwendigkeit oder das Gebot der *Demut*. Die Alten sprachen vom usus legis paedagogicus: das Gesetz muß uns da hinstellen, wohin wir gehören, es soll uns in die Buße und zum Glauben führen, dahin, wo nur die Erkenntnis unserer Sünde, des göttlichen Gerichts und der göttlichen Gnade uns übrigbleibt. Indem wir uns unterordnen, indem wir handeln als solche, die sich etwas müssen sagen lassen, anerkennen wir, daß wir Widerspruch verdient haben und daß uns nur dadurch und gerade dadurch geholfen ist, daß uns Widerspruch widerfährt. Wir anerkennen die fremde

Hoheit des Gesetzes in unserem Leben als unser Gericht und als unsere Rettung. Unser Heil liegt darin, daß wir in unserem Besitz, in unserer Sicherheit, in unserem Selbst beunruhigt und angegriffen sind, und unser Heil ergreifen heißt, diesem Angriff weichen. Diese Demütigung, diese Enteignung, dieses In-den-Tod-Geben des alten Menschen ist das, was Gott der Versöhner, indem er uns heiligt, von uns haben will. Es ist die spezifisch alttestamentliche, aber freilich einen integrierenden Bestandteil auch des neutestamentlichen Zeugnisses bildende Seite des offenbarten Gebotes, die uns hier entgegentreten wird.|

Das Gebot des *Erlöser*gottes aber, die *Verheißungs*notwendigkeit, unter der wir als Erben des Reiches Gottes stehen, indem wir die Stimme unseres Gewissens mit ihrem Zeugnis von dem kommenden Vollkommenen hören, ist inhaltlich das Gebot oder die Notwendigkeit der Dankbarkeit. Die Alten wußten von einem usus tertius legis, dem usus didacticus s. [ive] normativus. Eben als Empfänger des heiligen Geistes tritt der Mensch erst recht unter Gottes Gebot. Indem uns unser Gewissen das Vollkommene vergegenwärtigt, anerkennen wir die Notwendigkeit eines freien Handelns im Glauben und im Gehorsam, das Gebot der Dankbarkeit, wie der Heidelberger Katechismus dieses Prinzip des neuen, der Zukunft Gottes zugewandten christlichen Lebens genannt hat. Gottes Gebot gibt sich nicht damit zufrieden, unseren Gang zu ordnen und uns in jene Enge zu treiben und uns in jener Enge festzuhalten, in der wir nur von Gottes Gnade leben können. Eben indem es das tut, spricht es uns ja an als Gottes von Ewigkeit und für die Ewigkeit Erwählte. Es fordert also unsere Dankbarkeit, d.h. aber einfach uns selbst. Denn das ist offenbar der allein mögliche Dank für Gottes Erwählung, daß wir uns selbst für ihn verpflichtet, ja verfallen erkennen. Steht es nicht in unserer Macht, das Vollkommene zu ergreifen, uns in Gottes Hand zu legen, wie er selbst uns in seine Hand nimmt, so kann und soll doch der Sinn unseres Existierens, unseres Handelns das Opfer werden, das Zeugnis und die Demonstration, daß wir gehört, diesen letzten und stärksten Sinn seines

Wortes gehört haben. Es ist die spezifisch neutestamentliche, in der Bergpredigt und in der paulinischen und johanneischen Ethik bezeugte, aber dem alttestamentlichen Zeugnis wahrlich auch nicht unbekannte Seite des offenbarten Gebotes, die uns in diesem Zusammenhang angehen wird. – Damit wäre dann unter allen drei Gesichtspunkten auch die dritte Wendung unseres Gedankengangs vollzogen. Man könnte in dem, was auf dieser Linie auszuführen sein wird, eine gewisse Entsprechung zu dem sehen, was in manchen Ethiken als «Pflichtenlehre» vorgetragen zu werden pflegt.|

Es wird dann endlich in vierter Linie darum gehen, das solcherweise als unter Gottes Gebot gestellt verstandene menschliche Handeln als wirklich *gutes* Handeln zu verstehen. Wir dürfen ja nicht vergessen, daß die Heiligung ebensowohl wie die Rechtfertigung Gottes *Gnade,* und zwar ganze, wirkliche, aber auch wirksame Gnade ist. Wem Gott gnädig ist, d. h. wem er nicht nur Vergebung seiner Sünde zuspricht in Christus, sondern wen er eben damit und wiederum in Christus für sich in Anspruch nimmt, wen er rechtfertigt *und* heiligt (und Gnade wäre nicht Gnade, wenn sie nicht in dieser Ganzheit Gnade wäre), der handelt – wir dürfen vor diesem Satz nicht zurückschrecken, so gewiß er in seinem Sinne aufs vorsichtigste erwogen sein will –, der handelt *gut.* Das ist es, was an vierter Stelle jeweilen zu zeigen sein wird: inwiefern kraft desselben göttlichen Aktes der Heiligung, in dem dem Menschen das Gebot als Forderung vorgehalten und in dem der Mensch unter das Gebot gestellt wird, auch *Erfüllung* des Gebotes stattfindet. Wieder können wir hier nach einer klassischen, diesmal sogar biblischen Trias von Begriffen greifen, die gerade zu diesem Zweck wie bereitzustehen scheint. Ich meine die paulinische Reihe: Glaube, Liebe, Hoffnung. Alle drei Begriffe zeichnen sich dadurch aus, daß sie ein wirkliches Verhalten und Tun des Menschen bezeichnen und nun doch ein solches, das in keinem Sinn eine Leistung des Menschen, sondern – so gewiß der Mensch damit steht und fällt, daß er glaubt, liebt und hofft, so gewiß er aufgerufen wird, dies zu tun – im strengsten Sinn ein Werk, ja das Werk Gottes am Mensche ist: πίστις, Gottes Sich-selbst-treu-Bleiben; ἀγάπη, Gottes freier guter Wille, als der, der er ist, den Seinen, wer und wie sie auch seien, sich selbst und alle seine Güter nicht zu entziehen, sondern zu schenken; endlich ἐλπίς, desselben Gottes vollkommener Trost als das ewige Ziel ihrer zeitlichen Existenz, daß Gott in dieser ganzen Fülle seiner Wahrheit unser Gott ist: das ist der subjektive Sinn dieser drei Begriffe. Und so bezeichnen sie die Erfüllung der Gebote: |

Es ist der *Glaube* die Erfüllung unserer Lebensnotwendigkeit. Gott ist unsere Lebensnotwendigkeit, davon sind wir hier ausgegangen, Gott, weil er der Schöpfer unserer Existenz, ihr creator ex nihilo ist. Unserer Lebensnotwendigkeit Genüge tun heißt, Gottes Willen tun: nach und in unserem Beruf uns unter die Ordnung seiner Schöpfung stellen. Das geschieht, und das geschieht nur, sofern wir und indem wir glauben: ohne zu wissen, ohne zu sehen, schlechterdings daraufhin, daß es uns durch sein Wort in Jesus Christus gesagt ist, ja sagen dazu, daß er unser Schöpfer und also der Herr unseres Lebens ist, daß wir ihm und daß wir zu ihm gehören, und daß also das kein Leben ist, das nicht Leben unter seinem Gebot sein wollte. Dieses Ja ist das Wunder des Glaubens. Ohne Glauben können und werden wir nur rebellieren. Wir leben ohne Notwendigkeit, wir haben keinen Beruf, wir wissen von keiner Ordnung. Entscheidet Gott für uns, indem er uns heiligt und also für sich in Anspruch nimmt, uns unter sein Gebot stellt, dann ist das, der Glaube, seine unaussprechliche Gabe. |

Und es ist die *Liebe* des Gesetzes Erfüllung [vgl. Röm. 13,10]. Gott richtet und begnadigt uns, indem er uns das Gesetz wie einen Felsen, an dem wir scheitern müssen, entgegenstellt, indem er uns menschlicher Autorität, in seinem Namen ausgeübt, unterwirft, uns in die Demut treibt. Aber diese unsere Erniedrigung ist kein Selbstzweck. Damit ist das Gesetz noch nicht erfüllt, daß wir erkennen, daß wir Sünder sind, die von Gnade leben. In dieser Not will Gott von uns geliebt sein. In dieser Not, die er uns bereitet, verbirgt sich ja seine Liebe zu uns. Nur dann und erst dann ist jene Erniedrigung vollendet und vollzogen, wenn wir ihn wiederlieben. Und konkret wie das Gebot Gottes, das uns dorthin stellt, muß auch seine Erfüllung sein. Noch einmal ist jetzt der Mitmensch das konkrete Gegenüber, das von uns geliebt, um Gottes willen, an Gottes Stelle und in Bewährung unserer Liebe zu Gott geliebt sein will. Das Gesetz wäre noch nicht erfüllt an uns, es hätte sein tötendes Amt noch nicht versehen, wenn nicht die Liebe aus ihm zu uns gesprochen hätte. Und so würden wir selbst das Gesetz noch nicht erfüllen, solange wir etwa meinten, es Gott darin und so gleich tun zu müssen, daß wir dem Nächsten das Gesetz, das ihn richtet, vorhalten. Wir würden damit nur zeigen, daß wir selbst noch unter dem unerfüllten Gesetz stehen, daß unser Widerspruch gegen Gott noch nicht gebrochen, unsere Liebe zu Gott noch nicht erwacht ist. Aber daß dies geschieht, und daß wir also in der Lage sind, unseren Nächsten, statt ihn zu richten, zu lieben, dieses Ja zu Gott ist wiederum Gottes Wunder an uns. Entscheidet Gott für uns, stellt er uns wirklich unter sein Gebot, dann geschieht dieses Wunder, dann ist also die Liebe, unser Lieben seine Gabe ebenso wie der Glaube. Wir würden weder ihn noch den Nächsten lieben, wenn er uns nicht zuerst geliebt hätte [vgl. 1. Joh. 4, 19]. Ja, wann sollte unser Lieben etwas anderes sein als eben unser Geliebt*sein?* |

So ist endlich auch die *Hoffnung* die Erfüllung der Notwendigkeit der Verheißung. Ist es wahr, daß Gott durch die Stimme unseres Gewissens unsere Dankbarkeit, unsere Freiheit in Anspruch nimmt, dann bekommt unser Handeln über alle bestehende Ordnung hinaus und trotz der uns gegebenen Demut die Ausrichtung auf das kommende Vollkommene. Der Glaube bejaht Gott, die Liebe freut sich Gottes, die Hoffnung sucht Gott, indem sie über alles Gegenwärtige [hinaus] mehr, indem sie Alles von ihm erwartet. Insofern leben auch der Glaube und die Liebe von der Hoffnung. Sie wäre freilich Träumerei und Schwärmerei, wenn sie bloß die Unruhe unseres Geistes wäre. Sie ist die Erfüllung des Gebotes, die wirkliche Dankbarkeit, sofern sie nicht unsere, sondern die Unruhe des heiligen Geistes ist, der uns als der Geist des Gebetes in alle Wahrheit leiten will [vgl. Joh. 16,13], in dem als dem Unterpfand unseres Erbes [vgl. Eph. 1,14] das ewig Zukünftige schon Gegenwart ist. Wiederum ist auch dieses Ja zu Gott, mit welchem wir Gott suchen, gerade nachdem und weil wir ihn gefunden haben, gerade nachdem und weil wir von ihm gefunden sind, Gottes eigenes Wunder an uns. Entscheidet Gott für uns, heiligt er uns durch sein Gebot, dann ist das seine Gabe, daß wir Hoffende sind. – So sind Glaube, Liebe und Hoffnung das Gute im menschlichen Handeln, und damit – und das ist das Ziel, das bei dieser letzten Wendung unseres Gedankens zu erreichen ist – die Antwort der theologischen Ethik auf die ethische Frage. Cum grano salis verstanden, das, was einer «Tugendlehre» entsprechen würde. Wir wenden uns nach dieser summarischen Ankündigung zur Sache selber.

Das Wort Gottes als *Gebot* des

	Schöpfers	*Versöhners*	*Erlösers*
heißt: (Gesichtspunkt)	Leben	Gesetz	Verheißung
offenbart sich als: (Erkenntnis)	Beruf	Autorität	Gewissen
fordert: (Inhalt)	Ordnung	Demut	Dankbarkeit
schenkt: (Erfüllung)	Glaube	Liebe	Hoffnung

1. KAPITEL

Die Wirklichkeit
des göttlichen Gebotes

§ 4 DIE OFFENBARUNG DES GEBOTES

Die Wahrheit des Guten ist keine allgemeine und theoretische und darum keine bedingte Wahrheit. Sie offenbart sich in dem konkreten Ereignis unseres eigenen Handelns als unsere Entscheidung für oder gegen das uns gegebene Gebot des Guten.

1.

Wenn es nach Pythagoras wahr ist, daß im rechtwinkligen Dreieck die Summe der Inhalte der Quadrate über den beiden kürzeren Seiten gleich ist dem Inhalt des Quadrates über der längsten Seite, dann ist das eine allgemeine und theoretische und darum bedingte Wahrheit. Wenn es wahr ist, daß die Erde eine an beiden Polen etwas abgeplattete Kugel ist, oder: daß im Jahre 1871 das Deutsche Reich gegründet wurde, wenn es wahr sein sollte, daß es einmal eine biologische Zwischenstufe zwischen dem Menschen und einem besseren Schimpansen gegeben hat, oder: daß wir binnen kurzem eine revolutionäre Umgestaltung der ganzen Erdoberfläche zu erwarten haben, die die betrüblichsten Folgen für uns Alle haben müßte, wenn es ferner wahr sein sollte, daß unser Lebenslauf in seinen wichtigsten Daten durch die Konstellation der Planeten in unserer Geburtsstunde determiniert wäre, oder: daß der ganze Kosmos sich in einem Entwicklungsprozeß aus der Hyle zum Geist befände, in welchem Prozeß wohl gar Gott zum Bewußtsein seiner selbst käme, so sind sowohl jene empirisch zu beweisenden natürlichen oder geschichtlichen Sachverhalte als auch jene naturwissenschaftlichen Hypothesen, als auch jene spekulativ-metaphysischen Konstruktionen – wie immer es sich übrigens mit der Stringenz dieser Unterscheidung verhalten mag – samt und sonders (und das gilt von allen anerkannten und angeblichen Wahrheiten, die mit diesen auf einer Ebene liegen) allgemeine und theoretische und darum bedingte Wahrheiten. *Allgemeine* Wahrheiten, sofern ich sie als solche feststellen kann, ohne daß dabei das Faktum, daß ich, gerade ich, daß ich gerade dieser einzelne Mensch bin, irgendeine Bedeutung hat, sofern ich vielmehr von meiner Subjektivität – sie könnte ja die Objektivität meines Erkennens nur trüben – bei jener Feststellung bewußt tunlichst abzusehen habe. *Theoretische* Wahrheiten, sofern ich sie am besten feststelle mit der Beteiligung des möglichst Unbeteiligten, des Betrachters, des Zuschauers – des Zuschauers auch meines eigenen Lebens, wenn sie etwa mein eigenes Leben mitberühren sollten –, sofern zu ihrer Feststellung außer einigem Rechnen, Beobachten und syllogistischem Verknüpfen nebst ein bißchen Erlebnis und Intuition meinerseits keinerlei Tat erforderlich ist, sofern mein Tun dabei in meinem Schauen und Feststellen aufgeht. Und darum *bedingte* Wahrheiten, sofern ihre Feststellung als solche erfolgt unter der Voraussetzung, daß ich wirklich «zum Schauen geboren, zum Sehen bestellt»[1] bin, mit anderen Worten, daß die Kriterien der Wahrheit, die ich bei diesem Tun anwende, wahre Kriterien der Wahrheit seien, daß es der Tragweite meines Feststellens nicht etwa zum Schaden gereiche, wenn es nun doch bedingt ist durch mich selbst, durch jenen nicht zu eskamotierenden Rest von Subjektivität, ohne den es auch keine Objektivität geben kann, bedingt ist durch jene meine Praxis (als die schließlich auch das reinste und passivste θεωρεῖν in Anspruch genommen werden muß), bedingt durch die offenbar an mich gerichtete, mein Wahrheitserkennen als solches in Frage stellende Wahrheitsfrage. Kein Zweifel, daß wir unseres allgemeinen und theoretischen Wahrheitserkennens auch

[1] Vgl. Goethe, Faust II, 5. Akt, Lied Lynkeus' des Türmers: «Zum Sehen geboren, zum Schauen bestellt...»

im Schatten dieser letzten, an seine Bedingtheit durch uns selber anknüpfende Wahrheitsfrage auf eine weite Strecke froh werden und sein können, so froh, daß es uns wohl wie unnützes Skrupulantentum vorkommen möchte, dieses Schattens auch nur zu gedenken. Aber was wir auch davon halten mögen, diese alle Wahrheiten als solche in Frage stellende Wahrheitsfrage, die Frage nach uns selbst und unserem Tun, die wir allgemein und theoretisch denkend tunlichst ausschließen möchten und die doch vielmehr ihrerseits unser allgemeines und theoretisches Denken in sich schließt, sie ist gestellt, und sie eben ist, beachtet oder nicht beachtet, die *ethische* Frage.|

Die überlegene Wahrheit, die hier in Frage kommt, die Wahrheit meines Handelns (mit Einschluß meines ϑεωρεῖν und also die Bedingung, unter der meine Feststellungen Feststellungen der Wahrheit sind!), die Wahrheit meines Lebens, meiner Existenz, ist die Wahrheit des *Guten.* Alle allgemeine oder theoretische Wahrheit, von der Wahrheit, daß zwei mal zwei vier ist, bis zu der kühnsten, allenfalls erreichbaren Erkenntnis höherer Welten,[2] steht, so klar und gewiß sie in sich selbst sein mag, in der Klammer der Frage, ob mein Existieren und also mein Handeln und also auch mein ϑεωρεῖν teil hat an der Wahrheit grundsätzlich anderer, höherer Ordnung, an der Wahrheit des Guten, also in der Klammer der ethischen Frage. So sehr handelt es sich dabei um eine Wahrheit *anderer* Ordnung, daß die Infragestellung, die sie gegenüber den durch sie eingeklammerten allgemeinen und theoretischen Wahrheiten bedeutet, sich gar nicht etwa auf deren Inhalt bezieht (wie denn zwei mal zwei vier ist, wie es sich auch mit dieser letzten an mich, den Feststeller dieser Wahrheit sich richtenden Frage verhalte). So sehr geht es um Wahrheit anderer Ordnung, daß eine Auflösung der Klammer im Sinn einer allgemeinen und theoretischen Beantwortung jener Frage, also im Sinn einer Erweiterung unseres allgemeinen und theoretischen Wissens durch Erkenntnis nun auch noch dieser, der höchsten Wahrheit zum vornherein nicht

[2] Anspielung auf den Titel eines Buches von R. Steiner, *Wie erlangt man Erkenntnisse der höheren Welten?* Berlin 1909, Dornach 1961[20].

in Betracht kommen kann. Wer sich zu diesem Zweck um sie bekümmern wollte, der würde sich zum vornherein umsonst bekümmern. Aber mit welchem Recht reden wir hier von Wahrheit *höherer* Ordnung? Darum, weil alle allgemeine oder theoretische Wahrheit im besten Falle nicht mehr sein kann als klar und gewiß fest-
gestelltes *Sein*. Alles Sein aber ist – keine noch so klare und gewisse Feststellung kann es von dieser Bedingtheit freisprechen, bei
der Mathematik als der scheinbar klarsten und gewissesten aller
Wissenschaften wird das gerade am deutlichsten – als wahres Sein,
als ὄντος εἶναι,[3] wenn wir uns bei einer bloßen Behauptung nicht
beruhigen wollen, nicht in sich selbst begründet, sondern in einer
Hypothesis, in einer Voraussetzung des Seins, die selber – wenn
nicht dieselbe Frage ins Unendliche sich wiederholen soll – nicht
wieder als seiend, sondern nur als nicht-seiend, nicht als Anfang,
nicht als Quelle, nicht als mütterlicher Urgrund des Seins, sondern
nur als seine Negation und Position, als sein reiner, in keiner Kontinuität als der des Schöpfers zum Geschöpf mit ihm stehende *Ursprung* des Seins gedacht werden kann, den auf der Ebene der allgemeinen und theoretischen, der mathematischen und physikali-
schen, historischen und psychologischen, aber auch der metaphysischen oder metapsychologischen Wahrheiten, den auf empirischem
oder spekulativem Weg aufzusuchen unmöglich ist. Immer wird,
wenn er – und wäre es auf die sublimste Weise – dort aufgesucht
wird, etwas anderes als er gefunden, eine weitere theoretische und
allgemeine Wahrheit vielleicht, aber eine Wahrheit, die, wie bedeutsam sie immer sein möge, wie absolut wir sie uns immer ausgestattet denken mögen, eine Seinswahrheit ist, die grundsätzlich
desselben Regresses, derselben Bewährung an einem höheren Kriterium bedürftig ist wie alle anderen Seinswahrheiten, alle dort auf-
gesuchten und gefundenen Wahrheiten.|

---

[3] Im maschinenschriftlichen Manuskript von K. B. findet sich dieser Begriff in lateinischer Umschrift. Es kann daher nicht zweifelsfrei entschieden
werden, ob an das aus der Geschichte der Ontologie bekannte «Sein des
Seienden», das ὄντος εἶναι, oder in Richtung auf das «wahre Sein», das
ὄντως ὄν Platons, an ein ὄντως εἶναι gedacht ist.

Die Frage nach dem Ursprung kennzeichnet sich nun aber als solche, also als Frage nach der Wahrheit in der Wahrheit, nach der überlegenen, unbedingten Wahrheit nicht etwa dadurch, daß wir ihrem Gegenstand diesen Charakter der Absolutheit im Allgemeinen und theoretisch beilegen – damit würden wir ja vielmehr gestehen, daß wir nicht wissen, was wir wollen, denn damit würden wir ja gerade bezeugen, daß es mit seiner Überlegenheit so weit nicht her sein könne –, sondern dadurch, daß sie verstanden ist als Frage, die primär von ihrem *Gegenstand* her an uns, und zwar an uns selbst, an unser Handeln, also gewiß auch an unser ϑεωρεῖν, aber nun nicht an ein von unserer Existenz als Betrachtung abstrahiertes, sondern an unser existentielles ϑεωρεῖν und darüber hinaus an die Tat unserer Existenz überhaupt, an unseren Lebensakt als solchen gerichtet ist. Wir fragen dann nach dem Unbedingten, wenn wir unbedingt fragen, wie wir es allgemein und theoretisch fragend gerade nicht tun, d.h. wenn unser Fragen die grundsätzliche Anerkennung ausspricht, daß wir gefragt *sind*. Wir erkennen sie als die Frage nach dem allem Sein vorgeordneten Ursprung, wenn wir sie als den Fragen unseres allgemeinen und theoretischen Denkens *vor*geordnet erkennen. Wir erkennen sie aber den Fragen unseres allgemeinen und theoretischen Denkens dann als wirklich vorgeordnet, wenn wir sie nicht sowohl als unsere Frage – als solche könnte sie offenbar wieder nur allgemein und theoretisch sein –, sondern vielmehr als die an uns gestellte Frage verstehen und gelten lassen, als Frage, auf die wir nicht nebenbei, vom sicheren Port unseres Selbstbewußtseins aus, nicht als Zuschauer unseres eigenen Lebens, sondern nur mit diesem unserem Leben selbst antworten können – nicht antworten *können,* sondern, ob wir wollen oder nicht, antworten *müssen,* der gegenüber wir unser ganzes tatsächliches Leben und jeden einzelnen unserer Akte tatsächlich – wie sie auch ausfallen möge – als Antwort auffassen müssen, der gegenüber unser ganzes Existieren den Charakter von *Verantwortung* bekommt. Also gerade das, woran das allgemeine und theoretische Denken als solches möglichst vornehm und eilig vorbeizukommen sucht, gerade meine Existenz als Einzelner, als dieser und dieser Mensch, gerade die Subjektivität meines Handelns wird wichtig, wird *das* Wichtige, das allein Wichtige da, wo es um die eigenartige Erkenntnis der eigenartigen Wahrheit des Ursprungs geht. Und zwar darin und so wird sie wichtig, daß diese Wahrheit mich *angeht* und daß ich meine Existenz in jedem Augenblick als Verantwortung und Entscheidung ihr gegenüber verstehen muß – ob Entscheidung für oder gegen sie, mag zunächst offen bleiben. Sie ist aber *Entscheidung* und als solche uns zum Heil oder zum Unheil Offenbarung dieser Wahrheit. Erkenntnis des Guten findet statt, indem wir es tun oder nicht tun. Und Ethik heißt Verständigung über das Gute, nicht sofern es uns bekannt ist als allgemeine und theoretische Wahrheit, sondern sofern es sich offenbart in unserem Tun oder Nichttun des Guten, sofern die konkrete Wirklichkeit unserer Lebenslage Entscheidung für oder gegen das Gute ist. Alle Ethik, die an dieser seiner Offenbarung in unserer eigenen Entscheidung, an seiner Offenbarung in actu vorübersehen wollte auf ein *Sein* des Guten oder auf eine Güte des Seins, um von da aus Güter und Pflichten und Tugenden zu bestimmen, könnte unter Umständen als höhere Physik bzw. Metaphysik unser Interesse erwecken, sie würde dann aber alsbald jenseits dessen, was sie selbst leisten könnte, eine eigentliche Ethik, die nach dem Ursprung dieses seienden Guten oder dieses guten Seins und darum im Blick auf unsere eigene Entscheidung, auf unser Existieren in der Entscheidung fragen müßte, notwendig machen. |

Das ethische Problem ist kein Problem, d.h. es ist keine allgemeine theoretische Frage, auf die eine allgemeine theoretische Antwort zu geben wäre. Die Wirklichkeit einer ethischen Wissenschaft – Wissenschaft setzt doch die Möglichkeit eines gemeinsamen Wissens voraus – ist nur dann sinnvoll, wenn es eine Gemeinschaft in diesem höchst besonderen Wissen gibt, ein Wissen um das zu unserem Heil oder Unheil in unserer Entscheidung sich offenbarende Gute. Eben darum setzt die theologische sowohl wie die philosophische Ethik – die erstere direkt, die letztere, wie wir sahen, indirekt – die Kirche voraus, die Kirche als die Stätte, wo das Gegebensein einer an den Menschen selbst gerichteten Frage der unbedingten Wahrheit und damit das Gefragtsein des Menschen und damit die Offenbarung dieser Wahrheit in der existentiellen Entscheidung des Menschen gemeinsame Voraussetzung ist. Die Kirche ist die Gemeinschaft der Einzelnen nicht trotz, sondern gerade in ihrer Einzelheit, in der Besonderheit, in der hier das Gute erkannt wird.|

Eben unter den Voraussetzungen der Kirche, auf Grund deren ethische Wissenschaft allein möglich ist, kann das gemeinsame Bedenken und Bereden des ethischen Problems nicht darin bestehen, daß es als «Problem» anerkannt, d.h. daß es verallgemeinert und theoretisiert, daß es als eine von den vielen Fragen des Menschen behandelt und seine Beantwortung darum als eine evidente Wahrheit behandelt wird. Sondern nur das kann das Bedenken und Bereden hier bezwecken, uns darüber zu verständigen, daß und inwiefern der Sinn unserer konkreten Lebenslage, unsere ganz unproblematische Existenzwirklichkeit, die Offenbarung, das Evident*werden* des Guten sein möchte. Dieses Evidentwerden des Guten in unserer eigenen Existenzwirklichkeit ist die Gottestat der Heiligung. Sie ist's, von der nicht abstrahiert werden darf, wenn hier theologische Ethik und nicht etwa theologische Physik getrieben werden soll. Das würde aber der Fall sein, wenn die Erweiterung unseres allgemeinen und theoretischen Wissens heimlich oder offen auch unsere ethische Nachforschung beherrschen sollte, wenn wir nach dem Unbedingten fragen würden, ohne unbedingt, d.h. in strengster Aufmerksamkeit auf unser Gefragt*sein* fragen zu wollen, wenn wir das Seinsollende aus dem Sein ableiten und also Gott als das höchste Sein, statt so wie er sich uns offenbart: im Akt seines Gottseins, verstehen wollten. Der Ort, wo Gott als der Inbegriff des Guten offenbar wird, wo Gotteserkenntnis also zur Erkenntnis des Guten, zur theologischen Ethik wird, ist die Gottestat der *Heiligung,* ist also unsere Existenzwirklichkeit, unsere Entscheidung, sofern in ihr – wie es auch mit unserer Entscheidung als solcher stehen möge – durch Gott zu unserem *Heil* entschieden ist.

Indem Gott uns heiligt, wird die Wahrheit unbedingte besondere, dich und mich heute, gestern und morgen angehende Wahrheit, nicht Wahrheit, die ich behaupte, sondern Wahrheit, die sich mir gegenüber behauptet, die sich selbst an mir vollstreckt. Von diesem Ort darf man nicht weichen, aus dem Bedenken der Verantwortlichkeit unserer Lebenslage darf man nicht heraustreten, wenn man wissen will, inwiefern Gottes Gebot wirklich ist, inwiefern es, so fragen wir in diesem ersten Paragraphen, uns offenbar ist. Es wird uns offenbar im Ereignis unseres eigenen als Verantwortung verstandenen Handelns. Inwiefern dem so ist, dem haben wir nun weiter nachzugehen.

2.

Die ebenso gemeinverständliche wie der Tiefe der Sache gerecht werdende Formel für das ethische Problem als solches lautet: Was sollen wir tun? Also nach dem menschlichen *Tun* ist gefragt. Das fragende *Was* scheint darauf hinzuweisen, daß der gesuchte Inhalt dieses Tuns jedenfalls nicht selbstverständlich in unserer Sehweite sich befindet. Es ist ja auch durch den Begriff des *Sollens* ausgedrückt, daß eben das Gute dieser gesuchte Inhalt ist. Und indem *wir* fragen, bekennen wir uns dazu, daß diese Frage uns Alle angeht und daß wir uns gemeinsam um ihre Beantwortung zu bemühen haben. Und nun steht es so, daß wir die Begriffe, aus denen diese Formel gebildet ist, und damit diese selbst bloß ganz ernst zu nehmen brauchen, um alsbald durch das Problem selbst eben auf unsere Existenzwirklichkeit als den Quellort der Erkenntnis des göttlichen Gebotes verwiesen zu werden.

a) Ist das *Was?* in dieser Frage ernst gemeint? Sind wir so bereit, wie es dieses Was vermuten läßt, zu wollen, was wir sollen, und also nicht etwa auf der Suche nach dem Glorienschein des Sollens für das, was wir eben wollen? Es ist nie ganz selbstverständlich, daß wir nicht fragend, was wir sollen – durch das, was wir wollen, längst gebunden sind, und daß also unser ethisches Fragen auf eine gewiß nicht notwendig gemein und bös gemeinte Selbstbestätigung hinausläuft. Besonders in Zeiten eines in sich einigen, gewissen und starken Kulturwillens, wie es bei uns etwa die Zeit von der Jahrhundertwende bis zum Kriegsausbruch und bis tief in den Krieg selbst hinein gewesen ist, pflegt die ethische Besinnung leicht in dem Sinn nicht ganz ernst gemeint zu sein, als ihr – man denke nur an die Produkte der Kriegstheologie aller Länder – die Inhalte des Sollens, nach denen sie scheinbar fragt, in Form von ganz bestimmten Praktiken, über deren Güte die Diskussion geschlossen ist, bevor sie angefangen hat, nur zu gut bekannt sind und der faktische Ertrag der ethischen Besinnung offenbar die ethische Begründung eines mehr oder weniger kompakten: *Das* wollen wir tun! ist. Es könnte eine ähnliche Selbstsicherheit des tatsächlichen Ethos auch das Geheimnis der Ethik des Thomas von Aquino gewesen sein. Zeiten und Menschen, die allzu gut wissen, was sie wollen, müssen es sich wohl gefallen lassen, daß wir ihre ethische Arbeit nicht absolut, aber relativ, unter diesem Gesichtspunkt, mit einigem Mißtrauen begleiten: ob es wohl bei ihrer Nachforschung: *Was* sollen wir tun? auch mit ganz rechten Dingen zugehen möge. Je weniger nun dieses Mißtrauen am Platz, je offener das Verhältnis zwischen Ethik und tatsächlichem Ethos, je ernster also das Was? gemeint ist, um so mehr bedeutet es, daß in dem ganzen Bestand des faktischen Wollens und Tuns gleichsam ein Hohlraum geschaffen, daß es nicht etwa gleich verwerfliche, wohl aber fragwürdig geworden ist. Dieser Hohlraum ist es ja gewesen, der dem Sokrates als einem Feind der Religion und Sittlichkeit – gemeint war: der Selbstsicherheit des nachperikleischen Athens – das Leben gekostet hat. Zwischen unser selbstverständliches Begehren und unser selbstverständliches Tun in seiner naiven oder auch durch irgendeine Ideologie verklärten Gegebenheit tritt herein der Zweifel, ob *das* denn auch wirklich das Gute sei.|

Wird die ethische Frage nun aber in diesem Sinne ernsthaft, dann ist damit sofort und eo ipso gegeben, daß die Ethik auch noch in einem anderen Sinn *kritisch* wird. Wir haben dann nämlich nicht mehr Zeit, auf der Suche nach dem Guten in irgendwelche metaphysischen Fernen zu schweifen, nicht mehr Zeit, es als *seiend betrachten* zu wollen – dieses Sein irgendwo oberhalb des

Sollens ist das untrügliche Kennzeichen einer Ethik, die es mit dem Was? der ethischen Frage nicht ganz ernst nimmt, die anderswoher, nämlich aus dem faktischen Ethos des Ethikers oder seiner Zeit und Umgebung darüber Bescheid weiß und im Grunde nur zum Schein danach fragt – wir bekennen mit einem ernstlich fragenden Was? vielmehr, daß wir selbst in unserem Sein, nämlich in unserer Existenz betrachtet sind, ein ewiges Auge auf unser Tun gerichtet sehen, in unserem Wollen und Tun gemessen sind. Fragen wir als wirklich Nicht-Wissende, als wirklich der Belehrung Bedürftige: *Was* sollen wir tun?, dann bekennen wir uns eben als in unserer eigenen Existenzwirklichkeit, in unserem eigensten *Das* angegriffen, in Frage gestellt, auf die Waage gelegt. Der Angreifer aber, der da mitten in unserem Leben aufgetreten ist, unter dessen Kritik wir unser Das gestellt sehen, ist eben das Gute selbst, das an uns ergangene Gebot. Das ernstgemeinte *Was*-sollen-wir-Tun? – es ist unsere eigene Sache, uns darüber klar zu werden, ob und inwiefern wir ein solches ernstgemeintes Was-sollen-wir-Tun? kennen –, es ist schon das Zeugnis, daß wir das Gebot kennen. Nur wo das Gebot sich selbst offenbart, kommt es zu jener Erschütterung der Selbstsicherheit unseres Ethos, die die Voraussetzung einer kritischen Ethik ist, kommt es zu jener ernstgemeinten Frage.

b) Aber: Was *sollen* wir tun? lautet ja die Frage. Gilt es ernst damit, daß wir fragen nach dem, was wir *sollen?* Es könnte ja sein, daß auch hier noch ein Quidproquo aufzulösen wäre, bevor man jene Frage als ernstgemeint bezeichnen dürfte. Es könnte sein, daß wir den Metallklang des Begriffes Sollen noch gar nicht gehört haben, daß wir heimlich oder offen mit diesem Begriff umkleiden die ganz anderen Begriffe dessen, was uns *angenehm,* oder was uns *nützlich,* oder was uns *wertvoll* ist. Die ethische Frage ist bekanntlich von den Hedonisten des Altertums bis zu Max Scheler oft genug auch so gestellt und mit einem entsprechend formulierten Imperativ beantwortet worden. Kein Zweifel nun, daß die Frage nach derjenigen Orientierung unseres Handelns, kraft welcher es auf das Angenehme, Nützliche oder Wertvolle gerichtet ist oder sein soll, nicht nur an sich eine mögliche und in ihrer Art ernsthafte Frage ist, sondern daß ihr Anliegen in einer umfassenden Erörterung des Begriffs des Gebotes und des Gebotenen zu Worte kommen muß (es wird bei uns dazu in unserem zweiten Kapitel über das Gebot Gottes des Schöpfers der Anlaß sich finden). Es fragt sich aber, ob man zu dem Begriff des Gebotes überhaupt vorgedrungen, ob man zur Formulierung von Imperativen überhaupt legitimiert ist, wenn man wie etwa *Scheler* dem Begriff des Wertes darum eine unser Handeln in Anspruch nehmende Notwendigkeit zuschreibt, weil der höchste Wert geschautes Sein [ist] und das höchste Sein geschauten Wert hat.[4] Sollten wir, wenn wir diese Notwendigkeit meinen, wirklich nach dem, was wir sollen, gefragt haben? Dann jedenfalls nicht, wenn etwa in dem Begriff des Sollens der alles Sein grundsätzlich übertreffende Begriff des Ursprungs wiederzuerkennen sein sollte. Dann nicht, wenn man von Sollen nur da reden dürfte, wo unbedingte und also weder geschaute noch seiende Wahrheit in Frage kommt. *Unbedingte* Wahrheit zu sein, kann kein *Wert* beanspruchen, und wenn er der höchste wäre, und am allerletzten, möchte man denken, wenn dieser höchste Wert, wie Scheler meint, im menschlichen Personsein zu finden wäre,[5] gerade darum nicht, weil die Begriffe Wert, Schauen und Sein sich auf derselben Ebene befinden, auf der Ebene, wo es wohl bedingte, aber eben nicht unbedingte Wahrheit gibt. Womit anders kann sich denn ein Wert legitimieren als damit, daß er als Wert von uns geschaut, erlebt, behauptet und beteuert wird? Ist es zuviel verlangt, wenn man verlangt, daß ein Imperativ, ein Gebot, wenn darunter immerhin eine Inanspruchnahme unserer Existenz, unseres Lebens, des einzigen, das wir zu leben haben, verstanden wird, sich als solcher *besser* als so qualifizieren müsse?

---

[4] M. Scheler, *Der Formalismus in der Ethik und die materiale Wertethik.* Teil I, 1913; Teil II, 1916, im Jahrbuch für Philosophie und phänomenologische Forschung, Halle 1921 [2] (m. d. Untertitel: Neuer Versuch der Grundlegung eines ethischen Personalismus) 1927 [3]. 4. durchgesehene Aufl. hrsg. mit einem neuen Sachregister von Maria Scheler, Bern 1954 (= Gesammelte Werke Bd. II). S. u. a. S. 95 f. 129. 302 f. 306 ff.

[5] A. a. O. S. 14 ff. 120. 360. 381 ff. u. ö.

Man tritt vielleicht doch dem Ernst, den auch eine «materiale Wertethik» als solche, d.h. als eine Art höhere Physik haben kann, nicht zu nahe, wenn man geltend macht, daß man sich mit *diesem* Ernst, wenn es um den Begriff des Sollens als solchen geht, nicht zufriedengeben kann, daß man von Sollen doch nur da reden möchte, wo unbedingte Wahrheit, Wahrheit ersten und nicht zweiten Grades – also gerade nicht geschaute, nicht Seinswahrheit – die Notwendigkeit ist, die sich dem menschlichen Wollen und Handeln aufdrängt, wo man unter Sollen einen solchen Anspruch versteht, der keiner Legitimation dadurch bedarf, daß ich ihn als legitimiert schaue und erlebe, sondern der, in sich selbst begründet, so an mich herantritt, daß ich mich, ohne nach meinen allfälligen Schauungen und Erlebnissen lange fragen zu können, *vor ihm* legitimieren muß hinsichtlich der Frage, inwiefern *ich ihm* allenfalls genügen möchte. Angenommen nun, ich müßte den Begriff des Sollens ernster nehmen, als dies im Rahmen etwa einer Wertethik möglich ist, und angenommen weiter, ich fragte nun unter Voraussetzung dieses ernsteren Gehaltes dieses Begriffs: Was *sollen* wir tun?, so würde offenbar schon diese meine ernste Frage ein helles Zeugnis dafür sein, daß ich dieses Sollen kenne. Woher denn? Ja woher? Jedenfalls nicht aus einem Werterlebnis oder dergleichen, sonst kennte ich es freilich nicht, sonst wäre ja auch meine Frage nicht in dem bewußten strengeren Sinn ernsthaft gewesen. Also offenbar von daher, daß dieses Sollen sich mir bekannt gemacht *hat,* daß jener in sich selbst begründete Anspruch an mich ergangen *ist,* daß ich unter seinen Maßstab gestellt *bin.* Wie ich nach Gott nicht *fragen* kann – es wäre denn, ich fragte gar nicht nach Gott, sondern nach einem Abgott meines Herzens –, ohne eben damit zu bekennen, nicht daß ich Gott geschaut, erlebt, begriffen habe, sondern daß Gott zu mir *gesprochen* hat, daß ich von ihm erkannt *bin,* so – und wir reden hier natürlich von einer und derselben Wirklichkeit – kann ich auch nach dem Sollen nicht *fragen,* es wäre denn, ich fragte noch immer nach dem Quidproquo eines Wertseins oder Seinswertes – ohne eben damit zu bekennen, daß ich eben *soll,* daß das Gebot mir gesagt und daß es von mir vernommen ist. Ich habe, wenn ich ernstlich frage: Was *sollen* wir tun?, mein Existieren schon verstanden als vom Guten in Anspruch genommen, und also diesen Anspruch selbst, das Gebot des Guten als mir *gegeben*. Mein Fragen bedeutet dann also nicht, daß ich ein theoretisches Problem aufwerfe, wie das offenbar der Fall des reichen Jünglings gewesen ist [vgl. Mk. 10,17–31 Par.], sondern daß ich ein praktisches Problem als schon aufgeworfen erkenne, dessen ganze Problematik übrigens meine eigene Problematik ist, und daß ich es, und das wäre dann offenbar der Sinn ethischer Besinnung, als solches mir selbst und anderen ins Bewußtsein rufe und klarmache. Ernsthaft fragend: Was *sollen* wir tun?, habe ich mich selbst aus aller allgemeinen und theoretischen Problematik in meine besondere, in die praktische Wirklichkeit verwiesen. Hier wird die Wahrheit des Guten erkannt, oder sie wird gar nicht erkannt. Sie offenbart sich mir in meiner eigenen Entscheidung, indem ich sie tue oder nicht tue, indem ich durch sie gerichtet oder gerettet bin.

c) Was sollen wir *tun?* lautet die ethische Frage. Wir überlegen also weiter, ob es ernst gemeint sein sollte, daß wir nach dem fragen, was wir *tun* sollen. Auch das versteht sich nicht von selbst. Die Frage Was sollen wir tun? kann auch eine Frage der Neugierde sein, die übrigens nicht notwendig eine unedle Neugierde zu sein braucht. Auch die Praxis kann zweifellos in ganz legitimer Weise zum Gegenstand theoretischen Interesses werden. In der Psychologie geschieht es. Und Psychologie ist nicht geradezu schon an sich eine anrüchige Angelegenheit. Sie wird es erst, wenn sie sich etwa, und das kommt allerdings vor, mit Ethik oder gar mit Theologie verwechseln sollte. Ethik, ethische Besinnung als rein theoretische Nachforschung um der Nachforschung willen, ohne die Ausrichtung auf das als gesollt zu erkennende Tun ist allerdings eine Unmöglichkeit. Man kann nicht bloß *wissen* wollen, was gut ist, man kann es bloß wissen wollen im Blick darauf, daß man es im nächsten Augenblick tun oder nicht tun wird, im Blick auf den ganzen Ernst der Entscheidung, die im nächsten Augenblick fallen wird. Man kann also das Gute nicht erst kennen lernen, um sich hernach ein Urteil darüber zu bilden und je nachdem Stellung dazu zu nehmen. So forschen wir freilich Alle oft genug vermeintlich, aber auch nur vermeintlich nach dem Guten. Wir fragen: Was sollen wir tun? und kommen dabei wie wiederum der reiche Jüngling von gewissen praktischen Voraussetzungen her, die uns noch gar nicht fragwürdig geworden sind und die nötigenfalls preiszugeben wir gar nicht unter allen Umständen entschlossen sind, im Blick auf die wir uns unsere Freiheit vielmehr noch vorbehalten möchten. Wir denken nicht daran, nach dem zu fragen, dessen Tun oder Nichttun im nächsten Augenblick unsere Seligkeit oder unsere Verdammnis bedeutet. So offen und aufmerksam wir vielleicht fragen, wir fragen doch nicht wirklich: Was *sollen* wir, sondern: was *können* wir tun, wir fragen, um uns Material zu verschaffen zur Beantwortung der späteren zweiten Frage, ob wir überhaupt etwas tun und ob wir dann lieber dies oder das tun wollen? Diese unter Umständen sehr umsichtig getriebene ethische Nachforschung, dieses abstrakte Sichbesinnen und bei Anderen Stimmen sammeln unter dem Vorbehalt, es dann vielleicht doch ganz anders zu halten, als es dem Ergebnis dieser Nachforschungen eigentlich entspräche, und unter der Annahme, es verschlage nicht so viel, ob wir es dann schließlich so oder anders halten, das dürfte so die uns Allen gewiß bekannte Ethik des Alltags sein. Warum sollte sie auf der Linie der psychologischen Untersuchung nämlich nicht auch ihren Ernst und ihr Recht haben? Nur daß wir uns über ihren theoretischen Charakter, darüber, daß das im Grunde gerade noch nicht Ethik ist, keinen Täuschungen hingeben sollten, daß wir ihren Ernst nicht verwechseln dürften mit dem Ernst des Ereignisses der wörtlich so gemeinten Frage: Was sollen wir *tun?*

Nehmen wir es mit dieser Frage genau, dann meinen wir damit nicht etwa das, was ich im *über*nächsten Augenblick nach Einschaltung eines Zwischen-Augenblicks freier Überlegung tun *könnte,* sondern das, was ich im *nächsten* Augenblick unter allen Umständen tun *werde* – vielleicht auch nicht tun werde, aber dann unter dem ganzen Gericht der Nicht-Erfüllung, der Übertretung des Gebotes nicht tun werde. Ich habe dann also wiederum keine Zeit, keinen Zwischen-Augenblick zu meiner Verfügung, keinen neutralen Ort in der Zeit, von dem aus ich das Gute in seinem Sein erst betrachten und zu ihm Stellung nehmen könnte. Ich kann dann die entscheidende Entscheidung nicht verschieben, sondern sie steht unmittelbar vor meiner Türe. Ich weiß, daß ich mich jetzt gleich entscheidend entscheiden werde. Es geht ja um das Tun dessen, was ich *soll*. Was ich soll, ist aber der an mich gerichtete Anspruch, nicht das Gute in essentia, sondern das Gute in actu, das auf mich zukommende Gute, dem gegenüber ich mich nicht erst im übernächsten, sondern wirklich schon im nächsten Augenblick zu verantworten habe, dem gegenüber mein nächster Schritt mein Genügen oder Ungenügen an den Tag bringen wird. Fragend nach dem, was ich tun soll, weiß ich, daß es nicht in meinem Belieben steht, meinem Tun Entscheidungscharakter erst zu geben, sondern daß es ihn, was ich auch tue, zu meinem Heil oder *Unheil unter allen Umständen hat,* daß mein Existieren die Antwort ist auf die Frage – nicht auf eine Frage, die ich stelle, sondern auf die Frage, die an mich gestellt ist. Wieder bleibt hier also gar kein Raum zur Diskussion von theoretischen Problemen. Frage ich, was ich *tun* soll, dann weiß ich, daß ich selbst im nächsten Augenblick die Antwort auf diese Frage bin. Wieder kann dann mein Aufwerfen der Frage nur den Sinn haben, mir diese, meine Lage klarzumachen, mich auf den Entscheidungscharakter des nächsten Augenblicks aufmerksam zu machen. Wieder habe ich also mich selbst aus aller allgemeinen und theoretischen Problematik in die besondere praktische Wirklichkeit meiner Entscheidung verwiesen. In ihr, in meinem Tun oder Nicht-Tun dessen, was ich soll, erkenne ich die unbedingte Wahrheit, die mich rettet oder richtet, die Wahrheit des Guten. In ihr findet Offenbarung des Gebotes statt. Und wenn mir ein bloßes theoretisches Interesse an der Praxis verboten sein, wenn ich also gar nicht anders als mit diesem Ernst fragen können sollte, dann ist eben das das Zeugnis, daß diese Offenbarung stattgefunden hat.

d) Und nun können wir den Ernst unserer Frage auch noch an Hand der Betonung: Was sollen *wir* tun? kurz untersuchen. Wenn ich als Einzelner die ethische Frage in diesem Plural stelle, dann lege ich damit, wenn ich es so meine, wie ich es offenbar sage, ein sehr ernstes Bekenntnis ab davon, daß ich unter der Verantwortung, die ich in meiner Entscheidung abzulegen habe, das verstehe, daß mein Tun an einem freilich mir geltenden, aber darum nicht nur für mich gültigen, sondern allgemeingültigen Anspruch gemessen ist. Die Krisis des Was?, der Ernst des Sollens, die Dringlichkeit des Tuns wären offenbar noch nicht eingesehen, die ganze Frage wäre offenbar noch immer eine andere als die ethische Frage, wenn das Was-sollen-*wir*-Tun? nur eine rhetorische Einkleidung wäre für ein heimliches Was-soll-*ich*-Tun? Denn so gewiß das Gute, wenn es sich offenbart, sich *mir* offenbart, im Ereignis meines Handelns, nicht etwa einem kollektiven Wir, nicht in Form eines Massenerlebnisses, sondern mir, so gewiß es Alles in Frage stellend, schlechthin gebieterisch, auf den nächsten Augenblick verweisend auf *mich* zukommt und kein Anderer und keine Gemeinschaft mir die Verantwortung, die ich zu leisten habe, abnehmen kann – so gewiß hätte ich seine Gegenwart noch einmal übersehen und überhört, wäre meine ethische Besinnung keine Rechenschaftsablage von meiner wirklichen Situation, wenn ich mir nicht klar darüber wäre, daß das schlechterdings Einzelne, auf das da gezielt ist, das da angerufen ist, meine nackte Existenz, auch wieder das ist, was ich nicht für mich allein, sondern in der Gemeinsamkeit aller Menschen habe, und daß mich auch dieser Anruf, selbst indem er höchst direkt und speziell an *mich* ergeht, sachlich gerade in die Reihe aller Anderen stellt, daß er nicht mich als diesen und jenen, sondern mich als Menschen meint und trifft. Nicht als Persönlichkeit, nicht als Individualität, auch nicht als Glied dieser oder jener natürlichen oder geschichtlichen Kollektivität, sondern als *Mensch* bin ich angefordert.

Noch einmal drohte sonst nämlich die Möglichkeit, das Gute als Seiendes zu betrachten, nunmehr aus dem Abstand meiner Besonderheit, meines isolierten Falles, meine Individualität vorzuschützen gegen jene Krisis, der gegenüber es kein gesichertes Das geben kann, gegen jenen Ernst, dem der Ernst meines besonderen Falles nun wirklich nicht gewachsen ist, gegenüber jener Dringlichkeit, die nun wirklich keine Unterschiede zwischen diesen und jenen kennen kann. Noch einmal drohte die Möglichkeit, aus der unbedingten eine bedingte Wahrheit zu machen, bedingt nunmehr durch meine persönliche Eigenart, durch die besonderen Anliegen, durch die ich mich von Anderen unterscheide. Daß die unbedingte Wahrheit zu mir kommt in ganz eigenartiger Weise, wie sie wirklich nur zu mir kommt, das heißt nicht, daß ich sie als durch meine Eigenart bedingt behandeln dürfte. Kommt sie zu mir, dann werde ich mich hinter meiner Eigenart gerade nicht verstecken dürfen, dann kann ich mich nur bekennen als einen unter vielen anderen, als Menschen schlechthin, dann kann meine Frage – wohlverstanden *meine* Frage – nur lauten: Was sollen *wir* tun? – in aller Singularität meiner Person und meines Falles: Was sollen *wir* tun? Frage ich im Ernst so, dann bezeuge ich damit, daß ich auch jene letzte Möglichkeit eines Betrachtenwollens eines seienden Guten preisgegeben, auch diese letzte und vielleicht gefährlichste, weil naheliegendste und scheinbar ehrenvollste Deckung verlassen habe. Das «Wir» weist hin auf die unausweichliche, auch durch meine Eigenart und die meines besonderen Falles nicht zu vermeidende Entscheidung, der ich entgegengehe. Gerade in der Eigenart meines besonderen Falles tritt das Gebot an den *Menschen* heran. *Es* bestimmt das Besondere meiner besonderen praktischen Lebenswirklichkeit, während die Behauptung *meiner* Besonderheit noch einmal eine Abstraktion und bloße Theorie sein könnte. Weiß ich nun das, weiß ich, daß es aufs Tun oder Nichttun ankommen wird und nicht darauf, daß ich dieser oder jener bin, frage ich also im Ernst: Was sollen *wir* tun?, dann sage ich auch damit, daß ich um das wirklich an mich ergangene Gebot weiß, daß es mir *offenbar* ist.

§ 5   DAS GEBOT ALS DAS GEBOT GOTTES

Die in unserem eigenen Handeln sich offenbarende Wahrheit des Guten ist die Wahrheit des uns je und je gegebenen konkreten Einzelgebotes, das als solches das Gebot Gottes ist.

Wir haben in § 4 festgestellt, wie es sich mit der Offenbarung bzw. mit der Erkenntnis der Wahrheit des Guten verhält, verhalten muß, wenn es eine solche gibt, wenn die Frage: Was sollen wir tun? in allen ihren Teilen eine ernst gemeinte und gestellte Frage ist. *Wenn* es eine solche gibt – – – ?! Ja, wir können, sobald wir allgemein und theoretisch fragen, ob es etwas Derartiges gibt, in der Tat nur hypothetisch reden. Aber die hier gewagte Hypothesis ist die Thesis der unbedingten ursprünglichen Wahrheit, die gerade dadurch, daß sie auf der Fläche des allgemeinen theoretischen Denkens nur hypothetisch auftreten kann, die Grenze dieses Denkens und ihre eigene Überlegenheit anzeigt. Also: ob es etwas Derartiges gibt, das läßt sich darum nicht allgemein und theoretisch beantworten, weil es, wenn es das gibt, keine allgemeine theoretische Wahrheit ist. Wie sollte dann über seine Offenbarung und Erkenntnis etwas Allgemeines und Theoretisches zu sagen sein? Die Allgemeingültigkeit dieser Offenbarung und Erkenntnis ist die Allgemeingültigkeit des Auftrags und der Verkündigung der Kirche, der Kirche, in der eben darüber Einverständnis herrschen soll, daß *diese* Wahrheit, gerade als die unbedingte, allein allgemeingültige Wahrheit, nicht allgemeine und theoretische, sondern praktische Wahrheit ist, und daß also auch ihre Offenbarung und Erkenntnis schlechterdings nur im Ereignis des *Handelns* des Menschen wirklich werden kann und wirklich wird. Gibt es in diesem Sinn die Wahrheit des Guten, dann kann ihre Offenbarung und Erkenntnis nicht das Ergebnis unserer Besinnung sein. Wir haben *sie* nicht gefunden – denn was wir finden, das ist bedingte Wahrheit, bedingt durch uns selber, nicht legitimiert dazu, den Anspruch auf unsere Existenz zu erheben, und auch nicht kräftig genug, diesen Anspruch wirklich zu vollziehen –, sondern dann hat sie *uns* gefunden. Nicht ein Findenwollen der Wahrheit des Guten kann also der Sinn unserer ethischen Besinnung sein, sondern eine Rechenschaftsablage darüber, was das bedeutet, daß wir von ihr gefunden *werden,* über den Charakter der Verantwortung, den unser Tun ihr gegenüber unter allen Umständen haben wird. Der Moment der Besinnung kann immer nur erfüllt sein durch die Vorbereitung auf den ihm unmittelbar folgenden Moment der Handlung. Ihm eignet – das ist's, was in aller an einem vermeintlichen Sein des Guten orientierten Ethik übersehen wird – keine eigene Würde. Seine Würde, also die Würde jeder ethischen Theorie, kann nur in seiner Beziehung auf diesen nächsten Moment, die Würde jeder ethischen Theorie kann nur in der Beziehung auf die Praxis liegen. Dort findet Offenbarung und Erkenntnis des Guten statt, dort ist das Gute wirklich als die Krisis unseres Wollens und Tuns, «es sei gut oder böse» [vgl. 2. Kor. 5, 10]. Dort in unserer Entscheidung findet uns das Gute und ist es dann auch – eben so: wie einer seinen Richter findet – von uns gefunden. Erkenntnis des Guten heißt: Erkenntnis des Richters, der, indem wir uns entscheiden, über uns sein Urteil spricht, indem wir uns entscheiden, Seligkeit oder Verdammnis als unsere ewige Bestimmung erklärt. |

Man muß nun aber dasselbe auch ausdrücklich umgekehrt bzw. negativ sagen: Erkenntnis des Guten ist diejenige Selbsterkenntnis, in der wir erkennen, daß wir in unserer der Entscheidung vorangehenden Besinnung auf das Gute *nicht selbst Richter,* daß wir nicht in der Lage sind, durch eine unserer Entscheidung vorangehende Wahl zwischen diesem und jenem Tun uns selbst das Urteil zu sprechen, unsere Bestimmung zur Seligkeit oder Verdammnis selbst zu vollziehen. Das Bild vom Herkules am Scheidewege, das so oft das Paradigma auch für die christliche Moral zu bilden pflegt, ist ein heidnisches Bild für eine heidnische Sache. Es setzt ja voraus, daß der Mensch im Besitz eines Maßstabes für die Güte des ihm gebotenen Guten und für die Bosheit seines Gegenteils sei. Das Anlegen dieses Maßstabes wäre dann die Beschäftigung, die jenen Moment der Besinnung ausfüllen würde. Wie in aller Welt sollen wir aber zu diesem Maßstab kommen, wenn das, was hier zu ermessen wäre, die Güte der unbedingten Wahrheit ist? Als Herkules am Scheidewege betrachten, messen, vergleichen und wählen könnten wir offenbar nur dann, wenn es eben nicht um die unbedingte Wahrheit des Guten ginge, sondern um bedingte Wahrheit, die als solche festzustellen wir bevollmächtigt wären. Geht es aber in dem, was der Mensch tun wird, um die unbedingte Wahrheit des Guten, dann ist er gerade *nicht* Herkules, dann weiß er, wenn das Gute sich ihm offenbart in seiner Handlung, sie sei gut oder böse, daß er nicht gemessen und gewählt *hat,* sondern gemessen und erwählt oder verworfen, daß seine Existenz auf die Waage gelegt und gewogen worden *ist.* Er weiß dann, daß er keineswegs Richter gewesen ist zwischen Tugend und Laster, sondern daß er im Guten seinen eigenen Richter gefunden hat. Wie sollte er denn wähnen können, sich auf einem überlegenen Thron zu befinden, von dem aus er in der Lage wäre, das Gute als das Gute zu rekognoszieren, um dann entsprechend zu wählen? Wie käme er denn an diesen überlegenen Ort? Nicht diese heidnische und ehrfurchtslose Illusion einer freien Wahl mit ihrer Voraussetzung des «eritis sicut Deus scientes bonum et malum» [Gen. 3,5], sondern im Gegenteil: die Bereitschaft, in der uns in unserem Tun widerfahrenden Wahl, wie sie auch ausfalle, wie auch unser Tun durch sie qualifiziert werde, das Gute, das schlechterdings *Gebotene,* schlechterdings *uns* Gebotene kritiklos und vorbehaltlos zu anerkennen, diese Bereitschaft nur kann die Würde und der Sinn unserer der Entscheidung vorangehenden ethischen Besinnung sein.|

Die Gerechtigkeit, die in unserer Entscheidung sichtbar wird, ist die Gerechtigkeit einer inappellablen Instanz, d.h. wir sind nicht in der Lage, den an uns ergehenden Anspruch, bevor wir ihm gehorchen oder nicht gehorchen, auf seine Berechtigung, das uns angehende Gute auf seinen Wert, das uns gegebene Gebot auf seinen verpflichtenden Charakter zu prüfen. Das meint Paulus wahrlich nicht, wenn er etwa Phil. 1,10 von dem den Christen notwendigen δοκιμάζειν τὰ διαφέροντα redet, daß sie auch das göttlich Gebotene erst zu prüfen und als solches zu rekognoszieren hätten, sondern das heißt «prüfen» im Sinn des Neuen Testaments: sich unter Ausscheidung aller unverantwortlichen Möglichkeiten rüsten auf ein verantwortliches, aber eben gegenüber einer schlech-

terdings ungeprüft zu anerkennenden Instanz verantwortliches
Handeln, dessen Güte wahrlich nicht zur Verfügung des Menschen
steht. Wo zu einem Prüfen des Gebotes selbst noch Raum ist, wo
also noch Seinsethik in irgendeinem Sinn getrieben werden kann,
da ist das Gute, das Gebot, der Anspruch zwar zweifellos auch
schon auf dem Plan, aber ohne daß er als solcher erkannt wäre,
nicht eingesehen in seiner Unbedingtheit, nicht eingesehen, daß
hier schon Röm. 9,20 Platz greift: «Lieber Mensch, wer bist du
denn, daß du mit Gott rechten willst»? Gegenüber dem Guten,
das uns gesagt ist [vgl. Mich. 6,8], haben wir keinen Rekurs auf
ein Höheres Gutes, das uns nicht gesagt ist, sondern das wir uns
selbst sagen, dessen Überlegenheit unverhüllt unsere eigene Überlegenheit wäre. Sondern das uns gesagte Gute ist das Gute selbst:
seine Güte, nicht die Güte unserer eigenen Wahl, nicht die Vortrefflichkeit eines zu unserer Verfügung stehenden Maßstabes und
letztlich doch unsere eigene Vortrefflichkeit offenbart sich in unse-
rer Entscheidung, in unserem Tun.|
   Eben darum haben wir keine Möglichkeit, die entscheidende
Entscheidung auf den übernächsten Augenblick hinauszuschieben,
einen neutralen Zwischenaugenblick einzuschieben, in dem wir
uns nun damit beschäftigen könnten, von dem uns gegebenen Gebot an ein uns nicht gegebenes zu appellieren, jenen uns zur Verfügung stehenden Maßstab zu handhaben, d.h. aber uns selbst als
Richter über Gut und Böse und damit als Herren unserer ewigen
Bestimmung zu gebärden. Das geht eben nicht. Diese Beschäfti-
gung ist gegenstandslos. Sie kann nur verraten, daß wir noch nicht
wissen, daß das Gute keinen Herrn über sich hat – und am allerletzten uns selber –, sondern selbst der Herr ist, daß wir noch nicht
wissen, daß der nächste Augenblick uns den Anspruch bringen
wird, der uns selbst richtet und der uns nicht als Träumende –
Herkules am Scheidewege ist nämlich ein Träumender –, sondern
als Wachende finden sollte. Das, das müßte der Inhalt des gegenwärtigen Augenblicks sein, daß wir uns bereiten, vor unseren Richter zu treten mit unserem Tun. Bereitet oder nicht, wachend oder
träumend, wir *werden* mit unserem Tun vor unseren Richter treten.

Es ist das Einzige, was von uns aus sinnvollerweise geschehen kann, daß wir ihm *wachend* entgegengehen. Das ist das Licht oder der Schatten, den die Offenbarung des Gebotes immer schon vorauswirft auf den gegenwärtigen Augenblick: der Aufruf: Wachet! – «daß euch nicht die böse Zeit plötzlich nahe trete»,[1] die Zeit, da wir so oder so als die, die wir sind, und mit dem, was wir tun, in die Hände des lebendigen Gottes fallen [vgl. Hebr. 10,31] müssen. Ist doch auch der gegenwärtige Augenblick in seiner Weise selber schon Entscheidung, Handlung und also Offenbarung des Guten. Als gegenwärtiger aber Weissagung des Kommenden, des unmittelbar bevorstehenden, und eben darum Aufruf: *Wachet!* Wachet und *betet!* [Mk. 14,38, vgl. 1. Eph. 6,18] können wir unbedenklich schon jetzt hinzufügen. Der Richter kommt unweigerlich, und dann ist die ganze Herkulespose unserer freien Wahl eben eine bloße Pose gewesen. Was dann sichtbar wird, wird nicht unsere, sondern Gottes Prädestination sein.

2.

Also die Wahrheit des Guten ist die Wahrheit, an der wir, indem wir handeln werden, gemessen sein werden, das Urteil, dem wir entgegengehen. Und das ist der Sinn der ethischen Besinnung, daß wir uns der demnächst dieser überlegenen Instanz gegenüber abzulegenden Verantwortung bewußt werden, um dann im nächsten Augenblick im Bewußtsein dieser Verantwortung (also nicht das Gute erwählt und ergriffen habend – wie käme uns das zu, das ist törichte Unverschämtheit –, sondern im Bewußtsein, daß wir uns eben damit verantworten) zu handeln. Im Bewußtsein der schlechthinnigen *Gegebenheit* des Gebotes, über dem oder hinter dem keinerlei höhere allgemeine Wahrheit steht, die wir über das Gebot weg betrachten, an die wir über das uns ge-

[1] Aus dem Kirchenlied *Mache dich, mein Geist, bereit* (1695) von Johann Burchard Freystein (1671–1718), nach dem Schweiz. Kirchengesangbuch (dort aber: «... daß dich nicht...»), vgl. EKG 261.

gebene Gebot hinweg appellieren könnten, sondern das selbst die Wahrheit, die Wahrheit des Guten ist. |

Mit dem Allem ist nun aber – wir analysieren bloß – auch das gesagt, daß die Wahrheit des Guten immer *konkretes Einzelgebot* ist: ebenso konkret wie unsere Existenz im nächsten Augenblick selbst, wie unser Handeln – da gibt's keine Auflehnung – schlechthin konkret und einzeln *dieses* Handeln sein wird. *So* konkret und einzeln auch das Gebot, in dem unser Handeln seinen Richter finden wird! Ist es ernst mit der positiven inappellablen Gegebenheit des Gebotes, dann kann es nicht etwa bloß eine *Regel* sein, eine leere Form, der wir erst durch unser Handeln den konkreten Inhalt zu geben hätten, so daß zwar die Form unseres Handelns unter dem Gebot, sein Inhalt aber unter unserer Willkür stünde. Diese Vorstellung scheint überall da unvermeidlich, wo man die Instanz, der wir in der sittlichen Entscheidung gehorchen oder nicht gehorchen, sei es, daß man sie das Sittengesetz nenne oder die Idee des Guten oder den im Sinne Kants oder auch nicht im Sinne Kants verstandenen mehr oder weniger kategorischen Imperativ oder den Willen Gottes oder auch unser eigenes Gewissen – wo man diese Instanz als eine inhaltlich unbestimmte Größe denkt, wo man sich von ihr einen bloß formalen Begriff macht, dessen Wahrheit zunächst an sich einzusehen wäre. Und diese Einsicht, der Gedanke einer notwendigen, verpflichtenden Form des Willens, wäre dann wohl das, was dort als Offenbarung des Gebotes zu beschreiben wäre, worauf seine Bestimmung und Füllung – und das wäre dann die sittliche Entscheidung – auf Grund freier, nur durch jene Einsicht beherrschter Wahl zustande zu kommen hätte. Es stünde nach dieser Auffassung so, daß wir geheimnisvollerweise irgendwoher das Wissen davon hätten, daß das Tun des Guten unter einer unbedingt gültigen Regel stehe und unter allen Umständen die dieser Regel entsprechende Form haben müsse; die Bestimmung aber dessen, *was* nun, diese Regelmäßigkeit vorausgesetzt, das Gute ist, *was* wir also tun sollen, wäre unsere Sache, und wenn nur jene Regelmäßigkeit stattfinde, könnten wir, so oder so handelnd, damit rechnen, gut zu handeln. Auch diese

Anschauung ist eine kaum verhüllt heidnische und eine unmögliche Auffassung. Offenbar wäre dabei gerade unsere *Handlung* als solche doch wieder freigegeben, nicht unter das Gebot gestellt, unser Tun ein Tun dessen, was wir *wollen,* unsere in der konkreten Tat fallende Entscheidung in bezug auf den an uns gestellten Anspruch doch nur eine Entscheidung für uns selbst. Wir hätten dann unseren eigenen Spruch über das, was wir in concreto für gut halten, in das leere Gefäß eines jener Formbegriffe gegossen und ihm so glücklich (allzu glücklich!) die Gestalt eines Anspruchs gegeben, dem wir vermeintlich, in Wirklichkeit ja unsere eigenen Gesetzgeber, gehorchten. Wie sollten auf diesem Weg auch nur jene Allgemeinheiten, jene Formbegriffe wirklich als Gebot verstanden werden können!

Ist das Gute nun nicht doch wieder seiner Ursprünglichkeit beraubt, in die untere Ordnung des Seins versetzt gedacht, wenn es möglich ist, es als bloße erst zu erfüllende Form zu *betrachten,* wenn es möglich ist, es von der erst in unserer Entscheidung sich ergebenden Bestimmtheit als an sich, allgemein und abstrakt Gutes zu unterscheiden, wenn wir von ihm wissen können, ohne daß zum vornherein und eo ipso auch unser Wollen und Tun von ihm bestimmt wären?

Ein allgemeines, formales und abstraktes Gebot ist offenbar überhaupt *kein* Gebot, sondern ein Gegenstand von Theorie wie ein anderer. Bleibt es dabei, daß das Gute unbedingte und also nicht allgemeine und theoretische Wahrheit ist, also Gebot, also Anspruch, und zwar ein an uns gestellter Anspruch und nicht nur ein von uns zum Anspruch erhobener Ausspruch unseres eigenen Denkens, dann ist es konkretes einzelnes bestimmtes Gebot, ein Gebot, über dessen Inhalt wir nicht zu verfügen haben, sondern über den mit derselben Unbedingtheit, die seiner Form eigen ist, verfügt *ist,* [ein Gebot,] das uns inhaltlich bestimmt und erfüllt gegenübertritt. Dann erst ist es klar, daß es eine an uns gerichtete Frage ist, auf die wir mit unserer *Tat* (die doch ihrerseits immer eine konkrete *Einzel*tat ist) antworten müssen, nicht eine Antwort, die wir uns selbst gegeben haben, um sie dann durch unsere

Tat bloß zu bestätigen und zu wiederholen und so uns selbst, unserem auf Grund jenes Wissens erfolgenden Wählen und Vorziehen (aber doch nur uns selbst!) treu zu bleiben oder im schlimmeren Fall wiederum uns selbst (aber doch nur uns selbst!) untreu zu werden. Diese Übereinstimmung oder Nicht-Übereinstimmung mit uns selbst, die dann durch unser Tun festgestellt würde, mag eine interessante Angelegenheit sein, sie hat aber nichts zu tun mit unserem Gehorsam oder Ungehorsam gegen das Gute, wenn wir unter dem Guten nicht in jener unkritischen Weise unsere eigene Güte verstehen wollen, wenn es deutlich sein sollte, daß das Gute gerade die Infragestellung unserer eigenen Güte bedeutet.

Es hieße den Sinn und die Tragweite jener allgemeinen Begriffe: Sittengesetz, Idee des Guten, kategorischer Imperativ, Wille Gottes usw. offenbar verkennen, wenn man in ihnen das Gute bzw. das uns gegebene Gebot finden wollte. Das *Sittengesetz* oder die *Idee des Guten* ist, wie der Name sagt, das gedachte Sein, der Begriff des Guten, des Sittlichen bzw. des Gebotes. Es ist das Gute, in der dem *Denken* über das Gute unvermeidlichen Weise projiziert auf die Ebene des Seienden und seiner Erkenntnis: der ⌜wahre⌝ *Gedanke* einer unser Wollen und Handeln unbedingt in Anspruch nehmenden Norm. Auch ethische Besinnung ist eben Denken und als solches ϑεωρία. Um die Begrenzung jener Ebene durch die ganz andere Ebene der Praxis konkret zu vollziehen, um vorzustoßen zu dem Gedanken *der* Norm, die nicht seiende, sondern ursprüngliche und also nicht gedachte, sondern wirkliche Norm ist – um dies zu tun, muß sie jene Ebene vorerst ohne Scheu *betreten*. Wie könnte sie sie sonst so ostentativ, wie dies erforderlich ist, wieder verlassen? Aber eben indem ethische Besinnung den Gedanken der ursprünglichen wirklichen Norm erreicht, negiert sie seine Wirklichkeit als bloß gedachte Norm, stellt sie fest, daß nur das an uns ergehende Gebot selbst, nicht aber ein *Begriff* davon, eine Idee, ⌜ein wahres gedachtes Sein⌝ des Guten, die Instanz ist, der wir in der sittlichen Entscheidung gehorchen oder nicht gehorchen.|

Ebenso steht es nun aber mit dem *kategorischen Imperativ*. Mag er in derjenigen Reinheit verstanden werden, in der ihn Kant als Formel für den unbedingt verpflichtenden Charakter der Idee des Guten verstanden hat.[2] Oder mag man dem angeblich bloß formalen kantischen einen der irgendeinen allgemeinen Inhalt einschließenden nachkantischen Imperative vorziehen. Er wird so oder so, auch in der auf ihre Materialität stolzesten Ethik eine von der Wirklichkeit des gegebenen Gebotes abstrahierte *Formel* für den Begriff Gebot, nicht aber selber Gebot sein können. Gebot, wirklich kategorischer Imperativ würde er erst jenseits der ethischen Besinnung, nach Schluß des Kollegs, wenn der betreffende Ethiker dann etwa und dann gerade unter Verzicht auf jede *allgemeine* Formel – den Mut und zugleich die Legitimation haben sollte, auf diesen und diesen Menschen zuzutreten und ihm im Namen Gottes als Prophet zu sagen, was er in dieser und dieser bestimmten Lebenslage oder -frage zu tun habe. Was er vorher, den Begriff des Imperativs allgemein formulierend, sagen kann, das ist nicht der Imperativ selbst, sondern bestenfalls etwas Einsichtiges *über* den Imperativ. Das ist aber zweierlei. Und Kant selbst dürfte gerade mit seinem strengen Formalismus weiter als ⌐seine Nachfolger sowohl wie seine Kritiker wie⌐ seine vermeintlichen Verbesserer entfernt gewesen sein von der Vorstellung, als sei sein Imperativ bzw. eine seiner Formeln für den Imperativ der Imperativ selbst, *das* wirkliche, den Menschen treffende und in Anspruch nehmende Gebot. Trifft den Menschen das Gebot, dann lautet es nicht: «Handle so, daß die Maxime deiner Handlungsweise jederzeit das Prinzip einer allgemeinen Gesetzgebung werden könnte»,[3] oder wie man dann immer abstrahieren und formulieren will, sondern: Tu du jetzt in dieser deiner unwiederholbar einzigen Lebenslage dieses und laß jenes! Und gerade in der ganzen Konkretion dieses: Tu *dies* und laß *jenes!* nicht in

[2] s. *Grundlegung zur Metaphysik der Sitten*, 1785, Akademieausgabe Bd. IV, S. 413–438; *Kritik der praktischen Vernunft*, 1788, Akademieausgabe Bd. V, S. 19–41.

[3] *Kritik der praktischen Vernunft*, 1.T. 1.B. 1.H. § 7, S. 30.

seiner formalen Eigentümlichkeit als Imperativ und auch nicht als Versuch, die Fülle der Konkretion, die Möglichkeiten des dies und jenes nun doch noch allgemein zu erfassen, ist er *wirklicher* Imperativ. Im Gegenteil ist ausdrücklich zu sagen: in dem Maß, als es doch nur das formale Phänomen eines Imperativs, und wäre er ein kategorischer, oder auch das schließlich ebenso formale Phänomen einer Formel für die als angeblich gut in Betracht kommenden Konkretheiten ist, was dem Menschen begegnet, in dem Maß ist es sicher nicht das Gebot, was ihm begegnet. Formale oder materiale Allgemeinbestimmungen, wie sie sich aus dem wirklich ergangenen Gebot allerdings abstrahieren lassen, *können* – und das ist ihr guter Sinn – Erinnerungen an und Hinweise auf dies wirklich ergangene und ergehende Gebot sein. Sie sind aber auch das nicht, sondern sie sind «Moral» im übelsten Sinn, Anleitung zu jener Illusion, in der der Mensch selbst gut sein will, statt das Gute gut sein zu lassen, wenn sie sich selbst als das wirklich ergehende Gebot ausgeben sollten, wie das unter der Herrschaft eines etwas naiven Kantverständnisses allerdings reichlich geschehen ist.|

Dasselbe Mißverständnis herrscht nun aber auch da, wo man das *Gewissen* geltend macht als die Instanz, der der Mensch in der sittlichen Entscheidung gehorche oder nicht gehorche. Das Gewissen ist die Totalität unseres Selbstbewußtseins, sofern es Empfänger und Künder des an uns ergehenden Gebotes sein kann. Es hat die Verheißung, daß es das *kann*. Dieses «kann» rückt es aber in die Reihe der eschatologischen Begriffe. Nur im Lichte des kommenden Vollkommenen, der Erlösungshoffnung kann das Gewissen als das Organ der über unser Wollen und Tun ergehenden Krisis und insofern als Organ unserer Teilnahme am Guten angesprochen werden. Es ist keine Gegebenheit. Das Gebot aber, das Gebot, das unser Gewissen hören und, unsere Existenz dem Gebot verhaftend, uns selbst gegenüber geltend machen kann, es ist schlechthinnige Gegebenheit. Es bekommt sie nicht erst durch unser Gewissen, wie es auch nicht erst durch unser Gewissen Konkretheit bekommt, sondern es hat beides in sich selber, oder es ist nicht das wirkliche Gebot, und unser Gewissen kann nur zeugen von dieser *seiner* Gegebenheit und Konkretheit. Also auch unser Gewissen ist nicht das Gebot.|

Am allerwenigsten aber ist der Begriff des *Willens Gottes* geeignet dazu, gegen die Konkretheit und Einzelheit des uns gegebenen Gebotes als das hinter und über diesem stehende wirkliche Gebot ausgespielt, als leere Form der Füllung durch unser eigenes Befinden für bedürftig erklärt zu werden. Gerade am Begriff des Willens Gottes dürfte die Unmöglichkeit der Abstraktion eines Guten *im Allgemeinen* von dem Guten *in concretissimo,* in seiner Offenbarung in dieser und dieser bestimmten Tat dieses und dieses bestimmten Menschen ganz sichtbar werden. Wir werden die Linie zwischen den Begriffen «Gebot» und «Gott» im dritten Absatz dieses Paragraphen noch ausdrücklich zu ziehen haben. Soviel dürfte schon vorweg klar sein: *wenn* man schon das Gute und also das Gebot mit Gott gleichsetzen will, darf und vielleicht muß, dann kann unter dem Guten kein bloßes Schema verstanden sein, dessen Ausfüllung durch uns selber Gott als ermahnender, tröstender und schließlich Preise verteilender Zuschauer beiwohnen würde. Noch weniger dürfte sich der Begriff Gottes als der Begriff eines wirklichen Imperativs mit der dabei vorausgesetzten Distanz zwischen Form und Inhalt, mit dieser Rollenverteilung zwischen dem Guten und uns selbst vereinigen lassen. In ganz entsprechender Weise müßten wir uns verwahren, wenn uns etwa an Stelle des Begriffs des Willens z.B. von *Albr. Ritschl* der Begriff des Reiches Gottes[4] oder wenn uns, mit oder ohne ausdrückliche Beziehung zum Gottesgedanken, der Begriff der Gerechtigkeit oder der Begriff der Liebe als *das* Gute angepriesen werden sollte.|

Wir haben gegen alle auf eine derartige allgemeine Formel für das Gute bezogenen Konstruktionen den Einwand, daß die Unbedingtheit der Wahrheit des Guten aufs schwerste versehrt

---

[4] s. *Die christliche Lehre von der Rechtfertigung und Versöhnung,* Bd. III, S. 12. 30f. 275f. 308. 428 u. ö.

wird durch die Vorstellung, als sei das Gute bloß ein mit einer gewissen Einteilung versehenes Kanzleipapier, dessen Kolonnen dann erst durch unser Anwenden der allgemeinen Regel, durch unser Überlegen der sich ergebenden besonderen Fälle gefüllt werden müßten. Gilt dieser Synergismus in der Ethik, dann sollte man zugeben, daß es auch in der Ethik nur um bedingte Wahrheit geht. Offenbar weil man von diesem Synergismus, der den Menschen zum Konkurrenten des Gebieters, zum Mitgebieter und dann doch wohl heimlich zum Alleingebieter macht, nicht lassen will oder kann, offenbar darum ist fast alle Ethik – auch die noch so idealistisch sich gebärdende – *Seins*ethik, Ethik der bedingten Wahrheit, darum Ethik der leeren Begriffe. Sie ist es, weil sie Ethik des liberum arbitrium ist. Denn was dann die leeren Begriffe füllt, der Quell der Konkretheit und damit doch wohl das Kriterium des Guten und Bösen, ist eben das liberum arbitrium, die menschliche Wahlfreiheit, mit anderen Worten der Mensch selber. Man sollte sich über diesen Zusammenhang wenigstens klar sein, wenn man durchaus in dieser Richtung zu gehen beharren will. Wir sagen also: Gerade die Unbedingtheit des Gebotes schließt nicht, wie ein kurzsichtiges Kantverständnis meint, aus, sondern ein: die konkret-einzelne inhaltliche Bestimmtheit des Gebotes. Es geht in der sittlichen Entscheidung um den Gehorsam oder Ungehorsam gegen dieses und dieses Gebot, das *abgesehen* von unserem Dafürhalten gerade dieses und dieses ist, gerade so oder so lautet. Darin besteht die Entscheidung: nicht in der Entscheidung der Frage, ob dies oder das das Gute ist, ob das Gebot dies oder das von mir will, ob ich also dies oder das tun soll – eine Ethik, die so fragt, ist so sinnvoll wie eine Dogmatik, die fragt, ob es wohl einen Gott geben möchte –, sondern das ist die Frage, die in der sittlichen Entscheidung entschieden wird, ob ich wohl angesichts des in konkretester Zuspitzung auf mich zukommenden Gebotes als ein Gehorsamer oder Ungehorsamer erfunden werden möchte in meinem Tun. Es geht nicht um mein liberum arbitrium, es geht um die göttliche Prädestination in der sittlichen Entscheidung.

Wir haben nun aber, und damit bringen wir unsere Erwägungen dieser Seite der Sache zum Abschluß, gerade in einer theologischen Ethik Anlaß zu einer ganz besonderen Abgrenzung nach dieser Seite. Es ist nach allem Gesagten sachgemäß, wenn der an den Menschen sich richtende Anspruch, wie er in der in der christlichen Kirche vernommenen und verkündigten Botschaft der *Bibel* vorliegt, nicht nur als schlechthin gegebenes, sondern auch fast auf der ganzen Linie als *konkretes* Gebot auftritt und also in einer Vielheit von Geboten. Nicht nur: Du weißt, daß du sollst! sagt Jesus dem reichen Jüngling, sondern: Du weißt die *Gebote!* [Mk. 10,19; Luk. 18,20]. So, in dieser konkreten Weise weißt du, stehst du in der Entscheidung. |

Es wird gut sein, das Verhältnis zwischen der Konkretheit des unbedingten Gebotes und der Konkretheit der biblischen Gebote gleich hier möglichst unzweideutig festzustellen. Offenbar weder die Totalität noch eine Auswahl der biblischen Imperative, noch irgendein einzelner von ihnen *ist* etwa an sich das unbedingte konkrete Gebot, das heute dich und mich angeht. Weder von den zehn Geboten des Alten Testaments noch von Jesu Bergpredigt, noch von den Imperativen etwa der epistolischen Ermahnungskapitel könnte und dürfte das gesagt werden. Gerade um der wohlverstandenen Autorität der Bibel willen dürfen wir uns hier nicht von einem voreiligen Biblizismus das Heft verwirren lassen. Die sämtlichen biblischen Imperative sind nämlich einmal – und das ist bei der Feststellung der Autorität der Bibel durchaus kein pudendum, sondern das will in die Bestimmung ihrer Autorität miteinbezogen sein – nicht an uns, sondern an andere, und zwar an auch unter sich sehr verschiedene andere Menschen gerichtet, an das Volk Israel in wiederum sehr verschiedenen Situationen, an die Jünger Jesu, an die ersten Christengemeinden aus den Juden und aus den Heiden. Ihre Konkretheit ist die Konkretheit eines ganz bestimmten Dort und Damals. Und sie sind zweitens, so wie sie uns vorliegen ⌜in ihrer großen Mehrzahl⌝, nicht einmal *ganz, absolut* konkrete, an diesen und diesen bestimmten Menschen gerichtete Gebote, sondern ihre

Konkretheit ist *relativ*. Sie sind ⌜sogar⌝ formell wenigstens teilweise – und wir brauchen dabei nicht nur an das berühmte Wort Matth. 7,12 zu denken[5] – gar nicht so unähnlich den vorhin besprochenen allgemeinen Prinzipien. Sie stellen sich in ihrer Mehrzahl dar als *Zusammenfassungen* und Verallgemeinerungen des damals und dort an diese und diese bestimmten Menschen ergangenen Gebotes. Sie sind, ich meine damit ausdrücklich auch die Bergpredigt, *Zeugnis* von dem absolut konkreten Gebot, das Israel, das die Jüngerschaft, das die junge Kirche empfangen hat. In dieser ganz bestimmten Form, in Form des *Zeugnisses* vom absolut konkreten wirklichen Gebot gehen sie uns an, können sie und sollen sie auch uns als absolut konkretes wirkliches Gebot angehen. D.h. aber: Kein biblisches Gebot oder Verbot ist eine Regel, eine moralische Allgemeinwahrheit, gerade *weil* es als Zeugnis von dem absolut konkreten wirklichen Gebot zu uns kommt. Wie könnte es eine moralische Allgemeinwahrheit sein wollen, wenn es Zeugnis von Gottes wirklich ergangenem und ergehendem Gebot ist? Dann würde es ja verhüllen und verleugnen, was es bezeugen soll. Denn wäre es eine moralische Allgemeinwahrheit, wäre z.B. das «Du sollst nicht töten!» [Ex. 20₃] oder das «Liebet eure Feinde!» [Mt. 5₄₄] als Regel zu verstehen, die wir nun anzuwenden hätten, dann befänden wir uns offenbar auch den biblischen Imperativen gegenüber in der Notwendigkeit, zwischen seiner allgemeinen Geltung und seiner Geltung für uns zu unterscheiden, seine konkrete Füllung also doch wieder – denn welcher von ihnen wäre so eindeutig, so konkret, daß er dessen dann nicht bedürftig wäre? – gerade wie bei den vorhin besprochenen Prinzipien unsere eigene Sache sein zu lassen. «Du sollst nicht töten!» oder: «Liebet eure Feinde!» ist eben wohl, und das in höchst bedeutsamer Weise, in der

---

[5] Es handelt sich um den auf Tobias 4,16 zurückweisenden, aber auch bei griechischen und römischen Philosophen jener Zeit zu findenden Satz des Evangeliums, der in der kürzeren, des Singulars sich bedienenden lateinischen Fassung: «Quod tibi fieri non vis, alteri ne feceris» in der Geschichte der Ethik bekannt ist als regula aurea des menschlichen Verhaltens.

Richtung auf das absolut konkrete Gebot, es ist aber doch nur *relativ* konkret geredet. Was kann in der Richtung dieser Worte in concretissimo für *verschiedenes* Tun uns geboten sein – Verschiedenheiten, von denen etwa zu behaupten, daß sie für die Qualifizierung unseres Tuns irrelevant seien, daß die Auswahl unter ihnen uns zu überlassen sei, doch wohl eine etwas kühne Behauptung wäre. Sollte diese Auswahl aber nicht gleichgültig sein, sondern gerade in ihr die Entscheidung stattfinden, dann wäre ja doch wieder – immer vorausgesetzt, das Gebot sei wirklich als Allgemeinwahrheit gemeint und zu behandeln – nicht sowohl das Gebot als vielmehr unsere gute *Auswahl* zwischen den unter das Gebot fallenden Möglichkeiten das Gute. Ein Biblizismus, der in den relativ konkreten biblischen Imperativen, sei es einzeln, sei es in ihrer Gesamtheit, direkt das uns angehende Gebot selbst zu erkennen meint, ist unweigerlich genötigt, von derselben Methode der heimlichen Autonomie des scheinbar dem Gesetz unterworfenen Menschen Gebrauch zu machen, wie eine philosophische Ethik, wenn sie nicht gut beraten ist, dies anhand ihrer frei konstruierten Prinzipien zu tun pflegt.

Wohlverstanden: nicht etwa «Gesetzlichkeit», sondern gerade eine geheime Ungesetzlichkeit ist einer biblizistischen Ethik wie etwa der der Täufer der Reformationszeit zum Vorwurf zu machen. Das ist in der Fortsetzung dieser Linie bei *Tolstoi* zum Greifen deutlich an den Tag gekommen.[6] Gegenüber einer Anmaßlichkeit, die zur Abwechslung auch anhand der Bibel das menschliche liberum arbitrium auf den Richterstuhl über Gut und Böse erheben möchte, ⌐die den Menschen, sein sogenanntes «bestes Wissen und Gewissen» dann wohl gar zum arbiter zwischen zwei oder drei verschiedenen, miteinander konkurrierenden Gottesgeboten macht¬, haben wir uns zu erinnern: die biblischen Imperative sind in der ganzen Bibel durchaus nicht einfach und direkt Offenbarung, sondern sie sind wie die ganze Bibel *Zeugnis*

---

[6] Vgl. K. Holl, *Tolstoi nach seinen Tagebüchern* (1922), Ges. Aufsätze II, Der Osten, Tübingen 1928, S. 433–449.

von der Offenbarung und in diesem ganz bestimmten Sinn, der ihre Verwendung als allgemeine Moralwahrheiten gerade ausschließt, sind sie Gottes Wort an uns. D. h. aber: sie sind nicht selber das direkte bestimmte einzelne Gebot für uns, das das allein wirkliche Gebot ist. Dieses wirkliche Gebot hat ja auch damals und dort, als diese und diese Menschen es zu hören bekamen, ganz anders gelautet, als die Erinnerung daran, die uns heute, sei es in Gestalt des Zehntafelgesetzes, sei es in Gestalt der Bergpredigt, bezeugt, wie der ⌐göttliche⌐ Logos, wie das Gute die Menschen damals und dort in Anspruch nahm. Sie weisen uns aber in *ihrer* relativen Konkretheit, wie das die ganze Bibel tut, hin auf das Ereignis der Inanspruchnahme des Menschen durch den ⌐göttlichen⌐ Logos, die unvermeidlich auch der Sinn unseres Tuns sein wird.

Mit gebieterischer Macht erfolgt dieser Hinweis: durch dieses Zeugnis von Gottes Gebot hören wir, hört die Kirche Gottes Gebot selber. Darum verkündigt sie es denn auch, indem sie das biblische Zeugnis von ihm aufnimmt, darum unterweist sie zum Guten anhand der zehn Gebote und der Bergpredigt. Sie tut das in der Voraussetzung – und mit dieser Voraussetzung steht und fällt die Kirche –, daß hier und nirgends sonst Gottes Gebot zu hören sei. Aber *Gottes* Gebot zu *hören!*, d. h. dann aber: selber zu hören, wie in concretissimo wir selber durch dieses in der Bibel bezeugte Gebot in Anspruch genommen werden, was *uns* durch dieses Gebot geboten ist. Und wenn es nun nicht genug beachtet werden kann, daß das biblische Zeugnis von Gottes Gebot fast nirgends in wirklicher Nähe zu jenen allgemeinen Prinzipien ganz abstrakt, sondern fast immer wenigstens relativ konkret redet, so werden wir nicht nur beachten, *daß* der Finger, den wir da zeigen sehen, überhaupt in die Richtung des ganzen konkreten Gottesgebotes weist, sondern auch welches denn die *Richtung* ist, in die wir da gewiesen werden. Es wird für das Bewußtsein der Verantwortung, die wir mit jeder unserer Taten abzulegen haben, nicht gleichgültig, sondern dringend wichtig sein, daß das Gebot ⌐an entscheidender Stelle⌐ nun einmal nicht lautet: Du sollst töten!, sondern: Du sollst nicht töten!, daß die Bergpredigt uns nicht zu der Haltung von Reichen, sondern von Armen im Geist [vgl. Mt. 5,3] einlädt, daß die paulinische Ermahnung sich nicht um den Begriff des Übermenschen, sondern um den des Opfers und der ταπεινοφρωσύνη konzentriert. Wir werden uns gestehen, daß uns durch das große alt- und neutestamentliche Gebot der Gottes- und Nächstenliebe wenn auch nicht das mandatum concretissimum, das wirkliche Gebot selbst, wohl aber *sehr* deutlicher Bescheid darüber gegeben wird. Und wir werden über das alles hinaus doch auch beständig damit rechnen, daß uns dieser und dieser bestimmte biblische Imperativ nun doch selber und direkt – warum sollte das nicht geschehen, es wäre schlimm, wenn das etwa nicht geschähe! – zum mandatum concretissimum wird, d. h. daß in und mit dem Wortlaut des biblischen Zeugnisses von Gottes Gebot auch das Gebot selber gegeben wird, das unser Tun richtet. Die Umdeutung der biblischen Imperative zu moralischen Allgemeinwahrheiten aber wird dann gerade *unterbleiben*. Wie hieße das mit dem hier vernehmbaren Worte Gottes ernst machen, wenn wir uns auf dem Umweg über den ethischen Biblizismus doch wieder auf einen Richterstuhl der scientes bonum et malum setzen wollten? –

Wir fassen zusammen: Wo Menschen, vom Gebot getroffen, in der Entscheidung stehen, da ist es ein besonderes bestimmtes Gebot, das sie getroffen hat. Moralische Allgemeinheiten jeder Art, ⌈auch biblischer Art, auch biblischen Wortlautes⌉ sind nicht das Gebot, denn ihnen gegenüber sind und bleiben wir heimlich selber Richter und Herren. Das Gute ist dieses und dieses ohne Wählen und Bestimmen meinerseits *mir* gegebene Gebot. *Mir* gegeben, wobei ich zunächst nicht danach fragen kann, ob es auch anderen gegeben sei, weder mit Rücksicht auf ihr, noch mit Rücksicht auf mein eigenes Tun. Auf sich selber steht er gerade da ganz allein,[7] da, wo er weiß, daß er durchaus nicht auf sich

[7] Anspielung auf Friedrich Schillers Reiterlied «Wohlauf, Kameraden, aufs Pferd ...», in: *Wallensteins Lager,* 11. Auftritt.

selber stehen, durchaus nicht sein eigener Richter und Herr sein kann. Sittliche *Gemeinschaft* kann zunächst und grundsätzlich nur das bedeuten, daß wir uns – und das ist eben das Wissen der christlichen Kirche – gerade insofern gemeinsam und in derselben Lage wissen, als wir uns wechselseitig unter das wirkliche, d. h. aber unter das konkrete und also besondere Gebot gestellt wissen. Sittliches Einverständnis heißt grundsätzlich: gemeinsam das Gebot respektieren, das für jeden Einzelnen ein besonderes, bestimmtes Gebot ist. Man denke und sage doch nicht zu schnell, daß das die Negation der sittlichen Gemeinschaft bedeute. Es liegt allzu nahe, das zu sagen, und es wäre oberflächlich gesagt. Gerade die moralischen Allgemeinwahrheiten, von denen man sittliche Gemeinschaft zu erwarten pflegt, haben nun einmal, wie gezeigt, welcher Herkunft sie auch sein mögen, die Kraft des wirklichen Gebotes *nicht,* weil dabei gerade die entscheidende Wahl zwischen den konkreten Möglichkeiten doch wieder in unser eigenes Belieben gestellt ist. Wie sollten sie mit dieser ihrer heimlich zentrifugalen Wirkung die Kraft haben, Gemeinschaft zu bilden? Gerade unter der Herrschaft der moralischen Allgemeinwahrheiten können wir nicht einig, sondern nur immer wieder uneinig werden. Wohl aber findet man sich ohne weiteres beieinander, tritt man auf wirklich gemeinsamen Boden, wenn Einer im Wollen und Tun des Anderen die freilich so vielleicht nur ihm zuteil werdende Offenbarung des Gebotes, des Guten respektiert. Es ist vielleicht so wirklich nur ihm und nicht jedem Anderen, vielleicht weit und breit keinem Anderen so gegeben. Es richtet ihn vielleicht so, wie keiner sonst gerichtet wird. Es ist aber als das ihm gegebene Gebot, gerade in der Besonderheit, in der es ihm gegeben ist, das eine Gebot, das uns Alle richtet. Wir können uns fragen und werden uns fragen, ob dieser Andere wohl recht gehört habe, *was* zu ihm gesagt ist – nachdem wir diese Frage vor Allem an uns selbst gerichtet haben –, wir *vertrauen* aber, und dieses Vertrauen ist der die sittliche Gemeinschaft begründende Akt, *daß* auch ihm gesagt ist, was er dann besser oder schlechter gehört hat. Wir halten ihn selbst nicht für gut – wie sollten wir auch, wir werden uns selbst hoffentlich auch nicht für gut halten –, wir rechnen aber auf dieselbe ihm geschenkte Teilnahme am Guten, mit der wir in bezug auf uns selbst rechnen möchten. Wir betreten dann den Boden sittlicher Gemeinschaft, wenn wir statt moralische Allgemeinwahrheiten als das Gute zu proklamieren und eben damit den Keim der Zersetzung in eine vielleicht schon bestehende sittliche Gemeinschaft hineinzutragen, uns gegenseitig zugestehen, daß Keiner in der Lage ist, einen fremden Knecht zu richten, «er steht und fällt seinem Herrn», in der vertrauenden Voraussetzung, mit der doch wohl jeder seinem eigenen Gericht entgegengehen muß: «Er wird aber stehen. Denn Gott ist mächtig, ihn zu stellen», Röm. 14,4. Womit nun wiederum nicht ausgeschlossen sein soll – aber davon kann man nicht ausgehen, das muß sich finden, und das findet sich, wenn es sein soll, und wenn es sein soll nur und gerade auf diesem Boden –, daß Mehrere oder Viele gleichzeitig sich in derselben bestimmten Weise unter das Gebot gestellt und vom Gebot in Anspruch genommen erkennen und damit dann auch in derselben besonderen, bestimmten Weise zur Besinnung, also zu gemeinsamer ethischer Besinnung aufgerufen sind. |

Die Verwirklichung und Erhaltung einer solchen engeren sittlichen Gemeinschaft wird dann aber gerade davon abhängen, daß man – nicht einander, aber dem gemeinsam erkannten Herrn die Freiheit läßt, fernerhin einem jeden mit seinem besonderen bestimmten Gebot in den Weg zu treten, ohne etwa durch die Gemeinschaft, die sich zwischen diesem und jenem in dieser außerordentlichen Weise herausgestellt hat, gebunden zu sein –, daß man sich also gegenseitig als nicht sowohl *aneinander* als an den gebietenden *Herrn* gebunden erkennt und anerkennt. Kann mich ein Anderer trösten und ermutigen dadurch, daß er mir zu erkennen gibt, daß er mit mir unter demselben Gebot steht wie ich – und es gibt keinen größeren Trost und keine stärkere Ermutigung auf Erden als solches gemeinsames Sichgerichtetwissen –, so kann mir doch kein Anderer die *Verantwortung* dafür abnehmen, daß ich recht gehört habe, was gerade jetzt gerade mir geboten ist. Und es kann kein Anderer mein Gewissen binden. Mein Gewissen zu wecken, ist er mir gesetzt und muß ich mir ihn unter allen Umständen gefallen lassen. Er kann mich aber nicht binden. Er kann und darf mich nicht richten unter Berufung auf das, was er gehört hat. Und wiederum kann und soll ich auf Grund dessen, was zu mir gesagt ist, gar sehr meines Bruders Hüter [vgl. Gen. 4,9] und nicht etwa meines Bruders Zuschauer sein – ich kann und darf ihm aber die Verantwortlichkeit nicht abnehmen wollen dafür, daß er recht gehört hat, was gerade ihm geboten ist. Ich kann und darf mein noch so feines Gewissen nicht zu dem Seinigen machen wollen. Es wäre die Befreiung von einem Alpdruck, den wir uns gegenseitig in bester Meinung bereiten, wenn wir allerseits einsehen wollten, daß wir weder berufen noch in der Lage sind, einander anders zu machen, zu bessern, auf den rechten Weg zu stellen. In dieser guten Absicht richten wir einander fortwährend. Die Weisheit, die als unveräußerliches Axiom aller *gemeinsamen* ethischen Besinnung (im weitesten Sinn des Begriffs) zugrunde liegen müßte, lautet aber: *Richtet nicht!* [Mt. 7]. Alle solche von Fall zu Fall sich findende engere sittliche Gemeinschaft, alle gemeinsame ethische Besinnung kann nur Aufruf dazu sein, daß ein Jeder, was *ihm* gesagt wird und werden wird, recht höre. Und es gibt kein Sichfinden, bei dem es nicht die Voraussetzung weiteren, tieferen Sichfindens wäre, daß man einander alsbald auch wieder freigibt, daß es Einer dem Anderen *glaubt,* daß ihm Weiteres gesagt werden und daß er es in seiner Weise hören werde. Alles andere hieße nicht nur der Freiheit des Anderen zu nahe treten – dieses Gut ist nun gerade der Güter höchstes und das hier zu respektierende Heiligtum nicht –, sondern auch den Geist dämpfen [vgl. 1. Thess. 5,19], sich und Andere dem gebietenden Herrn entziehen und damit die Gemeinschaft aufs sicherste zerstören. In dieser Freiheit und Verantwortlichkeit des Einzelnen vernimmt und versteht und verkündigt die christliche Kirche, wenn sie weiß, was sie tut, das wirkliche, das göttliche, das biblische Gebot.

139

Das Gebot *trifft* den Einzelnen; nicht hat er selber die Möglichkeit, das Rechte zu treffen. Als bestimmtes Gebot kommt es zu ihm, nicht hat er selber zu bestimmen, was Gebot ist. Es ist *ein* Gebot, und es ist immer und für jeden ein konkretes Gebot.

3.

Wir haben das Gebot, mit dem wir es in der Wirklichkeit der sittlichen Entscheidung zu tun bekommen, im bisherigen mehrfach mit einer gewissen Selbstverständlichkeit *Gottes* Gebot genannt. Es ist in der Tat nur eine Präzisierung, ja eine bloße Bestätigung alles bisher Gesagten, wenn wir das Gute, das wir gleichsetzten mit dem Gebot, nunmehr gleichsetzen dem göttlichen Gebieten, d. h. aber *Gott selber*. Es kann sich fragen, ob wir recht hören, was uns geboten ist, ob die Offenbarung des Guten uns offen, bereit und willig findet, ob wir uns über den Sinn der unter allen Umständen jetzt sofort fallenden Entscheidung im klaren sein werden, ob wir uns dem Gericht, das sich in ihr vollzieht über uns, unterwerfen, ob es uns zum Aufruf wird, als Wachende dem Herrn und Richter entgegenzugehen, der uns in der Entscheidung des nächsten Augenblicks wieder begegnen will. Es kann sich aber *nicht* fragen, daß das Gebot, unter dem unsere Entscheidung steht, an dem sie gemessen ist als Gehorsam oder Ungehorsam, Gottes Gebot ist, das Gebot des sich uns offenbarenden, durch seinen Ausspruch und Anspruch, durch sein Wort mit uns handelnden schlechthin souveränen Herrn. Als Auftrag, Anweisung, Befehl haben wir in unserem bisherigen das wirkliche Gebot verstehen zu müssen geglaubt, d. h. also als einen gebietenden *Akt*. Hätten wir es als moralische Allgemeinwahrheit verstehen können, dann müßten wir es jetzt wohl mit dem Inhalt eines absoluten Corpus juris vergleichen. Es wäre dann irgendwo und irgendwie an sich wahr. Nach allen unseren bisherigen Überlegungen ist es nichts mit diesem Corpus juris – auch die Bibel mit ihren Geboten kann, wie wir sahen, als solches auf keinen Fall in Betracht kommen. Es ist die Richterwürde, die bei dieser Vorstellung dem Menschen zukäme, die sie unvollziehbar macht. Das Gute, das Gebot, es *ist* nicht wahr, sondern es *wird* wahr, indem es uns als die Wahrheit *gesagt* wird, indem es uns als Wahrheit redend in den Weg tritt. Damit stehen wir aber unmittelbar vor dem Gottesgedanken, ja damit haben wir den Gottesgedanken strenggenommen bereits vollzogen. Die Frage wäre also als kindisch einfach von der Hand zu weisen: wie wir denn dazu kämen, jene Gleichsetzung zwischen dem Gebot und Gottes Gebot bzw. Gott selber zu vollziehen? Darauf wäre zu antworten: Es steht durchaus nicht so, daß wir irgendwie dazu *kommen*. Wissen wir, was es ist um die Offenbarung des Guten in der sittlichen Entscheidung, wissen wir um den streng konkreten Charakter des Guten, das sich uns da offenbart, dann wissen wir eben damit und darin, daß Gott *zu uns* gekommen ist. Wir wissen dann, daß wir nicht erst jetzt von ihm zu reden anfangen, sondern daß wir eben von ihm schon von Anfang an geredet haben. Wo wirkliches Gebot ist, da ist *absoluter, persönlicher, von dem unsrigen unterschiedener, lebendiger Wille.* Wenn sich das analysierend zeigen läßt, dann haben wir das Recht, alle weiteren Bestimmungen vorbehalten – der ganze Verlauf dieser Vorlesung kann ja nur ein großer Versuch sein, diese weiteren Bestimmungen zu vollziehen –, diesen Willen als den göttlichen und also das uns begegnende Gebot als Gottes Gebot bzw. als Gott selbst zu verstehen.

a) Wo wirkliches Gebot ist, da ist ein *absolut* gebietender Wille. Wir sahen, wie wir mit der ernsthaft gestellten Frage nach dem Guten das Vorhandensein eines absoluten Sollens anerkannt haben. Ich würde nicht dazu raten, diese Anerkennung als eine «absolute Stellungnahme»[8] oder dergleichen zu bezeichnen. Ihre Bedeutung besteht ja vielmehr gerade darin, daß wir auf alles absolute Stellungnehmen unsererseits verzichten und uns einfach als in Anspruch genommen, d.h. aber doch wohl, wenn diese

[8] Anspielung auf den Titel des Buches von K. Stavenhagen, *Absolute Stellungnahmen,* Erlangen 1925.

Inanspruchnahme gilt, in unserer eigenen Relativität erkennen. Der positive Gehalt dieser Erkenntnis unser selbst, die als solche nur negativ zu umschreiben wäre, der Gedanke an den, der uns selbst in dieser unserer Relativität so gegenübersteht, daß sie eben gilt, daß wir keinerlei absolutes Jenseits unser selbst namhaft zu machen mehr die Lust verspüren können, dieser Gedanke ist der Gottesgedanke. Ist uns das wirkliche, das gebieterische Gebot begegnet, dann ist uns eben damit und darin Gott begegnet.

b) Wo wirkliches Gebot ist, da ist ein *von dem unsrigen unterschiedener* Wille. Alles kommt hier darauf an, ob das Gebot verstanden ist darin, daß es keineswegs etwa in uns selbst heimlich vorhanden ist, daß es uns selbst gegenüber vielmehr immer Störung, Infragestellung bedeutet. Und das wieder hängt daran, daß wir es nicht als Sein, sondern als Akt verstehen müssen. Eines Gegenstandes, den man betrachten kann, sind wir so sehr mächtig, daß auch seine Absolutheit letztlich doch nur unsere eigene Absolutheit bezeugen und reflektieren würde. Ist das Gebot, ist das Gute Akt, dann ist eben damit gesagt, daß wir seiner nicht mächtig sind. Es ist dann nicht ein Kriterium, über das wir verfügen, sondern ein Kriterium, unter dem wir stehen, das wir nicht anwenden können, sondern das uns gegenüber angewendet wird. Damit haben wir aber eben den Gedanken des Gottesgebotes gedacht. Der Schritt von Kant zu Fichte, dieser eigentliche Sündenfall des deutschen Idealismus, ist dann unmöglich. Man kann dann nur ⌐mit Kant und⌐ besser als Kant einsehen, daß sittliche Erkenntnis gar nicht vollziehbar ist, ohne in Anbetung überzugehen.

c) Wo wirkliches Gebot ist, da ist ein *persönlicher* Wille. Gebot ist Anspruch, also auf alle Fälle Spruch, Wort, Logos, nicht Einfluß, Machtwirkung, Eindruck. Ein Gewitter oder Erdbeben mag den Menschen erschüttern, erschrecken, es mag ihm ein Erlebnis werden. Angesprochenwerden ist etwas Anderes, und mit diesem Anderen haben wir es im wirklichen Gebot zu tun. Aber damit ist noch nicht Alles gesagt. Ansprechen mag uns ja zur Not auch eine Blume oder ein Wasserfall oder ein Kunstwerk. Das Gebot aber beansprucht uns, und d.h., es spricht uns im Gewissen an, es macht unser Gewissen, die Totalität unseres Selbstbewußtseins, zum Organ, unsere Existenz zu binden, zu verpflichten. Und diese Bindung wiederum findet eben nicht im Allgemeinen statt, sondern das wirkliche Gebot will, wie gezeigt, immer etwas Bestimmtes von uns. Das Alles charakterisiert aber unsere Begegnung mit dem Gebot als eine persönliche Begegnung, durchaus zu vergleichen einer Begegnung mit einem Menschen, mit dem einzigen Unterschied, daß die Beanspruchung, um die es hier geht, unentrinnbar ist. Durch diesen Unterschied wird die Person, mit der wir es in den uns hier widerfahrenden Gebieten zu tun haben, gekennzeichnet als die unvergleichliche, die göttliche Person. Wir haben, wenn wir den Gedanken der Personalität des wirklichen Gebotes zu Ende denken, wiederum den Gottesgedanken, [den Gedanken] des ewigen Logos gedacht.

d) Wo wirkliches Gebot ist, da ist ein *lebendiger* Wille. Die Konkretheit des Gebotes ist ja nicht etwa in der Konkretheit unseres Lebens begründet. Es ist nicht so, als ob zuerst der Mensch lebendig wäre und nun würde ihm Gottes Gebot gleichsam folgen in den ganzen Reichtum seiner Existenz hinein. Nein, Gott, der eine unveränderliche Gott, ist reich und lebendig, und darum ist das Gebot in jedem Augenblick dieses und dieses besondere Gebot, weil hier mit uns gehandelt wird, weil eben nicht ein Corpus juris aufgeschlagen ist, nach dessen Paragraphen wir uns nun zu richten hätten, sondern ein regierender Herr auf dem Plan ist, der keinen Augenblick die Initiative aus den Händen gibt. Es fragt sich aber, ob der wegen seiner Monotonie so oft getadelte 119. Psalm mit seinem hundertsechsundsiebenzigfachen Lobpreis des Gesetzes diese Lebendigkeit des Gesetzes, die schließlich mit der Lebendigkeit des Gesetzgebers zusammenfällt, nicht deutlicher gesehen hat als mancher scheinbar tiefsinnigere Denker. Eben die Unerschöpflichkeit, in der unser Entscheiden immer wieder zum Schauplatz der Offenbarung des Guten gemacht wird, charakterisiert diese Offenbarung als die Offenbarung Gottes.

Wir kommen zum Abschluß. Der absolute, von dem unsrigen unterschiedene, persönliche, lebendige Wille im Gebot ist der Wille *Gottes.* Für oder gegen *Gott* fällt die Entscheidung, in der wir jeden Augenblick existieren. Verantwortung *ihm* gegenüber ist ihr Sinn. Sein Gericht ist es, was in ihr über uns ergeht. Indem wir ernsthaft nach dem Guten fragen, anerkennen wir, daß wir nicht eigenen Rechtes sind, sondern einen *Herrn, diesen* Herrn, *den* Herrn haben. Ihn «haben», wie man eben den Herrn «hat», d.h. genau insofern, als wir sein Gebot haben, als wir, du und ich, jetzt und hier, sein Gebot hören, also genau insofern, als er kraft dieses seines Wortes *uns* «hat». – Und wir können hinzufügen: Anders als so kann man den Herrn, kann man Gott überhaupt nicht haben. Alles Reden von Gott aus einer Abseitsstellung von der Frage nach dem Guten, abseits von dem jetzt und hier, dir und mir gegebenen Gebot – es redet, ob es nun als Bekenntnis zu Gott oder als Leugnung Gottes sich gebärde, *nicht* von Gott. Gott ist der, kraft dessen Wortes meine Entscheidung Entscheidung für oder gegen das Gute ist, kein anderer – der Richter, dem wir entgegengehen, oder er ist nicht Gott.

§6 DAS GEBOT GOTTES ALS GOTTES GERICHT

Indem Gott dem Menschen sein Gebot offenbart, richtet er ihn. Das ist aber Gottes Gericht und also des Menschen Heiligung durch Gott: daß Gott den, dessen er sich durch sein Gebot annimmt, geliebt, erwählt und als sein Eigentum erklärt hat – daß Gott sein ganzes Entscheiden und Tun aufdeckt als Übertretung des Gebotes – daß Gott um seiner eigenen Güte willen ihn, den Sünder, annimmt als Täter seines Wortes – daß Gott eben damit sein sündiges Tun ausrichtet zum Werk des Gehorsams.

1.

Wir kommen in diesem Paragraphen zu der eigentlichen Substanz unseres ersten Kapitels und der theologischen Ethik überhaupt. Alles, was bisher gesagt wurde, konnte nur eine Vorbereitung sein auf das hin, was jetzt zu sagen wäre. Und Alles, was nachher noch zu sagen sein wird, kann nur noch ein Abstieg sein von der Höhe, die hier zu gewinnen wäre. «Wäre» sage ich, denn es wäre nicht nur Eitelkeit, sondern Vermessenheit zu versprechen, daß es jetzt zum Sagen des entscheidenden Wortes und zum Gewinnen jener Höhe kommen werde. Nicht nur besteht die vor uns liegende Aufgabe darin, eine rekapitulierende Darstellung der ganzen dogmatischen Lehre von der Zueignung der Gnade Gottes an den Menschen zu geben unter der speziellen Voraussetzung, daß diese Zueignung jedenfalls auch darin besteht, daß der Mensch unter Gottes Gebot gestellt ist – eine Aufgabe, die, wenn eine in der Theologie, für Lehrer und Lernende in mehr als einer Hinsicht ein Wagnis ist. Die ehrenvollen Bezeichnungen D. theol. *und* stud. theol. müßten einem wohl ein wenig fragwürdig werden, wenn man sieht, um was für eine Erkenntnisaufgabe es hier gehen würde. Wir stehen nun aber auch unmittelbar vor dem Punkt – er hat sich ja längst angekündigt, und er wird von jetzt an nicht mehr unsichtbar zu machen sein –, an dem jede theologische Disziplin als solche sowohl anfängt als auch endigt, den sie aber zu *setzen,* den nachzuweisen oder zu deduzieren, ja sogar den zu behaupten sie nicht die Macht und nicht die Erlaubnis hat, den sie nur als *gesetzt* anerkennen kann, indem sie immer wieder von ihm ausgeht, immer wieder zu ihm zurückkehrt. Wir stehen vor dem Punkt, wo die Theologie so kämpfen muß um die Erkenntnis, daß sie alle ihre Waffen streckt und die ganze Bedrohtheit ihres Anspruchs, erkennen zu wollen, rückhaltlos zugibt und anerkennt. Dieser Anspruch ist dadurch bedroht, daß Erkenntnis hier nur insofern stattfindet, als der Gegenstand sich selber zu erkennen gibt, daß sie also ein Ereignis ist, über dessen Geschehen wir keinerlei Macht haben. Das ist eine Situation, die so unter allen Wissenschaften nur die Theologie bedroht, und wir befinden uns jetzt innerhalb der theologischen Ethik an dem Punkt, wo diese Situation – sie bestimmt natürlich das Ganze und nicht nur diesen Teil des Ganzen – akut wird, wo es ganz unmöglich wäre, ihrer nicht ausdrücklich zu gedenken. Wir haben in § 4 den Ort bestimmt, wo das Gebot Gottes als *Gebot* zu erkennen ist. Wir haben in § 5 im Anschluß daran zu zeigen versucht, inwiefern es dort als *Gottes* Gebot zu verstehen ist. Soll es ernst gelten mit der Absicht, die Wirklichkeit des Gebotes Gottes zu umschreiben, dann müssen wir jetzt weitergehen und uns zu verständigen suchen über das Ereignis des göttlichen *Gebietens* als solches, über den Akt der göttlichen Inanspruchnahme oder der Heiligung, ohne den alles Reden von Gebot und Gottes Gebot in der Luft stünde. Aber nun ist es doch wohl deutlich, daß wir eben damit erst recht in die Luft zu treten scheinen, als offenbar alles Verstehenwollen dieses Ereignisses zur Voraussetzung hat, daß es wirklich geschieht, dieses sein Geschehen aber sich nimmermehr als ein Faktor deuten läßt, mit dem wir rechnen können, sondern den wir nur als Faktor im wörtlichsten Sinn, d.h. als Täter in unsere Erwägung einbeziehen können. Wird hier wirklich als Abschluß des Bisherigen das entscheidende Wort gesagt und wird hier als Voraussetzung alles Folgenden jene Höhe gewonnen, d.h. verstehen wir das Ereignis der Heiligung als solches, dann kann das – und das eben mußte einleitend festgestellt sein – nicht das Ergebnis einer dialektischen Leistung sein. Alle theologische Dialektik kann, von welcher Seite sie sich auch *diesem* Faktor nähere, grundsätzlich nicht mehr leisten als das, was ebenfalls geleistet wäre, wenn wir uns begnügen würden, den einfachen Hinweis auf den Namen Jesus Christus auszusprechen und uns gefallen zu lassen. Wählen wir den umständlicheren Weg der theologischen Dialektik, so tun wir es nicht, um etwas Wirksameres zu tun, sondern eben um uns ins Bewußtsein zu rufen, daß wir vor dem Faktor stehen, der für sich selber reden muß, wenn nicht Alles umsonst sein soll, was wir leisten können. Weil diese Einsicht offenkundiger wird, wenn wir es uns mit jenem Hinweis schwer, als wenn wir es uns leicht damit machen wollten – und weil diese Einsicht die Theologie nicht nur bedroht, sondern auch begründet, darum müssen wir an dieser Stelle, wo wir zwischen einem einfachsten und einem schwierigeren Weg zu wählen haben, uns (ganz ohne die Prätention, damit etwas Besseres zu leisten) für den letzteren entscheiden.

2.

Ich habe unseren Paragraphen überschrieben: Das Gebot als Gottes *Gericht*. So entspricht es unseren bisherigen Überlegungen. Das Ereignis, auf das sich die ganze theologische Ethik bezieht, Gottes Inanspruchnahme des Menschen, die Heiligung, der Akt der Aufrichtung, Offenbarung und Geltendmachung des göttlichen Gebotes, bedeutet Gottes Gericht. Das ist der Sinn aller ethischen Besinnung, daß wir uns in jedem Augenblick unseres Existierens, also auch in dem nächsten Augenblick, dem unsere Besinnung gilt, durch unser Tun, d. h. durch unser Existieren in diesem Augenblick, welches auch sein konkreter Inhalt sein möge, zu verantworten haben, daß unser Tun, indem es geschieht, gemessen, beurteilt, unter eine ewige Bestimmung gestellt ist. Unser Tun bedeutet in jedem Augenblick Krisis, nicht eine Krisis, die wir *vollziehen,* sondern eine Krisis, in der wir *stehen,* die vom Guten, vom Gebot, von Gott dem Herrn her über uns ergeht. Wir sind auf seine Waage gelegt. Und wir sind immer dadurch, daß wir es *jetzt* sind, aufgerufen zu bedenken, daß wir es alsbald *wieder* sein werden, daß das Leben ein ununterbrochener Durchgang von einem Gewogenwerden zum anderen ist. Eben sofern das heute gehörte Wort Gottes dieser Aufruf ist, gilt: «Dein Wort ist meines Fußes Leuchte und ein Licht auf meinem Wege» [Ps. 119, 105]. Wir haben nicht die Möglichkeit, das Ergebnis dieses Gewogenwerdens vorwegzunehmen, wir haben also nicht die Wahl zwischen dem Guten und dem Bösen. Wir können aber wachen oder schlafen, verantwortlich oder unverantwortlich le-

147

ben. Reifsein ist Alles. Reifsein heißt aber Handeln im Bewußtsein der Verantwortung, die wir eben mit unserem Handeln ablegen. Das ist nicht weniger, sondern mehr als jenes Wählen. Indem wir zur Besinnung kommen darüber, daß wir eben jetzt gewogen *sind* und unser Tun so oder so eine Verantwortung [ist], erkennen wir auch, daß wir gewogen und also verantwortlich sein *werden* im nächsten Augenblick, daß es also Zeit ist, vom Schlaf aufzustehen [vgl. Röm. 13, 11], weil der Sinn dieses nächsten Augenblicks wiederum Gottes Gericht sein wird. Und dieses Ereignis des nächsten Augenblicks ist es, auf das die ganze theologische Ethik, vom Ereignis des gegenwärtigen Augenblicks, von seinem Aufruf ausgehend, hinzielt.

Die erste und grundlegende Feststellung, die wir in bezug auf dieses Ereignis zu machen haben, ist aber offenbar die, daß Gott sich darin *unser annimmt*. Mag es denn sein, daß wir auf seiner Waage als zu leicht erfunden werden, er wird uns aber auf *seine* Waage legen. Mag es denn sein, daß wir, an seinem Maße gemessen nicht bestehen, wir werden aber an *seinem* Maße gemessen werden. Mag es denn sein, daß sein Urteil Verurteilung und Verdammnis bedeutet, er wird auch so etwas eines anderen Urteils Würdiges mindestens von uns erwartet haben. Aufgerufen, uns vor ihm zu verantworten, sind wir grundlegend und primär (und wie auch unsere Verantwortung ausfalle) aufgerufen zu der Erkenntnis, daß er uns in irgendeinem Sinn zu sich rechnet, sich mit uns abgibt, *Gemeinschaft* mit uns hält. Indem wir der Einsicht nicht ausweichen können, daß wir ihn zum Herrn haben, bestätigen wir uns selbst die andere Einsicht, die jener ersten sachlich doch zweifellos überlegene Einsicht, daß er uns in irgendeinem Sinn als die Seinen, als sein Eigentum betrachtet und behandelt. Indem sein Gebot zur Krisis unseres Handelns wird, ist uns von ihm selbst gesagt, daß er – wie *Calvin* (Instit. III. 6. 1) das ausdrückt – mindestens fragt nach einer «Symmetrie und Übereinstimmung» unserer Entscheidung mit seinem eigenen Willen. Man übersieht unter dem Eindruck der Polemik des Römer- und Galaterbriefes gegen den in einer ganz bestimmten dialektischen

Wendung verstandenen Begriff des Gesetzes und wohl noch mehr unter dem Eindruck der Art, wie *Luther* diese Polemik aufgenommen und teilweise in nicht einwandfreier Weise verabsolutiert hat,[1] leicht, daß der Ursprung der Aufrichtung und Offenbarung des Gesetzes doch fraglos *Gott,* und zwar die *Liebe* Gottes ist. Das Gesetz darf nicht mit jener Eindeutigkeit, die bei Luther gelegentlich begegnet, in einer Reihe mit *Teufel, Sünde, Vernunft* oder doch so ohne weiteres in selbstverständlichem Zusammenhang mit dem *Zorne* Gottes verstanden werden.[2] Mag man noch so sehr den Abstand, ja Gegensatz zwischen Gott und Mensch betonen, den die Offenbarung des Gebotes, der Vollzug jener Krisis sichtbar machen, so ist doch vor Allem zu bedenken, daß dieses Ereignis auf alle Fälle Begegnung mit *Gott* bedeutet. Und mag man noch so erschreckt achten auf das Moment des heiligen Zornes Gottes, das diese Begegnung charakterisiert, so will doch vor Allem gesehen sein, daß die Tatsache dieser Begegnung an sich der Erweis der Liebe (der unendlich zürnenden, wird sich dann vielleicht zeigen, aber der *Liebe*) Gottes ist. Indem Gott uns als Gebieter in den Weg tritt, sagt er uns, daß er nicht ohne uns, sondern, wer wir dann auch seien, mit uns, daß er «Gott mit uns», Immanuel sein will. Das ist aber die Liebe und das darf als die Liebe Gottes wahrhaftig nicht mit einem einschränkenden «nur» versehen werden, darum weil dieses Ereignis allerdings auch noch Anderes als dies bedeutet. Dies will vielmehr als Dominante alles Übrigen verstanden sein. Wir hätten die Krisis, in der wir jetzt stehen,

---

[1] nämlich in seiner der Lehre von der Rechtfertigung aufs engste zugeordneten Lehre von Gesetz und Evangelium. K. Barth und vielen seiner Hörer in Münster war diese Lehre noch unmittelbar gegenwärtig: Im Sommersemester 1927 und im Wintersemester 1927/28 hatte er ein Seminar über Luthers Galaterkommentare (1519: WA 2, 436–618; 1535: WA 40, I.II) gehalten.

[2] s. WA 18,677,7; 766,25; WA 39 I,347,27.35; 477,1: «Legis officium est ostendere peccata, affere dolorem et deducere ad inferos»; WA 40 I,395, 20f.; 400,16ff.; 519,35–520,12: «Lex est etiam carcer spiritualis et vere infernus, Quia, cum revelat peccatum, minatur mortem et aeternam iram Dei, homo non potest effugere nec consolationem invenire»; 525,22–25 u. ö.

schlecht erkannt, unsere Besinnung wäre wenig ernsthaft, wenn wir nicht verstehen wollten, daß wir dem entgegengehen, daß wir uns mit unserem Tun dem zu verantworten haben, der uns zu sich rechnet, der uns nicht als Fremde, sondern als Hausgenossen [vgl. Eph. 2,19], als sein Eigentum behandelt, der uns geliebt hat und lieben wird, wie sich auch unsere Begegnung mit ihm gestalten möge. Indem er uns das Gebot gibt, ja durch das Gebot selbst sagt er uns auch, daß er unser Gott sein will, daß wir sein Volk sein sollen [vgl. Lev. 26,12 u.ä.]. Daß wir uns dieses schlechthin Positive sagen lassen, das ist die Voraussetzung alles wirklichen Reifseins. Höre das Gebot! heißt es. Aber wenn dieses Höre! ertönt, dann ist damit schon gesagt, daß Gott sich unser angenommen hat. Es heißt eben nicht: Höre Moab, Midian oder Amalek!, sondern es heißt: Höre Israel [vgl. Deut. 6,4 u.ö.]! Zu Moab, Midian und Amalek wird eben nicht gesagt Höre! Sondern, wo das gesagt wird, da ist Israel, d.h. aber da ist Liebe, Erwählung, Berufung, Bundesschluß, Gnade, Treue und Alles von Gott! Wenn Israel Jahwes *Liebe* und daß er es erwählt aus allen Völkern vergaß und verwarf, wenn es als verlorene Jungfrau hurte mit den Baalim der Heiden, als ob nicht Jahwe sein Mann wäre, der sich ihm verlobt in Ewigkeit (Hos. 2,21), dann vergaß und verwarf es auch die *Gebote*. Gerade das Gehör für die Gebote, ohne das es keinen Gehorsam gibt, gilt der *Liebe* im Gebot, gilt der Erwählung, die das Gebot in seiner Gegebenheit offenbart, gilt dem schlechterdings anfänglichen Ja, das Gott durch das Gebot zu uns spricht. Hören wir dieses gnadenvolle Ja im Gebot nicht, dann hören wir es doch wohl überhaupt nicht. Was ist doch das für eine theologische Herzenshärtigkeit, die im Alten Testament darum eine niederere Religionsstufe sieht, weil es den abstrakten Unterschied von Gesetz und Evangelium in der Tat *nicht* kennt, die es angesichts des Jubels, den u.A. wiederum der 119. Psalm anstimmt über die Gabe des Gesetzes, wagt, mit dem Stichwort Gesetzlichkeit zu operieren, oder die nach demselben Schema in der Gesetzesfreudigkeit Calvins nur einen Rückfall in das

Judentum zu sehen vermag. Wie will man denn eigentlich den Satz *Calvins* widerlegen, daß das Gesetz von Hause aus «gratuitae adoptionis foedere vestita» sei (Instit. II 7,2)? Ist nicht der letzte Sinn des Gebotes, gerade des uns richtenden Gebotes Gottes, seine *Zusage,* die Zusage seines *Bundes* mit uns? Kann man es als Gebot hören, kann man sich unter sein Gericht stellen, ohne diesen seinen letzten Sinn, der doch vielmehr sein erster ist, zu erkennen? Sind wir reif, wissen wir um unsere Verantwortlichkeit, solange wir nicht um unsere Erwählung wissen? –

Daß Gott uns *richtet,* das heißt also vor allem Anderen, daß er uns *liebt.* Wir können nicht umhin, hier zwei Gedanken zu denken: Gericht und Liebe, Gesetz und Evangelium. Aber wir denken in diesen zwei Gedanken, wenn wir sie recht denken, die eine, unnachsprechliche Wahrheit Gottes. Und die Liebe ist vor und über dem Gericht. Das Gesetz ist nur die konkrete Gestalt und Stimme des Evangeliums. Eben als solches hat es dann aber auch Kraft und Würde. Bloß «zwischenhineingekommen» (Röm. 5,20), bloß «Zuchtmeister» (Gal. 3,24) im Sinne der paulinischen Polemik ist das Gesetz nur als das Abstraktum eines «Du sollst», das etwas Anderes wäre als die Gestalt und Stimme eines ursprünglichen «Du darfst», in dem verborgen bliebe, daß Gott vor Allem und zuerst sich selbst an den Menschen und dann und darum den Menschen an sich gebunden hat. Es wäre dann das «Gesetz der Sünde und des Todes» (Röm. 8,2). Es wäre dann als solches noch gar nicht das wirklich als *Gottes* Gesetz gehörte Gesetz. Dieses Gesetz ist erledigt und abgetan, wenn das wirkliche Gesetz sich hören läßt. Aber nicht abgetan, sondern vielmehr «aufgerichtet» (Röm. 3,31), «heilig, gerecht und gut» (Röm. 7,12) steht dann da das «Gesetz des Geistes des Lebens» (Röm. 8,2). Gegebenes Gebot heißt vollzogene Zusage: Zusage, daß Gott sich mir verbunden *hat,* daß ich sein Geliebter *bin.* Vorgängig meiner Entscheidung, *bevor* es in meiner Tat, sofern sie gemessen ist an seinem Willen, wahr geworden ist, daß ich sein Knecht bin, *bevor* auch das Andere wahr geworden ist, daß ich als sein unnützer, untreuer, verräterischer Knecht erfunden bin – vorher, vorher ist Gottes Entscheidung über mich gefallen, und wenn Berge weichen und Hügel hinfallen, so soll doch seine Gnade nicht von mir weichen und der Bund seines Friedens nicht hinfallen [vgl. Jes. 54,10]. Die in der Gegebenheit des Gebotes offenbare Liebe Gottes bedeutet eine Entscheidung *Gottes,* die insofern für die meinige vikariiert, als in ihr, wie sie der letzte Sinn des an mich ergehenden, mich richtenden Gebotes ist, so auch über den letzten Sinn meiner Entscheidung bzw. des Gerichts, in dem ich mit meiner Entscheidung stehe, vorweg verfügt ist. In ihr ist, was auch von meiner Entscheidung zu sagen sei, dem Gebot, unter das ich gestellt und durch das ich gerichtet bin, vorweg *genug* getan, und zwar vollkommen genug getan. Ist Gott für uns, dann kann sein Gebot, auch wenn und indem es uns richtet, nicht wider uns sein. Kraft der Entscheidung seiner Liebe, die in der Gegebenheit des Gebotes offenbar wird, kann ich nicht ein durch dieses Gebot Verdammter sein. In der Entscheidung seiner Liebe ist die «Symmetrie und Übereinstimmung» meiner Entscheidung mit seinem Gebot vorausgesetzt und, was dann auch von ihr zu sagen sein möge, ihr zugesprochen.

In der Entscheidung seiner Liebe habe ich die Gerechtigkeit, die sein Gebot von mir fordert und die vor ihm gilt. Diese in der Gegebenheit des Gebotes stattfindende Offenbarung der Liebe Gottes ist das *Evangelium.* Es ist vom Gesetz nicht zu trennen. Durch das Evangelium erst bekommt das Gesetz Wahrheit und Nachdruck. Ohne das Evangelium habe ich auch das Gesetz nicht gehört als Wort Gottes, als Wort, das mich wirklich bindet. Erst damit erkenne ich ja das Gesetz als Wort, das mich bindet, daß ich es als Gottes Gesetz erkenne. Aber erst damit erkenne ich es als Gottes Gesetz, daß ich Gottes *Liebe* und meine *Erwählung* in ihm erkenne. Und erst damit erkenne ich Gottes Liebe in ihm, daß ich mir sagen lasse – und das sagt eben das Evangelium –: Gottes Liebe ist unbedingte, durch meine Entscheidung nicht bedingte, sondern ihr vorangehende Liebe, Liebe ewiger Erwählung. So, als der unbedingt Geliebte, als der, über den entschieden *ist,* so bin ich aufgerufen, der Entscheidung des nächsten Augenblicks entgegenzugehen, d. h. nun aber: der zu sein, der ich bin, also nicht mehr zu wählen, sondern erwählt zu sein und meine Erwählung zu bewähren, durch *meine* Entscheidung auf alle Fälle die über mich *gefallene* Entscheidung zu vollstrecken, in *meiner* Entscheidung unter allen Umständen kraft der Entscheidung *Gottes,* sein Geliebter zu sein. Was das heißt, darüber wird gleich weiter zu reden sein. –

Dies aber ist das Grundsätzliche, alles Andere Beherrschende und Bedingende, was das Gericht Gottes durch sein Gebot unter allen Umständen bedeutet. Das ist der Kreis, innerhalb dessen sich die Heiligung, die Inanspruchnahme des Menschen durch das Wort Gottes abspielt. Bei Allem, was weiter zu sagen sein wird, ist zu bedenken, daß es nur im Blick auf Gottes Liebe, Treue, Gnade und Erwählung wahr gesagt sein kann. Alles wäre Abstraktion und Verwirrung, was auch nur augenblicklich ein Heraustreten aus diesem Kreis bedeuten würde. –

Ich denke, es wird schon bei der Feststellung dieses ersten grundsätzlichen Punktes klar geworden sein, daß es nicht überflüssig war, im ersten Absatz gerade dieses Paragraphen ausdrücklich daran zu erinnern, auf welchem ungesicherten Weg wir uns gerade jetzt befinden, wo es sich um das Legen der entscheidenden Grundlagen einer theologischen Ethik handelt. Im Gericht Gottes vorgängig aller anderen Bestimmungen die Liebe Gottes erkennen, im Gesetz das Evangelium, das ist entweder ein sinnloses Paradoxon oder aber der Appell an die Wirklichkeit Gottes selbst in seiner Offenbarung in Christus durch den heiligen Geist. Es ist ja klar, daß das nicht der *Vollzug* einer Synthese, sondern nur die Anerkennung einer schon *vollzogenen* Synthese sein kann, wenn wir auf jene unserer Entscheidung prinzipiell vorangehende, für unsere Entscheidung vikariierende Entscheidung der Liebe Gottes rekurrieren. Das ist keine Wahrheit, auf die wir einen Griff haben, die wir aus einer anderen ableiten könnten. Das ist Offenbarungswahrheit, d. h. aber, das ist solche Wahrheit, die streng nur insofern wahr ist, als sie sich offenbart, als sie selbst zu uns redet. Das ist der ewige Ratschluß Gottes und seine Ausführung in der Fleischwerdung seines Wortes und in der Ausgießung seines Geistes. Mit nicht weniger als damit muß sofort gerechnet werden, wenn von der Heiligung recht geredet werden soll. Aber wie kann man damit rechnen? Die theologische Ethik muß mit der Dogmatik und mit der Theologie überhaupt die theoretische Antwort auf diese Frage schuldig bleiben. Sie kann nur antworten damit, daß sie es *tut,* so gründlich und sorgfältig als möglich tut, aber zugleich wissend, daß sie durch nichts gesichert ist als durch die Wirklichkeit Jesu Christi und des heiligen Geistes selber. Sie kann also nur antworten mit der Gegenfrage, ob der Fragende diese Wirklichkeit etwa nicht kennen sollte?

3.

Das uns gegebene Gebot wird in der Weise unser Richter, daß es unwiderleglich und restlos aufdeckt, daß unsere Entscheidung als solche *Übertretung* ist. «Durch das Gesetz» – das ist das erste konkrete Moment der Heiligung – «Erkenntnis der Sünde» (Röm. 3,20). Wir versuchen es, in drei sich ergänzenden Überlegungen, uns das klarzumachen.

a) Wir gehen davon aus, daß wir die Wirklichkeit des Gebotes gefunden haben im *konkreten Einzelgebot.* Eben als solches ist es das Gebot, das uns, indem wir handeln, indem unsere Entscheidung fällt, notwendig und unbedingt verurteilt. Wäre das Gebot statt dessen zu verstehen als eine allgemeine Idee des Gebotenen, deren konkrete Füllung uns selbst überlassen wäre, dann möchte es leicht, dann dürfte es grundsätzlich immer möglich sein, unsere Entscheidung als konform dem Gebot, uns selbst also als gerechtfertigt anzusehen. Denn wenn Füllung und Erfüllung des Gebotes in einer, nämlich in unserer eigenen Hand liegen, wird es dann nicht einfach unvermeidlich sein, daß wir es entweder zum vornherein so füllen, wie wir es nachher erfüllen wollen und können, oder aber, nachdem wir [es] erfüllt haben, wie wir wollten und konnten, nachträglich unsere Füllung des Gebotes korrigieren nach dem Maß unserer Erfüllung? Um den fälschlich an Stelle des Gebotes gesetzten kategorischen Imperativ ebensowohl wie um die der Bibel entnommenen moralischen Allgemeinwahrheiten, wie um die formalen oder materialen moralischen Allgemeinwahrheiten überhaupt versammeln sich darum immer wieder die Gerechten, die der Buße nicht bedürfen [vgl. Luk. 15,7], weil sie sich mit dem Gesetz im Frieden wissen. Sie wissen sich aber darum im Frieden mit dem Gesetz, weil sie darunter eine allgemeine Wahrheit verstehen, die man bejahen kann, wie man bejaht, daß zwei mal zwei vier ist, während sie gerade von dem Punkt an, wo kein solches theoretisches Bejahen, sondern ihr konkretestes Handeln in Betracht käme, ihre eigenen Gesetzgeber werden, die durchaus nicht nach dem Gesetz, sondern wie die Pharisäer und Schriftgelehrten nach ihrer Auslegung des Gesetzes, d. h. aber in concretissimo nach ihrer eigenen Willkür handeln. Daß sie sich bei solcher Identität von Legislative und Exekutive nicht als Übertreter wissen, wie sollte das zu verwundern sein? Mit sich selbst kann man sehr wohl in Frieden sein, und es bedeutet sogar eine ganz unnötige Grillenfängerei, mit sich selbst nicht in Frieden leben zu wollen. Mit Recht berufen sie sich darum auf ihr gutes Gewissen. Das Gewissen kann wohl gut sein, solange es bloß mit sich selbst beschäftigt ist, solange es von dem wirklichen, nicht von uns selbst aufgerichteten, sondern uns gegenüber befestigten Gebot nicht getroffen ist. Dieses wirkliche Gebot ist dann aber, wie wir sahen, gerade nicht eine allgemeine Rahmenforderung, sondern konkretestes Einzelgebot. Die Konkretheit des wirklichen Gebotes verdirbt uns jenes Spiel von Füllung und Erfüllung, in dem wir mit uns selbst allein sind, verdirbt uns aber auch jenes gute Gewissen unweigerlich. Ihm gegenüber bedeutet unser Tun offenbar immer Abweichung, ein Dazu- oder Davontun und also ein anderes Tun als das uns gebotene Tun und also ein Nicht-Tun dessen, was uns geboten ist. Daß wir das, was wir an seiner Stelle tun, in guten Treuen für geboten halten – weil wir es vielleicht

in wirklich wohlgemeinter Auslegung einer moralischen Allgemeinwahrheit tun – daß es uns vielleicht früher einmal geboten
gewesen oder vielleicht später einmal geboten werden könnte, daß
es vielleicht Anderen, vielleicht allen Anderen auch jetzt geboten
ist – alle diese Möglichkeiten ändern nichts daran, daß wir das *uns
jetzt wirklich* Gebotene sicher nicht tun. Es kann in diesem Zusammenhang – für die Frage, wie wir vor dem an uns ergehenden
Gebot dastehen – nicht ins Gewicht fallen, ob wir uns mit dem,
was wir tun, von dem uns Gebotenen weit oder weniger weit
entfernen. Entfernen wir uns gelegentlich *weit* davon, so kann
und soll uns daran nur klar werden, *daß* wir uns von ihm entfernen, was uns vielleicht nicht ebenso klar wird, wenn wir uns,
ohne darum besser zu sein, nur so ein wenig von ihm entfernen.
Es ist furchtbar, zu erwachen mit der Entdeckung, daß man vom
Gebot *weit* abgewichen ist, aber was wir dann wissen, ist dennoch wahrer als das, was wir, in *näherer* Ferne vom Gebot, von
unserer Übereinstimmung mit ihm, vielleicht immer noch meinen
träumen zu dürfen. Messen wir unsere Entscheidung an dem uns
gegebenen wirklichen Gebot, dann sehen wir, daß sie nicht etwa
unvollkommener Gehorsam, sondern wirklich Ungehorsam ist.
Denn unser Tun ist wirklich, unter das Gebot gestellt, Entscheidung. Entscheidung heißt aber: es geht um ein Entweder-
Oder, Alles oder Nichts, nicht um ein mehr oder weniger. Das
hat jener Gebirgspfarrer bei *Björnson* ganz richtig gesehen und
gesagt.[3] Und immer finden wir uns dann als solche, die das, was
sie tun sollten, in kleinerer oder größerer Ferne von dem ihnen
Gebotenen *nicht* getan haben, die, mag ihr Frieden mit sich
selbst noch so groß und ihr Gewissen noch so gut sein, mit
dem Gesetz, d. h. aber mit Gott im Streit stehen. Immer fällt
unsere Entscheidung als solche dahin aus, daß wir ungehorsam
sind.

[3] Die Gestalt des Pastors Bratt in Björnsons Drama *Über die Kraft,* 1. Teil
1883; B. Björnson, Gesammelte Werke in 5 Bänden, hrsg. von J. Elias, Berlin 1921, Bd. 5, S. 3–57.

b) Wir gehen nun davon aus, daß das uns gegebene Gebot *Gottes Gebot* ist. Als solches verurteilt es uns. Dem wäre wiederum nicht so, wenn wir es auffassen könnten als ein Gesetz der Natur- oder Geisteswelt, als die Gewalt unseres Schicksals, vielleicht unseres in den Sternen geschriebenen Schicksals oder als die Gewalt der geschichtlichen Lage oder Bewegung, an der wir teilnehmen. Mit allen diesen Mächten können wir zwar auch zusammenstoßen. Wir können unter ihnen leiden. Wir können an ihnen scheitern. Sie können uns zermalmen. Sie können uns aber nicht ins Unrecht setzen. Sie können uns nicht verurteilen. Denn wir sind ihnen allen letztlich keinen Gehorsam schuldig. Wir können uns auch im Falle des härtesten Zusammenstoßes mit ihnen wie mit uns selbst so auch mit ihnen im tiefsten Grund im Frieden wissen, in einem solchen Frieden sogar, in dem wir ihnen als die Überlegenen gegenüberstehen. Keine von ihnen kann ja das von uns fordern, daß wir sie so sehr als Herrn über uns anerkennen, daß wir aufhörten, uns selbst zu eigen zu sein, daß wir uns nun wirklich unter ihre Führung begäben. Sie wollen respektiert sein, aber doch nur als gewaltige, ja übergewaltige Partner im Spiel unseres Lebens. Der andere Partner bleiben immer wir selbst. Wie sollten wir da nicht, wie schlimm uns immer mitgespielt werde, im letzten Grund ruhig, sicher und fröhlich bleiben können? Das ist ja das Wunderbare an der menschlichen Geschöpflichkeit: So sehr ist der Mensch nach Ps. 8,6 «wenig niedriger gemacht denn Gott», daß er in der Lage ist, weichend, fallend, unterliegend, der unvergleichlich Schwächere im Spiel den Göttern zu trotzen und sich selbst zu behaupten, in der ganzen Welt schließlich, komme was da wolle, gar nichts mehr zu fürchten, auch nicht das Schicksal und auch nicht den Tod. «Si fractus illabatur orbis, impavidum ferient ruinae.»[4] Er kann gegen Alle und Alles – und wenn er gegenüber Allen in Allem schuldig geworden wäre – recht behalten. Der tragische Held triumphiert schließlich, der Welt trotzend, oder

---

[4] Horaz, Oden III,3.7.

was noch schöner ist, die Welt trotz Allem segnend, auch in seinem Untergang. Er ist geradezu der Typus, wahrlich ein respektabler Typus, der aufrechtstehenden eigenen Gerechtigkeit des Menschen. *Nietzsches* Zarathustra und *Goethes* und *Spittelers*[5] Prometheus, wie schon der Prometheus der alten Griechensage, sind Figuren, die die Furcht vor dem Tode und die Furcht vor dem Schicksal in gleicher Weise hinter sich haben – unangeklagte Figuren offenbar, und man muß sich klar machen, daß hinter diesen Figuren gelebtes Leben steht. Warum unangeklagt trotz aller Angefochtenheit? Darum, weil es für sie kein Gebot gibt, das *Gottes* Gebot wäre, dem man sich nicht so entziehen könnte, wie man sich der schärfsten Anklage von der Natur- und Geisteswelt her, wie man sich dem Ansturm des ganzen Kosmos schließlich noch auf dem Scheiterhaufen entziehen kann. Es gibt keine Anfechtung, wenn es keine Sünde gibt. Es gibt aber keine Sünde, wenn es nicht jenseits des Gebotes der Mächte und Gewalten, jenseits der Gesetze der Götter und Dämonen ein Gebot *Gottes* gibt. Gottes Gebot *offenbart* die Sünde. Gottes Gebot *verurteilt* den Menschen. Und zwar darum, weil es den Menschen gerade dort angreift, wo der tragische Held stark und gut ist, weil es den Menschen in seinem Tun immer gerade mit der Forderung überrascht, daß er, statt sich selbst zu behaupten, sich selbst preisgeben müßte. Das Gebot Gottes will, daß wir Gott für einen unbedingten Herrn halten. Das wollen und das tun wir aber nicht. Welches auch unsre Entscheidung sei, sie ist im letzten Grund immer gerade Selbstbehauptung. Selbstbehauptung ist unsere Sinnlichkeit ebensowohl wie unsere Geistigkeit, unser Lieben wie unser Hassen, unser Beten wie unser Fluchen. Wir wollen leben, wir wollen wir selbst sein, wir wollen uns, mit Hilfe Gottes vielleicht, aber unter allen Umständen durchsetzen. Mit diesem unserem eigentlichen und tiefsten Pro-

[5] Vgl. C. Spitteler, *Prometheus und Epimetheus. Ein Gleichnis.* Aarau 1881–1882. Ders., *Prometheus der Dulder,* Jena 1924. Gesammelte Werke in 9 Bänden, hrsg. von G. Bohnenblust, W. Altweg, R. Faesi, Zürich 1945–1958, Bd. 1.

gramm stehen wir in jeder unserer Entscheidungen auch Gott, gerade Gott gegenüber, als ob Gott einer von den Göttern wäre, denen als tragischer Held zu begegnen gewiß eine löbliche Sache ist. Immer verhandeln wir auch mit Gott auf Grund eines vermeintlichen Guthabens. Immer entscheiden wir uns, auch wenn wir uns für das vermeintlich Gute entscheiden, als unsere eigenen Herren. Wir handeln nie und nirgends wirklich gebunden. Eben das ist aber die Übertretung, die Sünde. Der Pharisäer im Tempel, der im Unterschied zum Zöllner Alles recht gemacht hat und der nun Gott dafür dankt, daß er *er* ist und nicht wie diese Anderen [vgl. Luk. 18,11], eben das ist der eigentliche Sünder. Wiederum gibt es Unterschiede. Es ist ja gewiß ein Unterschied, ob man sich bei dieser Selbstbehauptung so ungebärdig und herausfordernd benimmt, ob man so direkt auf den Übermenschen, d.h. auf den Menschgott hinauswill wie etwa *Nietzsche,*[6] oder ob sich derselbe Aufruhr vollzieht in der gemäßigten und vielleicht hochchristlichen Form des im Ganzen gutartigen Musterkindes, des älteren Bruders im Gleichnis [vgl. Luk. 15,25–32]. Nur sollte man sich über die Belanglosigkeit dieses Unterschiedes in diesem Zusammenhang, nämlich bei der Frage: wie wir vor Gottes Gebot dastehen, nicht täuschen, sondern einsehen, daß dort grob, hier fein dasselbe zum Ausbruch kommt: der Ungehorsam. Nicht ist jenes Ungehorsam, dieses aber unvollkommener Gehorsam, sondern Beides ist Ungehorsam. Unser Tun ist ja Entscheidung, und Entscheidung heißt Entweder–Oder. Und unsere Entscheidung als solche fällt zweifellos dahin, daß das, was geschehen sollte, auch im besten Fall gerade *nicht* geschieht.

c) Wir gehen endlich davon aus, daß das Gebot uns nicht gegeben ist ohne die Zusage, daß wir Gottes Erwählte, Bundesgenossen und Geliebte sind. Eben als solche verurteilt es uns. Das ist die freilich widerspruchsvolle Umschreibung des doch noch viel wi-

---

[6] Vgl. *Also sprach Zarathustra. Ein Buch für Alle und Keinen.* 1883–1885. Nietzsche Werke, Kritische Gesamtausgabe, VI. Abt. 1. Bd. Berlin 1968.

derspruchsvolleren Sachverhalts, daß gerade die Offenbarung der Liebe Gottes, als die wir das uns gegebene Gebot letztlich verstehen müssen, uns selbst offenbar macht als solche, die weder Gott lieben noch den Nächsten, dem gegenüber sich unsere Liebe zu Gott in der konkreten Entscheidung bewähren müßte. Wiederum wäre es nicht allzuschwer, unsere Entscheidung für gut und also uns selbst für gerechtfertigt zu halten, wenn dieser letzte Sinn des Gebotes, wenn die Offenbarung der Liebe Gottes nicht zu bedenken wäre. So unheimlich nahe tritt uns Gott, daß er uns liebt, daß er also nicht nur unser Werk, nicht nur unseren Gehorsam, nicht nur uns selbst, sondern uns selbst in unserer eigenen Freiheit, uns selbst nicht nur in unserer geschöpflichen Abhängigkeit, sondern gerade in unserer geschöpflichen Selbständigkeit so haben will, daß er selbst nicht ohne uns sein will. Liebte er uns nicht, bedeutete sein Gebot also nicht die Frage nach unserer Gegenliebe, wären wir bloß Wirkungen einer übermächtigen Ursache oder Sklaven eines gewaltigen Herrn, wären wir nicht als solche Kinder eines ewigen Vaters, wäre die Herrschaft Gottes nicht am herrlichsten darin, daß er dieser Vater ist, ginge es also dem Gebot gegenüber bloß um die faktische Nachachtung, um den Vollzug dieser und jener äußeren oder inneren Handlung oder Haltung, ginge es nicht um Gottes Herz und um unser Herz, warum sollte es dann nicht möglich sein und wirklich werden, daß wir seinem Gebot genügten? Es gibt ja in jener Linie so Vieles, was wir tun können, und was auch von Menschen tatsächlich schon getan worden ist. Es hat Menschen gegeben, die in Nachachtung des Gebotes Hohes und Höchstes und vielleicht ihr Letztes, ihr Leben dargebracht haben. Es geht aber um die (in der Liebe zum Nächsten sich bewährende) *Liebe* zu Gott. Und Lieben heißt in eigener Freiheit nicht ohne den, sondern in Allem mit dem sein wollen, den man liebt, in der gleichen Selbstverständlichkeit, in der man nicht ohne sich selbst sein kann. So liebt uns Gott, so ruft er uns auf, ihn wieder zu lieben. Wir finden uns aber in jeder Entscheidung, in jedem Augenblick unseres Tuns als solche, die ihn nicht wiederlieben. Man bedenke, daß es auch hier kein Mehr oder Weniger geben kann. Liebe ist keine Quantität, sondern eine Qualität, die entweder da oder nicht da ist. Und wann würden wir uns etwa als solche vorfinden, die diese Qualität besitzen, wann nicht vielmehr als solche, die beschämt dastehen in der Erkenntnis, daß sie letztlich gerne ohne Gott und den Nächsten sein möchten, wenn wir nicht noch deutlicher mit Heidelb. Kat. Fr. 5 sagen wollen: als solche, die von Natur geneigt sind, Gott und ihren Nächsten zu hassen?[7] Es geht nicht an, sich dem Gericht dieser Frage dadurch zu entziehen, daß man auf die Haltung und die Handlungen dieser und jener Menschen hinweist, deren eindrucksvolle Selbstlosigkeit, Hingabe- und Opferwilligkeit es doch als ausgeschlossen erscheinen lassen müßten anzunehmen, daß da Gott und der Nächste nicht wirklich geliebt oder gar gehaßt worden seien. Man bedenke, daß es sich hier um die Frage handelt, die wir nicht für Andere und im Blick auf Andere, sondern streng im Blick auf uns selbst zu stellen und zu beantworten haben. Ob wir uns selbst, wenn wir selbst eine von diesen Heiligengestalten wären, wenn wir selbst den Eindruck vollkommener Liebe auf Andere machen würden – ob wir selbst uns dann zusprechen könnten und würden, das Gebot der Liebe auch nur teilweise erfüllt zu haben und also um unseres Liebens willen vor Gott gerechtfertigt dazustehen, das ist die Frage. Die wirklichen Heiligen haben das eben nicht getan, wäre dann doch wohl zu sagen. Erkenntnis des durch das Gebot über uns gesprochenen Urteils heißt immer, heißt auch für die Heiligen, gerade für die Heiligen, Erkenntnis, daß wir Nicht-Liebende sind, daß Gott nicht nur quantitativ, sondern qualitativ anders an uns handelt als wir an ihm, daß uns in seiner Liebe etwas widerfährt, was wir ihm nicht nur teilweise, sondern ganz, nicht nur in unseren schlimmen, sondern auch in unseren guten Stunden schlechterdings schuldig bleiben. Wiederum mag es zwischen den ver-

---

[7] Heidelberger Katechismus 1563, 1. Teil: Von des Menschen Elend, 5. Frage: «Kanstu diss alles vollkomlich halten?» Antwort: «Nein: denn ich bin von natur geneigt Gott und meinen Nechsten zu hassen.» *Bekenntnisschriften und Kirchenordnungen der nach Gottes Wort reformierten Kirche,* hrsg. von W. Niesel, 3. Aufl. Zürich o. J., S. 150.

schiedenen Schuldnern der Liebe Gottes und zwischen unserem Schuldigsein in diesem und jenem Augenblick gewichtige Unterschiede geben. Es gibt aber keine letzten, entscheidenden, und wir sind nie Nicht-Schuldner. Es ist keiner, von dem etwa zu sagen wäre, daß er zwar unvollkommenen Gehorsam, aber immerhin Gehorsam leiste, und es gibt auch keine günstigen Augenblicke, in denen ein Einzelner wenigstens auf ein solches Minimum zu rekurrieren in der Lage wäre. Sondern wieder ist, auch in dieser Betrachtung, unsere Entscheidung als solche Fehlentscheidung, verkehrte Entscheidung. Gerade das ist unsere Heiligung, daß wir uns, *gerade* als Geliebte, als unwürdige Geliebte Gottes vorfinden, als solche, die an Stelle dieser Liebe *Zorn* verdient haben, und was uns in diesem Befund, in dieser Aufdeckung unseres Herzens begegnet, das *ist* auch der Zorn, die *zürnende* Liebe Gottes.

Aber halten wir auch hier einen Augenblick inne, um des grossen erkenntnistheoretischen Vorbehalts zu gedenken, mit dem wir diesen Paragraphen eröffnet haben. Es kann uns ja auch hier nicht entgehen, daß der Weg, den wir hier denkend verfolgen, nicht gesichert ist, wenn er es nicht ist in der Wirklichkeit Jesu Christi und des heiligen Geistes. Wie sollte nicht ernstlichster, vielleicht geradezu leidenschaftlicher Widerspruch denkbar sein gegen Alles hier Gesagte? Ist es denn wahr, daß unser Tun, so weit das Auge reicht, Abweichung von dem uns gegebenen konkreten Gebot bedeutet? Was sollten wir dazu sagen, wenn nun jemand aufstünde, um uns zu versichern, daß er, vielleicht als Kenner und Besitzer geheimnisvoller pneumatischer Wirklichkeiten und Gaben, da und da das ihm gegebene konkrete Gebot erfüllt zu haben oder wohl gar dauernd zu erfüllen und insofern gerechtfertigt dazustehen meine? Weiter: Ist es denn wahr, daß wir, die wir gegenüber Welt, Tod und Schicksal sehr wohl recht behalten können, vor Gott allzeit unrecht haben? Was sollen wir antworten, wenn uns jemand erwidert, daß er von jener Ungebundenheit, von jenem Aufruhr des Menschen gegen Gott letztlich, in seines Wesens bestem Teil wenigstens, nichts wisse, wohl aber von einem tiefsten Grunde seiner Natur, in welchem er mit Gott allzeit in tiefstem Frieden sich befinde, in welchem er Gott die Ehre gebe, die ihm gebühre, und also auch vor Gott sich gerechtfertigt wisse? Weiter: Ist es denn wahr, und ist es nicht eine menschenunfreundliche Übertreibung, wenn wir sagten, daß es zu der gerade durch den tiefsten Sinn des Gebotes geforderten Liebe zu Gott und zum Nächsten unserseits nie und nimmer komme, daß wir uns, unter das Gebot gestellt, auf der ganzen Linie als Nicht-Liebende und also durch das Gebot verurteilt erkennen müßten? Was sollen wir antworten, wenn uns jemand mit jenem gewissen freundlich-siegreichen Lächeln des Weltkindes oder vielleicht gerade des Christen mitteilt: So schlimm sei er eben nicht dran, er, er liebe Gott und den Nächsten und müße es bedauern, wenn wir das nicht von uns sagen könnten? Und über diesen allgemeinen Widerspruch hinaus: Was ist zu sagen, wenn jemand das geltendgemachte Entweder-Oder, die Alternative Gehorsam oder Ungehorsam ablehnt und uns belehren will, daß es in der milden Mitte zwischen beiden eben doch so etwas wie einen unvollkommenen Gehorsam gebe, daß also die relativen Unterschiede der Abweichung, die wir ja auch nicht geleugnet haben, von der anderen Seite gesehen, zugleich relative Stufen von Vollkommenheit bedeuteten, deren höhere Hälfte von dem Satz: «Durch das Gesetz Erkenntnis der Sünde» [Röm. 3,20] dann doch wohl nicht mehr erreicht würde?|

Es liegt nun nahe, solche Widersprecher, die wir wirklich nicht etwa nur von der katholischen Seite her zu gewärtigen haben, ein wenig zornig mit dem anselmischen: «Tu non consideravisti, quanti ponderis sit peccatum!» anzufahren.[8] Scheint es nicht offenkundig, daß hier der Schlaf des allzu Gerechten geschlafen wird? Wäre es solchen Widersprechern nicht von Nöten, endlich zu erwachen und einzusehen und zuzugeben, wie sie in Wirklichkeit auch dran sind, daß sie sich spätestens in ihrer Sterbestunde ihrer vermeintlichen Gesetzeserfüllung nicht mehr werden trösten können? Nun, vielleicht gelingt es, solche Schläfer durch einen kräftigen Zuruf wirklich zu wecken, aber doch sicher nur dann, wenn

---

[8] Anselm von Canterbury, *Cur Deus homo,* cap. XXI, Lateinisch-deutsche Ausgabe, München 1956, S. 75.

unser Zuruf nicht etwa selber bloß der Exponent eines umgekehrten Pharisäismus, des Pharisäismus der Zöllner, des Pharisäismus der Schächerhaftigkeit ist, sondern ein Zeugnis von der Majestät des göttlichen Gebotes, zu dem Gott selbst sein Amen gibt. Weiß man das, dann wird man aber mit dem Vorwurf des mangelnden Sündenernstes Anderen gegenüber ebenso zurückhaltend sein wie mit allen Vorwürfen. Aber noch mehr: man wird sich dann klar machen: der Satz, daß wir allzumal und allewege Sünder sind [vgl. Röm. 3,23], kann weder mit emotionalen noch mit rationalen Mitteln siegreich behauptet und zur Evidenz gebracht werden. Er kann genauso wie der Satz, daß das Gebot Gottes Liebe zu uns bekundet, niemandem aufgedrängt werden, sondern er kann nur ein Appell sein an die Wirklichkeit des göttlichen Wortes selbst und an das testimonium spiritus sancti internum, an die Wirklichkeit, die sich, wo sie erkannt wird, *selber* bezeugt. *Calvin* hat diesen Satz einmal in der fast unerträglich scharfen Formel ausgedrückt: «nullum unquam exstitisse pii hominis opus, quod, si severo Dei judicio examinaretur, non esset damnabile» (Instit. III, 14,11). Aber gerade in dieser Formel wird man zu beachten haben nicht nur das vorsichtige «si examinaretur», sondern auch, daß es bei diesem judicium um das judicium Dei geht. Der Satz spricht also wohl Wahrheit, aber nicht allgemeine, sondern höchst besondere Wahrheit aus, Wahrheit, die nur einsichtig wird, wenn eben jener Fall gegeben ist. Jener Fall kann aber offenbar weder durch Zureden noch durch Überreden geschaffen werden, wie sich auch niemand selbst in diesen Fall setzen kann, daß sein opus nun wirklich an dem severum judicium Dei gemessen wird. Dieser Fall tritt eben ein, wenn dieses judicium ergeht. Dann erkennt freilich der Mensch, auch und gerade der fromme Mensch, sein opus als damnabile, dann kann er, nachdem er sein eigen Angesicht im Spiegel beschaut (Jak. 1,23 f.), nicht mehr davon gehen und vergessen, was er gesehen hat, dann weiß er, daß er erledigt ist. Er hat sich dann aber dieses Wissen so wenig genommen und erworben, wie das Wissen um die Liebe Gottes und um seine Erwählung. Es beruht so wenig wie dieses auf seiner tiefen Erfahrung und auf seinem großen Ernst, und es kann so wenig wie dieses Gegenstand eines Besitzes und Sache einer Gewohnheit werden. Er weiß, weil und sofern er unter der väterlichen *Zucht* Gottes steht. Zucht aber ist Offenbarung. Und Offenbarung ist Gottestat. Was wir aber nur durch Offenbarung wissen können, das ist nicht geeignet, von uns dazu verwendet zu werden, Anderen, und wären es die törichtesten, uneinsichtigsten Widersprecher, den Mund zu stopfen. Es entzieht sich unweigerlich diesem Gebrauch. Wer den Satz wirklich versteht, daß Alle abgewichen sind, Alle untüchtig [Röm. 3, 12], daß das Volk Gottes allzeit das Volk der Verlorenen ist, der wird sich vor jenem umgekehrten Pharisäismus fast noch sorgfältiger in acht nehmen als vor dem gewöhnlichen; der weiß, daß er diese Einsicht nicht aus sich selber hat und daß er also auch nicht selber mit ihr triumphieren kann. Wie könnte man gerade diesen Satz anders aussprechen als in dem Bewußtsein von der großen Gefährdetheit, in der jeder wirklich theologische Satz gesagt ist? Es könnte ja auch immer so sein, daß jene Einsicht, menschlichen Augen und Ohren verborgen, viel realer da vorhanden wäre, wo jener fatale Widerspruch erhoben wird, als da, wo der Satz von des Menschen Elend vielleicht allzu selbstverständlich bejaht wird, als daß dies wirklich aus der Zucht des heiligen Geistes geschähe. Gerade wie das Wissen um die Liebe Gottes viel realer da vorhanden sein kann, wo der Satz, der von ihr redet, vielleicht angezweifelt, ja bestritten ist, als anderswo, wo man ihn ausspricht, als ob man seinen Inhalt in der Tasche hätte und damit das Bedenken erweckt, ob man ihn nicht *mehr* sich selber gesagt habe, als daß man ihn sich hätte sagen lassen. So gewiß das Gebot selbst Gnade ist, so gewiß ist es Gnade, wenn Gott durch das Gebot unser ganzes Entscheiden und Tun aufdeckt als Übertretung des Gebotes. Und so gewiß eben die Erkenntnis der Sünde durch das Gebot das Gotteswerk der Heiligung ist, so gewiß ist sie unserem Zugriff entzogen, ist sie ein Akt unseres mit Christus in Gott *verborgenen* Lebens [vgl. Kol. 3,3]. Wir würden uns der Wahrheit entziehen, wenn wir uns dem Vorbehalt, unter dem wir auch in dieser Hinsicht allein reden können, entziehen wollten.

165

4.

Indem meine Entscheidung in Gottes Gericht kommt, ist sie – als meine Entscheidung – verurteilt. Sie ist als meine Entscheidung, gemessen an Gottes Gebot, Abfall, Verrat und Empörung. Ich tue vor Gott nicht das Gute, sondern – ein Drittes gibt es nicht – das Böse. Aber damit, daß *meine* Entscheidung in *Gottes* Gericht kommt, indem, was *ich* tue, vor *Gott* getan ist, ist gerade dieses «mein» und «ich» in der grundsätzlichsten Weise in Frage gestellt. Sicher ist sie *meine* Entscheidung, sicher bin *ich* es, der hier tut, aber daß diese meine Entscheidung, dieses mein Tun ein letztes Wort sei, eine endgültige Situation schaffe, daß *ich* eine *ewige* Wahl zu treffen in der Lage sei, das ist dadurch, daß ich in *Gottes* Gericht komme, daß mein Tun vor *ihm* getan ist, in Abrede gestellt. Sicher offenbart mir das Gebot Gottes, was ich von meiner Entscheidung zu halten, wie ich mich selbst zu verstehen habe, und als *Selbst*erkenntnis ist das, was es mir offenbart: daß ich ein Übertreter bin, *die* Wahrheit, hinter der oder über der es keine höhere oder tiefere Wahrheit gibt, keine Selbsterkenntnis, in der ich mich selbst nun doch auch noch als etwas Besseres denn als einen Übertreter vorfände. Aber daß meine *Selbst*erkenntnis, mein Befinden über mich selbst die Wahrheit meiner Existenz nun etwa erschöpfe, das ist durch dasselbe Gebot, weil es Gottes Gebot ist, verneint. Daß ich bei meiner Selbsterkenntnis, und geschähe sie in jener letzten durch das Gebot geschaffenen Klarheit, stehen bleibe, daß ich mir nicht mehr über mich selbst sagen lasse, als ich mir, belehrt durch Gottes Gebot, selber sagen kann und muß, das ist mir durch dasselbe Gebot, weil es Gottes Gebot ist, geradezu verboten. Laut der Offenbarung des Gebotes stehe ich in *Gottes* Gericht, ist was ich tue, vor *ihm* getan. Damit ist mir aber gesagt, daß er durch seine Entscheidung, durch sein Tun das letzte Wort spricht, die endgültige Situation schafft, daß ich grundsätzlich über meine Selbsterkenntnis hinaus von *ihm* erkannt bin, grundsätzlich *anders,* als ich mich selbst erkenne. Insofern grundsätzlich anders, als Gott mich ja, auch in meinem Abfall, in meinem Verrat, in meiner Empörung anschaut, der, er weiß wohl warum, sich selbst von Ewigkeit her mir verbunden hat, anschaut in der Eigenschaft, in der ich sein Erwählter, Geliebter, Begnadigter bin. Seine Entscheidung, sein Tun ist das freie Wohlgefallen, das er an mir gefunden, indem er mich in Christus als dem zweiten gehorsamen Adam anschaut, indem er Christi Gerechtigkeit mir zurechnet als meine eigene Gerechtigkeit. In dieser seiner Entscheidung, kraft dieses freien göttlichen Wohlgefallens habe ich die Eigenschaft, in der ich in meiner ganzen Unwürdigkeit würdig bin, sein Erwählter, Geliebter, Begnadigter zu sein. *Bevor* ich das Verkehrte erwählte, supra lapsum, war ich in Christus erwählt. *Bevor* ich nicht liebte, war ich in Christus geliebt. *Bevor* mein Ungenügen an den Tag kam, war durch Christus vollkommen für mich genug getan. Gottes Treue wird durch meine Untreue nicht aufgehoben [vgl. Röm. 3,3]. Offenbart das Gebot Gottes meine Untreue, so offenbart dasselbe Gebot, wenn ich es höre als Gottes Gebot, Gottes Treue. Eben das ist es, was ich mir, über alle Selbsterkenntnis, auch über alle durch das Gebot erleuchtete Selbsterkenntnis hinaus sagen lassen soll durch das Gebot, durch die lex, sofern sie gratuitae adoptionis foedere vestita ist, oder durch das vom wirklich gegebenen Gesetz nicht zu trennende Evangelium: eben dies, daß Gott mir treu war, ist und sein wird, daß Gott den Kosmos mit sich selber versöhnt hat [vgl. 2. Kor. 5,19]. Es muß aber dabei bleiben: Gott erkennt mich so – und ich habe mir sagen zu lassen, daß Gott mich so erkennt, wie ich selbst mich nie und nimmer und in keiner Fortsetzung, Verlängerung oder Vertiefung meiner Selbsterkenntnis erkenne. In meiner Selbsterkenntnis als solcher soll ich vielmehr stehenbleiben in der Wahrheit, die im Umkreis der *Selbst*erkenntnis *die* Wahrheit, die Wahrheit Gottes ist. In diesem Umkreis werde ich mich vergeblich nach einer Eigenschaft umsehen, in der ich würdig wäre, Gottes Erwählter, Geliebter und Begnadigter zu sein. *Meines* Wissens wird meine Entscheidung, meine Existenz nie und nimmer Gott wohlgefällig sein. Darf und soll ich wissen, daß Gott mich erwählt hat, so kann ich den Grund dieses seines Tuns angesichts dessen, was ich durch sein Gebot über mich selbst weiß, immer nur als ein Wunder, als reine Barmherzigkeit verstehen.

Es ist also nicht so, daß ich mich je so *erkennte, wie* ich durch Gott erkannt bin – dieses Erkennen wird 1. Kor. 13,12 ausdrücklich als eine eschatologische Wirklichkeit gekennzeichnet –, sondern es ist so, daß ich zu *hören* und mir *sagen* zu lassen habe: so erkennt mich Gott, ohne daß ich in die Lage käme, einen entsprechenden Befund meiner Selbsterkenntnis zum Zeugen dafür anzurufen. Diese Erkenntnis meiner selbst nun, die exklusiv *Gottes* Erkenntnis meiner selbst ist, die sich also in keiner Weise in Selbsterkenntnis übersetzen und auflösen läßt, durch die die Wahrheit meiner durch sein Gebot erleuchteten Selbsterkenntnis nicht umgestoßen wird, in der diese meine Selbsterkenntnis vielmehr eingeschlossen und bekräftigt ist – sie ist meine *Rechtfertigung* im Gericht seines Gebotes. Sie ist *Gottes* Erkenntnis meiner selbst, in der meine durch sein Gebot erleuchtete Selbsterkenntnis unberührt, ungebrochen, unverändert in sich selbst, heilig, gerecht und gut in ihrer verurteilenden, ja verdammenden Kraft durchaus bestätigt wird, aus der mir also keine Möglichkeit einer Selbstrechtfertigung erwächst, in der vielmehr jede solche Möglichkeit erst endgültig zerschlagen wird. Denn angesichts dessen, daß *Gott* uns rechtfertigt, stehen wir da als die Ungerechtfertigten durch sich selbst, als die, die sich selbst nicht rechtfertigen können. Göttliche Rechtfertigung heißt als solche *justitia aliena* oder forensis und nicht, unter keinen Umständen justitia propria oder domestica. Das ist meine Rechtfertigung im Gericht: daß *Gott* mich besser kennt, als ich mich selbst kenne. Wohlverstanden: nicht, als ob ich selbst mich auch noch besser kenne als so, wie ich mich, in das Licht seines Gebotes gestellt, vorfinde, nicht, als ob ich über diesen Befund hinaus doch auch noch Tröstlicheres, Befriedigenderes, Ermutigenderes über mich zu sagen wüßte, als daß ich ein Übertreter bin. Nicht, als ob ich irgendwie und irgendeinmal in die Lage käme, das Urteil über meine Entscheidung und damit über meine Existenz, das mir durch Gottes Gebot auferlegt ist, umzubiegen in ein mich freisprechendes Urteil. Es geht darum und wird immer nur darum gehen, daß *Gott* mich besser kennt, als ich mich selber kenne. Indem ich mir das sagen lasse, bin ich gerechtfertigt. Meine Rechtfertigung kann und darf, wenn sie meine wirkliche Rechtfertigung ist, nichts zu tun haben mit Selbstrechtfertigung, auch nicht auf ihrer sublimsten Spitze. Selbstrechtfertigung würde auch in der feinsten Form bedeuten, daß ich mich dem mir durch das Gebot auferlegten Urteil über meine Entscheidung, damit aber dem Gebot selbst und damit der Stimme Gottes entziehen würde. Gerechtfertigt bin ich hörend auf Gottes Stimme, nicht behauptend mit meiner eigenen Stimme. Alles, was ich behaupte mit meiner Stimme, ist entweder die Beteuerung einer illusionären, vermeintlich besseren, günstigeren Selbsterkenntnis oder aber – «nun wir denn sind gerecht geworden» Röm. 5,1 – Zeugnis von der exklusiv durch Gottes Stimme gehörten, exklusiv Gott eigenen Erkenntnis meiner selbst. Nicht δίκαιοι lautet ja jene paulinische Assertion, sondern δικαιωθέντες, und die Fortsetzung heißt: «aus Glauben», womit die Wirklichkeit wie die Erkenntnis der Rechtfertigung in gleicher Exklusivität *Gott* zugeschrieben wird, dem Menschen aber eben nur in Form der im Glauben stattfindenden Anerkenntnis eben dieser ausschließlichen Gotteswirklichkeit und Gotteserkenntnis. |

Keine logische Schwierigkeit darf uns irremachen daran, daß diese Anerkenntnis der Erkenntnis Gottes keine Selbsterkenntnis involviert, keinen Rückschluß auf mich selbst als das im Glauben erkennende Subjekt und also keine Veränderung des Ergebnisses meiner Selbsterkenntnis bedeuten kann. Das ist eben der *Glaube:* diejenige Apperzeption, bei der die menschliche Rezeptivität schlechterdings im Hören und Gehorchen gegenüber der göttlichen Spontaneität besteht, in einem solchen Hören und Gehorchen, das für sich selbst wohl menschliche, aber keine der göttlichen korrelate Spontaneität in Anspruch nimmt. Das ist das Evangelium, ohne welches auch das Gesetz gar nicht wirklich als das Gesetz Gottes zu uns käme, das ist der Gegenstand und Inhalt des Glaubens, ohne den es auch keinen Gehorsam gibt: daß meine Sünde, d.h. meine durch das Gesetz als verkehrt erwiesene Entscheidung, *vergebene* Sünde ist. Was heißt vergebene Sünde? Eben nicht: übersehene, vergessene, durch das Gebot nicht mehr angeklagte Sünde, also gerade nicht: Sünde, die in meiner Selbsterkenntnis nun etwa gar nicht mehr Sünde wäre, um deren willen ich nun nicht mehr im Staub und in der Asche vor Gott Buße zu tun hätte. Wohl aber Sünde, verkehrte Entscheidung, in der mich Gott, so wie ich nun bin und in meiner Selbsterkenntnis dran bin, nicht fallenläßt, sondern vielmehr annimmt, für deren Verkehrtheit seine Entscheidung, gutmachend, was ich böse machte, eintritt. Also böses Werk, Werk das ich selber, erleuchtet durch sein Gebot, immer als böse werde erkennen müssen, das ich mich hüten soll, in ein gutes Werk umzudeuten – das aber vor ihm kraft seines überlegenen, nicht willkürlichen, sondern gerechten, aber auch freien Wohlgefallens gut ist, das in seinen Augen, weil er mich nämlich nicht in Adam, sondern in Christus anschaut, geschehen ist in jener «Symmetrie und Übereinstimmung» mit seinem Willen, die ich selbst vor seinem Angesicht nur in Abrede stellen – um die ich schlechterdings nur – Vergib uns unsere Schulden [Mt. 6,12]! – *beten* kann. Das heißt um Christi willen vergebene Sünde: Sünde, die unter dem Gericht, und zwar unter dem Zorngericht Gottes steht, die nun aber als solche, als die verkehrte Entscheidung, als die sie mir vor Augen gestellt ist und bleibt, nicht um meinet-, sondern um Gottes willen angenommen ist als Gehorsam und Gerechtigkeit. Das heißt Rechtfertigung.|

Ich selbst kann und darf mich selbst und mein Tun nimmermehr sehen in dieser göttlichen Neuprädikation. Ich kann und darf die Rechtfertigung meines bösen Tuns nur in Christus sehen, als justitia aliena, nicht als justitia propria. D.h. aber ich kann und darf sie als *meine* Rechtfertigung nur *glauben*. Glauben heißt sich selbst so sehen, wie man sich nur sieht, indem man gerade von sich selbst wegsieht auf Christus, auf Gottes geoffenbartes Wort in seiner Ganzheit, in der es Gesetz *und* Evangelium ist. Wohlverstanden: ohne dann etwa doch wieder zurückzublicken wie Lots Weib [vgl. Gen. 19,26], zurück auf sich selbst. Da ist nur eine brennende und verbrennende Stadt zu sehen, und darüber kann man nur zur Salzsäule werden. Ich habe also meine Rechtfertigung nicht so, wie ich mich selbst habe, sondern so, wie ich Gott, konkret: wie ich Christus habe durch sein Wort und seinen Geist, d.h. aber wie Gott mich hat, wie er sich mir schenkt, wie er sich mir offenbart, wie er in freier majestätischer Enthüllung und Herablassung mein Gott ist. Ich habe meine Rechtfertigung als *Gnade,* unsichtbar, verborgen, immer in Gottes Wohlgefallen begründet, immer durch seinen Entscheid zu mir kommend und für mich in Kraft tretend. Hätte ich sie sichtbar, wie ich mich selbst habe, könnte ich auf mein Werk die Hand legen: da, da gutes Werk, Werk, das ich getan und dessen Güte als solche meine Güte ist, dann wäre offenbar auch die Ehre meiner Rechtfertigung mindestens Gottes *und* meine eigene Ehre. Die Ehre *der* Rechtfertigung, die ich nur durch den Glauben, als unsichtbare Gnade, trotz meines bösen Werkes habe, die Ehre der justificatio forensis, ist offenbar allein Gottes Ehre. Das Gebot kommt aber zu mir als die Offenbarung dessen, der allein die Ehre haben will. Darum ist der Glaube an die Vergebung der Sünde, an die Rechtfertigung, mein Ja zu der Güte Gottes unter völligem Absehen von aller vergangenen, gegenwärtigen und zukünftigen eigenen Güte. Also auch unter völligem Absehen von der eigenen Güte meines Glaubensaktes. Ich werde also in der menschlichen Spontaneität dieses Aktes nicht etwa das Korrelat zu dem, was Gott an mir tut, nicht etwa ein meritum sehen. Glaube ist ja die Unterwerfung unter das mir auferlegte Urteil über mein Tun, das meiner Selbsterkenntnis letztes Wort ist, und das auch das Tun meines Glaubens umfaßt. Es ist nicht so, als ob nun etwa mein Glaube das mir fehlende gute Werk, die endlich zustande gekommene reine Tat meines Gehorsams wäre. Ich weiß auch von meinem Glauben nichts Anderes und Besseres, als ich von meinem sonstigen Tun weiß. Unser Glaube ist als Akt unserer eigenen Spontaneität notorisch immer verflochten in die Verkehrtheit unserer Entscheidung. Ich kann auch daran, daß mein Glaube angenommen ist als der rechte Glaube nur – glauben, wie man eben an das Wunder der göttlichen Barmherzigkeit glaubt. Oder wie sollte uns das je etwas Anderes sein als ein Wunder, daß es wahr ist, daß wir durch den schwachen, kindischen, unaufrichtigen, teilweisen Glauben, den wir in uns vorfinden, Vergebung der Sünden und Rechtfertigung haben? Ich bin durch meinen Glauben insofern gerechtfertigt, als in der Finsternis meines Herzens, als die ich doch wohl auch meinen Glauben zu begreifen habe, Christus wohnt und thront, sofern in ihm das Werk Gottes, die Tat des heiligen Geistes geschieht. Insofern bin ich dann aber auch wirklich gerechtfertigt, und gerechtfertigt muß dann heißen: wider all mein Wissen um mich selbst, und indem ich mich selbst nur als Verklagten und Verurteilten erkennen kann, ein Täter des Wortes. Denn darin betätige ich das an mich ergehende Wort Gottes in der Entscheidung meines Tuns, daß ich Gott recht gebe gegen mich selbst und mein Tun, mich daran halte, daß dieser mir in seinem Gebot durchaus entgegentretende Gott mich in meiner ganzen Ungerechtigkeit so wenig fahrenläßt wie ein Vater sein Kind, mich vielmehr in meiner ganzen Ungerechtigkeit zu sich rechnet, und daß ich in Beidem: in jenem Gott-recht-Geben und in diesem Mich-halten-an-ihn noch einmal nicht meine, sondern seine Güte bejahe. So ist mein Tun, ist meine Entscheidung das Tun seines Willens.

Es ist vielleicht nicht überflüssig, zur Bekräftigung dieser Rekapitulation der Rechtfertigungslehre einige weit auseinanderliegende und in keinem geschichtlichen Zusammenhang zueinander stehende Stimmen der christlichen Kirche zu Worte kommen zu lassen. Zuerst zwei russisch-orthodoxe Theologen. Konstantin *Aksakow* († 1860): «Jeder Christ ist sündhaft als Mensch, aber sein Weg als der eines Christen ist der richtige», und Alexei *Chomjakow* († 1860): Indem die Kirche «ihrer innigen Einigung mit dem heiligen Geist sich bewußt ist, dankt sie für alles Gute Gott, der das einzige Gute ist, schreibt sich selbst und dem Menschen nichts Anderes zu als das Böse, welches in ihm dem göttlichen Werk widerstrebt, denn der Mensch soll schwach sein, auf daß Gott stark sei in seiner Seele» (Östl. Chrt. I 93 und

168).⁹ Und dazu nun *Luther:* «Aus Barmherzigkeit und Gnade Gottes, nicht aus ihrer Natur, sind die Werke ohne Schuld, vergeben und gut um des Glaubens willen, der sich auf dieselbe Barmherzigkeit verläßt. Also müssen wir der Werke halber uns fürchten, aber der Gnade Gottes halber trösten» (E. A. 20,211).¹⁰ Es ist wohl kein Zufall, daß ich gerade an dieser Stelle unseres Wegs das Bedürfnis hatte, zu zitieren, d. h. zu bekennen, daß ich mich nicht allein, sondern nur im Konsensus mit der christlichen Kirche dahin stellen möchte, wohin wir uns eben gestellt haben. Wenn irgendwo, so ist es ja hier angebracht, wiederum den großen Vorbehalt anzubringen, unter dem man die Lehre von der Heiligung allein vortragen und hören kann, d. h. die Erinnerung daran, daß wir mit dieser Lehre appellieren an diejenige schlechthin einzigartige Instanz, die wir in der Überschrift dieses unseres ersten Kapitels bezeichnet haben als «die Wirklichkeit des göttlichen Gebotes». Sie muß selber sprechen, wenn von uns hier recht gesprochen sein soll. Spräche sie nicht selbst, so könnte unser eifrigstes Bemühen, hier recht zu sprechen, es nicht weiter bringen als bis zu einem Gebilde schwächer als das schwächste Kartenhaus. Noch kühner als da, [wo] wir von der ursprünglichen erwählenden Liebe Gottes und dann von der göttlichen Aufdeckung der menschlichen Übertretung sprachen, mußten wir ja hier die unsere gerechte Verurteilung nicht aufhebende, aber einklammernde Barmherzigkeit Gottes, die stellvertretende Genugtuung Christi, seine uns zugerechnete Gerechtigkeit voraussetzen, mußten rechnen mit dem Glauben, der zugleich jene Verurteilung ganz ernst nimmt und ja sagt zu der ihm zugesprochenen fremden Gerechtigkeit Christi, rechnen mit unserem eigenen Glauben, in dem wir doch niemals an uns selbst, immer nur gegen

---

⁹ *Östliches Christentum.* Dokumente I Politik. In Verbindung mit N. v. Bubnoff hrsg. von H. Ehrenberg, München o. J., S. 93 und 168. Konstantin Aksakow (1817–1860) und Alexei Chomjakow (1804–1860) gehören mit Iwan Kirejewski (1806–1856) zu den Häuptern der Slawophilen. «Kirejewski ist der Philosoph, Aksakow der Politiker, Chomjakow der Theologe.» S. 373.
¹⁰ = WA 6,216 (Von den guten Werken, 1520).

uns selbst glauben können. Rechnen mit dem Wort und mit dem Geist Gottes, das heißt aber – und das gilt eben hier in besonders prägnanter Weise – rechnen mit der Gnade, heißt also, denn was sollte unsererseits der Gnade gegenüber in Betracht kommen, *beten*. Das Wort ist Gottes Wort, der ewige fleischgewordene, aber darum nicht in unsere Macht gegebene Logos. Und der Geist ist Gottes Geist, welcher weht, wo er will [vgl. Joh. 3,8], und nicht, wo wir wollen. Und der Glaube, der, wenn es um das Hören des Evangeliums im Gebot geht, gleichsam den Schlüssel zum Ganzen zu bieten scheint, der Glaube ist nicht jedermanns Ding [vgl. 2. Thess. 3,2]: nicht nur darum, weil er auch als jenes unser eigenes schwaches, gebrechliches Tun, das größte und schwerste Werk unter allen ist, weil er, von außen gesehen, immer wieder als der geradezu absurde Griff nach dem Unmöglichen sich darstellt – sondern auch und noch viel mehr darum, weil er als wirklich rechtfertigender Glaube nicht mehr und nicht weniger ist als das Alles entscheidende Ereignis der Liebe Gottes, die er niemand schuldig ist, ⌜weil durch ihn⌝ Christus in uns ⌜ist⌝ im paulinischen Sinne dieses Begriffs.|

Wir können bedenken und wir bedenken, daß uns die Gnade zugesagt ist, daß wir keiner Künste und keiner Umwege bedürfen, um ihrer teilhaftig zu sein und also Alles als Wahrheit zu sagen und zu hören, was wir eben gesagt und gehört haben. Aber eben um *Gnade* geht es, und wenn es ganz unsinnig wäre, uns nach komplizierten Mitteln umzusehen, um ihrer habhaft zu werden, so ist damit nicht etwa gesagt, daß wir nur gewisse einfache Mittel anzuwenden brauchten, sondern, daß hier überhaupt keine Mittel in unserer Hand in Betracht kommen, daß sie reines Geschenk ist, das als solches in der vollen Freiheit des Gebers zu uns kommt.

Wir können ferner bedenken und wir bedenken, daß wir nicht allein sind, wenn wir es wagen, mit dem Wort und mit dem Geist Gottes als den Wahrheitszeugen für das Gesagte und Gehörte zu rechnen, daß wir uns, indem wir das wagen, in die Reihe der christlichen *Kirche* stellen, die nichts Anderes ist als die Gemeinde der gerechtfertigten, in Christus gerechtfertigten Sünder, in der wir solches nicht in unserem eigenen Namen, sondern auf Geheiß und unter der Verheißung wagen. Aber eben die christliche Kirche ist nun doch der Ort, wo es auf alle Fälle gewagt werden muß – Wagnis bleibt Wagnis, auch wenn es im Gehorsam unternommen wird –, dem Aufruf: Glaube an den Herrn Jesus Christus! [vgl. Act. 16,31] Folge zu leisten. Die christliche Kirche kann uns nicht garantieren, was hier offenbar garantiert sein müßte: die heiligende Wirklichkeit des göttlichen Gebotes selber. Auch in der christlichen Kirche kann keiner für den anderen glauben, keiner den anderen sicher vorübergeleiten an dem finsteren Abgrund des Ärgernisses, des Unglaubens und Ungehorsams, der Verzweiflung, die das Evangelium nicht hört, sondern nur ein Gesetz, das dann, ohne das Evangelium gehört, sicher nicht einmal das wirkliche, das göttliche Gesetz ist, der Verzweiflung, die dann immer auch das Kennzeichen unserer Verwerfung sein könnte, weil Gott es Keinem, weil Gott es uns nie schuldig ist, uns zu erwählen, statt uns zu verwerfen. Auch in der Kirche kann uns nur der Herr der Kirche selig und sehend machen. Gerade in der Kirche weiß man, daß man im letzten Grund, auf den Alles ankommt, nur an den Herrn und nicht etwa an die Kirche appellieren kann.|

Und wir können bedenken und wir bedenken wohl, daß wir, indem wir mit dem Wort und mit dem Geist Gottes rechnen, nichts Anderes tun, als daß wir ernst machen mit unserer *Taufe* als mit dem Verheißungszeichen, das einem jeden von uns persönlich und wahrlich auch als Verheißungszeichen für sein Denken, also auch mit erkenntnistheoretischer Bedeutsamkeit gegeben ist. Das ist die Gabe der Taufe in dieser Hinsicht: daß ich mich als einer wissen darf und soll, zu dessen Existenz es gehört, welches auch seine Erfahrungen, welches auch die Ergebnisse seiner Selbsterkenntnis seien, mit der Gnade, d. h. mit der Erkenntnis Gottes seiner selbst getrost anzufangen, getrost von da aus zu denken. Aber diese Getrostheit kann wiederum nicht bedeuten Macht über den Herrn der Taufe, als ob wir in unserer

Taufe in irgendein «Es» versetzt und nicht vielmehr in die Hand eines «Er» gegeben wären. Erfüllung ist auch die Taufe nicht, so gewiß wir in ihr der Gnade Gottes anbefohlen sind. Gnade heißt aber, daß wir das Wort der Erfüllung durch ihn selber hören sollen. |

Und wenn wir es nun hören durch ihn selber, so ist noch einmal, so ist wahrlich immer wieder zu bedenken, daß wer da steht, wohl zusehen soll, daß er nicht falle [vgl. 1. Kor. 10,12], mit andern Worten daß jedes Hören Aufruf ist, wieder zu hören, nicht aber sich damit zufriedenzugeben, gehört zu haben. Gewiß, hier wird die evidente Wahrheit gehört. Aber evident ist eine Partizipial- und also eine Verbalform. Hier *wird* die Wahrheit evident. Sie ist also gleich dem Manna in der Wüste wohl ein gegebenes, zu empfangendes und zu genießendes, nicht aber ein zu konservierendes und zu magazinierendes Gut! Als etliche davon überließen bis morgen, «da wuchsen Würmer drinnen und ward stinkend. Und Mose ward zornig auf sie. Sie sammelten aber desselben alle Morgen, soviel ein jeglicher essen mochte. Wenn aber die Sonne heiß schien, zerschmolz es» (Ex. 16,20f.). So steht es mit der Evidenz der Wahrheit der Gnade. Wir können auf das Wort und auf den Geist Gottes, indem sie uns gegeben werden, nicht die Hand legen, sondern wir leben davon, daß Gott seine Hand nicht von uns abzieht. Eben darum ist das, was gemeint ist, wenn ich sage, daß wir hier mit dem Wort und Geist Gottes rechnen müssen, nichts Anderes, als daß wir hier nur betend nachdenken und mitdenken können. Daß unser Denken gerade hier nicht gegenstandsloses, sondern gegenstandsvolles Denken ist, das kann – wenn wir überhaupt fragen wollen: wie kommen wir dazu? – nur eine Sache der Gebetserhörung sein. Ohne mit Gebetserhörung zu rechnen, könnten wir die Theologie gerade in diesem ihrem Mittelpunkt nur als ein Gefäß ohne Inhalt verstehen. Im Gebet allein wird unsere Gliedschaft in der Kirche, wird unsere Taufe so kräftig, daß wir uns vor der Freiheit des Geistes zu wehen, wo er will [vgl. Joh. 3,8], nicht zu entsetzen, daß wir uns nicht zu fürchten brauchen, wie jenes Volk

Gottes in der Wüste jeden Tag mit leeren Händen dem nächsten Tag entgegenzugehen. Es braucht hoffentlich kein Wort darüber, daß auch das, gerade das eine Weisung ist, mit deren Befolgung wir uns nichts nehmen können, es werde uns denn gegeben von oben herab [vgl. Joh. 3,27].

5.

Gottes Gebot *rechtfertigt* uns, indem es uns richtet. Weil es Gottes Gebot ist, weil das Urteil über uns selbst, das es uns auferlegt, eingeschlossen ist in Gottes Zusage, daß wir auch und gerade als die von ihm Verurteilten ihm recht sind, um unserer Sünden willen nicht von ihm verstoßen, sondern gehalten, in unserer Verkehrtheit nicht fallengelassen, sondern getragen sind von ihm. «Jesus nimmt die Sünder an»[11] [vgl. Luk. 15,2] und «wie du bist, so darfst du kommen»[12]. Das ist das Evangelium, das in und mit dem Gebot zu uns kommt. – Aber nun hätten wir die Wirklichkeit des göttlichen Gebotes noch nicht vollständig beschrieben, wenn wir nicht noch eine letzte Reflexion vollziehen, wenn wir nicht ausdrücklich feststellen würden, daß dieses Evangelium nicht anders denn im *Gebot* und durch das *Gebot* zu uns kommt. Gottes Gebot, wie es uns, erkannt oder unerkannt, in jedem Augenblick unseres Tuns begegnet als das Gericht, unter das wir gestellt werden, vollzieht nach unserem Bisherigen eine doppelte Feststellung über uns. Einmal die Feststellung, daß wir vor Gott Unrecht haben, sodann die Feststellung, daß wir als solche, die vor Gott Unrecht haben, ihm recht sind. Darin, daß Gott uns durch sein Gebot vor Allem beansprucht als die Seinigen, uns zu sich rechnet, als die ihm Gehörigen, als die von ihm Geliebten, darin ist mit Notwendigkeit Beides eingeschlossen: Es kann nicht

---

[11] E. Neumeister (1671–1756), EKG 268, Schweiz. Kirchengesangbuch 301.

[12] Aus der 1. Strophe des Liedes *Kehre wieder, kehre wieder* (1833), nach K. J. Ph. Spitta (1801–1859), Gesangbuch für die evangelisch-reformierte Kirche der deutschen Schweiz, 1891, Nr. 222.

anders sein, als daß wir als die so Beanspruchten uns selbst offenbar werden in unserem ganzen Ungenügen gegenüber diesem Anspruch. Es kann aber auch nicht anders sein, als daß wir, diesem unserem Ungenügen zum Trotz, in demselben Anspruch Gottes unbegreifliches, unverdientes Wohlgefallen an uns erkennen. Aber eben weil beide Feststellungen aus dieser einen Wurzel hervorgehen, können wir nun auch nicht dabei stehenbleiben, sie als bloße Feststellungen zu verstehen. Was Gottes Gebot in diesem doppelten Sinn über uns sagt, das sagt es ja *zu* uns. Es ist ja nicht Wahrheit an sich, sondern geredete und gehörte Wahrheit. Indem es uns begegnet, bleibt es nicht uns gegenüber stehen, sondern es greift nach uns, es bestimmt uns. Existenz in der Entscheidung unserer Tat, deren Sinn die Entscheidung Gottes über uns ist, Existenz unter jener doppelten über uns gemachten Feststellung ist eine ganz *bestimmte,* nicht durch uns selbst, sondern eben durch das Wort Gottes bestimmte Existenz. Gerade diese *Bestimmtheit* unserer Existenz durch das Wort Gottes ist ja nach unseren Voraussetzungen das Wesen der Heiligung. Und nur dann ist es sinnvoll, Erwählung, Sündenerkenntnis und Rechtfertigung unter den Begriff der Heiligung zu subsumieren, wie wir es hier getan haben, wenn bei dem Allem ausdrücklich gezielt ist auf die durch Gottes so beschriebenes Tun vollzogene Bestimmung der menschlichen Existenz, auf den Griff, der in und mit dem Allem nach uns getan ist. |

Wir konnten denn auch tatsächlich weder von der Erkenntnis der Sünde, noch von der Rechtfertigung reden – und wie könnte man von Gottes Liebe und von unserer Erwählung reden –, ohne des Begriffs des Glaubens zu gedenken, in dem und für den das Alles Ereignis wird. Und wenn wir eben damit den Punkt berührt haben, wo die Wirklichkeit des göttlichen Gebotes nur für sich selber reden kann, so konnte doch hoffentlich kein Zweifel darüber entstehen, daß sie, *wenn* sie in ihrer eigentümlichen Souveränität für sich selber redet, zu *uns* redet, daß der wirkliche Glaube, so gewiß wir ihn nicht anders verstehen können denn als Gottes Werk an und in uns, unser *eigener* Glaube ist, unser wenngleich schlechthin wunderbares in keiner Weise aus unserer Selbstbestimmung hervorgehendes *Dabeisein* bei jener Wirklichkeit, unser *Gehorsam*. Erwählung, Sündenerkenntnis und Sündenvergebung, mit einem Wort Gnade wird dadurch Ereignis, daß wir ja dazu sagen. Ist dieses Ja das letzte und höchste Wunder der Gnade selbst, werden wir uns wohl hüten davor, dieses Ja vor uns selbst oder anderen zu begründen, es anderswoher ableiten zu wollen, werden wir vor diesem unserem eigenen Ja immer stehen als vor dem Punkt, wo wir uns selbst nicht verstehen, wo wir etwas tun, das unser ganzes übriges Tun ebenso problematisch erscheinen läßt, wie es uns selbst von unserem ganzen sonstigen Tun aus gesehen als gänzlich problematisch erscheinen muß, so ist es doch fraglos unser eigenes Ja; und wenn es nicht erfolgte, wenn unser Glaube nicht Gehorsam wäre, *Glaubens*gehorsam, aber Gehorsam, so wäre er auch nicht Glaube, so wäre Alles, was wir über Erwählung, Sündenerkenntnis und Sündenvergebung gedacht und gesagt haben, gegenstandslos. Daß wir im Glauben gehorchen und zu Gottes Gnade ja sagen, das ist die Bestimmtheit unserer Existenz durch das uns in der Entscheidung unserer Tat begegnende, über uns entscheidende, uns richtende Gebot Gottes. Indem uns das Wort Gottes in dieser Weise bestimmt, bestimmt zum Gehorsam, ist es unsere Heiligung. Durch dieses unser Ja verfügen wir in keiner Weise über Gott. Hier ist keine Mitwirkung, kein Entgegenkommen, kein Verdienst von unserer Seite. Es ist in unseren Herzen und auf unseren Lippen [vgl. Deut. 30,14], es ist eine Charakterisierung, eine Modifikation, eine Ausrichtung unserer sündigen Existenz und Tat durch die Wirklichkeit des göttlichen Gebotes selbst, die allein durch sich selbst und aus sich selbst ihr Werk treibt. Es ist die Tat des Wortes und des Geistes, deren Ehre wir nicht, auch nicht teilweise, auch nicht zum geringsten Teil an uns selbst reißen können. Aber kraft dieser Tat des Wortes und des Geistes *ist* es unser Ja, und dieses unser Ja ist unsere Heiligung. |

Gottes *Gnade* gilt dieses Ja, wie es selbst Gnade ist. Dann aber der *ganzen* Gnade Gottes, d.h. aber nicht etwa bloß dem Evangelium, sondern ebenso und mit dem Evangelium auch dem Gesetz Gottes. In dieser Ganzheit ist ja die Gnade Gnade, ergeht ja der göttliche Anspruch. Indem wir glauben, daß *Gott* uns beansprucht, bejahen wir das Evangelium: Es ist unter allen Umständen, und wenn unsere Sünde blutrot wäre [vgl. Jes. 1,18], und wenn sein Gesetz uns in die Hölle verdammte, Friede, Freude und Seligkeit, von Gott in Anspruch genommen zu sein. Aber wie könnten wir das glauben, ohne eben damit zu gehorchen, ohne eben damit das Gesetz zu bejahen, zu bejahen, daß eben dieser Gott des Evangeliums uns *beansprucht,* daß eben jener Griff nach uns getan, jene Hand auf uns gelegt ist. Ich formulierte diese letzte Bedeutung der Heiligung dahin, «daß Gott unser sündiges Tun ausrichtet zum Werk des Gehorsams».[13] Von zwei Seiten muß dieser Satz, um durchsichtig zu werden, kurz beleuchtet werden. Heiligung heißt nach unserem Bisherigen (Abs. 3 und 4) *Erkenntnis und Vergebung* der Sünde: Erkenntnis offenbar durch das Gesetz, Vergebung durch das Evangelium desselben einen Wortes Gottes. Was heißt nun, wenn unsere Heiligung sich vollstreckt in unserem eigenen Ja zu diesem ganzen Wort Gottes, zu dieser ganzen Gnade – was heißt nun solches Jasagen? Offenbar grundsätzlich das, daß wir unsere vergebene Sünde als *erkannt* und unsere erkannte Sünde als *vergeben* bejahen, wobei der Sinn des Begriffs «Bejahen», d.h. der Sinn des Begriffs «Gehorsam» selbst sich offenbar ebenfalls als ein doppelseitiger Begriff herausstellen wird. Indem wir glauben an die konkrete Einheit des göttlichen Gerichts, d.h. indem wir unser Leben unter dem göttlichen Gericht in dieser seiner Einheit sehen und, indem wir es sehen, leben, indem wir, unter das göttliche Gericht in dieser seiner Einheit gestellt, aus der Entscheidung dieses Augenblicks in die des nächsten hinübergehen, gehorchen wir, sind wir geheiligt.

[13] s. oben S. 144.

a) Unsere vergebene Sünde ist *erkannt*. Nur von der mir vergebenen Sünde weiß ich, daß sie erkannt, daß sie Sünde ist. Indem sie mir vergeben ist, weiß ich es. Gerechtfertigt werden von Gott heißt: erweckt werden aus dem Schlaf der Meinung, als ob meine Tat durch sich selbst gerechtfertigt sei oder sein könnte. Beruhigt werden durch Gottes Gnade und in Gottes Gnade heißt: beunruhigt werden in sich selber. Gottes Güte ist es, die uns zur Buße leitet (Röm. 2, 4). Weit entfernt davon, daß das Evangelium die Erkenntnis der Sünde etwa zu einer überwundenen oder doch weniger ernsthaften Angelegenheit mache, ist es vielmehr gerade das Evangelium, durch das sie ganz ernst wird. Wir sahen ja, wie die Sünde sich darin vollendet, daß wir, von Gott geliebt, ihn nicht wiederlieben. Und nun ist ja das Evangelium die Bestätigung der Liebe Gottes mitten in unserer verkehrten Entscheidung. Höre ich, daß ich in meinem Abfall und Verrat Gottes liebes Kind bin, dann, dann erst weiß ich, daß ich ein Abtrünniger und Verräter bin. Oder wie sollte ich wissen, daß ich sündige, wenn ich nicht wüßte, an wem ich sündige? Das weiß ich aber erst, indem Gottes Wort Evangelium, indem meine Sünde mir vergeben ist. Dann *weiß* ich es aber, und zwar mit jenem qualifizierten Wissen, in dem man um seine eigene Wirklichkeit weiß, so daß nun meine Erkenntnis der Sünde zugleich Bekenntnis meiner Schuld und meiner Not ist, Bekenntnis, daß ich mich dadurch, daß ich das Gebot übertrete, zugleich angeklagt und aufs tödlichste bedroht sehe, Bekenntnis, daß meine Sünde mir leid tut in dem doppelten Sinn: daß ich sie als meine Schuld bereue und als meine Not beklage. Aber dann über beides hinaus auch Bekenntnis, daß ich mich ihrer nicht selbst zu entledigen weiß, daß in mir kein archimedischer Punkt ist, von dem aus ich über sie Herr werden könnte, daß ich über keine Reserven verfüge, mit denen ich mich der Beunruhigung, in die sie nicht etwas in mir, sondern mich selbst versetzt, entziehen konnte, daß ich mich vielmehr – Kyrie eleison! – auf Gottes Erbarmen angewiesen weiß, mit anderen Worten daß ich weiß, daß ich die mir geschenkte Vergebung *nötig* habe, daß etwas Anderes als Vergebung gegenüber der Verkehrtheit meiner Entscheidung nicht in Betracht kommen konnte, wenn es nicht bei ihrer Verkehrtheit und ihren Folgen einfach sein Bewenden haben sollte. Das wirklich gehörte Evangelium zwingt mich zu beidem: meine Übertretung ernst zu nehmen als Schuld und als Not, und mich selbst als Übertreter ernst zu nehmen, d.h. als solchen, der aus sich selbst nur Übertreter sein konnte. Dieses nicht von mir hervorgebrachte, sondern mir durch das Evangelium imponierte Ernstnehmen der Sünde und meiner selbst als Sünder ist die eine Seite der Bestimmung meiner Existenz durch das Wort Gottes, der Charakterisierung meiner sündigenTat durch das mir begegnende Gebot, der durch das göttliche Gericht geschaffenen Bewegung meiner selbst, in der ich zu der Gnade Gottes ja sage. Dieses Ja besteht darin, daß ich den Platz einnehme, der einem solchen zukommt, dem nur durch Erbarmung geholfen werden kann, der nur zwischen Verdammnis und Vergebung die Wahl hat, und der dann erst noch weiß, daß es nicht seine Wahl ist, wenn ihm vergeben wird. Der Friede Gottes schafft – nun nicht jenen müßigen, eitlen, sondern den notwendigen, heilsamen Unfrieden in uns selbst, die ganze Bedrängnis, die Paulus Röm. 7 geschildert hat, und sorgt dafür, daß wir aus ihr nicht mehr entlassen werden, daß wir vielmehr in diesen Unfrieden gestürzt, der Entscheidung des nächsten Augenblicks entgegengehen. Indem es in die Buße gestellt wird, wird mein sündiges Tun ausgerichtet zum Werk des Gehorsams. *Gutes* Werk heißt unter allen Umständen Werk der *Buße,* Werk, das in jener Reue und in jenem Weh und mit jenem Ruf nach Erbarmen getan wird. Dann wäre das Werk meines nächsten Augenblicks geheiligtes Werk, wenn es in diesem Sinne Werk der Buße wäre, Werk eines solchen, der sich, gerade weil er Vergebung empfangen, unter das über ihn ergangene Urteil gebeugt hat.

b) Unsere erkannte Sünde ist *vergeben.* Nur von der erkannten Sünde weiß ich, daß sie mir vergeben ist. Aber indem sie erkannt ist, weiß ich es. Wirkliche Verurteilung in foro conscientiae findet da statt, wo in foro Dei Freispruch stattgefunden hat.

Wirkliche Beunruhigung des Menschen in sich selbst findet statt in der Beruhigung durch Gottes Gnade. Durch Gottes *ganze* Gnade, müssen wir nun nochmals betonen. Beruhigung durch die Gnade kann nicht Abschaffung, sondern nur Aufrichtung des Gesetzes bedeuten, des Gesetzes, das uns richtet, indem es uns vorhält, was Gott von uns haben will. Daß mir vergeben wird, das heißt nicht, daß dieses Vorhalten aufhört, sondern daß es anfängt. Wirklich in die Buße gestellt sein, wie es gerade durch die Vergebung geschieht, ist also wiederum ein Erwecktwerden aus dem Schlaf einer falschen Meinung, diesmal aus dem Schlaf der falschen Meinung, als ob die Verkehrtheit meiner Entscheidung etwa eine letzte Notwendigkeit sei. Mag meine Selbsterkenntnis kein Wort kennen, das mich darüber hinausführen würde, daß ich fehlte, fehle und fehlen werde, so redet mir doch das Evangelium von einer Erkenntnis meiner selbst jenseits der Schranken meiner Selbsterkenntnis, durch die das Vorhalten des Gesetzes notwendig noch einen anderen Sinn bekommt als bloß den, mich in die Buße zu treiben. Die Vergebung, ohne die es ja auch keine Buße gibt, ist doch Gottes Verneinung, seine Nicht-Anerkennung der Sünde. Diesem göttlichen Nein beugen wir uns, wenn wir uns wirklich unter das durch Gottes Gebot über uns ergehende Urteil beugen. Nicht-Anerkennung der Sünde durch Gott heißt aber auch positiv: Aufrichtung seines guten Willens. Ihn bejaht Gott, indem er uns unsere Sünde nicht zurechnet [vgl. 2. Kor. 5, 19]. Ist mir meine Sünde vergeben, so heißt das: ich bin erkannt und anerkannt als ein solcher, der frei und berufen ist, Gottes Willen zu tun.|

So bedeutet jene Beugung offenbar mehr als bloß die Beugung unter Gottes Urteil, bedeutet eine Bewegung unserer Existenz, die jedenfalls mit dem deutschen Wort Buße und mit dem lateinischen poenitentia nicht genügend erfaßt ist. Das griechische μετάνοια drückt das hier fehlende Zweite aus: Gerade weil nur die vergebene Sünde wirklich erkannte und bekannte Sünde sein kann, ist Erkennen und Bekennen, wenn sie ernsthaft sein wollen, nicht möglich ohne *Umkehr*. Wir hätten das Gesetz schlecht verstanden, wenn wir es nicht, indem es uns demütigt, als Aufruf zur Umkehr von der verkehrten zur richtigen Entscheidung, zur Bereitschaft, es das nächste Mal besser zu machen, verstehen würden. Demütigt es uns doch nur wirklich durch das Evangelium. Gerade das Evangelium aber, das uns trotz unserer Verkehrtheit in die Gemeinschaft mit Gott ruft, redet uns von Gottes Gegensatz zu dieser Verkehrtheit, von dem Wunder des Heiligen, der sich zu den Unheiligen herabläßt. Angesichts dieses Wunders, wenn wir es wirklich als solches begreifen, angesichts des uns widerfahrenden Erbarmens, wenn wir es als solches verstanden haben, angesichts des ganz anderen Ortes, an dem sich offenbar gerade der Gott des Evangeliums befindet, der uns doch durch das Evangelium zu sich beruft, können wir unsere erkannte Sünde unmöglich auf sich beruhen lassen, sind wir in den Streit gegen sie, d.h. aber, weil wir uns selbst immer als Sünder finden, in Streit gegen uns selbst – für Gott gegen uns selbst versetzt. Wie es auch mit uns stehe, welches auch die Schranken unserer Selbsterkenntnis sein mögen: das Gesetz tritt in Kraft als an uns gerichtete Forderung, dem Willen Gottes genug zu tun, als Geheiß einer besseren Entscheidung, einer Verleugnung unser selbst, wie wir uns eben vorfanden, einer Tötung – mortificatio – dieses alten Menschen, unser selbst, wie wir uns selbst kennen, damit – vivificatio – der neue Mensch, der ich nicht in mir selbst aber in Christus bin, lebe. Contritio cordis und confessio oris wären zweifellos keine wirkliche μετάνοια, kein wirklicher Gehorsam, nicht die wirkliche Bestimmtheit durch das göttliche Gebot ohne satisfactio operis, d.h. ohne daß sie in meinem sündigen Tun einen Aufhalt, eine Störung, einen Bruch bedeuten würden, oder positiv gesagt: eine Ankündigung des Lebens jenes neuen Menschen, meines verborgenen Lebens mit Christus, wenn mir nicht durch dasselbe Gesetz, das mich meiner Verkehrtheit überführt, das Richtige vor Augen gehalten wäre, das an Stelle des Verkehrten durch mich geschehen soll, für das ich, was auch von mir zu sagen sein möge, in Anspruch genommen bin, wenn ich mich nicht für dieses Richtige angefordert wüßte, und wenn mein Tun nicht von diesem Wissen Zeugnis ablegte. Es geht hier ja wiederum um jenes qualifizierte, durchaus nicht intellektualistische, ⌜sondern (wie alles theologische) *praktische*⌝ Wissen, in dem man wirklich um seine eigene Wirklichkeit weiß, und das als solches unmöglich ein müßiges Wissen sein kann. Es geht um das Wissen darum, daß ich, weil mir vergeben ist, an der Sünde so wenig Anteil habe, so sehr von der Sünde geschieden bin wie Gott selber, der mir vergibt oder positiv: um das Wissen um meine Gottzugehörigkeit, durch die mein Wille dem Willen Gottes verpflichtet ist. ⌜«Non nostri sumus, sed Domini» (Calvin). ⌝14

Dieses mein Wissen um mein Verpflichtetsein oder um meine Freiheit für Gott und gegen die Sünde ist meine Umkehr oder die satisfactio operis, die die unvermeidliche andere Seite meiner wirklichen Beugung unter Gottes Gebot ist. Auch sie ist kein Akt meiner Selbstbesinnung oder Selbstbestimmung, sondern indem mir durch das Evangelium vergeben ist, zwingt mich das jetzt erst mit seiner Forderung in Kraft tretende Gesetz in diese neue Stellung, in der ich eine letzte Notwendigkeit meiner eigenen Verkehrtheit verneinen, eine letzte Freiheit für meine Gerechtigkeit vor Gott bejahen muß, wahrhaftig nicht auf Grund einer Entdeckung, die ich zu guter Letzt doch noch in mir selbst gemacht hätte, wohl aber auf Grund des *Befehls,* der durch das – mit dem Evangelium an mich ergangene – Gesetz mir gegeben ist und den ich ebenso ernst zu nehmen habe wie das, was dasselbe Gesetz mir zuhanden meiner Selbsterkenntnis über meine Unfähigkeit zu allem Guten zu sagen hat. Sein Befehl weist mich ja nicht auf mich selbst, sondern auf Christus hin. In ihm bin ich nicht mehr der Alte, der sündigen muß, sondern in Anspruch genommen als neue Kreatur, als Freier. In ihm mich selbst erkennend, muß ich mir durch das Gesetz in der Tat sagen lassen: du kannst, denn du sollst! Und daß ich mir das sagen *lasse,* das ist nun die andere Seite der Bestimmung meiner Existenz durch das Wort Gottes, der Charakterisierung meiner

14 Inst. III,7.1.

sündigen Tat durch das Gebot, der Bewegung meiner selbst durch die Gnade. Die Gnade züchtigt mich nicht nur, sondern sie nimmt mich auch in Zucht. Und daß ich mir diese Zucht, die Zucht des Gesetzes gefallenlasse, das ist die andere Seite meines Ja zu Gottes Gnade, in dem sich die Gnade selbst vollendet. Es besteht darin, daß ich den Platz einnehme, der einem solchen zukommt, dem Erbarmen widerfahren ist, daß ich als ein solcher der Entscheidung des nächsten Augenblicks entgegengehe, der den Befehl vernommen hat. Gutes Werk heißt also: Werk der Umkehr, Werk, das getan ist im Hören auf jenen Anruf an den neuen Menschen, der ich nicht in mir selbst, wohl aber in Christus bin. Indem unser Tun in diesem Hören geschieht, ist es als sündiges Tun ausgerichtet zum Werk des Gehorsams. Und in dieser Ausrichtung ist es dann, obwohl wir seine Sündigkeit nicht in Abrede stellen werden, geheiligtes Werk, Werk, durch das Gott gelobt und gepriesen wird, wie er es von den gerechtfertigten Sündern haben will.[15]

Wir dürfen auch zu dieser letzten Wendung unseres Gedankenganges die Schlußanmerkung nicht versäumen, daß alles daraufhin gesagt ist, daß die Wirklichkeit des göttlichen Gebotes *für sich selber* redet. Weder das Erkanntsein noch das Vergebensein der Sünde ist uns ja gegeben außerhalb dieser Wirklichkeit und darum auch nicht unser Glaube und der Glaubensgehorsam, der zur Gnade ja sagt, unsere Buße und unsere Umkehr. Die Bestimmtheit unserer Existenz durch das Gebot, unser neues Leben in der Heiligung, in der wir aus der Entscheidung dieses Augenblicks in die des nächsten hinübergehen, ist ein Sein in relatione zu jener Wirklichkeit. Über jene Wirklichkeit haben wir aber keine Verfügung und darum auch nicht über ihre Relation zu unserer Existenz. Unser Geheiligtsein, unser neues Leben, ist auf der ganzen Linie verborgen mit Christus in Gott [vgl. Kol. 3,3]. Seine Manifestationen sind als solche unzweideutig nur Gott offenbar, wie sie auch nur durch Gottes Tat *seine* Manifestationen wirklich sind.

[15] Randbemerkung von K. B.: «*Erwählung – Sündenbekenntnis – Sündenvergebung – Befehlsempfang.*»

Das neue Leben läßt sich nicht abstrahieren von der freien, schenkenden Tat Gottes: «in ihm leben, weben und sind wir» [Act. 17,28]. Es läßt sich nicht umdeuten in ein Sein, Haben und Tun des Menschen, das sich von seinem sonstigen Sein, Haben und Tun in direkter Erkenntlichkeit abheben würde. Man wird nicht vorsichtig genug umgehen können mit allen Begriffen, mit denen eine dritte Sphäre zwischen Gott und Mensch, die nun beiden gemeinsam wäre, beschrieben werden soll. Die Bibel weiß von keiner solchen dritten Sphäre. Sie weiß nur von dem Ereignis des fleischgewordenen Wortes und des lebendigmachenden Geistes. In diesem Ereignis ist und bleibt aber Gott der Handelnde, wohlverstanden auch als der Seiende der Handelnde. Ich denke etwa an den Begriff der «pneumatischen Wirklichkeit». Ist darunter die Wirklichkeit des heiligen Geistes verstanden, dann ist doch wohl zu sagen, daß diese Wirklichkeit nie und nirgends in direkter Erkenntlichkeit als zweite neben die profane, weltliche, menschliche Wirklichkeit tritt, sondern sie ist eine Qualifizierung der profanen Wirklichkeit unseres Lebens, aber eben streng eine Qualifizierung von oben, eine Qualifizierung durch Gott und darum eine solche, die sich wohl als Gottestat bezeugt, nicht aber als unser Besitz oder als unsere Eigenschaft oder als unser Standort behaupten läßt. Ist sie unser Standort, nun dann *ist* es eben so, durch Gottes Gnade nämlich, dann rede ich faktisch von da aus, und wer Ohren hat zu hören, der hört. Der Satz aber, die Behauptung: Ich rede aus pneumatischer Wirklichkeit! ist ein unmöglicher Satz. In dieser Erwägung haben wir schon bei einem früheren Anlaß Bedenken geäußert gegen jede allzu direkte Verwendung der Begriffe Christentum, Christen, christlich.[16] Christlich heißt $ἐν\ Χριστῷ$ und kann sich zum Eigenschaftswort für menschliche Personen, Dinge und Handlungen nur eignen, sofern dabei bedacht bleibt, daß es den Verweis auf die Relation bedeutet, die nur als von Gott vollzogene Wirklichkeit ist. Ganz dasselbe – und es handelt sich ja auch um dieselbe Sache – gilt nun auch von dem Begriff des Geheiligten und also

[16] s. oben S. 54 ff.

Heiligen. Heilig ist im Alten und im Neuen Testament die Bezeichnung einer in Gott begründeten Relation, in der der Mensch steht, wenn er von Gott dazu bestimmt ist. Heilig heißt in der Bibel weder fromm noch tugendhaft, sondern von Gott ausgesondert.

Göttliche Aussonderung ist es, wenn unser Tun geheiligt ist, nicht aber eine ihm selbst immanente Eigenschaft. Wir können und sollen wohl im Wissen um die Gottestat der Heiligung unser Tun als Buße und Umkehr Gott *darbringen,* wie eben ein Opfer dargebracht wird (Röm. 12,2). Aber dieses Darbringen, das Tun des nächsten Augenblicks, wird nicht weniger der göttlichen Krisis unterliegen als das Tun des gegenwärtigen. Kain hat auch geopfert [vgl. Gen. 4,3–5]. Die Heiden opfern auch daraufhin, daß sie irgend etwas gehört haben, was darum noch nicht das Gebot Gottes ist. Unsere Intention ist es auf keinen Fall, die unser Tun heilig macht. Heilig ⌐ist auch das höchste, reinste Opfer nicht an sich, nicht in seiner Darbringung als solcher, sondern heilig⌐ wird das Opfer dadurch, daß Gott es *annimmt.* Haben wir den Begriff der Heiligung sich vollenden sehen in unserem eigenen Ja zu Gottes Gnade, so muß nun noch einmal unterstrichen sein, daß es Gnade ist, wenn wir zur Gnade ja sagen: Gnade, *daß* wir hier ja sagen und Gnade, daß wir wirklich zur *Gnade* ja sagen, daß unser Tun nicht gegenstandslos ist oder einem ganz anderen Gegenstand gilt. Wollten wir unsere Buße abstrahiert davon ansehen, daß Gott sie annimmt (worüber uns keine Verfügung zusteht), dann haben wir kein Mittel, ihren heilsamen von dem unheilvollen Unfrieden unserer sich selbst überlassenen Selbsterkenntnis zu unterscheiden: wir können also mit unserer Buße als solcher, und wäre sie noch so aufrichtig und ernsthaft, das Erbarmen Gottes, das sie erst sinnvoll macht, nicht herbeizwingen. Und wollten wir unsere Umkehr für sich ansehen, abgesehen davon, daß Gott sie als solche als Gehorsam im Ungehorsam annimmt, wie sollte es dann nicht Selbsttäuschung sein, wenn wir je meinen sollten, wirklich umgekehrt zu sein? Damit, daß *wir uns* bekehren, ist es jedenfalls noch nicht wahr, daß uns

Gottes Erbarmen widerfahren ist. Für das Bestehen der Relation zwischen dem göttlichen und dem menschlichen Ja garantieren das Wort und der Geist Gottes. Sie *sind* die Garantie, indem sie selbst die Relation sind. Nicht direkt, sondern *indirekt* ist uns also das Bestehen dieser Relation garantiert: *indirekt,* sofern wir immer auf Gottes eigenen gnädigen Willen zurückgehen, unsererseits also zum *Gebet* unsere Zuflucht nehmen müssen, um sie garantiert zu finden. An der Frage, ob es daneben etwa auch noch eine direkte Garantie dieser Beziehung geben möchte, scheiden sich die Wege katholischen und protestantischen Denkens, eine Scheidung, die sich allerdings auf unserer, der protestantischen Seite im Laufe der Jahrhunderte bedenklich verwischt hat. Man hielt und man hält es nicht aus dabei, die Wirklichkeit der Heiligung zu suchen in dem ewigen verborgenen Akt der göttlichen Erwählung, sondern meinte und meint sie nun doch daneben auch noch suchen zu sollen und finden zu können in diesem und jenem vermeintlich direkt einzusehenden und garantierten, auch abgesehen von Gebet und Gebetserhörung wirklichen menschlichen Heiligsein. Man sollte sich bewußt sein, was man tut, mit welchen Möglichkeiten man spielt, wenn man in dieser Richtung denkt. Es ist nicht abzusehen, wohin man dabei sonst gelangen kann als auf den Boden der katholischen Voraussetzungen in bezug auf Gott, Mensch, Sünde, Gnade und vor Allem Kirche. Dort ist Alles klar, wenn man das tut. Denn dort ist zum vornherein Alles – und zwar aufs meisterlichste – angelegt auf die die Garantie durch Gott selbst ergänzende, wenn nicht ersetzende direkte Garantie der ἁγιωσύνη. Bei uns wird Alles unklar, wenn man den Reformatoren darin nicht mehr zu folgen wagt, daß sie auf eine solche direkte Garantie grundsätzlich verzichtet haben, um der indirekten als der allein wirklichen um so gewisser zu sein. |

Karl Heim hat in der Einführung zu seiner 2. Aufl. von «Glauben und Leben» S. 29 f.[17] gegen die hier vertretene Theo-

---

[17] Vgl. K. Heim, *Glaube und Leben,* Gesammelte Aufsätze und Vorträge, Berlin 1926.1928² S. 29 ff., v. a. S. 32; dazu K. Barths *Brief an Karl Heim,* ZdZ 9 (1931), 451–453.

logie den Einwand erhoben, ihr Koordinatensystem sei unvollständig, ihr fehle neben Gott und Mensch, Ewigkeit und Zeit die «dritte Dimension», in welcher «auf bestimmte Menschen und auf bestimmte Handlungen» der «Ton» oder der «Akzent» der Ewigkeit gelegt werde, das konkrete Sprechen des heiligen Geistes, wie es im Neuen Testament bezeugt sei. Ich glaube nun, das Problem dieser dritten Dimension auch zu sehen. Ich könnte (§§ 5 und 6) das Problem des bestimmten Menschen und der bestimmten Handlungen noch viel stärker als Heim geradezu als *das* Problem der theologischen Ethik und der Theologie überhaupt bezeichnen. Aber eben darum würde ich sagen: die Theologie hat dies Problem nicht sowohl zu beantworten, als [vielmehr] als gestellt zu anerkennen – gestellt dadurch, daß Gott selbst in unnachsprechlicher Wahrheit und unwiederholbarer Einmaligkeit hier Antwort gegeben hat, gibt und geben wird, Antwort, die die Theologie so gewiß nicht selber geben kann, als sie keineswegs der heilige Geist oder auch nur zum Vikar des heiligen Geistes eingesetzt ist. Gerade weil es sich bei dieser dritten Dimension um das Sprechen des heiligen Geistes handelt, ist nicht einzusehen, wie wir dazu kommen sollten, uns mit dieser Koordinate, die dann zugleich den Schnittpunkt der beiden anderen Koordinaten bezeichnet, zu beschäftigen. Sondern diese dritte Koordinate zu *ziehen* und damit den Schnittpunkt der beiden anderen Koordinaten zu setzen, das ist allein Gottes Tat, auf die nicht nur alle Philosophie, sondern auch alle Theologie nur durch Sichtbarmachen der beiden ersten Koordinaten *hinweisen* kann, dankbar, wenn dieses Tun, zu dem sie durch die Offenbarung ermächtigt ist, nicht gegenstandslos ist. Anders könnte man es doch nur haben wollen, wenn man dafür hielte, daß das konkrete Sprechen des heiligen Geistes, der Akzent der Ewigkeit auf bestimmten Menschen und Handlungen in der Wirklichkeit der Kirche oder aber – aber das kann doch Heims Meinung nicht sein – in der heimlichen Inspiriertheit der einzelnen Gläubigen direkt gegeben sei. Glauben wir die Kirche, und glauben wir auch die communio sanctorum als den *Ort* und das

Mittel der Offenbarung, nicht aber als die Offenbarung selber, dann bleibt der Theologie als solcher doch wohl nichts übrig, als sich zu der Verborgenheit der Offenbarung, zu der Verborgenheit unseres Lebens mit Christus in Gott [vgl. Kol. 3,3] dadurch zu bekennen, daß sie darauf verzichtet, beständig in diese Verborgenheit hinein oder aus ihr heraus reden zu wollen, daß sie sich schlechterdings dabei bescheidet, sie in der Zweidimensionalität, in der Menschen von Gott reden können, zu *bezeugen,* das konkrete Sprechen des heiligen Geistes aber diesem selbst zu überlassen. Wie sollte die Theologie, und wäre sie noch so sehr Theologie des Glaubens, auf den Vorbehalt verzichten können, daß all ihr Reden aus jener Wirklichkeit hinfällig ist, wenn Gott nicht sein Amen dazu gibt, ⌐daß sie ihr Reden also *nicht* mit dem Anspruch, daß es Reden aus dieser Wirklichkeit sei, begründen und bewähren kann? Es *ist* in dieser Weise begründet und bewährt, wenn Gott sein Amen dazu gibt, nicht anders. Einen Anspruch auf dieses Amen können wir mit unserem Reden nicht verbinden.⌐ Sollte dieser Vorbehalt [also] nebensächlich, sollte dieses göttliche Amen nicht geradezu die Offenbarung selber sein? Sollte, wenn dieser Vorbehalt gemacht wird – und welcher protestantische Theologe dürfte es etwa ablehnen, ihn zu machen – sollte damit nicht zugestanden sein, daß aus dieser Wirklichkeit heraus eben immer nur sie selber redet, daß das konkrete Sprechen des heiligen Geistes also unnachsprechbar ist, unser Reden also ein ehrfürchtiges, liebevolles, sachgemäßes Darumherumreden sein und bleiben muß? Ist es wahr, und man hat es ja in den letzten Jahren oft genug sagen hören, daß die protestantische Theologie im Unterschied zur katholischen ihr Wesen darin hat, theologia crucis zu sein, und *nicht* theologia gloriae, *nicht* solche Theologie, die über das Geheimnis Gottes selbst nun auch noch Auskunft geben zu können, das Wort Gottes selber sagen zu können meint, dann darf sie gerade in der Frage nach jener Relation, die im Begriffe der Heiligung brennend wird wie nirgends, nicht zur Theologie der *Ungeduld* werden. ⌐Unsere Gegenfrage an die Theologie des Pietismus lautet daher, ob sie nicht Theologie der Ungeduld sei, und wir meinen, protestantische Theologie habe[118] einzusehen, daß das Schauen der Koinzidenz des göttlichen Ja mit dem menschlichen *endgeschichtliche* Wirklichkeit ist, Jesus Christus selber, dessen Handeln schließlich keine dritte Koordinate, sondern das Ende aber auch den Anfang der ersten und zweiten Koordinate unseres Denkens über Gott und göttliche Dinge bezeichnet.

[118] Text A: «*Sie hat dann einzusehen ...*»

2. KAPITEL

Das Gebot Gottes des Schöpfers

§7 DAS GEBOT DES LEBENS

Gottes Gebot geht mich an, sofern ich als sein Geschöpf existiere. Indem er mit mir redet, anerkennt er mich als lebendig. Und indem er etwas von mir will, gebietet er mir zu leben. Ich kann mir das nicht sagen lassen, ohne das Leben des Geschöpfes überhaupt als ⌜von Gott gewollt⌝[1] und als Gegenstand meiner Ehrfurcht zu verstehen.

1.

Wir haben in unserem ersten Kapitel von der Wirklichkeit des göttlichen Gebotes als solcher geredet. Wir sahen, wie es uns offenbar wird in der konkreten Entscheidung unseres Tuns. Wir sahen, wie es gerade als Gottes Gebot selbst concretissimum, bestimmtestes Gebot ist. Wir sahen, daß und inwiefern seine Gegenwart unsere Heiligung ist. Wir treten nun an die Aufgabe heran, diese Wirklichkeit zu analysieren unter dem allgemeinen Gesichtspunkt, daß sie uns begegnet im Medium unserer eigenen menschlichen Wirklichkeit. Es ist in § 3 der Plan entwickelt worden, unter dem wir diese Aufgabe in Angriff nehmen werden. Wir halten uns, indem wir hier theologische Ethik treiben, an dasjenige konkrete Verständnis der menschlichen Wirklichkeit, das sich aus dem Wort Gottes von selber ergibt. Es ist das Wort Gottes als des Schöpfers, als des Versöhners, als des Erlösers des Menschen. Wir erinnern nochmals daran, daß diese Unterschei-

---

[1] Text A: «*notwendig*»

dung einerseits notwendig ist, weil damit die Kategorien bezeichnet sind, über denen es außer dem Gottesnamen überhaupt keine höhere gibt, daß sie aber andererseits nur logisch und nicht etwa ontisch gemeint sein kann. Wir haben also zum Verständnis des Gebotes Gottes als des dem Menschen Gottes gegebenen Gebotes allerdings einen bestimmten, gegliederten Weg einzuschlagen, es wird aber das Gebot auf jeder Stufe dieses Weges als eines und dasselbe zu verstehen sein, wie verschieden bestimmt es uns hier und hier und hier entgegentreten mag, wie es ja auch nach den Auseinandersetzungen unseres ersten Kapitels nur ein wirkliches Gebot gibt, nämlich das jedem Menschen in seinem, und zwar in diesem und diesem Jetzt und Hier gegebene Gebot. Die Ethik hat das Gebot Gottes, dieses eine wirkliche Gebot, nicht aufzustellen. Sie hat es als aufgestellt zu begreifen unter der Voraussetzung, daß es immer im Leben eines *Menschen* aufgestellt ist. Nicht, was uns geboten ist, haben wir zu zeigen – in dieser Absicht kann sich keine Ethik zwischen Gott und den Menschen hineindrängen –, wohl aber, was es für uns bedeutet, *daß* uns geboten ist oder umgekehrt: was es für das Verständnis der Tatsache, *daß* uns geboten ist, bedeutet, daß das Gebot in unser menschliches Leben hineingeboten ist.

Der Mensch ist Gottes Geschöpf. Davon gehen wir aus. Wissen wir, daß wir es mit *Gott* zu tun haben, wenn wir in der Entscheidung unseres Tuns in das Gericht eines Gebotes gestellt sind, dann wissen wir auch, daß wir es mit unserem Schöpfer zu tun haben, mit dem, der so, der so sehr unser Herr ist, daß unsere Existenz ihm gegenüber uns keinerlei Anlaß geben kann, seiner Herrschaft gegenüber auch nur den leisesten Vorbehalt zu machen, geschweige denn, ihm gegenüberzutreten, wie Prometheus seinem Zeus entgegentritt. Nicht auf dem Fuß einer großen, vielleicht größten Macht gegenüber einer kleinen, vielleicht kleinsten Macht, tritt er uns entgegen, sondern auf dem Fuß der Macht gegenüber der schlechthinnigen Ohnmacht. Wir existieren wohl, aber wir existieren nur aus ihm. Er hält uns über dem Abgrund des Nichts, wirklich als unser creator ex nihilo. Es ist seine freie

Güte, daß wir neben und außer seiner Wirklichkeit eigene Wirklichkeit, eben die Wirklichkeit unseres Lebens haben. Sie ist aber und wird nichts Anderes als geschöpfliche, also sekundäre, ursprünglich nicht unsere, sondern seine Wirklichkeit, der Erneuerung seiner freien Güte keinen Augenblick nicht bedürftig. Wir hätten das Gebot nicht erkannt als Gebot – und es wäre dann kein Wunder, wenn wir auch seinen richtenden Ernst nicht erkannt hätten –, wenn wir es nicht als das Gebot des Schöpfers, uns selbst, die ihm unterworfen sind, also als seine Geschöpfe verstanden hätten. Der Anspruch des Gebotes ist darum ein *Rechts*anspruch, weil wir dem Gebieter von Haus aus gehören. Der Anspruch des Gebotes ist darum *unausweichlich,* weil uns jeder Standort fehlt, von dem aus wir etwa selbst gebieten oder doch mitgebieten könnten, weil auch und gerade unser bloßes Existieren Zeugnis von der Hoheit unseres Gebieters ist. Der Anspruch des Gebotes ist darum *nachdrücklich,* weil der, der hier gebietet, an unsere Existenz nicht gebunden ist, wohl aber wir an die seinige, weil er wahrhaftig Strafgewalt über uns hat.

Man darf den Sinn des Gebotes nicht dadurch abschwächen, daß man vergißt, daß es unter allen Umständen auch Gebot Gottes des Schöpfers ist, uns auch als Geschöpfe angeht. Nicht erst als Übertreter und wieder mit Gott Versöhnte, sondern schon einfach als Daseiende. Unser Dasein an sich bildet keinen Schlupfwinkel, in dem wir uns etwa unter Berufung auf unser Nichtwissen um Gut und Böse, frei von Gottes Gebot, uns selbst überlassen wähnen könnten. Das Gebot ergeht bekanntlich schon im Paradiese an Adam und Eva vor dem Fall. Und so ist es immer wieder. Das Gebot erfaßt uns durchaus schon in unserem Dasein ⌜als solchem⌝. Es ist darum auch nicht wohlgetan, zwischen dem Gebot des Schöpfers und dem Gebot Christi einen Gegensatz zu konstruieren. Wir haben es gerade in Christus mit dem Schöpfer und im Schöpfer mit Christus zu tun. Was uns der Schöpfer wirklich gebietet, das ist nicht «natürliches», sondern christliches Gebot, und was wirklich christliches Gebot ist, das ist auch Schöpfungsordnung. Alle Abstraktionen zwischen dem «natürlichen» und dem christlichen Gebot laufen auf eine Abschwächung des einen oder des anderen und damit notwendig beider hinaus. Im Schatten einer als unchristlich verstandenen Schöpfungsordnung ebenso wie im Schatten einer unnatürlich verstandenen christlichen Ordnung pflegt sich die Hybris des Menschen auszubreiten, die sich ein Gebiet sichern möchte, wo der Mensch nicht ins Gericht kommt. Es gibt aber kein solches Gebiet, und das Gebiet der Schöpfung eignet sich am allerwenigsten dazu. Das Gebot Gottes bedeutet immer Frage an den ganzen, Angriff auf den ganzen, Verheißung für den ganzen Menschen. Es ist grundsätzlich immer als ein Mangel unseres Hörens auf das Gebot, nicht als ein Mangel, nicht als eine Zerspaltenheit des Gebotes selbst zu verstehen, wenn das Schöpfungsgebot und das christliche Gebot zu kollidieren scheinen. Die Güte Gottes ist eine. Darum auch die Güte, die uns existieren läßt, und die Güte, die unserer Übertretung Vergebung entgegensetzt. Darum auch die Güte, die der Inhalt des Gebotes ist. Wir gehen also schon dem Gebot Gottes des Schöpfers nach in der Erwartung, Gottes ganzes Gebot zu hören. Vielleicht nicht ganz, aber das ganze.

Das ganze unter dem bestimmten Gesichtspunkt, daß wir uns selbst, die Adressaten des göttlichen Gebotes, als *von Gott geschaffen* verstehen. Auch als solche, schon als solche geht es uns an. Als an uns auch als solche gerichtet haben wir auch das Gebot selbst zu verstehen. Wir wissen, daß die Ethik nicht dazu berufen ist festzustellen, *was* uns geboten ist. Was uns geboten ist, das ist festgestellt und wird festgestellt durch den, der hier gebietet, und keine moralische Allgemeinwahrheit, welcher Herkunft sie auch sein möge, darf sich mit dem Anspruch, selbst dieses Was zu sein, zwischen ihn und uns hineindrängen. Es gibt aber unvermeidliche und allgemeingültige *Komponenten* dieses Was, die sich daraus ergeben, daß das Gebot uns, dem *Menschen* gegeben ist, wobei wir uns gegen Willkür in der Auswahl dieser Komponenten eben dadurch zu schützen suchen, daß wir den Begriff des Menschen vom Begriff des an den Menschen gerichteten Wortes Gottes zu fassen und zu gliedern suchen. Indem wir demgemäß ausgehen vom Menschen als Gottes Geschöpf, stoßen wir offenbar auf den Begriff des *Lebens* als auf die erste dieser Komponenten des Gebotenen. Inbegriffen in dem, was mir geboten ist, ist unter allen Umständen mein eigenes Leben. Gewiß nicht uneingeschränkt, nicht ohne solche Näherbestimmungen, die uns sofort daran erinnern werden, daß in dem, was mir geboten ist, noch mehr inbegriffen ist als mein eigenes Leben, die uns also davor warnen werden, diesen Gesichtspunkt nun etwa als *den* Gesichtspunkt geltend zu machen oder wohl gar zu vergessen, daß es sich, wenn wir von dem Gebot des Lebens reden, nicht um das *Was* des mir Gebotenen, sondern nur um eine bestimmte unvermeidliche und allgemeingültige *Modifikation* dieses Was handeln kann. Die Einschränkung oder vielmehr die Ergänzungsbedürftigkeit dieser Modifikation ergibt sich ganz von selbst daraus, 1. daß mein eigenes Leben eben nicht das Gebotene selbst, sondern nur eine *Komponente* des Gebotenen ist, 2. daß von meinem Leben als dem mir *Gebotenen* die Rede ist und nicht etwa als von dem, auf das ich einen Anspruch habe, über das ich verfügte und von dem ich also einen eindeutigen Begriff hätte, 3. daß mein Leben, von dem die Rede ist, nur sekundär mir, primär, ursprünglich aber *Gott* gehört, durch dessen Gebot ich mir erst sagen zu lassen habe, daß und inwiefern es mein eigenes Leben ist. Was sich aus dieser Begrenzung des Begriffs für sein Verständnis ergibt, davon wird auch zu reden sein. Er hat aber, abgesehen von dieser Begrenzung, doch auch eine positive Seite, und von ihr werden wir zuerst zu reden haben.|

Wir treffen uns an dieser Stelle mit denjenigen Richtungen der philosophischen Ethik, die man als die *hedonistische, utilitaristische* und *naturalistische* zu bezeichnen pflegt, mit der Linie, für die in der Neuzeit etwa die Namen der Engländer *J. St. Mill* und *Herbert Spencer*,[2] der Franzosen *Jean-Marie Guyau* und *Alfred Fouillée*[3]

---

[2] Vgl. J. S. Mill, *Principles of Political Economy with Some of their Applications to Social Philosophy*, London 1848, Neudr. 2 vols. University of Toronto Press 1965. Ders., *On Liberty*, 1859. Ders., *On Utilitarianism*, London 1861 – beides seitdem oftmals nachgedruckt. H. Spencer, *Social statics; or the con-

und doch auch, wenn auch unter sich in sehr verschiedener Weise
die Namen der Deutschen *Fr. Nietzsche, E. Haeckel* und *Alb.
Schweitzer*[4] bezeichnend sind. Das Gemeinsame aller dieser Denker
ist die Orientierung der Ethik am Begriff eben des *Lebens,* gleichviel ob dabei mehr an das physische oder an das geistige, mehr an
das individuelle oder mehr an das soziale Leben, mehr an den
Willen zum Leben oder mehr an die Ehrfurcht vor dem Leben
gedacht werde. Ich kann den Rigorismus nicht für sachgemäß
halten, mit dem etwa *W. Herrmann* die Bejahung der Notwendigkeit des Lebens als einen bloß natürlichen und darum vorsitt-
lichen Gedanken aus der Ethik hinausgewiesen wissen will.[5] Es
gehört umgekehrt zu den Vorzügen der Ethik von *Schlatter,* daß
er in seinem vierten Teil unter dem Titel «Die Kraft» das Anliegen der ethischen Naturalisten zu Ehren zu bringen und in

ditions essential to human happiness specified and the first of them developed, London
1868. Ders., *A system of synthetic philosophy,* 10 vols., London 1860–1896, darin:
The principles of ethics I/II 1879, Neudr. The works of H. Spencer, Osnabrück
1966/67, vol. 9/10.

[3] J. M. Guyau (1834–1888) gilt mit Fouillée als der bedeutendste Vertreter des Evolutionismus im Frankreich des späten 19. Jh. Die Ethik ist entsprechend seiner Lebensphilosophie Wissenschaft von den Mitteln zur Erhaltung, Steigerung und Bereicherung des Lebens. Das sittliche Handeln
bedarf keiner Verpflichtungen; es entspringt unmittelbar dem Lebensdrang,
den G. in innerem Einklang sowohl mit den seelisch-geistigen Kräften des
Menschen wie mit den sozialen Zusammenhängen der Wirklichkeit sieht.
Vgl. *La morale d'Epicure et ses rapports avec les doctrines contemporaines,* Paris
1878. Ders., *La morale anglaise contemporaine,* Paris 1879. Ders., *Esquisse d'une
morale sans obligation ni sanction,* Paris 1885.

A. Fouillée (1838–1912) ging ursprünglich vom Platonismus aus. Zwischen dem Realen und dem Idealen, dem Determinismus der Natur und der
Freiheitsforderung des Gewissens einen Ausgleich suchend, glaubte er später,
diesen im Evolutionismus der Ideenkräfte gefunden zu haben. Den «idées-
forces», die das eigentliche Wesen des Wirklichen ausmachen, kommt eine
schöpferisch-gestaltende Kraft in der Weise zu, daß sie sich selber in einer
Entwicklung verwirklichen. Vgl. *La Liberté et le Déterminisme,* Paris 1872.
Ders., *Critique des Systèmes de Morale contemporaines,* Paris 1883. Ders., *L'Evo-
lutionisme des Idées-forces,* Paris 1890. Ders., *La Morale des Idées-forces,* Paris 1908.

[4] s. § 1 S. 2 Anm. 2 und 3 sowie § 2 S. 34 Anm. 4.

[5] Vgl. W. Herrmann, a.a.O. S. 12.14.38 u. ö.; 1913[5] (1921) S. 9.11.37
u. ö.

allen seinen Konsequenzen aufzunehmen weiß.[6] Der vom Sitten-
gebot als dem Gebot Gottes in Anspruch genommene Mensch
fängt nicht erst oberhalb der Linie an, die ihn vom bloßen Natur-
wesen unterscheidet, und darum auch nicht (und das hat man sich
von den ethischen Naturalisten sagen zu lassen) seine Inanspruchnahme durch das Gebot. Die Gefahr einer solchen vornehmen,
allzu vornehmen Absonderung des sittlichen vom natürlichen
Handeln und Wollen besteht darin, daß das Leben des Menschen,
sofern es sich doch, aller vornehmen Ethik ungeachtet, fort und
fort auch unterhalb jener Linie abspielt, erst recht einer naturalistischen Gelegenheits- und Verlegenheitsethik überlassen wird.
Wir haben das Gebot zu verstehen in seiner Beziehung zu der
wirklichen menschlichen Handlung. Die wirkliche menschliche
Handlung ist aber, wie es auch um ihren sittlichen Charakter
stehen möge, jedenfalls immer auch ein Lebensakt, und daß sie
das ist, das darf bei der Bestimmung des Sittlichen nicht unterschlagen, sondern gerade das Sittliche will durchaus auch in dieser
Richtung betrachtet und erwogen werden. Es ist uns auch das
Gebot durchaus nicht nur als das uns gegenübertretende *Gesetz*
gegeben (in dieser Gestalt werden wir es im dritten Kapitel
kennenlernen), sondern, indem es uns gegenübertritt (und es tritt
uns immer gegenüber!), auch darin, schon darin, daß wir sind,
daß wir leben. Es betrifft uns gerade darum ursprünglich und
unentrinnbar, weil es schon unser Existieren betrifft, weil es uns
sozusagen zu Hause trifft, ohne daß wir die Möglichkeit haben,
uns zu verleugnen. Dies ist das Anliegen des ethischen Naturalismus, das meines Erachtens gerade von einer theologischen
Ethik durchaus aufgenommen sein will.|

Darin werden wir ihm nun freilich nicht folgen – auch *Alb.
Schweitzer* nicht, der diese Richtung neuerdings in einer sehr eigen-
artigen und eindrucksvollen Weise vertreten hat –, daß wir die
Notwendigkeit des Lebens nun etwa als *den* Gesichtspunkt der
Ethik aufrichten und gelten lassen könnten. Es gibt keinen Ge-
sichtspunkt, der hier tyrannisch *der* Gesichtspunkt sein wollen

[6] Vgl. A. Schlatter, a.a.O. S. 318–376; 1929³ (1961) S. 374–436.

dürfte. Es gibt hier nur Gesichtspunkte in der Mehrzahl, es gibt hier nur Komponenten des Gebotenen. *Darin,* scheint mir, muß eine theologische Ethik auch gegenüber dem Naturalismus rigoros und unerbittlich sein, nicht aber wie bei *Herrmann* darin, daß sie ihm gegenüber durchaus die Geschäfte des Idealismus besorgen zu müssen meint. Eine solche Komponente des Gebotenen ist die Notwendigkeit des Gesetzes, darin hat der Idealismus ganz recht. Eine solche Komponente ist nun auch die Notwendigkeit des Lebens, darin ist der Naturalismus zu hören. Will er uns aber einen naturalistischen Imperativ aufnötigen als *das* Gebot, dann müssen wir auch ihm antworten: *Nur* eine *Komponente,* nur eine Modifikation des Gebots. Es gibt Probleme der naturalistischen Ethik, wie etwa das von den Engländern vielbehandelte des Verhältnisses von Egoismus und Altruismus, und es gibt um ihrer Einseitigkeit willen lehrreiche naturalistische Problemstellungen wie etwa die von Nietzsche, die die Begrenztheit des naturalistischen Gesichtspunktes ebenso deutlich machen, wie es andere gibt, an denen es sich erweist, daß ein spiritualistischer Moralismus wie etwa der von Herrmann seinerseits nur ein Wort, aber nicht *das* Wort, das *letzte* Wort sein wollen darf. Dasselbe wird zu sagen sein, wenn wir jenseits von Naturalismus und Idealismus in unserem vierten Kapitel auf die eschatologische Bedeutung des Gebotes, auf das Gebot als Gebot der Verheißung zu sprechen kommen werden. Und alle diese Begrenztheiten dürften darauf hinweisen, daß die Ethik gerade als theologische Ethik, überhaupt kein letztes Wort, sondern nur eine Reihe von vorletzten Worten zu sagen hat. Ein solches vorletztes Wort, ein unvermeidlicher, allgemeingültiger Gesichtspunkt, unter dem das Gebot, weil es dem *Menschen* gegeben ist, zu verstehen ist, ist, wie nun zu zeigen sein wird, die Notwendigkeit des *Lebens.*

2.

Was *Leben* ist, wissen wir ursprünglich nur, indem wir um die Tatsache unseres eigenen Lebens wissen. Mein Wissen um das

Leben meines Mitmenschen und, in abgestufter Deutlichkeit, um das Leben von Tieren und Pflanzen, nicht zu reden von einem wirklichen oder vermeintlichen Wissen um die Wirklichkeit des Lebens überhaupt, ist ein analogisches Wissen, zurückgehend auf mein Wissen um mein eigenes Leben. Aber in strenger primärer Ursprünglichkeit wissen wir, *theologisch* geredet, auch nicht um unser eigenes Leben. Wir wissen darum, weil Gott uns anredet und uns damit als lebendig anerkennt. Vier Punkte sind hier zu nennen, in deren Gesamtheit der Begriff des Lebens vollständig gedacht sein dürfte.

1. Indem Gott uns anredet, anerkennt er und ist uns klar und legitim gesagt, daß wir *da sind,* und zwar *von Gott unterschieden* da sind. Wären wir nichts oder wären wir umgekehrt selber Gott, so gäbe es kein zu uns kommendes, zu uns gesprochenes und von uns gehörtes Wort Gottes. Das *Wort* Gottes als solches konstituiert unser Wissen um die wie immer zu verstehende Wirklichkeit und Selbständigkeit unseres Daseins im Unterschied zum Sein Gottes. Als Wort *Gottes* nun freilich auch unser Wissen um die schlechthinnige Abhängigkeit, in der wir ihm gegenüber wirklich und selbständig sind, das Wissen um die Kreatürlichkeit unseres Daseins. Dieses nicht ohne den eben gemachten Vorbehalt verstandene Wirklich- und Selbständigsein unseres Daseins ist der naheliegendste und einfachste Sinn des Begriffes Leben. Insofern nimmt das Leben, das Gott uns zuerkennt, indem er uns anredet, teil am Begriff des *Seins.* Indem wir sagen: es nimmt teil, erinnern wir uns, daß Gott allein eigentlich und ursprünglich Sein und also Leben zukommt, uns aber nur durch seine Güte, die uns an dem Seinigen teilnehmen läßt.

2. Indem uns Gott anredet, anerkennt er und ist uns gesagt, daß wir jemand sind, dieses und dieses, dieses *bestimmte einzelne* Sein. Wort Gottes setzt nicht nur eine von Gott unterschiedene Wirklichkeit voraus, sondern in dieser sekundären Wirklichkeit Unterschiedenheit, Bestimmtheit, Einzelheit. Das Wort Gottes ist freilich ein Wort an Alle, das heißt aber: ein Wort an die Summe aller Einzelnen und gerade nicht etwa: ein Wort an das All, an

die als Einheit gedachte von Gott geschaffene und von ihm selbst unterschiedene Wirklichkeit. Das *Wort* Gottes konstituiert als solches mein Wissen um die Selbständigkeit meines Daseins im Unterschied nicht nur zu Gott, sondern auch zu Anderem, was neben mir in ähnlicher Selbständigkeit dazusein scheint. Als Wort *Gottes* nun freilich auch mein Wissen um die Relativität der Tatsache, daß ich dieser und dieser bin. Ich bin auch das nicht in und durch mich selbst, nicht in einer Sicherheit, über die ich verfügen könnte, sondern eben durch Gott und vor Gott, innerhalb der Kreaturgrenze. Das ist das Zweite, was im Begriff des Lebens liegt: Leben heißt etwas Einzelnes und Bestimmtes sein. Insofern nimmt das Leben, das Gott uns zuerkennt, indem er mit uns redet, teil am Begriff des *Individuellen*. Wir sagen: es nimmt teil, und erinnern uns damit daran, daß Gott allein eigentlich und ursprünglich Individualität und insofern Leben zukommt, uns aber leihweise durch seine Güte, kraft derer Leben außer ihm durch ihn selbst wirklich sein soll.

3. Indem Gott uns anredet, anerkennt er und ist uns gesagt, daß wir in der *Zeit* da sind, begriffen im Schritt aus einer Vergangenheit durch eine Gegenwart in eine Zukunft. Wort Gottes setzt voraus, daß wir da sind in einem Nacheinander von ganz verschiedenen Momenten. Zweierlei ist damit gesagt: daß unser bestimmtes Dasein in einem Wechsel von Momenten mit sich selber identisch bleibt und: daß unser Dasein, mit sich selber identisch, einen Wechsel von Momenten durchläuft. Denn ein an uns ergehendes Wort setzt, ob es nun als Mitteilung, Frage oder Befehl verstanden sei, auf seiten dessen, an den es ergeht, die Fähigkeit voraus, zu vernehmen, zu antworten, zu gehorchen, also jedenfalls die Fähigkeit, in einem Vorher und Nachher (z.B. in dem Vorher des Fragens und in dem Nachher des Antwortens) *derselbe* – und derselbe *in einem Vorher und Nachher* (z.B. in dem Vorher des Befehls und in dem Nachher des Gehorsams) zu sein. Das *Wort* Gottes als solches konstituiert mein Wissen um die Wirklichkeit einer Bewegung, in der ich mich befinde, als Wort *Gottes* freilich wiederum mein Wissen um den sekundären ge-

schöpflichen Charakter der Zeit und also auch meiner Bewegung. Das ist das Dritte im Begriff des Lebens: Leben heißt in der Zeit dasein, und insofern nimmt das von Gott mir zuerkannte Leben teil an den Begriffen der *Kontinuität* und der *Veränderung*. Es nimmt teil: wir sagen damit, daß Unveränderlichkeit *und* Aktualität Eigenschaften Gottes sind, Eigenschaften, an denen uns wiederum seine Güte teilzunehmen, in den Grenzen unserer kreatürlichen Wirklichkeit teilzunehmen gönnt.

4. Indem Gott uns anredet, anerkennt er und ist uns gesagt, daß unserem Dasein eine wie auch immer zu begrenzende *Ursprünglichkeit* eigen ist. Es ist nicht nur so, daß wir *dieselben* sind in einer Bewegung, dieselben in einer *Bewegung,* sondern: *wir* sind dieselben, *wir* sind in Bewegung. Wir sind Subjekt der Kontinuität und der Veränderung. *Wort* Gottes kann nicht an ein solches einzelnes Daseiendes gerichtet sein, das etwa bloß Kanal oder auch fungierendes Organ einer anderweitig entspringenden Bewegung wäre, sondern *Wort* Gottes anerkennt uns, in welchen Grenzen immer, als Ursprung unserer Bewegung. Es konstituiert das *Wort* Gottes als solches mein Wissen um meine Selbständigkeit nun auch hinsichtlich der Kontinuität und Veränderung, in der ich mich befinde, mein Wissen darum, daß sie *meine* Kontinuität und Veränderung ist – als Wort *Gottes* freilich dann auch mein Wissen um die Fragwürdigkeit, um den sekundären, kreatürlichen Charakter dieser meiner Ursprünglichkeit. Das ist das Vierte im Begriff des Lebens: Leben ist da, wo die Bewegung eines durch Gott Daseienden auch in und mit diesem selbst anfängt. Insofern partizipiert das mir zuerkannte Leben am Begriff der *Freiheit*. Es partizipiert: denn ursprüngliche, keinem Vorbehalt unterliegende Freiheit, Aseität ist allein Gott eigen, uns aber geliehen durch seine Güte.

Soviel zur Umschreibung dessen, was in unserem Zusammenhang sachgemäß unter Leben zu verstehen ist. Daß ich lebendig bin, ist wahrlich nicht das Einzige, was ich weiß auf Grund dessen, daß es mir durch das Faktum des an mich ergehenden Wortes Gottes zuerkannt ist. Ich weiß aber auf Grund dieser Voraussetzung auch dies, daß ich lebendig bin: daseiend neben Gott, in unwiederholbarer Bestimmtheit und Einzelheit, in Bewegung, einer Bewegung, die das Prädikat ist des Subjektes Ich, dem im göttlichen Wort das göttliche Du begegnet ist, das durch diese Begegnung endgültig genötigt ist, sich als Ich zu erkennen und ernst zu nehmen. Das Alles in der Klammer und unter dem Vorbehalt, daß das *Wort,* das uns solches zuerkennt, das Wort *Gottes* ist, daß also mein Leben nur innerhalb der Kreaturgrenze wirklich ist, als geschaffenes, aus dem Nichts geschaffenes, durch die Güte Gottes schlechthin bedingtes Leben, an sich betrachtet also fragwürdig wirklich, ja, im Blick auf seine unvermeidliche Korrelation zum Tode geradezu illusorisch wirklich, als wirklich nur zu verstehen auf das Wort hin, «getragen» durch das Wort (Hebr. 1,3), das, weil es das Wort Gottes ist, ewiges durch den Tod nicht Lügen zu strafendes Wort ist. Aber in dieser Klammer und unter diesem Vorbehalt: wirkliches Leben.

Dies nun, mein Leben, ist offenbar in Gottes an mich ergehendes Gebot, wie es auch lauten möge, auf alle Fälle *mitgesetzt.* Gottes Gebot betrifft meine Handlung, mein Tun, meine Entscheidung. In meiner Entscheidung ist aber notwendig inbegriffen, daß ich *lebe.* Indem Gott etwas von mir will, gebietet er mir – gewiß nicht nur das, aber auch das –, daß ich lebe. Was das in concreto heißt, das ist der Inhalt des Gebotes, den er selbst bestimmt, es wird aber unter allen Umständen auch Leben heißen. Leben ist nicht an sich schon Entscheidung. Aber Entscheidung ist sicher auch Leben, mein Leben. Entscheidung fällt nicht ohne das Substrat eines bestimmten Lebensaktes. Und weil das Gebot *meine* Entscheidung betrifft, darum kann ich sie nicht etwa von jenem Lebensakt oder diesen von ihr abstrahieren, diesen nicht etwa bloß als neutrales Material meiner Entscheidung betrachten und behandeln. Gerade mein Leben muß ich vielmehr verstehen als vom Gebot erreicht und betroffen: in der Weise zunächst, daß ich auch meinen Lebensakt als solchen als in die Krisis des Gebotes gestellt erkenne und mich selbst als für meinen Lebensakt als solchen verantwortlich.|

Wirklich leben ist *notwendig,* ist *gut,* ist *Gehorsam* gegen den Schöpfer. Wille zum Leben ist guter Wille. Aber das kann und darf kein eindeutiger Satz sein wollen, weil das Leben, das wir bejahen und wollen können, nicht das göttliche, sondern unser kreatürliches Leben ist. Wille zum Leben ist guter Wille, sofern ich mein Leben so will, wie es der Schöpfer, dem es gehört, haben will. Damit ist aber schon gesagt, daß mein Wille noch nicht dadurch gut ist, daß ich mein Leben als solches will. Gut wäre er, wenn ich freilich mein Leben als solches wollte, aber eben in dieser bestimmten Beziehung, im Gehorsam gegen den Willen des Schöpfergottes. Diese bestimmte Beziehung relativiert also die Güte meines Willens zum Leben als solchem, setzt sie in Klammer und stellt sie in Frage. Wir werden uns darum wohl hüten, ⌜mit den ethischen Naturalisten⌝ diejenigen Formen menschlichen Handelns, in denen es vorwiegend und in die Augen springend um die Betätigung des Willens zum Leben geht, abstrakt als gute und ihr Gegenteil als böse Handlungen zu bezeichnen. Wir können nur sagen, daß es bei *solchen* Handlungen in *Frage* kommt, daß sie durch das Gebot des Schöpfers geboten oder verboten sein könnten, daß Gehorsam oder Ungehorsam gegen dieses Gebot in ihnen sichtbar werden könnte, weil sie ihrer Art nach offenkundig unter dieses Gebot fallen dürften. Die Wirklichkeit des göttlichen Gebotes und des Gehorsams gegen Gott mit ihnen zu *identifizieren* oder ihnen *abzustreiten,* dazu sind wir nicht, dazu sind wir gegenüber keiner Handlung oder Handlungsweise befugt. Sie drängen sich uns aber auf als Gleichnis dieser göttlichen Wirklichkeit. Sie wollen offenbar Gegenstand unserer Besinnung und, wenn unser eigenes Handeln in Frage stehen sollte, Anlaß unserer Bereitschaft sein, unserer Bereitschaft für das uns richtende Gebot Gottes, sofern es auch Gebot des Schöpfers und also Gebot des Lebens ist. |

Erinnern wir uns nun einiger solcher Formen menschlichen Handelns, die als Gleichnis der Wirklichkeit des Schöpfergebotes in Betracht kommen dürften, angesichts derer die Frage nach dem göttlich Gebotenen sich aufdrängt, gerade sofern dieses göttlich

Gebotene jedenfalls auch unser eigenes Leben ist, und uns zur Besinnung, zur Wachsamkeit, zur Bereitschaft auffordert. Wohlverstanden: nicht mit dem Anspruch auf Vollständigkeit soll gesagt werden, was jetzt und im ganzen weiteren Verlauf dieser Vorlesung in dieser Weise zu sagen ist, sondern nur exempli gratia. Und: nicht in der Absicht, die Problematik dieser Formen menschlichen Handelns als Ganzes aufzurollen, geschieht das, sondern nur in der Absicht, die in bezug auf sie aus der Wirklichkeit des göttlichen Gebotes, und zwar unter dem ganz bestimmten Aspekt des Schöpfergebotes sich ergebenden Fragen zu hören. Und – eine dringende Warnung ein für allemal! – nicht an den nun unvermeidlichen Konkretionen oder gar an der ebenso unvermeidlich persönlich bedingten Beleuchtung, in der sie hier erscheinen werden, dürfen Sie Ihr Interesse haften lassen, sondern einzig und allein an dem Licht des Gebotes selbst, das im Gleichnis zu sehen, unsere Aufgabe ist, nachdem wir dazu übergegangen sind, das Gebot als das an den Menschen gerichtete Gebot verstehen zu wollen.

Mein Lebensakt vollzieht sich jeden Augenblick in der faktischen Einheit eines doppelten Geschehens, das wir als das der Seele und des Leibes zu bezeichnen pflegen. Ich lebe für mich selbst und für die Anderen nie und in keiner Beziehung anders als in der Ganzheit meiner Geistigkeit *und* meiner Körperlichkeit, freilich auch nie und in keiner Beziehung anders denn als in der Unterschiedenheit beider. Beides gilt hier: unum non datur und: tertium non datur, d.h. ich bin in keiner Hinsicht nur Geist oder nur Körper und: ich bin in keiner Hinsicht in der Synthese, in dem Einen jenseits dieses Zwiefachen. Materialismus und Spiritualismus, die den Menschen einseitig von der Physis oder von der Psyche her verstehen wollen, sind ebenso ungenügende Deutungen des Phänomens des Menschen wie der Trichotomismus der altlutherischen Dogmatik, der mit seiner Unterscheidung von anima und spiritus den Dualismus, in dem wir existieren, in eine höhere Einheit meinte aufheben zu können. Mein geschöpfliches Leben ist jene *Einheit* in der Unterschiedenheit und jene *Unter-*

schiedenheit in der Einheit. Wille zum Leben ist also als Wille zum Leben der Physis *und* der Psyche zu verstehen. Nie und nirgends wird er bloß das Eine oder bloß das Andere sein. Aber auch nie und nirgends wird er nicht von der einen oder anderen Seite her prädominiert sein. Diese Erwägung berechtigt und nötigt uns, zwischen dem Willen zur Erhaltung und Behauptung unseres physischen und unseres psychischen Lebens zu unterscheiden, zugleich aber im Auge zu behalten, daß wir es bei jedem a parte minori auch mit dem anderen zu tun haben. Und da nun die Leiblichkeit nach dem biblischen Schöpfungsbericht nicht nur das Ende,[7] sondern auch der Anfang der Wege Gottes ist, beginnen wir unsere Überlegungen mit der Physis, um von da aus, wie es sich gehört, allmählich zu der Psyche aufzusteigen, wobei wir uns doch im voraus einschärfen wollen, daß wir es auf allen Stufen mit dem ganzen, einen Menschen zu tun haben.

Die primitivste Form unseres physisch-psychischen Lebenswillens ist zweifellos die, deren Negation oder scheinbare Negation am eklatantesten in der Möglichkeit des Selbstmordes sichtbar wird: die einfache *Bejahung des Lebens,* die durch ein gewisses Tun und Nicht-Tun gekennzeichnete Bereitschaft, jenes Wandern aus Vergangenheit durch Gegenwart in Zukunft, in dem unser Lebensakt besteht, fortzusetzen. Unser Leben ist ja, ganz abgesehen von seiner Geschöpflichkeit und als Wahrzeichen seiner Geschöpflichkeit, begrenzt vom Tode. Jenseits dieser Grenze können wir seine Wirklichkeit nur in Gott suchen, der, was ihm gehört, wieder zu sich genommen hat und in dem wir es unverloren wissen, indem wir an ihn glauben. Daß unser Wollen und Handeln, unser Leben kein absolutes, sondern ein relatives ist, das ist uns handgreiflich sichtbar darin, daß wir schon jene einfache Bejahung unseres Lebens – denn «mitten wir im Leben

---

[7] Anspielung auf ein bekanntes Oetinger-Wort, das aber hier wie gewöhnlich offenbar ungenau wiedergegeben ist. Im 3. Band von *Fr. C. Oetingers Predigten über die Sonn- und Feiertags-Evangelien. Das Murrhardter Predigtbuch,* 5. Ausgabe, vollständig gesammelt und unverändert hrsg. v. K. C. E. Ehmann, Stuttgart 1902, S. 27 lautet es: «Leibliche Unzerstörbarkeit ist das Ende der Werke Gottes.»

sind von dem Tod umfangen»[8] – nur *relativ* vollziehen können. Aber daß wir das können, daß wir Mittel, wenn auch keine absolut, sondern nur in gewissen Beziehungen und auf eine gewisse Strecke wirksame, aber immerhin Mittel haben, uns dem Tode zu entziehen, und eine Anzahl sehr wirksamer und sogar absolut wirksamer Mittel, unseren Tod zu beschleunigen oder herbeizuführen, das beweist doch die relative Wirklichkeit unseres Lebens, Wollens und Handelns. Schon diese ganz einfache Bejahung unseres Lebens bzw. seine wirkliche oder scheinbare Verneinung fällt zweifellos unter das *Gebot* Gottes. Man kann nicht sagen, daß die Bejahung des Lebens an sich gut ist. Im Gegenteil: gerade dieses primitive Lebenwollen kann *die* Sünde, der Aufruhr des Geschöpfs gegen den Schöpfer sein, der jenem das Leben nicht dazu gegeben hat, daß er *es* bejahe, sondern daß er, indem er *es* bejaht, *ihn* bejahe.|

Das Leben im Gehorsam gegen den Schöpfer bejahen kann heißen, sein Leben opfern, sich dem Tode nicht entziehen, sondern durch Unterlassen oder Tun seinen Tod zu beschleunigen, ja herbeizuführen. Als Jesus hinaufzog nach Jerusalem, hat er offenbar diese Möglichkeit gewählt im Gegensatz zu dem «Das widerfahre dir nur nicht!» [Mt. 16,22] seines Jüngers. Aber immer wird der Gehorsam gegen Gott den Schöpfer *auch* heißen, sein eigenes Leben bejahen. Denn nur bejahtes Leben kann wirklich geopfert werden. Wenn wir des Lebens müde sind (wenn vielleicht ganze Völker und Kulturen lebensmüde werden), wenn wir uns meinen gestatten zu dürfen, auf die uns gegebenen Mittel der Gegenwehr gegen den Tod zu verzichten (es gibt auch ein scheinbar rein passives, rein psychisches Sichsterbenlassen), wenn wir unser Leben aufs Spiel setzen (vielleicht beim Sport oder im Zweikampf oder um wissenschaftlicher oder – Ozeanflüge – technischer Zwecke willen), wenn ein ganzes Volk sich entschließt, sich dem Feuer der Kanonen eines anderen Volkes auszusetzen,

[8] Anfang der Antiphon *Media vita in morte,* 11./12. Jahrhundert, Strophe 1 deutsch: 15. Jh., Strophe 2 und 3: M. Luther 1524, vgl. EKG 309, Schweiz. Kirchengesangbuch 295.

dann stellt sich, von allen anderen Fragen ganz abgesehen, jedenfalls auch *die* Frage, was dabei werde aus der keineswegs unserer
Willkür überlassenen, sondern durch das Gebot des Schöpfers
von uns geforderten Bejahung des Lebens, dann ist unter allen
Umständen zu bedenken, daß unser Leben keineswegs uns selbst
gehört, sondern daß es uns in seiner ganzen Relativität geliehen
ist, daß es zur Verfügung Gottes und nicht zu unserer Verfügung steht. Kann dieses Zur-Verfügung-Gottes-Stehen in concretissimo bedeuten, daß wir es zu opfern haben, so können
wir es doch nicht opfern, wenn wir es nicht zuvor bejaht haben.
Und das ist überall, wo Menschen angeblich ihr Leben opfern,
die Frage, ob sie wirklich im Gehorsam gegen das *Gebot* dem Tode
den Lauf lassen, ob ihr Dahingeben also ein wirkliches Opfern
oder nicht doch bloße Fahrlässigkeit oder Willkür ist. Nicht
selbstverständlich fällt der Tod im Flugzeug oder im Hoch-
gebirge, nicht selbstverständlich fällt auch der Kriegertod unter
den Begriff des gebotenen Opfers – sowenig wie alle einfache
Lebensbejahung als solche unter den Begriff der gebotenen
Lebenserhaltung fällt. Wir haben in der Ethik nicht zu bestimmen: das und das ist gebotene, das und das ist verbotene Lebensbejahung oder Lebensverneinung. Das bestimmt Gott ganz allein.
Wir haben aber die Regel zu bedenken, daß das Gebot des
Schöpfers (auch wenn es in concretissimo lauten sollte: stirb!)
das Gebot des Lebens, die natürliche *Furcht* vor dem Tode, die
Jesus auch bewiesen hat (auch darin war er gehorsam, wohlverstanden!) und die in unserer Macht stehende *Abwehr* gegen den
Tod auf alle Fälle in sich begreift.|
    Von da aus ist nun auch die Möglichkeit des eigentlichen
Selbstmordes – nicht wie das in den meisten Ethiken trotz aller
gegenteiligen Versicherungen geschieht: zu beurteilen, sondern:
zu bedenken oder noch genauer: es ist das göttliche Gebot und
sein Verhältnis zu *dieser* Möglichkeit zu bedenken. Ich würde es
nicht für richtig halten, mit *Schlatter* (S. 339) zu sagen: «Mit
dem Gott erfassenden Glauben steht die Vernichtung des eigenen
Lebens immer im Streit; denn sie ist Verzicht auf Gottes Hilfe,

Griff nach der schrankenlosen Verfügungsmacht über uns selbst, Auflehnung gegen das uns beschiedene Los».[9] Was wissen wir denn, ob dies sich im einzelnen Fall so verhält? Und gibt es nicht Fälle, wo es sich fragt, ob nicht gerade das Gegenteil der Fall sein könnte? Man tritt, weil es sich um eine öffentliche und repräsentative Persönlichkeit handelt, einem Mitmenschen nicht zu nahe, wenn man auf Kaiser Wilhelm II. exemplifiziert und fragt (Reichskanzler Michaelis hat das auch gefragt), ob jener nicht wohlgetan, in christlichem Sinne wohlgetan hätte, seine Auffassung von Monarchie und Volk im Herbst 1918 dadurch zu bewähren und vielleicht dem ganzen seitherigen Lauf der Dinge dadurch ein anderes Gesicht zu geben, daß er im nächsten Schützengraben den Tod suchte, statt dies unter Berufung auf christliche Gründe zu unterlassen. Aber wenn man auch nach beiden Seiten so fragen kann und muß, wenn man weiter zu bedenken hat, daß es nicht immer leicht sein wird, den eigentlichen Selbstmord von jenen anderen verwandten Möglichkeiten einwandfrei zu unterscheiden, so ist doch Schlatter und all den anderen Ethikern, die hier kurzen Prozeß machen, ohne weiteres zuzugeben, daß die nächstliegende Frage angesichts der Selbstmordmöglichkeit immer die sein wird: ob hier nicht das Gebot des Lebens darum in um so erschütternderer Weise verkannt sein möchte, weil diese Fehlentscheidung, wenn sie eine solche ist, zugleich die letzte Entscheidung des betreffenden Menschen überhaupt, eine Fehlentscheidung an der Schwelle der Ewigkeit ist? Ob hier nicht auf dem Hintergrund einer Furchtlosigkeit vor dem Tode, zu der wir an sich keinen Befehl und keinen Anlaß haben, eine ganz heillose Furcht, eine verbotene Feigheit vor dem Leben vorliegt, ob hier nicht in aufrührerischer Weise das Erste, was Gott uns in die Hand gelegt hat, weggeworfen wird, ein Aufruhr, der dadurch nicht zu beschönigen ist, daß die Fortsetzung des betreffenden Lebens vielleicht als der noch viel schlimmere Aufruhr zu beurteilen wäre? Gerade wenn wir uns daran halten,

[9] Vgl. A. Schlatter, a.a.O. 1929[3] (1961) S. 391.

daß wir überhaupt nicht Menschen und Handlungen zu beurteilen, sondern Gottes Gebot zu bedenken haben, werden wir angesichts der Selbstmordmöglichkeit nicht klar genug bedenken können: auch ein freiwilliges Sterben muß, um wohlgetan zu sein, nicht auf Erlaubnis beruhen – was heißt Erlaubnis, wenn wir uns eben entscheiden müssen? –, sondern in Konformität mit dem Gebot getan sein. Auch wenn das konkreteste Gebot lautet: Stirb!, setzt es voraus das Gebot: Lebe! *Ist* dieses Gebot wirklich bedacht, *bin* ich bereit, dem so Gebietenden zu begegnen, wenn ich aus welchen Gründen immer meine, zum Revolver greifen zu müssen? Was bedeutet es für ein Volk oder für eine Konfession in bezug auf die letzte Frage ihres Daseins, wenn die Statistik ein Zunehmen der Verwirklichung dieser Möglichkeit in ihren Reihen nachweist? Nicht eine Lehre über die Verwerflichkeit und Verbotenheit des Selbstmordes aufzustellen und zu propagieren, kann die Aufgabe der Kirche in dieser Hinsicht sein. Unterläßt sie dies, dann darf sie sich nämlich auch die Gegenlehre von der Erlaubtheit des Selbstmordes verbitten. Wohl aber ist ihre Aufgabe, das Gebot des Schöpfergottes zu verkündigen und – das Urteil ihm, wirklich ihm überlassend – die Frage in die Gewissen zu treiben, daß dieses Gebot das Gebot des Lebens ist, dem der sicher ungehorsam ist, der es, gleichviel ob als evidenter Selbstmörder oder anderswie, wegwirft, der zu Schanden macht, was er nur opfern dürfte und vielleicht müßte, nun aber, indem er es zu Schanden macht, dem Opfer gerade entzieht.

Die nächste ebenfalls noch recht primitive Form des Willens zum Leben ist die, die nach der bekannten Formel dem Hunger und der Liebe entspringt. Unser Leben ist bedingt durch die Notwendigkeit des *Stoffwechsels* und durch seine *Geschlechtlichkeit*. Ich würde in Anbetracht der doch eigentlich unerhörten Tatsache, daß wir mindestens ein Drittel unseres kurzen Lebens schlafend zubringen, als drittes dieser primitiven Lebensmotive das des *Ruhe*bedürfnisses nennen. Die an diesen Bedingtheiten unseres Daseins sich auslösende Form des Willens zum Leben dürfte nur schon darum ethisch nicht irrelevant sein und nicht als das behandelt werden, weil sie naturwissenschaftlich betrachtet – und es ist nicht abzusehen, warum wir uns nicht auch so zu betrachten hätten – fraglos die Grundform dieses Willens ist, und weil jeder tiefere Einblick in das eigene Leben oder in das Anderer oder in die Wirklichkeit der Geschichte uns zeigt, wie beängstigend energisch sich gerade diese Form unseres Willens auch in allen seinen höheren Formen durch das Mittel raffinierter und raffiniertester Übersetzungen fortsetzt und durchsetzt. Nicht Alles, aber doch recht Vieles an dem Phänomen Mensch in der Einzahl und Mehrzahl erklärt sich wirklich daraus, daß wir beständig auch hungrig, erotisch beunruhigt und schlafbedürftig sind. Nicht nur das, aber auch das! Und nun ist es wahrhaftig nicht gleichgültig, ob wir diese Form unseres Lebenswillens als eine in sich begründete, fraglose Gegebenheit verstehen, oder ob wir uns darüber klar sind, daß schon das hier entstehende Wollen und Handeln in die Krisis des göttlichen Gebotes kommt, weil wir nicht an sich, sondern als Gottes Geschöpfe das Leben und nun gerade dieses, dies unleugbar, bis in seine feinsten Äußerungen immer auch durch Hunger und Liebe und Müdigkeit charakterisierte Leben haben. Nicht darauf ist Antwort zu geben, unter welchen Umständen es gut sei, dieser unserer Bedingtheit entsprechend zu wollen und zu handeln, also für die Befriedigung des Ernährungs- und des Geschlechts- und des Schlafbedürfnisses zu sorgen. Wann und wie und inwiefern das gut ist, das sagt Gottes Gebot, und keine Ethik hat hier dreinzureden. Wohl aber ist einzusehen, daß die Obsorge für diese unsere Lebensbedürfnisse auf alle Fälle unter der Frage steht, wie sie sich verhalte zu dem uns in und mit diesem Leben, mit seiner Relativität im Verhältnis zu seinem Schöpfer gegebenen Gebot. Indem diese Frage gestellt ist, ist jedenfalls gesagt, daß die Betätigung unserer diesen Lebensbedürfnissen entsprechenden Anlagen nicht an sich gut ist. Gewiß auch nicht an sich böse. Aber das *fragt* sich eben, ob gut oder böse. Und darum fragt es sich, weil das Gebot Gottes auf alle Fälle auch diese Betätigung betrifft und nicht erst weiter oben anfängt mit seiner Inanspruchnahme.

Man kann diese Frage in verschiedener Hinsicht gestellt sehen. Einmal: *Handelt* es sich um Betätigung der in unserer Geschöpflichkeit begründeten Bedürfnisse, *gehorcht* man denn dem Gebot des Lebens, wo diese Form des Willens vielleicht theoretisch oder praktisch als die herrschende, vielleicht geradezu als die allein herrschende anerkannt wird? Bedeutet die Möglichkeit des Schlemmers Lukullus oder die Möglichkeit eines Don Juan oder Casanova auf erotischem Gebiet die Möglichkeit eines wirklichen «Lebemannes», wie man ja wohl solche Leute zu nennen pflegt? Heißt das «sich ausleben», wenn diese Betätigung diese Rolle bekommt? Oder ein ganz anderes Beispiel: Konnte etwa die Wirtschaftsgesinnung eines Bauern alten Stils mit ihrer ausschließlichen Richtung auf die Bedarfsbefriedigung einem recht verstandenen Willen zum Leben Genüge tun? Weiter: Gibt es nicht im individuellen und sozialen Leben gerade in dieser primitivsten Hinsicht offenkundig Hypertrophien des Befriedigungswillens, die zu dem vorhandenen, zu befriedigenden Bedürfnis in gar keinem Verhältnis mehr stehen und also auch nicht zu dem Lebensakt, auf den diese Bedürfnisse zurückgehen, sinnloses Genießen, das gar kein Genießen mehr zu sein scheint, blöde Animalität an sich, in der nicht einmal mehr die animalische Kraft zu bewundern ist? Weiter: Gibt es nicht auch Verirrungen und Verkehrungen dieses Befriedigungswillens, die, weit entfernt, die Bedürfnisse des Hungers und der Liebe wirklich zu befriedigen, den Lebensakt geradezu bedrohen? Wir denken an Alkoholismus und Prostitution, wir denken auch an die rätselhafte Not der sogenannten Homosexuellen. Es stellt sich aber nicht nur die Frage nach einem möglichen Zuviel, sondern auch die nach einem möglichen Zuwenig dieses Befriedigungswillens. Es fragt sich z.B., ob die moderne Arbeiterschaft nicht handeln mußte, wie sie gehandelt hat, als sie sich im Unterschied zu dem mit Allem zufriedenen Proletarier der Vorzeit mit dem ihr vom Unternehmertum zugedachten Existenzminimum eines Tages nicht mehr zufriedengab, sondern Maßregeln ergriff, ihre Lage in diesem primitiven Sinn zu verbessern. Weiter: Wer sich willentlich – was ja auch bedeuten kann: aus schwachem Willen – an Nahrung und Schlaf das Nötige abbricht, der wird, wie er sich auch im Übrigen rechtfertigen mag, nicht nur zu bedenken haben, ob er das kann, sondern auch, ob er das darf? Und wer theoretisch oder praktisch die große, besonders in der Religionsgeschichte so oft verwirklichte Möglichkeit des freiwilligen Zölibates bejaht, der wird, auch wenn er solches um des Himmelsreiches willen tut, sich der Frage nicht entziehen dürfen (Luther hat sie bekanntlich mit besonderem Nachdruck gestellt), wie sich solche arbiträre Nicht-Betätigung des Geschlechtsbedürfnisses nun eigentlich zu dem Schöpfungsgebot des menschlichen Lebens, in das doch auch dieses Bedürfnis eingeschlossen ist, verhalten möchte. Ob etwa vollends der moderne Beruf eines Hungerkünstlers oder die Künste, die in Indien in bezug auf willkürliche Nicht-Betätigung dieser primitiven Lebensanlagen getrieben werden, im Lichte des Gebotes des Lebens Möglichkeiten und nicht vielmehr perverse Unmöglichkeiten sind, das dürfte ja wie bei gewissen Formen ihrer Betätigung schon beinahe *keine* Frage mehr sein. Aber die Ethik hat tatsächlich, wenn sie sachlich bleiben will, dabei zu beharren, auch angesichts der eklatantesten Unmöglichkeiten dabei zu beharren, *Fragen* aufzuwerfen oder vielmehr als aufgeworfen kenntlich zu machen. Sie hat weder gute noch schlechte Zeugnisse auszuteilen, sie hat nicht zu richten, sondern sie hat, wissend um den radikalen Gegensatz von Gut und Böse, auf das allein wirklich und wahrhaftig richtende Gebot Gottes hinzuweisen, der einem jeden wohl sagen wird, was gut und böse ist.

Eine weitere beachtenswerte Form des Willens zum Leben dürfte zu erkennen sein im Willen zur *Gesundheit*. Unser Leben will nicht nur überhaupt gelebt, d.h. unmittelbar vor dem Tode bewahrt, es will nicht nur in Befriedigung jener primitiven Bedürfnisse, sondern es will in Behauptung und Betätigung seiner Möglichkeiten, es will in *Kraft* gelebt sein. Gesundsein heißt im Besitz seiner leiblichen und geistigen Kräfte sein. Gesundseinwollen heißt das Nötige wollen, um diese Kräfte zu erwerben und zu behaupten. Wobei es in der Natur der Sache liegt, daß die leiblichen Kräfte das direkte, die geistigen das indirekte Angriffsobjekt dieses Willens bilden müssen. Wieder dürfte es klar sein, daß dieser Wille an sich weder guter noch böser Wille, daß aber das Gebot mit seiner Frage auch hier gegeben ist. Es greift zunächst überall da ein, wo es vielleicht überhaupt noch gar nicht bedacht sein sollte, daß wir unserem Leben jene gesteigerte Bejahung, die Behauptung und Betätigung seiner Möglichkeiten schuldig sind. Sollten Luft, Licht, Wasser, Bewegungsmöglichkeiten usw. nicht dazu da sein, diese gesteigerte Bejahung zu vollziehen, sollte also Hygiene uns nicht geboten sein? Darum dann vielleicht in concreto auch diese und diese Diätetik. Darum vielleicht auch diese und diese sportliche Betätigung. Darum vielleicht in der Prophylaxe und im eingetretenen Notfall auch das Gebrauchmachen vom Dienst des Arztes. *Dürfen* diese Möglichkeiten unbenützt bleiben? so ist zu fragen, wie auch die Antwort ausfallen mag. Keinesfalls wird man sich aber die Antwort leicht machen dürfen, indem man auf eine Gesundheit der Seele, abgesehen von der des Leibes, pocht, als ob der Mensch nicht jene Einheit von Leib und Seele wäre, in der unkontrollierbar weitgehend das Ganze gesund oder das Ganze krank ist. Und als ob jenes Pochen auf den Geist nicht allzuleicht mehr durch die Trägheit des Fleisches als durch die entsprechende Lebendigkeit des Geistes bedingt sein könnte. Um nicht zu reden von einer prinzipiellen Resignation gegenüber der unsere Lebenskraft und vielleicht unser Leben bedrohenden Möglichkeit der Krankheit, eine Resignation, die sich doch schwerlich verantworten lassen dürfte angesichts der Tatsache, daß Jesus gerade gegenüber der Krankheit immer wieder das Zeichen des nahe herbeigekommenen Reiches Gottes in Gestalt seiner Heilungswunder aufzurichten für nötig angesehen hat. Ernste Bejahung des Lebens in dieser Hinsicht scheint uns also gar nicht nur von der Schöpfung, sondern auch von der Auferstehungshoffnung her geboten zu sein. Aber die Frage des Gebotes wird sich auch da stellen, wo man für das, was einem «gut tut» oder «nicht gut tut», viel-

leicht nur zu eingehend interessiert ist, wo Sonne, Luft und Wasser, die Kraft von allerlei Kräutern und Früchten, die Dynamis
gestählter Arm- und Beinmuskeln und nicht unmöglicherweise
auch die Möglichkeiten der medizinischen Kunst im Bewußtsein
des Menschen zu einer Art von wohltätigen Dämonen geworden
sind, denen eine Andacht und Gläubigkeit entgegengebracht,
denen mit einer Konzentration und Begeisterung gedient wird,
die es problematisch erscheinen lassen, ob es noch immer um die
Gesundheit des wirklichen, d. h. aber des ganzen Menschen geht,
ob die Obsorge für ein corpus sanissimum nicht zu einer Bedrohung der mens sana sich auswachsen könnte und, wenn vielleicht auch das bedacht sein sollte: ob wohl auch gesehen ist
und bleibt, daß es sich unter allen Umständen um die Gesundheit
des Lebens handelt, das nicht uns gehört, sondern das seinem
Schöpfer zur Verfügung steht, so daß Gesundheit eindeutig nur da
vorhanden ist, wo dieser Verfügungsgewalt gehorcht wird, was
dann wieder in concreto eine energische Gleichgültigkeit gegen
die Frage: Was tut mir gut? eine bewußte Unbekümmertheit
gegenüber den Wünschen unseres lieben Leibes *und* unserer noch
lieberen Seele, die Bereitschaft, demselben Schöpfer mit einem
leidenden Leibe und mit einer leidenden Seele, nicht in Kraft,
sondern in Schwachheit, nicht gesund, sondern krank, nicht
lebend, sondern sterbend zu dienen, bedeuten könnte. Resignation
gegenüber der Krankheit und Gesundseinwollen um jeden Preis
scheint vor seinem Gebot gleich unmöglich, Tapferkeit in der Behauptung und Tapferkeit in der Preisgabe unserer Gesundheit
scheint durch sein Gebot in gleicher Weise geboten zu sein. Daß
wir unser geliehenes Leben in Kraft leben, das ist es, was es so
oder so von uns will. Verlassen wir uns darauf, daß seine Wirklichkeit eindeutig ist. Ethische Besinnung aber hat ihren Dienst
getan, wenn sie diese Wirklichkeit annähernd vollständig umschrieben hat.

Wir greifen höher, wenn wir nun den Willen zum Leben verstehen als Bejahung der *Lust,* als Willen zum Glück. Es hat gar
keinen Sinn, und es bedeutet auch ein ganz oberflächliches Kant-

Verständnis, wenn man die ethische Frage nicht auch in bezug auf diese Determination unseres Lebenswillens anwendet, sondern sittliches Handeln erst da anfangen lassen will, wo diese Determination angeblich ausgeschaltet sei. Angeblich: denn ein solcher Lebenswille, bei dem diese Determination wirklich ausgeschaltet ist, existiert in den Büchern, nicht aber in wirklichen Menschen. In Allem, was wir wollen, wollen wir jedenfalls auch glücklich sein. Das Leben will nicht nur extensiv, sondern auch intensiv gelebt, es will als Leben, als das Wunder, in seiner Herrlichkeit, in der ganzen unerhörten Schönheit seiner im Leben Gottes begründeten Wirklichkeit gelebt sein. Das ist offenbar gemeint, wenn wir in der erfreulichen Lage sind, mit *Hutten* bekennen zu dürfen, es sei eine «Lust» zu leben,[10] [das] ist gemeint, wo immer ein Menschenkind glücklich sein möchte, wissend, daß es etwas Derartiges gibt und auch für ihn geben sollte. Glücklich sein wollen ist im Unterschied zu Gesundheit die *intensive* Steigerung der Lebensbejahung. Auch dieses Wollen ist an sich weder ein gutes noch ein böses, wohl aber ein höchst problematisches Wollen. Warum sollte es nicht gut sein? Ist es wahr, daß das Leben darum, weil es aus Gott ist, schön ist, warum soll dann das Leben dieses Lebens nicht auch das bedeuten, daß es mit Lust genossen wird, daß es uns glücklich macht? Warum soll dann Bejahung des Lebens im Sinn von Bejahung des Lebensglücks nicht geradezu geboten sein? Was hieße Dankbarkeit gegen den Schöpfer, wenn wir etwa nicht froh sein wollten, wo wir es sein dürfen? Aber freilich: warum sollte dasselbe Wollen nicht auch böse sein können? Wenn nämlich unsere Lebenslust vielleicht gar nicht die Lust unseres wirklichen, d. h. unseres geschöpflichen Lebens ist, sondern die Lust eines dämonischen Abstraktums, eines uns selbst angehörigen, in eigener Herrlichkeit gelebten Lebens, in dessen Bejahung und Kultur wir allerdings

[10] «O seculum! O literae! Iuvat vivere, etsi quiescere nondum iuvat, Bilibalde. Vigent studia, florent ingenia...» Ulrich von Hutten am 25. Oktober 1518 am Ende eines *Briefes an Willibald Pirkheimer,* vgl. Opera, ed. E. Boecking, Bd. I, Leipzig 1859, S. 217.

auch eine Lust, aber eine böse Lust, eine Lust, die mit Dankbarkeit nichts zu tun hat, erleben, eine Lust, durch die wir der Lust des wirklichen geschöpflichen Lebens verlustig gehen. Wir können die Grenze zwischen der guten und der bösen Lust unmöglich ziehen. Aber sie ist gezogen. Es bedeutet immer mindestens eine Warnung in dieser Hinsicht, wenn der Wille zum Genuß des Lebens kollidiert mit der Bejahung seiner primitiven Bedürfnisse oder mit dem Willen zur Gesundheit. Es bedeutet aber noch deutlicher eine Warnung, wenn der Wille zum Genuß, statt einfach als Bejahung wirklicher schon vorhandener Lust, als Äusserung einer Freude, die man irgendwie schon *hat,* sich vollstrecken zu können, nach Reizmitteln greifen muß, um jener Freude vor der Freude, die das Kennzeichen wirklicher Lebensfreude wäre, erst zu rufen, um hernach, nach Beschaffung dieser Voraussetzung, seine Erfüllung zu erleben. Das kann jedenfalls bedeuten, daß unser Wille mit unserem wirklichen Leben und dann auch unsere Lust mit wirklicher Lust gar nichts zu tun hat. Es ist klar, daß von hier aus gesehen, alle die menschlichen Möglichkeiten, die man unter dem Begriff des *Festes* zusammenfassen kann, sich in einer höchst bedenklichen Krisis befinden, weil ja eben zum Begriff des Festes ein besonderer Freuden*apparat* gehört. Ein solcher Apparat *kann* aber bedeuten, daß der Mensch nicht froh *ist,* sondern froh sein *möchte* und dazu irgendeiner Sensation bedarf, d.h. aber daß sein Lustwille nicht aus der selbstverständlichen Dankbarkeit des wirklichen geschöpflichen Lebens stammt, sondern aus dem Eigenwillen jenes fiktiven, dämonischen Lebens. Wenn man z.B. einen kleinen oder großen Rausch nötig hat, um lustig zu werden, wenn einem die Musik gut genug ist, Stimmung zu erzeugen (Saul und David [vgl. 1. Sam. 16,23]), wenn der Bürger im Kino oder auf dem Rummelplatz zur Freude des paradoxen Umwegs über einen kleinen Schrecken angesichts einer Gefahr, Sünde oder Not anderer bedarf, wenn eine Anzahl von Individuen oder Ehepaaren, die sich allein langweilen würden, sich zur Behebung dieses Übelstandes zusammenfinden, um sich abends von 8–1 Uhr bei Braten usw. ganz unnötigerweise ganz unnötige Dinge mitzuteilen unter dem

Titel von Geselligkeit, wenn sich eine Gesellschaft (oder vielleicht auch eine Universität) in den Akten krampfhaft nach der Möglichkeit eines Jubiläums umsieht, weil sie doch auch gerne einmal jubilieren möchte, wenn..., dann sind das Alles beileibe nicht böse Dinge – wer wollte so schulmeisterlich sein –, aber Dinge, angesichts derer zu fragen ist, ob sie sich rechtfertigen lassen als Ausübung wirklicher Lebenslust, oder ob man sich dabei nicht irgend etwas vormacht, wodurch die wirkliche Lebenslust gerade verunmöglicht wird. Es *könnte* ja auch anders sein: diese Dinge könnten ja – was wissen wir davon, was sie für Andere bedeuten können? – vielleicht wirklich lustig, Äußerung einer primär vorhandenen Freude und also Äußerung von Dankbarkeit sein. Man würde auf christlicher Seite gewiß gut tun, mit abschließenden Urteilen über den letzten Sinn der Vergnügungen der Welt sehr zurückhaltend zu sein. Aber ob die Dinge, an denen die Welt und die Christenheit sich vergnügt, Äußerungen von Dankbarkeit sind, das ist die Frage, die Frage des göttlichen Gebotes, die angesichts dessen, was sich die Menschheit in dieser Hinsicht leistet, allerdings aufgeworfen ist. Und die weitere Erwägung wird dann auch nicht zu umgehen sein: Wenn unser Leben als geschöpfliches Leben gar nicht uns selbst gehört, dann können wir offenbar gar nicht eindeutig darüber befinden, was nun unseres wirklichen Lebens wirkliche Lust ist. Wie die Lebensbejahung überhaupt unter Umständen nur sinnvoll sein kann als Voraussetzung der Bereitschaft zum Lebensopfer, so wird die Lebenslust im Besonderen sich vielleicht erst bewähren in der Bereitschaft zum Lebensleid, wird jene intensive Steigerung der Lebensbejahung vielleicht nur stattfinden können in Form des Offenwerdens für die grenzenlose Bedrängtheit desselben geschöpflichen Lebens, werden «frohe Feste» nur sinnvoll sein können in unlösbarer Korrelation zu «sauren Wochen».[11] Nicht das Lachen, freilich auch nicht das Weinen und wiederum nicht die stoische Apathie, die weder recht lachen noch recht weinen kann, sondern diese Korrelation

---

[11] Anspielung auf die Schlußzeilen von Goethes Ballade *Der Schatzgräber*.

zwischen Genußfähigkeit und Leidensfähigkeit, die Bereitschaft, das Wunder des geschöpflichen Lebens, seine Schönheit als des von Gott geliehenen Lebens in seinen Höhen *und* in seinen Tiefen, also da, wo wir von Glück, und da, wo wir von Unglück reden, zu verehren, dieses Reifsein für beides dürfte die Probe darauf sein, wie es mit unserem Gehorsam in bezug auf unser Glücklich-sein-Wollen bestellt ist. Ob und wie einem jeden diese Probe wirklich auferlegt wird, das ist eine andere Frage. Es ist aber keine Frage, daß der Wille zum Leben auch in dieser Form sein Kriterium darin in sich selber trägt, daß unser wirkliches Leben Gott gehört, und daß also auch unsere Lebensfreude in seinem und nicht in unserem Belieben steht.

Eine weitere Form intensiver Lebensbejahung ist offenbar der Wille zur Besonderheit, zur *Individualität.* Leben heißt, ob in Kraft oder in Schwachheit, ob in Freude oder in Leid, sein eigenes Leben leben. Leben heißt seinem Naturell folgen, eine, diese bestimmte Persönlichkeit werden, ein Charakter sein. Die Entdeckung des Begriffs der Individualität durch die Romantik war die Analogie zu einer naturwissenschaftlichen Einsicht. Das spricht durchaus nicht gegen ihn – warum sollte die Natur auch in dieser Hinsicht an sich böse sein? –, wohl aber spricht das gegen die Überschätzung gerade dieses Begriffs. Daß ich mich selbst finde, daß mein eigenes Leben als solches mir zum Erlebnis wird, daß ich die Strukturgesetze meiner Art, die nun einmal die keines anderen ist, anerkenne, damit auch die mir gegebenen Möglichkeiten, damit freilich auch die mir gesetzten Schranken, daß ich diese meine Möglichkeiten zu realisieren suche und diese meine Schranken zu respektieren trachte, daß ich sowenig ein fremdes geistiges Gesicht nachahme oder mir aufdrängen lasse, sowenig wie an meinem leiblichen Gesicht nun einmal Erhebliches zu ändern ist, das Alles heißt eben leben. In diesem Sinn will bekanntlich besonders der junge Mensch leben, kämpft er um sein Leben gegen Eltern und Lehrer, um vielleicht später einzusehen, daß auch das, nun wirklich sich selber zu sein – sich selber sein zu *müssen,* nachdem man es in der Jugend so stürmisch gewollt hat –, eine recht problematische Sache ist. Denn wenn man, und das kann man ja, in der Persönlichkeit mit *Goethe* «höchstes Glück der Erdenkinder» finden will,[12] so ist doch damit noch nicht gesagt, daß die Betätigung unserer Persönlichkeit an sich irgend etwas mit dem Guten zu tun habe. Wohlverstanden: auch charaktervoll heißt durchaus nicht an sich gut. Vollendete Schurkerei ist auch charaktervoll. Aber wenn das Wollen der eigenen Art des Handelns ein unveräußerliches Moment des Lebensaktes als solchen ist, und wenn der Lebensakt als solcher in der Krisis des göttlichen Gebotes steht, dann kann und muß offenbar auch hier die Frage nach Gut und Böse gestellt werden. Geboten ist offenbar nicht die Individualität des Lebens an sich – das würde wiederum bedeuten, daß uns die Verehrung aller möglichen Dämonien geboten wäre, die mit unserem wirklichen geschöpflichen Leben gar nichts zu tun haben –, sondern, und das ist etwas ganz anderes, die Individualität dieses unseres *geschöpflichen* Lebens. Indem wir es als solches verstehen, negieren wir jedenfalls unser Anrecht an uns selbst, wird unser Uns-selbst-sein-Wollen zu einer relativen Angelegenheit gegenüber dem allein wirklichen Sich-selbst-Sein Gottes, d.h. aber zu einer Angelegenheit des Gehorsams und nicht unseres Begehrens. Ist also Charakterlosigkeit, der Mangel an Mut, mich zu mir selbst zu bekennen, die Trägheit, die darin besteht, daß ich weniger aus mir mache, als ich aus mir machen müßte, und die Quälerei, durchaus etwas Anderes aus mir zu machen, als ich nun einmal bin, bedroht von der Frage, ob ich eigentlich gewillt sei, mein mir verliehenes Leben *ernst* zu nehmen, so dürfte es auch eine Hypertrophie von Charakterhaftigkeit, eine Charakterhaftigkeit an sich geben, die sich daran erinnern lassen muß, daß man sich selbst durchaus nicht mit letztem Ernst ernst nehmen kann, daß das Bild, das uns der Spiegel zeigt, bei allem Interesse, das wir dem, was es zeigt, entgegenbringen mögen, doch zuerst und zuletzt freundlich-ernster Ironie und nicht jenes

---

[12] «Volk und Knecht und Überwinder, / sie gestehn zu jeder Zeit: Höchstes Glück der Erdenkinder / sei nur die Persönlichkeit. Jedes Leben sei zu führen, / wenn man sich nicht selbst vermißt, Alles könne man verlieren, / wenn man bliebe, was man ist.» *West-östlicher Divan,* Buch Suleika. Suleika.

Pathos würdig ist, das ihm etwa *Schleiermacher* in den Monologen entgegengebracht hat,[13] daß gerade wirkliche Persönlichkeiten sehr viel unbekümmerter mit sich selbst umzugehen pflegen, als dies nach den Regeln der Persönlichkeitskultur geschehen dürfte. Individualität ist Gehorsam. Diese ihre Notwendigkeit ist auch ihre Schranke. Das ist dann sinngemäß anzuwenden auch auf die Individualität von Völkern und Familien und frei gebildeten Gemeinschaften. Es ist ganz richtig, daß der positive Sinn des Gebotes auch in dieser Hinsicht in Kraft steht. Es gibt ein schöpfungsmäßiges Sosein auch von Gemeinschaften, das diese zu betätigen und nicht zu verleugnen haben. Aber eben darin, daß es schöpfungsmäßig ist, hat es auch seine Grenze. Es bezeichnet nicht eine Herrlichkeit des Geschöpfes, sondern des Schöpfers. Es lohnt sich nicht, weil es undurchführbar ist, hier letzte Worte sprechen zu wollen. «Rassig» kann in der Sprache der Reklame unserer Tage auch ein Auto heißen. «Eigentümlich» – das Lieblingswort der Romantiker – ist auch das Blatt am Baume. Und wo immer man geneigt ist, mit Feierlichkeit von der eigenen Art, sei es nun die seines Volkes oder seines Bundes zu sprechen, da ist zu bedenken, daß Besonderheit kein Inhalt, sondern eine Form ist, deren Füllung durch das Gute oder durch das Böse darin geschieht, daß wir irgendwo in der Mitte zwischen Demut und Treue oder zwischen Trägheit und Übermut erfunden werden nicht als Besitzer, sondern als gute oder schlechte Verwalter unserer Eigenart, in einer Mitte, die in concreto wiederum ebensowohl ihre Behauptung wie ihre Preisgabe bedeuten kann. Denn als der Herr des Lebens kann uns Gott auch in dieser Hinsicht jeden Augenblick ebensowohl und in derselben Schöpfermacht und Weisheit leben und sterben lassen. Bereit sein für Beides ist auch hier das, was durch sein Gebot unter allen Umständen gefordert ist.

Wir kehren zum Schluß noch einmal zu der extensiven Lebensbejahung zurück, wenn wir den Willen zum Leben verstehen als

---

[13] F. Schleiermacher, *Monologen* nebst den Vorarbeiten. Krit. Ausgabe. Mit Einleitung von F. M. Schiele, 2. erw. Aufl. von H. Mulert, Leipzig 1914, passim.

Willen zur *Macht.* Die Behauptung unseres geschöpflichen Lebens
vollzieht sich unter Förderungen und Hemmungen, die zunächst
nicht in unserer Macht liegen. Denn Gottes Schöpfung erschöpft
sich nicht in meinem geschöpflichen Leben, sondern dieses spielt
sich ab im Rahmen und unter den Bedingtheiten des es umgebenden geschöpflichen Lebens überhaupt. Wir werden im dritten Absatz davon zu reden haben, daß das Gebot des Lebens von daher
eine Bedeutung gewinnt, die über den Begriff des Willens zum
Leben grundsätzlich hinausgeht. Es entsteht doch von daher auch
ein Problem, das noch ganz unter diesen Begriff fällt, und das ist
eben das Problem der Macht. Mächtig sein heißt: in der Behauptung seines Lebens in bezug auf Benützung der Förderungen und
in bezug auf Überwindung der Hemmungen durch das uns umgebende geschöpfliche Leben Erfolg zu haben. Wille zur Macht
heißt Wille zu diesem Erfolg. Die einfache Bejahung des Lebens,
der Wille zur Befriedigung unserer natürlichen Bedürfnisse, der
Wille zur Gesundheit, der Wille zur Lust, der Wille zur Besonderheit bedingen, daß ich auch den Willen zur Macht habe, den Willen zum Können des in allen diesen Richtungen Notwendigen, den
Willen, mich zum Herrn der in allen diesen Richtungen in Betracht kommenden Möglichkeiten zu machen. Und es ist umgekehrt zu sagen, daß ich in allen jenen Formen des Willens zum Leben zugleich auch und mit eigenem Wert und Gewicht den Willen zur Macht betätige, daß ich in allen Formen will, auch darum
weil ich Macht will. Ich lebe, indem ich leben *kann.* Und leben
können ist selbst Leben. Entsprechend dem Aktionsradius meines
Lebens kann das in concreto sehr wenig oder sehr viel bedeuten,
ohne daß es darum sachlich etwas Anderes bedeutet. Der eifrige
Griff des Kindleins nach seinem Butterbrot und der russische Feld-
zug Napoleons I., das Unternehmen des Lehrens und Lernens, in
dem wir hier begriffen sind, und eine Raketenflugzeugreise in die
Stratosphäre oder auf den Mond, die hoffentlich sanfte Selbstbehauptung, die auch in der liebevollsten Ehe oder Freundschaft
nicht ganz zu entbehren ist, und die mächtige Geste des Dikta-
tors, der ein Millionenvolk zum Parieren bringt, das Alles sind

Phänomene, die in dieser Hinsicht auf einer Ebene sich abspielen. Gerade wie wir immer auch Lust wollen, so immer auch Macht. Und wie wir nun wissen, daß unser Lebensakt als solcher weder gut noch böse ist, sondern als gut oder böse sich offenbart im Ereignis unserer Begegnung mit Gottes Gebot, so steht es auch mit dem in diesem Lebensakt immer inbegriffenen Willen zur Macht.

Daß er als solcher gut, das ist bekanntlich von *Fr. Nietzsche,*[14] daß er als solcher böse sei, das ist in derselben merkwürdigen Stadt Basel von *Jak. Burckhardt*[15] gedacht und gesagt worden. Man wird zunächst beide Sätze verstehen müssen. Nietzsches Lehre vom Übermenschen, der als «lachender Löwe» jenseits aller moralischen Bindung einfach seiner Macht froh ist, ist mit der Anklage, daß dies die Verherrlichung der Brutalität bedeute, nicht zu erledigen, soviel Anlaß Nietzsche selbst nicht etwa durch sein Leben, aber durch manche seiner Worte dazu gegeben haben mag. Ihm ging es im Gegensatz zu einer sich bei ihrer Innerlichkeit beruhigenden und darum gar nicht ernsthaften Geistigkeit um die *Verwirklichung* des Menschen, um den Aufruf, die Möglichkeit eines Optimums menschlichen Könnens und damit menschlicher Vitalität, wie es ihm in gewissen großen Führerpersönlichkeiten sichtbar schien, als Lebensforderung ernst zu nehmen. Er haßte die Moral des Christentums als «Sklavenmoral», weil er in ihr den Inbegriff der Impotenz bzw. Trägheit der viel zu Vielen zu erkennen meinte, die er in der gar nicht christlichen Moral des deutschen Bildungsphilisters der siebziger Jahre zuerst gehaßt hatte. Wille zur Macht heißt bei Nietzsche – er war ein Bewunderer des lateinischen, besonders auch des französischen Geistes im Gegensatz zum deutschen – Wille zur Gestalt, d.h. zur Aristie der Gestalt. Der Aristos in bezug auf Gestaltung (Macht muß auch schön sein!) ist der Übermensch. Es war darum sicher eines der böswilligsten Mißverständniße besonders der französischen Kriegspropaganda,

---

[14] Vgl. v. a. die Kompilation *Der Wille zur Macht,* in: Nietzsches Werke, 2. Abt. Bd. XV, XVI: Nachgelassene Werke, Leipzig 1911, passim.

[15] Vgl. J. Burckhardt, *Weltgeschichtliche Betrachtungen,* n. dem Oerischen Text hrsg. von W. Kägi, Bern 1947 v. a. S. 166.

wenn sie ausgerechnet gerade auf Nietzsche als einen typisch deutschen Propheten der Gewalt hingewiesen hat. Umgekehrt wird man sich aber als Deutscher durch Nietzsche daran erinnern zu lassen haben, daß das nicht auf unserem Boden gewachsene Phänomen des römischen Cäsarentums samt seinen Reinkarnationen in gewissen Papstgestalten, in Napoleon I. und in unseren Tagen offenbar in Benito Mussolini[16] nicht notwendig außerhalb des Lichtes der sittlichen Idee steht, daß man billigerweise auch in solchen Figuren nicht ohne weiteres Ausgeburten der Hölle erkennen zu dürfen glauben sollte. |

Aber wenn man nicht verkennen kann, daß in Nietzsches in dieser Lehre gipfelndem Naturalismus die positive Seite des Machtproblems in verdienstvoller und unvergesslicher Weise herausgearbeitet worden ist, so wird man nicht umhin können, auch die relative Gegenthese Jak. Burckhardts, daß die Macht an sich böse sei, in sorgfältige Erwägung zu ziehen. Man wird sie nur eine relative Gegenthese nennen dürfen, obwohl sie die Form eines kontradiktorischen Widerspruchs hat. Es ist bemerkenswert, daß es dieselbe historische Anschauung, nämlich die der fürstlichen und päpstlichen Gewaltmenschen der italienischen Renaissance, gewesen ist, die sowohl Nietzsche wie Burckhardt zu ihren Sätzen geführt hat. So eindeutig ist die Wirklichkeit des menschlichen Lebens nicht, daß die Entfaltung seiner Potenz nicht auch bedeuten und sein könnte das Sichtbarwerden des Exponenten einer leeren Lebensabstraktion, einer Lebens*un*wirklichkeit, die nur in der Negation des wirklichen geschöpflichen Lebens, die also wieder nur als Dämonisierung des Lebens Grund und Bestand hat. Nietzsche glaubte mit derselben Naivität, mit der andere philosophische Ethiker, mit der auch theologische Ethiker dies in bezug auf ihre Idealbilder glauben, an die Möglichkeit einer immanenten Ver-

[16] Mussolini (1883–1945) gelangte am 28. Okt. 1922 durch den berühmten Marsch auf Rom an die Macht. Aufgrund des Gesetzes über die Befugnisse des Regierungschefs und der Regierung von 1925/26 wurde das parlamentarische System in Italien ausgeschaltet. Seitdem verkörperte M. im Auftrag des Königs als «Duce» der faschistischen Partei in seiner Person die staatliche Souveränität.

wirklichung jener Aristie der Gestalt. Ihm ist entgegenzuhalten, daß auch der Wille zur Macht nie und nirgends gegeben ist als Wille zum Guten, als Gehorsam gegen *die* Lebensforderung, daß also dieser Wille zur Macht (es wäre denn, daß darunter der Wille zur Macht Gottes zu verstehen wäre) zum Maßstab einer Umwertung aller Werte unmöglich genügend sein kann. Der Umwertung aller Werte, der radikalen Krisis, in der alles menschliche Wollen und Tun sich befindet, ist vielmehr auch diese Form menschlichen Wollens unterworfen. Wenn es z.B. wahr ist, daß Wissen Macht ist,[17] wenn es darum zweifellos eine Macht der Wissenschaft und der Wissenschaftlichkeit gibt, so wird sich doch diese Macht der Frage nicht entziehen dürfen, ob sie kraft ihrer Aktualität, kraft der Würde ihres Gegenstandes und kraft des Dienstes, den sie dem Leben leistet, legitimerweise Macht ist. Hinter dem unerhörten Können der Technik der Neuzeit steht drohend die Frage: *was* denn hier gekonnt wird? und der Krieg sollte uns die Augen dafür geöffnet haben, daß die Antwort auf der ganzen Linie der technischen Leistung ebensowohl Mord und Vernichtung wie Bejahung und Aufbau des Lebens sein kann. Über die Vieldeutigkeit der Wahrheit, daß Geld Macht ist, ist ja kein Wort zu verlieren, wohl aber dürfte es nicht überflüssig sein, wenn sich die Christenheit etwa von *Bernard Shaw*[18] doch recht deutlich vor Augen führen läßt, daß sie, indem auch sie nach dieser Macht greift, um sie in den Dienst des Guten zu stellen, nach einem Instrumente greift, an dem unvermeidlich Tränen und Blut haften, und daß sie sich wohl fragen mag, ob ihr vermeintliches Bauen des Reiches Gottes unter diesen Umständen («Was wären wir ohne das Geld?») nicht unvermeidlich immer auch das Gegenteil bedeutet. Eine Machtentfaltung ist zweifellos auch der gewaltige Appa-

[17] Nach dem Satz F. Bacons: «nam et ipsa scientia potestas est», der sich in seinen *Meditationes sacrae* von 1597 findet, vgl. The Works of F. B. ed. by J. Spedding, R. L. Ellis, D. D. Heath, London 1861, Neudr. Stuttgart-Bad Cannstatt 1963, vol. VII p. 241.

[18] Vgl. G. B. Shaw, *The Intelligent Woman's Guide to Socialism*, London 1928, dtsch. u. d. Titel: *Der Wegweiser für die intelligente Frau zum Sozialismus und Kapitalismus*, von S. Trebisch und E. W. Freissler, Berlin 1928.

rat der sozialen und charitativen Fürsorge, ja, und unter den Rädern dieser Maschine befinden sich so und so viele von der Energie des Betriebes einfach vergewaltigte Träger und Helfer dieses Betriebes, um davon nicht zu reden, daß die Objekte dieser Fürsorge oft auch mehr als ihre Opfer sich zu empfinden scheinen. Und wenn wir eine Persönlichkeit wie Napoleon I. oder Bismarck oder Mussolini bewundern ob ihrer unerhörten Fähigkeit, der politischen Macht ihres Volkes zu dienen durch Erweckung, Vereinigung und Gebrauch seiner Kräfte, so kann doch die Frage gerade hier nicht umgangen werden, ob denn das Instrument, das durch solche Führer ihrem Volke in die Hand gedrückt wird, seinem wirklichen Lebensbestand entspricht, oder ob nicht alle Anfangserfolge, die ihm in dieser Richtung beschieden sein mögen, zum vornherein fragwürdig sind, weil ein Anspruch hinter ihnen steht, der zu der wirklich vorhandenen Lebensmächtigkeit in keinem Verhältnis steht. Wäre ihre Führung in diesem Falle nicht eine Irreführung gewesen? Hat Burckhardt nicht recht: Kann man Macht wollen – und wir wollen sie alle –, ohne eo ipso auch schuldig zu werden, schuldig an demselben Leben, um deswillen wir nach diesem Instrument greifen?[19] Wo der Wille zur Macht auf dem Plane ist – und er ist es immer, da ist es auch immer fraglich und oft mehr als wahrscheinlich, daß – und das eben ist dann die tragische Schuld dieses Wollens – die *Relativität* der geschöpflichen Macht vergessen und heimlich oder offen der Kampf um eine *absolute* Macht eröffnet [wird], in welchem der Mensch im Kleinen und im Großen endlich und zuletzt nur in sein Verderben rennen kann.|

Es scheint ja ein banaler Satz, daß eben Gott allein absolut mächtig ist. Aber an diesem Satz scheidet sich fort und fort Gut und Böse in der Frage des Machtwillens. Wir können auch hier die Gegenprobe machen: Ist Gott allein absolut mächtig, dann muß sich die relative Mächtigkeit des Geschöpfs, seine echte Lebendigkeit wiederum in dem, was wir Ohnmacht nennen zu müssen meinen, im Gehemmtsein und Gehemmtbleiben durch die uns

[19] J. Burckhardt, a.a.O. ebenda.

umgebende Welt, ebenso beweisen und bewähren wie in dem, was wir Macht heißen. *Wie* unsere Macht seine Macht verherrlichen soll – und darum muß es doch beim Willen zur Macht, wenn er gut sein soll, gehen –, ob in unserer «Macht» oder in unserer «Ohnmacht», welches die Aristie der Gestalt ist, zu der er uns bestimmt hat, das steht in seinem, nicht in unserem Belieben. Wirkliche Macht wirklichen Lebens kann nicht an unseren Sieg und Triumph gebunden sein. Es dürfte das Kriterium echten Machtwillens bei Individuen und Völkern darin bestehen, ob der Mensch es erträgt, auch in der Brechung seines Willens zu seiner Macht zu leben, oder ob diese Brechung die Katastrophe seines Leben bedeutet, ob der Löwe also ebensowohl auch ein Lamm zu sein vermag. Das ist die Möglichkeit der Macht Jesu Christi [vgl. Apk. 5,5f.]. In der Tat: sie ist die Krisis unseres Machtwillens. Das Gebot des Schöpfers, das auch das Gebot Jesu Christi ist, kann, eindeutig in sich selber, für uns Geheiß nach beiden Seiten sein, und Gehorsam gegen das Gebot wäre dann Offenheit für alle Möglichkeiten, die in der Obmacht Gottes über unsere Macht beschlossen sind.

3.

Indem ich mir sagen lasse, daß *ich* leben soll, verstehe ich das Leben *überhaupt* als notwendig und wird es mir zu einem Gegenstand der Ehrfurcht. – Das ist das Zweite, was zum Problem des Schöpfungsgebotes grundsätzlich zu sagen ist. Der gedankliche Schritt, der hier zu tun ist, bedeutet die crux aller *naturalistischen* Ethik, die auf die begründende Kraft des *Gottes*gedankens verzichten zu können meint, für die er höchstens nachträgliche formale Bedeutung hat. Zwingend und zentral ergibt sich aus dem Begriff des *Lebens an sich,* abgesehen von der für uns entscheidenden Bestimmung: *geschöpfliches* Leben, doch nur das Postulat der Bejahung meines eigenen Lebens, um das herum dann etwa nach *Spencer* zunächst das Leben meiner Nachkommen und dann im weiteren Umkreis auch noch das der übrigen Mitmenschen in Betracht zu ziehen ist,[20] ohne daß doch der gesunde Egoismus des Ausgangspunktes auch nur einen Augenblick ernstlich in Frage gestellt würde, und auch ohne daß seine gewisse altruistische Durchkreuzung durch die gebotene Rücksicht und Fürsorge für die Mitmenschen den Sinn einer den *Willen* zum Leben prinzipiell überbietenden anderen, zweiten gebotenen Einstellung zum Leben überhaupt bekäme. Es ist nicht einzusehen, wie es anders sein sollte. Mein Wissen um das fremde Leben ist an sich, wenn es nicht begründet ist durch Gottes Gebot, bloß ein analogisches Wissen; das Eigentliche, das wir dann vom Leben wissen, wird immer das sein, daß wir selbst leben, und dieses unser eigenes Leben wird dann notwendig der eigentliche Inhalt auch unseres Wollens sein, fremdes Leben nur insofern als es, wie wir vorhin bei der Besprechung des Willens zur Macht gesehen haben, unserem eigenen Lebenswillen als Förderung oder Hemmung interessant zu werden vermag. ⌐Naturalistische Ethik hat sich darum zu allen Zeiten des Verdachtes zu erwehren gehabt, ihr System möchte das eines grundsätzlichen, durch einen altruistischen Rand sentimental geschmückten *Egoismus* sein. Daß sie etwas Besseres ist, wird sich von ihren eigenen Voraussetzungen aus schwer einleuchtend machen lassen.[1]

Das wird anders, wenn wir das Gebot des Lebens verstehen als Gebot des Schöpfers des Lebens. So verstanden ist das Gebot zunächst – und schon das verunmöglicht jene ringförmige Anordnung der Spencerschen Ethik[21] – die grundsätzliche *Relativierung* meines Willens zum Leben als zu meinem *eigenen* Leben. Im Gedanken an Gott den Schöpfer muß ich ja mein eigenes Leben ebenso als gesetzt wie als aufgehoben erkennen, muß mein Wille zum Leben also ebenso Bereitschaft zur Behauptung wie zur Preisgabe meines Lebens sein. Eindeutig geboten ist mir, daß ich für *Gott* leben, nicht aber, daß ich überhaupt und an sich leben soll. Mit dieser Relativierung ist also schon der Begriff eines *fremden* Lebens, zunächst des allein ursprünglichen und in sich

[20] Vgl. *The principles of ethics* I, p. 532 ff., 544 ff.
[21] Vgl. op. cit. p. 47 ff.

selbst begründeten Lebens *Gottes* in meinen Gesichtskreis getreten. Ist dies nun wirklich der Fall, ist durch das Gebot zunächst gleichsam der freie Raum geschaffen in meiner Aufmerksamkeit für ein Leben, das nicht mein eigenes ist, wie sollte es dann anders sein, als daß diese frei gewordene Aufmerksamkeit, die wir ja nicht dem Leben Gottes als solchem zuwenden können, in Anspruch genommen, gleichsam vikarierend in Anspruch genommen wird durch die Tatsache eines anderen fremden Lebens, des geschöpflichen Lebens *außer und neben uns,* das wir per analogiam aus seinen Äußerungen als *Leben,* durch das Gebot aber, das uns Bescheid über unser eigenes Leben gesagt hat, als *geschöpfliches* Leben wie unser eigenes verstehen müssen, mit dem unser eigenes Leben bei aller geheimnisvollen *Ferne* (darin, daß es eben nicht unser eigenes, sondern unaufhebbar fremdes Leben ist) kraft desselben Verhältnisses zum Schöpfer, in dem wir uns mit ihm befinden, *solidarisch* ist? Es kann nicht anders sein: Erkenne ich *mein* Leben wirklich als unter das Gebot gestelltes geschöpfliches Leben, dann wird das geschöpfliche Leben um mich her befreit aus jener Verdrängung in die zweite oder dritte Linie meiner Aufmerksamkeit, befreit auch aus jener Rolle eines bloßen Förderungs- oder Hemmungsmittels meines eigenen Lebenswillens, dann erkenne ich es in seiner relativen, ihm nicht weniger als mir selbst eigenen Selbständigkeit, dann muß seine Tatsächlichkeit eine Bedeutung, wenn auch eine ganz andere Bedeutung für mein Wollen haben, die mir verbietet, *guten* Willen in der Bestimmung als *Willen* zum Leben sich erschöpfen zu lassen. Wollen kann ich ja offenbar nur mein eigenes Leben. Fremdes Leben heißt Leben eines Anderen, das als solches nicht von mir, sondern nur von ihm selbst gewollt werden kann. Aber viel wichtiger als das, *was* wir wollen, könnte ja die Art sein, *wie* wir wollen. Indem ich meinen Willen zum Leben betätige, könnte ja für diesen Willen viel bezeichnender als sein *Gegenstand* das sein, daß ich nicht anders denn in *Ehrfurcht* leben will, in Ehrfurcht vor dem Schöpfer gewiß, aber nun auch in der ganz anderen Ehrfurcht vor dem Leben seiner Geschöpfe, in der mir meine eigene Geschöpflichkeit, die absolute Fremdheit des Lebens Gottes, aus dem ich selbst das Leben habe, im Relativen, im Gleichnis entgegentritt.

Der Begriff der «Ehrfurcht vor dem Leben» ist eine Entlehnung von *Albert Schweitzer*,[22] die wir hier in aller Form vollziehen. Schweitzer hat als Gegenspieler Nietzsches unter den naturalistischen Ethikern das große Verdienst, mit der Kraft der Einseitigkeit zum ersten Mal umfassend und wuchtig auf den Punkt, auf den es hier ankommt, auf die notwendige Bestimmtheit eines guten Willens durch die Tatsächlichkeit des fremden Lebens als solchen hingewiesen zu haben. |

Ich kann Schweitzer freilich darin nicht folgen, daß er unter dem ausdrücklichen Titel einer ethischen Mystik den *Willen* zum Leben und die *Ehrfurcht* vor dem Leben koinzidieren läßt. «Wo in irgendeiner Weise mein Leben sich an Leben hingibt, erlebt mein endlicher Wille zum Leben das Einswerden mit dem unendlichen, in dem alles Leben eins ist» (K. und Eth. II, 243).[23] Das bedeutet eine Verwischung des Unterschiedes zwischen Gebot und Gehorsam, zwischen Gott und Mensch, die natürlich nicht geht. Daß wir selbst leben wollen und nun doch in Ehrfurcht vor allem Leben, das ist im Gebot eins, aber in keiner menschlichen Verwirklichung. Ich könnte auch darin nicht mit Schweitzer gehen, daß er die ganze Ethik eben in der Ethik der Ehrfurcht vor dem Leben sich *erschöpfen* [lassen], Alles auf diesen einen Nenner bringen will. Das ist für eine theologische Ethik, die den gebietenden Gott nun gerade nicht nur als den Schöpfergott kennt, unmöglich. Und es hat sich Schweitzer die letzte eigentliche Kraft seiner Argumentation selbst entzogen, indem auch er auf die Begründung des Gebotes dieser Ehrfurcht durch den Gottesgedanken verzichtet, sondern sich auf jenes mystische Erlebnis zurückgezogen und damit seiner ganzen Darlegung etwas biographisch Zufälliges gegeben hat.

Von diesen Bedenken abgesehen, muß man Schweitzer in Anbetracht der größeren Relevanz des von ihm hervorgehobenen

---

[22] s. *Kultur und Ethik,* 1958[11], S. 227 ff.
[23] Vgl. a. a. O. S. 233.

schwachen Punktes der bisherigen Ethik vielleicht doch noch dankbarer sein als Nietzsche für seine Leistung. Der Begriff «Ehrfurcht vor dem Leben» drückt zugleich sehr schön und sehr behutsam aus, auf was es hier ankommt. Es geht nämlich hier noch gar nicht um das Verhältnis zum Mitmenschen, zum Nächsten als solchen. Der Mitmensch als solcher wird durch das Gebot Gottes des Versöhners zum ethischen Problem und dann zu einem Problem, das sich nicht einfach unter den Begriff des fremden Lebens subsumieren läßt. Daß neben und mit mir ein anderer Mensch lebt, das ist offenbar eine Tatsächlichkeit ganz eigener Art. Aber immerhin: er *lebt* auch mit und neben mir, wie anderes fremdes Leben auch noch neben mir gelebt wird. Und diese Tatsächlichkeit fremden Lebens überhaupt, in dem dann auch das Leben der Tiere und Pflanzen inbegriffen ist, kann auch als solches für die Bestimmung des guten Willens nicht gleichgültig sein. Sehr glücklich hat darum Schweitzer trotz seiner fatalen Mystik nicht etwa von Liebe, sondern von *Ehrfurcht* vor dem Leben geredet. Das ist's in der Tat, was das fremde Leben als solches von uns fordert, vielmehr was von Gott dem Schöpfer für das fremde Leben gefordert ist. Es will, indem wir unseren Willen zum Leben betätigen, mit Scheu und mit Verantwortung behandelt sein, mit *Scheu* – wir können auch sagen: mit *Pietät* oder, tief und gründlich verstanden, mit *Sympathie* –, weil wir wissen, daß das göttliche Gebot wie für unser eigenes so auch für alles fremde Leben jederzeit Leben oder Tod bedeuten kann, mit *Verantwortung,* weil unser Verhalten ihm gegenüber, das als Unterlassen oder als Tun sein Leben oder Sterben bedeuten kann, ein Vikariieren für das Tun Gottes ihm gegenüber bedeutet, weil wir so oder so die Krisis dieses fremden Lebens bedeuten und wissen müssen, ob wir dazu stehen können, daß dem so ist. Nicht der fremde Wille zum Leben als solcher ist es, dem gegenüber diese Scheu am Platze ist – so wenig wie wir unseren eigenen Willen zum Leben als solchem als guten Willen verstehen können –, wohl aber das Schwert des Herrn, unter dem auch er steht und kraft dessen er wie unser eigener

Wille gebrochen werden muß zum Willen zum Leben *und* zum Sterben, weil das Gebot des Lebens als Gebot Gottes beides bedeuten kann. Und nicht dem fremden Willen zum Leben als solchem sind wir verantwortlich, wohl aber dem Willen Gottes, kraft dessen unser Unterlassen und Tun fortwährend Hemmung oder Förderung jenes fremden Lebenswillens bedeutet. Entweder dies geschieht im Namen und Dienst des Schöpfers oder aber in unserer eigenen Anmaßung und Willkür. In jener Scheu angesichts der Gefährdetheit alles geschöpflichen Lebens und in dieser Verantwortlichkeit für das, was unser Tun und Unterlassen ihm gegenüber bedeutet, handeln, das hieße in Ehrfurcht vor dem Leben handeln.

Albert Schweitzer hat sich nicht mit Unrecht beklagt über die «Engherzigkeit», in der die bisherige Ethik, auch die bisherige naturalistische Ethik, ihre Aufmerksamkeit auf die Hingabe des Menschen an den Menschen und die menschliche Gesellschaft beschränkt habe. «Wie die Hausfrau, die die Stube gescheuert hat, Sorge trägt, daß die Türe zu ist, damit ja der Hund nicht hereinkomme und das getane Werk durch die Spuren seiner Pfoten entstelle, also wachen die europäischen Denker darüber, daß ihnen keine Tiere in der Ethik herumlaufen» (225).[24] Eine Ethik, die das Gebot Gottes im Ernst auch als das Gebot Gottes des Schöpfers kennt, wird an dieser Stelle ihre Kreise tatsächlich grundsätzlich weiter ziehen müssen, als dies gewöhnlich geschieht. Lassen wir uns zunächst von Schweitzer selber sagen, an was er dabei gedacht hat. Wahrhaft ethisch ist nach ihm der Mensch nur, «wenn er der Nötigung gehorcht, allem Leben, dem er beistehen kann, zu helfen, und sich scheut, irgendetwas Lebendigem Schaden zu tun. Er fragt nicht, inwiefern dieses oder jenes Leben als wertvoll Anteilnahme verdient, und auch nicht, ob und inwiefern es noch empfindungsfähig ist. Das Leben als solches ist ihm heilig. Er reißt kein Blatt vom Baume ab, bricht keine Blume und hat acht, daß er kein Insekt zertritt. Wenn er im Sommer nachts bei der

[24] Vgl. a.a.O. S. 215.

Lampe arbeitet, hält er lieber das Fenster geschlossen und atmet dumpfe Luft, als daß er Insekt um Insekt mit versengten Flügeln auf seinen Tisch fallen sieht. Geht er nach dem Regen auf der Straße und erblickt den Regenwurm, der sich darauf verirrt hat, so bedenkt er, daß er in der Sonne vertrocknen muß, wenn er nicht rechtzeitig auf Erde kommt, in der er sich verkriechen kann, und befördert ihn von dem todbringenden Steinigen hinunter ins Gras. Kommt er an einem Insekt vorbei, das in einen Tümpel gefallen ist, so nimmt er sich die Zeit, ihm ein Blatt oder einen Halm zur Rettung hinzuhalten» (240).[25] Es wäre natürlich leicht, diese Lehre durch allerhand Fragen nach der praktischen Durchführbarkeit dieser Regeln zu kritisieren und allenfalls als elsässische Sentimentalität ein wenig ins Lächerliche zu ziehen. Ich würde das doch für wohlfeil halten. Wenn wir diese Lehre ihrer vielleicht allzu indikativischen bzw. imperativischen Form entkleiden und als Frage verstehen, nämlich einfach als die Frage: Wie rechtfertigst du dich eigentlich, wenn du es anders als so hältst? Dann ist sie zweifellos gerade mit ihrem etwas ungewöhnlichen Inhalt Ausdruck echtester, weil offenbar ganz aus unmittelbarer Anschauung hervorgegangener ethischer Besinnung, und wer hier nur etwa zu lachen wüßte, der wäre selber ein wenig beweinenswert. |

Es ist doch klar, daß das Problem des fremden geschöpflichen Lebens und unseres Verhältnisses zu ihm zwar wahrscheinlich erst in dem Gegenüber von Mensch und Mensch wirklich *gesehen* werden kann, aber doch sachlich nicht erst dort *beginnt*: dort, wo fremdes geschöpfliches Leben als menschliches Leben seinen Anspruch uns gegenüber sozusagen auf gleichem Fuß anmelden und vertreten kann, und es dürfte geradezu die Probe darauf, ob wir diesen Anspruch wirklich hören, darin bestehen, daß wir ihn auch da, wo er nur stumm zu uns reden kann, wo wir ihn im «Seufzer der Kreatur» [vgl. Röm. 8,22] sozusagen erraten müssen, wo er rätselhaft verborgen ist hinter der scheinbaren Gegen-

[25] Vgl. a.a.O. S. 230.

ständlichkeit des animalischen und vegetativen Lebens, nun eben dennoch hören. Wir können ja hier nicht taub sein, wenn wir dort, im Gegenüber von Mensch und Mensch wirklich hörend geworden sind. Oder sollte der Mensch das Gebot des Lebens, das, wie gezeigt, immer auch Gebot der Ehrfurcht vor dem Leben ist, wirklich gehört haben, der von dem συνωδίνειν und συστενάζειν der mit uns unter die Vergänglichkeit beschlossenen κτίσις [ebd.] nichts wüßte, dem es nichts ausmachte, daß wir fortwährend in unerhörtester Weise dazu beitragen, dem der Schlachthof und die Vivisektion, die Jagd und das unerbittliche Einsperren von allerlei Tieren und Vögeln des Waldes hinter den Gitterstäben des zoologischen Gartens *keine* Fragen, und zwar weil wir selber direkt oder indirekt an allen diesen Dingen doch beteiligt sind, keine an ihn selbst gerichteten Fragen bedeuten würden? Quo jure tut der Mensch eigentlich das Alles an der Kreatur? Es kann ja sein, daß wir Auftrag dazu haben. Aber jedenfalls sollte man sich die Frage nicht in milderer bequemerer Form, also gerade nicht der Form, ob das Alles etwa *erlaubt* sein möchte, stellen. Also haben wir wirklich *Auftrag?* Nicht etwa bloß kraft unserer Gedankenlosigkeit, Roheit und Torheit? Nicht etwa bloß den Auftrag unseres dämonisierten und brutalisierten Machtwillens, sondern Auftrag von Gott? Und wenn wir ihn haben, ist dabei bedacht, daß auch dann die Ehrfurcht vor dem Leben, in der zu handeln ist, keinesfalls außer Kraft gesetzt ist, sondern nur eine andere Form annehmen kann, daß also, die Möglichkeit aller jener Möglichkeiten grundsätzlich zugegeben, die Frage in jedem einzelnen Akt ihrer Ausführung sich aufs neue stellt? Ist es nicht ganz klar, daß die Bestrebungen des sogenannten «Tierschutzes» ein Anliegen vertreten, das unter allen Umständen als ein ernstes Anliegen zu hören ist? Und daß auch den Fanatikern, etwa der Anti-Vivisektionsbewegung oder des bekanntlich auch von hier aus zu begründenden Vegetarianismus, das relative Recht einer notwendigen Reaktion nicht abgesprochen werden kann?|

Freilich ein absolutes Veto, eine eindeutige Verdammung

etwa des ehrsamen Metzgerhandwerks oder der edlen Jägerei wird sich aus dem Gebote Gottes sowenig ableiten lassen wie umgekehrt eine absolute Erlaubnis oder ein absolutes Gebot. Denn eine solenne Rehabilitierung und Bestätigung ihres Tuns dürfen alle an jenen Dingen direkt Beteiligten und dürfen wir alle als indirekt Beteiligte ja auch nicht erwarten. Auch hier dürfen wir also nicht damit rechnen, daß die Ethik nun etwa die Grenzlinie ziehen werde zwischen dem Gebotenen und dem Verbotenen. Das Gebot Gottes selber und allein zieht diese Grenzlinie für jeden, zu dem es redet, und die Ethik kann nur erinnern an das, was zu seiner Erkenntnis auf alle Fälle zu bedenken ist. Dazu gehört dann aber allerdings auch das, daß die Ehrfurcht vor dem Leben als Gehorsam gegen Gottes Gebot Ehrfurcht vor dem von ihm *geschaffenen* Leben ist, und diese Erinnerung wird uns davor bewahren, unter Ehrfurcht eindeutig bloß den Willen zur Erhaltung dieses Lebens zu verstehen. Geschaffenes Leben heißt ja: in bezug auf sein Leben und Sterben ganz und gar in Gottes Belieben gestelltes Leben. Es *kann* also sein, daß wir nicht nur die Erlaubnis, sondern den *Auftrag* haben, die Vollstrecker des Opfers zu sein, das die ganze Kreatur, wir selbst eingeschlossen, in ihrer zeitlichen Existenz ihrem Schöpfer schuldig ist. Es kann sein, daß unser eigener Lebenswille in irgendeiner seiner Komponenten das Instrument sein muß, dieses Opfer zu vollstrecken, wie ja die Welt auch umgekehrt, vom Bengaltiger bis herunter zum Volk der Bakterien voll zu sein scheint von solchem fremden Lebenswillen, der uns selbst zu solchen Opfern macht. Wir können, das ist allen Sentimentalen und Fanatikern dieses Problemgebietes bei aller ernsthaften Anerkennung ihres Anliegens zu sagen: Wir können den Schöpfer nicht als einen Pfuscher beschimpfen – wie es *Marcion* und in der Neuzeit besonders eindrucksvoll der Dichter *C. Spitteler* getan haben,[26] wie es aber

---

[26] s. Marcions *Antithesen,* Beilage V in: A. v. Harnack, *Marcion. Das Evangelium vom unbekannten Gott,* Leipzig 1924² (Darmstadt 1960), S. 265 ff. sowie S. 99 ff.

Zu C. Spitteler s. oben S. 158 Anm. 5. Spittelers religiöses Grundanliegen

faktisch und praktisch auch die allzu konsequenten Apostel des Tierschutzes tun. Wir können nicht anstürmen gegen den Willen, kraft dessen das geschöpfliche Leben, wie wir zuerst in bezug auf unser eigenes Leben festgestellt haben, auf der ganzen Linie und allezeit Leben *und* Tod, Werden *und* Vergehen ist, ⌐kraft dessen der große Fisch zum kleinen nicht «Grüß Gott» sagt, sondern ihn auffrißt¬, kraft dessen die Vollkommenheit der Schöpfung gerade darin zu suchen ist, daß sie, um Stätte seiner Offenbarung zu sein, eine strahlende Tages- *und* eine furchtbare Nachtansicht bietet, kraft dessen Dasein immer auch *Kampf* ums Dasein, oder sagen wir besser: Opferung des Daseins, ist. In demselben Gehorsam nun, in dem wir uns dieser Offenbarung selbst nicht unter allen Umständen entziehen dürfen, in demselben Gehorsam, in dem Wille zum Leben auch Wille zum Leiden und Sterben sein muß, im selben Gehorsam dürfen wir uns auch dem nicht entziehen, daß wir fort und fort auch aktiv an dieser Opferung beteiligt sind. Wir haben zu bedenken, daß das fremde geschöpfliche Leben ja nur vikarierend Gegenstand unserer Ehrfurcht sein kann. Wir leiten keine Befreiung von dieser Ehrfurcht daraus ab, keine erlaubten Ausnahmen und dergleichen, wir bestreiten jedes Tyrannenrecht des Menschen über die Kreatur: er hat kein solches, auch nicht der kleinsten Mücke und dem bescheidensten Grashälmlein gegenüber. Wir werden aber nicht umhin können einzuräumen, daß eben die Ehrfurcht vor dem Schöpfer im Geschöpf auch Härte gegen das Geschöpf bedeuten kann, so gewiß seine eigene Güte gegen seine Schöpfung Milde *und* Härte ist.

Diese Seite der Sache erwogen, wird nun aber in gewisser Berichtigung jener Anklage Alb. Schweitzers zu sagen sein, daß das zweifellos gestellte und zu beachtende Problem des Pflanzen-

«ist das Weltleid und die Möglichkeit der Welterlösung oder doch erlösender Taten liebender und hochgemuter Einzelner, eines Prometheus, einer Pandora, eines Apoll oder Herakles. Im Gegensatz zu christlichen Anschauungen wird das Leid des Menschen wie der übrigen Kreaturen nicht mit der Sünde in ursächlichen Zusammenhang gebracht, sondern als Schuld oder Versagen des Weltenschöpfers gedeutet.» L. Beriger, RGG³ VI, 259.

und Tierlebens schließlich doch nur propädeutische Bedeutung haben kann gegenüber dem Problem des Menschenlebens. Es wird ja gewiß kein Zufall sein, daß Schweitzer selbst sich nicht etwa dem Dienst eines Tierspitals zugewendet hat, sondern der Arbeit eines Eingeborenenarztes in Innerafrika. «Du sollst nicht töten!» [Ex. 20,13] heißt: du sollst nicht Menschen töten!, schützt den *Menschen* vor dem Menschen, macht den *Menschen* dem Menschen zum Gegenstand der Ehrfurcht! Noch nicht von der Humanität, sondern einfach von der Vitalität des Menschen reden wir an dieser Stelle. Warum und inwiefern hat die Ethik nun doch auch schon der einfachen Vitalität gerade des Menschen eine ausgezeichnete Beachtung zu schenken? Ich würde antworten: weil unser Leben doch nur als Zusammenleben mit dem Menschen ein wirkliches *Zusammen*leben sein kann, weil es uns nur als solches *primär* vor das Gebot der Ehrfurcht vor dem Leben stellen kann. Wir reflektieren dabei natürlich nicht etwa auf die naturwissenschaftlich feststellbaren Unterschiede des Menschen gegenüber seinen nächsten Mitgeschöpfen, über die ja einwandfrei nicht allzuviel Sicheres und Unzweideutiges festzustellen ist. Sondern wir gehen umgekehrt davon aus, daß wirklich und unaufhebbar fremdes Leben für uns nicht das Leben der Tiere und Pflanzen ist, dessen schlechthin verborgene Geistigkeit es uns vielmehr zunächst schwer macht, es als Leben zu erraten und zu anerkennen, es anders denn als bloßen Gegenstand, nämlich als Gegenstand unserer Ehrfurcht zu behandeln. *Leben* und nun doch schlechthin *fremdes* Leben, unauflöslich in Gegenständlichkeit und eben darum und darin Ebenbild des Lebens des unsichtbaren Gottes und darum dessen primärer Vikar und Stellvertreter ist das Leben unserer Mitmenschen. Es stellt uns unter allen Umständen *zuerst* und es stellt uns auch allein *streng* vor die Tatsächlichkeit eines um des Schöpfers willen zu respektierenden fremden Lebens, vor einen Auge in Auge und – wie groß immer unsere Nähe zu allem sonstigen geschöpflichen Leben sein mag – auf gleichem Fuß erhobenen Anspruch dieses fremden Lebens, Gegenstand meiner Scheu, meiner Pietät, meines Mitleidens zu sein. Und [es stellt] mein eigenes Leben samt meinem Willen zum Leben in einen Zusammenhang gegenseitiger Verantwortlichkeit für die Lebensförderung und Lebenshemmung, die wir einander de facto fortwährend bereiten.

Wir beginnen hier füglich mit der Berührung des ganzen Problemkomplexes, der gegeben ist durch die Möglichkeit und Wirklichkeit, daß ein Mensch den anderen in direkter, vorsätzlicher Tat vom Leben zum Tode bringt. Es sind die drei unter sich zusammenhängenden Fragen der *Notwehrtötung,* der *Todesstrafe* und des *Krieges,* deren hier (wohlverstanden innerhalb der Grenzen, die wir uns für dieses Kapitel gesteckt haben) zu gedenken ist. Diese Begriffe umschreiben, wenn wir den der Notwehrtötung etwas extensiv interpretieren (so daß auch Spezialfragen wie die des Duells oder des Tyrannenmordes darunter mitverstanden sind), den Kreis der Möglichkeiten erlaubter, ja gebotener Tötung. Wir werden doch nicht anders können, als auch hier Fragen stellen. Für das eingestandene und nicht eingestandene Wissen um das Gebot des Lebens als Gebot der Ehrfurcht vor dem Leben ist es doch recht bezeichnend, daß alle diese in so ganz verschiedener Weise aktuellen Möglichkeiten auch in den Zeiten und Regionen der Geschichte, die den freigebigsten Gebrauch von ihnen allen machten, den Charakter von ultimae rationes, von Grenzmöglichkeiten, von äußersten und nicht etwa naheliegenden und selbstverständlichen Notwendigkeiten hatten. Es scheint doch gerade die Form: du sollst nicht töten! eine der ursprünglichsten und kräftigsten Weisen zu sein, in denen das Gebot Gottes den Menschen von jeher erreicht und getroffen hat, wenn auch das wirklich oder vermeintlich erlaubte, ja gebotene Menschentöten von jeher und überall als etwas Letztes, Furchtbares, mindestens von allerlei Hemmungen Umgebenes empfunden worden ist. Wir haben also an dieser Stelle zunächst einfach zu unterstreichen: Ja, dem ist auf alle Fälle so, daß wir hier, wir werden gleich sagen, nicht weniger als bei der Frage des Selbstmordes in bezug auf den Willen zum Leben eine äußerste, alleräußerste Möglichkeit, eine durch das Gebot der

Ehrfurcht vor dem Leben mit allen möglichen Fragezeichen umgebene Möglichkeit vor uns haben. Ethische Besinnung und Belehrung hätte schon viel geleistet, wenn sie einfach den anerkannten Grenzcharakter dieser Möglichkeit aufs stärkste noch einmal hervorhöbe.|

Aber wir müssen hier gleich noch eine zweite allgemeine Bemerkung machen: Wir befinden uns auf einer Stufe der Geschichte des menschlichen Geistes, auf der, aus welchen Gründen braucht uns hier nicht zu interessieren, dieser Grenzcharakter der bewußten Möglichkeit, gewiß mit allerlei fortwährenden Unterbrechungen und unter den schreiendsten Selbstwidersprüchen, *im Ganzen* immer stärker empfunden und geltend gemacht wird. Die ethische Besinnung in bezug auf die Fraglichkeit eines Erlaubt- ja Gebotenseins der Menschentötung auch im Rahmen jener drei Möglichkeiten ist erwacht, während sie etwa im Mittelalter mindestens geschlummert zu haben scheint. Wir sagen damit in keiner Weise, daß die Menschen heute auch nur in dieser Hinsicht besser geworden seien als früher – was heißt besser? –, wohl aber im Ganzen bedenklicher. Das kann sehr wohl bedeuten, und das bedeutet faktisch weithin, daß das gegenseitige Sichtöten der Menschen sich heute vorwiegend in indirekten Formen abspielt und dort unter noch stärkerer wirklicher oder vermeintlicher Sanktionierung durch Erlaubnis oder Gebot. Aber das ändert nichts daran, daß eine trotz aller Zwischenfälle (1914–1918 bildete allerdings einen recht erheblichen Zwischenfall) wachsende Bedenklichkeit jedenfalls gegenüber der Annahme einer erlaubten oder gebotenen direkten Tötung einfach Tatsache ist. Ein Entrüstungssturm wie der, der letztes Jahr wegen *Sacco* und *Vanzetti* mit Recht oder Unrecht durch die ganze Welt gegangen ist,[27] wäre noch vor fünfzig Jahren ein Ding der Un-

---

[27] B. Vanzetti (1888–1927) und N. Sacco (1891–1927), zwei in die USA ausgewanderte italienische Arbeiter, wurden im Mai 1920 des Mordes an einem Kassierer und einem Polizisten angeklagt, der in South Braintree, Mass., begangen worden war, zu einem Zeitpunkt, als in Massachusetts eine heftige Kampagne gegen linksgerichtete Kräfte, vor allem gegen italienische Arbeiter

möglichkeit gewesen. Und der größte aller Kriege ist doch auch der erste Krieg gewesen, der von Anfang an und in allen Ländern von einem bald anschwellenden, bald abschwellenden, aber nie ganz abbrechenden grundsätzlichen Protest gegen den Krieg als solchen begleitet gewesen ist. Wir können also auch in dieser Hinsicht zunächst einfach mit dem Winde segeln – und werden dabei doch wahrlich nichts Überflüssiges tun –, indem wir unsererseits die Sache, wie sie auch anderwärts begründet werde, in das Licht des Schöpfergebotes stellend, unterstreichen und bestätigen: Ja, hier *ist* schärfste Bedenklichkeit, hier ist genaueste Überprüfung überkommener ethischer Selbstverständlichkeiten am Platze, die Frage, ob diese ultimae rationes auch nur noch als ultimae wirklich tragbar sind? Keine unter anderen Gesichtspunkten herbeizutragenden Gründe für diese rationes – denen auch wir uns nicht zu verschließen gedenken – und erst recht nicht etwa der Hohn über moderne Sentimentalität und dergleichen dürfen uns hindern zu sagen: das in der Neuzeit sich verstärkende (wenn auch in allerlei Formen sich selbst betrügende) *Grauen* vor der Sache *und* vor allen Versuchen, sie ethisch und theologisch zu rechtfertigen, dieses Grauen hat, nicht als endgültige Antwort, aber eben als erwachte, als verschärfte *Frage* nach dem Schöpfergebot recht, und es ist eine von den unbegreiflichsten Absurditäten in der Geschichte der Theologie, daß sie es gewagt hat, das hier in der Tat weithin von Weltkindern, ja von Zöllnern und Sündern aller Art vorgebrachte Anliegen ausgerechnet mit dem Verweis auf die Schöpfungsordnung Gottes niederzuschlagen und zum Schweigen zu bringen. Die Ethik, die Theologie kann sich

mit anarchistischen Tendenzen, ihren Höhepunkt erreicht hatte. Trotz der von ihnen gelieferten Alibi und zahlreicher sie entlastender Zeugenaussagen wurden Sacco und Vanzetti als Exponenten der anarchistischen Gewerkschaftsbewegung im Juli 1921 zum Tode verurteilt. Die Urteilsvollstreckung fand am 23. August 1927 statt. Um sie zu verhindern, hatten sich Persönlichkeiten des politischen und kulturellen Lebens (u. a. R. Rolland, A. France, A. Einstein), Staatsoberhäupter und Zehntausende amerikanischer Bürger leidenschaftlich eingesetzt. *Dizinario Encyclopedico Italiano,* Roma 1961, XII, 625.

den Pazifismus so wenig zu eigen machen wie irgendeinen -ismus, aber noch viel weniger hätte es geschehen dürfen, daß in einer Zeit, in der die *Frage* nach dem hier Gebotenen (wie man sich auch zum Pazifismus stellen mochte) tatsächlich aufstand, gerade die herrschende und das Wort führende Theologie ausgesprochenerweise militaristische Theologie gewesen ist.

Es ist zwar nun sofort bezeichnend, daß sowohl die allgemeine Einschätzung der Menschentötung als einer Grenzmöglichkeit wie der moderne Protest dagegen sich viel stärker gegen die Todesstrafe und gegen den Krieg als gegen die Notwehrtötung und [das] was dazu gehört, richtet. Wer, der schon einmal eine Diskussion über die sittliche und christliche Frage des Militärdienstes mitgemacht hat, würde sich nicht des Argumentes erinnern: «Was würdest du denn nun tun, wenn dir mitten im Walde ... oder wenn du sehen müßtest, wie jemand deine Frau und deine Kinder...?» Und wie dann wahrscheinlich auch sehr eifrige Antimilitaristen bekennen mußten: Ja, in dem Fall würde freilich auch ich von Faust, Prügel oder Revolver rücksichtslosesten Gebrauch machen..., wodurch dann ihre Stellung zum Krieg, was sie auch im Übrigen dafür beibringen mochten, doch ein wenig erschüttert war, weil sich leicht zeigen läßt, daß eben auch der Krieg (und Ähnliches dürfte von der Todesstrafe gelten) als eine besondere, nämlich als eine kollektive Form der Notwehr sich sehr wohl verstehen läßt. Freilich, man hat auf die Frage der Notwehrtötung auch schon sehr andere, nämlich durchaus konsequente Antworten gehört, und auch wenn dies nicht der Fall wäre, wäre zu sagen, daß der Ernst der gestellten Frage nichts damit zu tun hat, daß vielleicht niemand oder immer nur ganz wenige sich bereit finden, sie als auf der ganzen Linie gestellt zu anerkennen. Ihr Gewicht ist nicht bedingt durch die Konsequenz oder Inkonsequenz derer, die sie aufwerfen. Immerhin: es wird sich schon empfehlen, bei der Behandlung des ganzen Problemkreises in der Tat einzusetzen bei der Frage der *privaten Notwehrtötung,* um dann von da aus zu verstehen, wie sich die Fragen in Sachen der Todesstrafe und des Krieges stellen müssen. Die private Notwehrtötung eignet sich zum Ausgangspunkt darum gut, weil einerseits Erlaubnis bzw. Gebot zum Töten gerade hier so nahegelegt erscheinen, daß man bei oberflächlichem Überlegen fast meinen sollte, und instinktiv auch nach gründlichster Überlegung immer wieder meint, da seien sie doch nun wirklich und selbstverständlich gegeben, und weil sich andererseits gerade hier wohl besonders einleuchtend zeigen läßt, wie naiv diese Selbstverständlichkeit ist 1. darum, weil es kaum möglich sein dürfte, den entscheidenden Begriff der Notwehr auch nur einigermaßen eindeutig zu bestimmen, 2. darum, weil die Frage der Scheu und der Verantwortlichkeit gegenüber dem Leben des Mitmenschen sich gerade hier in einer unerhört persönlichen und direkten Weise stellen muß, 3. darum, weil gerade hier die im Schöpfergebot doch immer inbegriffene Möglichkeit des Opfergebotes in ganz besonders aktueller Weise sich nahelegt. Es ist wohl wahr: ich darf nicht nur, sondern ich soll mein Leben und das Leben der mir Anvertrauten schützen gegen den Angriff, der darauf gemacht wird, und als letzter Preis, der dafür zu bezahlen ist, kommt in der Tat das Leben des Angreifers selbst in Betracht. Mag ich denn auf Grund dieser Wahrheit im Gehorsam gegen das Gebot des Willens zum Leben handeln! Aber ich muß mir doch wohl darüber im klaren sein, daß auch der mich bedrohende Angreifer – Dostojewskis Analyse des Mörders Raskolnikow mag es uns zeigen – ganz ähnlich argumentieren könnte. |

Die berühmte ethische Vexierfrage – ich befinde mich mit einem anderen Menschen auf einer im Ozean treibenden Planke, die doch nur einen von uns beiden tragen kann, wollen wir nicht beide ertrinken und will keiner freiwillig zugunsten des Anderen ertrinken: Darf ich ihn, darf er mich von der Planke hinunterstoßen? – dieses Schema dürfte doch zum Verständnis der ganzen Situation, wo Notwehrtötung in Betracht kommt, durchaus erleuchtend sein. Der mich töten will, und dem ich nun Notwehr entgegensetzen will, er befindet sich doch grundsätzlich selbst schon im Zustand der Notwehr *mir* gegenüber! Denn man kann doch den Zustand der Notwehr billigerweise nicht erst beginnen lassen unmittelbar oder sagen wir: Zehn Sekunden vor dem wahrscheinlichen Eintritt der mein Leben bedrohenden Handlung des Anderen. Gibt man dem Menschen das Recht der Notwehr, dann fängt diese offenbar schon viel früher an, nämlich in der Bedrängnis, in der sich ein Mensch befindet und aus der er sich nur durch Tötung eines anderen bestimmten Menschen – im Falle Raskolnikow[28] der Tötung jener habgierigen alten Frau – befreien zu können meint. Ich habe also, wenn ich mich im Zustand der Notwehr zu befinden meine, jedenfalls zu bedenken, daß mein Angreifer sich irgendwie in ganz ähnlicher Bedrängnis zu befinden scheint, nur daß die Bedrängnis, die mein Dasein für ihn bedeutet, z.B. der Geldbeutel, der nicht sein, sondern mein Geldbeutel ist, meines Erachtens (aber doch nur meines Erachtens) für ihn keine so aktuelle Bedrängnis zu haben scheint wie die Bedrängnis, die er mir bereitet, indem er eben jetzt Miene macht, seinen Revolver aus der Tasche zu ziehen, während ich den meinigen vielleicht schon schußbereit unter dem Mantel trage. Greift nicht auch er irgendwie, um weiterleben zu können – ich muß es ihm überlassen zu verantworten, wie ernsthaft sein Bedürfnis ist –, nach der ultima ratio, die ich ja mir selbst für [einen] solchen Fall offenkundig auch zugebilligt habe? Mag er zusehen, wie er sein Tun, also seinen Angriff, den er offenbar gegen mich im Schilde führt, rechtfertige, zusehen, kraft welchen höheren Auftrags er trotz und in der Scheu und Verantwortlichkeit, die ihm meinem Leben gegenüber geboten ist, diesen Angriff auf mich zur Durchführung bringen wird. Ich habe doch meinerseits kein schlechterdings begründetes Wissen darum, daß er sich nicht rechtfertigen *kann,* und wenn ich mich nun gegen ihn verteidige, d.h. aber, wenn ich mich nämlich wirksam verteidige: wenn ich meinen vorsorglich entsicherten Revolver zur Entladung bringe, während er mich noch mit seinem «Hände hoch» be-

---

[28] Vgl. den gleichnamigen Roman von F. M. Dostojevskij, Sämtliche Werke, Abt. 1, Bd. 1 und 2, unter Mitarbeit von D. Mereschkowski hrsg. von A. Moeller van den Bruck, München 1925.

ängstigen will, wenn ich also seinem Angriff auf mein Leben durch einen Gegengriff auf das seinige zuvorkomme – was habe ich dann getan? Ich habe mich dann zweifellos mit ihm auf denselben Boden gestellt: auch ich fühlte mich bedroht, auch ich wollte weiterleben, auch ich griff zu der ultima ratio, ich konnte unmöglich wissen, ob er nicht allerletztlich dringlicher zu dem Allem Anlaß habe als ich, aber ich entschied mich – quo jure? –, daß ich derjenige sei, und ich verteidigte mich, und weil ich schneller bereit oder stärker oder flinker war oder noch Glück hatte, verteidigte ich mich *wirksam,* d.h. ich griff an, griff *sein* Leben an, statt ihn mein Leben angreifen zu lassen. Und nun, da meine Verteidigung gelungen ist, er und nicht ich sterben muß, ich den Mörder ermordet habe, bevor er mich ermordete, nun ist die große Problematik der Situation sogar noch dadurch bereichert, ... daß faktisch – ich weiß ja nicht unbedingt, ob der andere bis zum Äußersten gegangen wäre, da ich ihm die Möglichkeit, sich zu entscheiden, genommen habe –, daß also faktisch *ich* derjenige bin, der zuerst und dann auch allein das Entscheidende, die Tötung des Anderen gewollt und getan hat – noch *war* er ja nicht mein Mörder, als ich ihn tötete –, und muß nun (für sein vorbereitendes Wollen und Tun steht er nun vor seinem Richter) meinerseits zusehen, wie *ich* mich rechtfertige für meinen Schuß, kraft welchen Auftrags ich das getan habe trotz und in der Scheu und Verantwortlichkeit, die mir seinem Leben gegenüber geboten war.

Das macht den Begriff der Notwehrtötung so schwierig, daß ich, wenn ich von dieser Möglichkeit Gebrauch mache, mich darüber entscheiden muß, ob meine Bedrängnis wirklich größer ist als die des Anderen, den ich um meiner Bedrängnis willen vom Leben zum Tode bringe, und daß ich, wenn ich mich für die meinige und nicht für die seinige entscheide, erst noch das Praevenire spielen, Richter vor der Tat sein muß, als ob ich ein Wissen um das Wollen und Tun des Anderen im entscheidenden Moment schon hätte, während ich es faktisch zweifellos nicht habe. Ob man das Alles auf sich nehmen *kann,* das ist die Frage, die man sich gegenüber der Möglichkeit der Notwehrtötung offenbar vorzulegen hat. Macht man von ihr Gebrauch, dann *hat* man das Alles auf sich genommen. Vor dieser Tatsache darf man sich nicht verschließen. Es müßte nun so sein, daß man, *indem* man das Alles auf sich genommen hat, dem Gebote Gottes gehorsam gewesen ist, wohlverstanden: nicht nur dem Gebot des Willens zum Leben, sondern auch dem Gebot der Ehrfurcht vor dem Leben. Einfacher als so dürfen wir uns die ethische Besinnung nicht machen. Es kann sich nicht darum handeln, diese Last abzuwerfen, sondern nur darum, unter der Last dieser ganzen Frage dennoch den Willen Gottes getan zu haben. Es dürfte schon jetzt klar sein, daß von einer allgemeinen Erlaubtheit oder Gebotenheit der Notwehrtötung nicht die Rede sein kann – der naiven Ansicht zum Trotz, die hier Alles selbstverständlich finden möchte, ausdrücklich zum Trotz aber auch der Tatsache, daß unter Tausend nicht Einer es im Gedränge eines solchen Augenblicks, wenn er nämlich die Macht dazu hat, anders halten wird, als wie vorhin beschrieben. Zugegeben, daß – vorausgesetzt, daß unser Revolver zuerst losgehen *konnte* – vermutlich ausnahmslos wir alle es so halten würden, wenn wir uns eben jetzt im Gedränge eines solchen Augenblicks befänden, so werden wir doch die Erlaubnis oder das Gebot dazu keineswegs als selbstverständlich, als allgemein gegebene Wahrheit ansehen können. Woher sollten wir sie etwa haben? Nein, wir *haben* dann eben in der ganzen geschilderten Unsicherheit unseres Tuns *getötet. Waren* wir gesichert, durften, mußten wir tun, was wir taten, dann sicher nicht, weil Notwehrtötung eine erlaubte oder gebotene Möglichkeit ist. Wer sie als eine solche im Ernst erklären sollte, der hätte allerdings das Recht verwirkt oder er hätte nur noch das Recht des Heuchlers, im Weiteren über die Möglichkeit der Todesstrafe und des Krieges zu Gericht zu sitzen.

Und nun haben wir ja, um schematisch klar zu sein, den extremsten und einfachsten Fall vorausgesetzt, die Planke im Ozean, in dem Sinn, daß wir annahmen, es handle sich um einen Fall *unmittelbarer* Bedrohung, und zwar von Bedrohung meines

Lebens durch den Anderen. Es könnte ja auch sein – und dürfte es nicht in der Mehrzahl der Fälle, wo man von Notwehr redet, so sein? –, daß die Bedrohung, genau besehen, doch eine recht ferne ist, und daß das, was bedroht ist, weniger, jedenfalls etwas Anderes ist als geradezu mein Leben? Das Gewicht dessen, was ich auf mich zu nehmen habe, wenn ich von der Möglichkeit der Notwehrtötung Gebrauch mache, vermehrt sich offenbar im Quadrat, je mittelbarer meine Bedrohung ist, je mehr Spielraum ich habe, mich der Bedrängnis, die der Andere mir bereitet, anders zu erwehren als dadurch, daß ich ihn gerade töte, je mehr also meine Situation der seinigen – auch er handelt ja irgendwie in Bedrängnis – ähnlich wird. Das scheint ja seine Lage vor der meinigen auszuzeichnen, daß er meines Erachtens ebensogut etwas Anderes tun könnte, statt mich zu bedrohen. Es könnte aber auch sein, dass ich selbst sehr wohl etwas Anderes tun könnte, als seinem Angriff mit meinem Gegenangriff zuvorzukommen. Falls ich das unterlasse, nähert sich das Gewicht der Frage, die ich zu beantworten habe, der Frage, die auf ihm liegt. Und dieselbe Vermehrung des Gewichts der ethischen Frage tritt offenbar ein, je weniger es sich um die Bedrohung meines Lebens, je mehr es sich um etwas Anderes, mit meinem Leben nur in einer vielleicht recht engen Beziehung Stehendes handelt. Dieses Andere kann z. B. mein Geldbeutel sein. Ich überlasse es Ihrem Scharfsinn, unter diesem Gesichtspunkt nun etwa die Möglichkeit zu analysieren, daß ich einem Einbrecher mit der Waffe in der Hand begegne. Es gibt schwieriger liegende Fragen. Hier greifen nämlich die Probleme des *Duells* und des *Tyrannenmordes* ein. |

Die Logik des *Duells* beruht bekanntlich auf der Gleichsetzung von Leben und Ehre. Nehmen wir ungeprüft an, es gebe ein Ehr*bewußtsein* und eine Ehren*geltung* (vor der Gesellschaft), unentbehrlich für die Angehörigen gewisser Stände und Berufe z. B., deren Bedrohung für mich zusammenfallen dürfte, ja müßte mit der Bedrohung meines Lebens, so daß ich dem, von dem diese Bedrohung ausginge, auf demselben Fuße gegenüberstünde wie dem, der unmittelbar mein Leben bedrohte, so daß ich zu ihrer

Rettung in gleicher Weise durch das Gebot des Willens zum Leben aufgerufen wäre wie in jenem Fall, so bedeutet doch offenbar diese Rettung, sofern ich sie auf dem Wege des Zweikampfs mit dem Betreffenden suche, fraglos darin eine weitere ethische Belastung der Situation, daß ich, falls ich ihn töte – aber schon damit, daß ich entschlossen zu seiner Tötung zum Zweikampf antrete, nicht nur darüber entschieden habe, daß er von der Planke zu weichen habe, [und also daß ich] nicht nur das Entscheidende selbst getan oder zu tun mich angeschickt habe, sondern [daß ich] auch entschieden habe über die ganz besondere Voraussetzung dieses «Ich oder Er», die Voraussetzung, daß Einer von Beiden nun fallen muß, und zwar so, daß ich wollen muß, daß der Andere falle. Ich habe außer Allem, was bei der Notwehrtötung meinerseits ohnehin entschieden ist, auch noch darüber entschieden, daß es mit jener Gleichsetzung von Ehre und Leben im Sinn meines Standes und Berufes, die ja die Voraussetzung des Ganzen ist, seine Richtigkeit habe. Dieses weitere schwere Gewicht muß ich auf mich nehmen, wenn ich mich schlagen zu müssen meine. Ich muß über all das Außerordentliche hinaus, was mir ohnehin geboten sein muß, wenn mein Tun als Tötender recht getan sein soll, auch noch dessen gewiß sein, daß mir mein Ehrgefühl bzw. die Konsequenzen, die ich jetzt daraus ziehe, ebenfalls geboten ist [bzw. sind], so geboten, daß ich in und trotz der Ehrfurcht vor dem fremden Leben jetzt zu schießen mich getraue. Weiß ich das nicht, dann weiß ich eben als Duellant nicht, was ich tue, und darauf kommt es an: zu wissen, was man tut. |

Analog verhält es sich nun mit der Möglichkeit des *Tyrannenmordes*. Wir wollen der größeren Lebensnähe halber nicht auf Brutus und Cassius im Falle Julius Caesar oder auf Wilhelm Tell in der Hohlen Gasse exemplifizieren, sondern auf die uns näher angehenden *Erzberger*- und *Rathenau*mörder.[29] An die Stelle der

[29] M. Erzberger (1875–1921), seit 1903 Reichstagsabgeordneter und führender Politiker der Zentrumspartei, unterzeichnete nach dem Novemberumsturz von 1918 den Waffenstillstand und setzte sich für die Annahme des

persönlichen Ehre tritt nun, trat für das Bewußtsein dieser Männer die Ehre und Freiheit des deutschen Volkes und Vaterlandes, die sie durch Erzberger und Rathenau für verraten hielten, ein Verrat, den zu sühnen sie sich, sei es durch ihren dem Kaiser geleisteten Offizierseid, sei es sonstwie, für berufen hielten. In derselben Dringlichkeit wie ihr eigenes Leben und also unter Anwendung der ultima ratio hatten sie nach ihrer Überzeugung die verratene deutsche Sache gegen Erzberger und Rathenau zu verteidigen, bzw. sie hatten diese Männer genau nach der Logik der Notwehrtötung anzugreifen. Die ethische Mehrbelastung der Situation in diesem Falle war offenbar auch gegenüber der Duellmöglichkeit eine doppelte. Jetzt war nicht nur zu verantworten die Entscheidung, daß Erzberger und Rathenau von der Planke zu weichen hätten, nicht nur das auf Grund dieser Entscheidung gespielte Praevenire – das Alles war freilich auch zu verantworten, aber darüber hinaus noch 1. die Gleichsetzung des eigenen Lebens und seiner Bedrohung mit der deutschen Sache und dem ihr durch Erzberger und Rathenau angetanen Verrat, also die Entscheidung in der Frage, ob denn gerade sie die berufenen Rächer dieses Frevels sein möchten, und 2. die Richtigkeit des Urteils, daß hier ein Frevel vorliege, daß Deutschland durch Erzberger und Rathenau wirklich verraten worden sei, was ja wieder die Voraussetzung alles Übrigen bilden mußte. Es kann ja sein, daß jemand ein Tyrann, ein Verräter oder sonst ein öffentlicher Schädling wirklich ist, und es kann ferner sein, daß dann ein Einzelner aufgerufen ist, ihn aus der Welt zu schaffen («umzulegen») – die Geschichten von Debora und Judith [vgl. Richt. 4 u. 5; Jdt.

Versailler Friedensvertrages ein. Am 26. 8. 1921 fiel er dem Attentat zweier Reichswehroffiziere zum Opfer. Vgl. K. Epstein, *Matthias Erzberger und das Dilemma der deutschen Demokratie,* Berlin/Frankfurt 1962.

W. Rathenau (1867–1922), Außenminister im 2. Kabinett des Reichskanzlers Wirth, galt als Hauptvertreter der sog. Erfüllungspolitik. Dieser Umstand und sein Judentum schufen ihm zahlreiche Gegner. Durch zwei Fanatiker aus rechtsradikalen Kreisen wurde er am 24. 6. 1922 in Berlin ermordet. Näheres hierzu bei L. Ebermayer, *Fünfzig Jahre Dienst am Recht,* Leipzig/Zürich 1930.

8–13] sind nicht die einzigen in der Bibel, die mit dieser Möglichkeit zu rechnen scheinen trotz des Du-sollst-nicht-töten!, und *Calvin* hat jedenfalls die Möglichkeit des Tyrannenmordes nicht absolut in Abrede gestellt,[30] aber wer sich dazu für berufen hält, der wird neben Allem Andern, was er als Tötender ohnehin zu bedenken hat, sehr genau wissen müssen, 1. ob er sich in quaestione facti rechtfertigen kann, 2. ob er sich wirklich darauf berufen kann, berufen zu sein. Die Ethik kann kein Urteil über ein solches Tun wie das jener Rächer der deutschen Sache abgeben, weder ein positives noch ein negatives, wie sie denn überhaupt nicht zu urteilen hat. Sie kann aber, und das ist wichtiger und ertragreicher, die ethischen Kriterien aufweisen, die eine solche Tat wie alles menschliche Tun in sich selber trägt, die Kriterien, an denen gemessen sie, aber nicht von uns, so oder so gerichtet *ist*.

Wir dürften nach dem bisher Ausgeführten gerüstet sein, an die (gegenwärtig z. B. in der Schweiz ziemlich leidenschaftlich verhandelte)[31] Kontroversfrage der *Todesstrafe* heranzutreten. Sie hebt sich insofern deutlich von den bisher besprochenen Fragen unseres Problemkreises ab, als hier der Träger der Scheu und der Verantwortlichkeit, trotz der und in der möglicherweise der Mensch durch den Menschen vom Leben zum Tode gebracht

[30] s. Inst. IV, 20, 30–31.

[31] In der Schweiz wurde die Todesstrafe durch die Bundesversammlung von 1848 für politische Verbrechen abgeschafft, durch die Bundesversammlung von 1874 generell verboten, 1879 aber mit Ausnahme politischer Verbrechen wieder zugelassen. Dabei überließ man ihre Wiedereinführung den Kantonen – ein Recht, von dem nur einige Gebrauch machten, so daß ein Verbrechen, je nachdem, in welchem Kanton es verübt wurde, mit dem Tode bestraft wurde oder auch nicht. Erst nachdem die eidgenössischen Räte einer Vereinheitlichung des Zivilrechts Priorität eingeräumt, nach dem Kriege von 1914–1918 aber zuvor noch die Revision des Militärstrafgesetzes betrieben hatten, traten sie 1928 auf die Behandlung des künftigen schweizerischen Strafgesetzbuches ein. Nach stürmischen Debatten beschloß man, «im bürgerlichen [Straf-]Recht auf die Todesstrafe zu verzichten und sie ausschließlich auf das Militärstrafrecht zu beschränken». Vgl. F. Clerc/E. Steck, *Grundzüge des Schweizerischen Strafrechts*, Allgemeiner Teil, Basel 1943, S. 3. 100 ff.

werden kann, nicht mehr ein Einzelner als zufällig aufgerufener Richter in eigener Sache ist, sondern zunächst und sehr indirekt die im Staate verfaßte Gesellschaft bzw. das Volk, das seinen Richtern die Befugnis zum Blutgericht überträgt, sodann etwas direkter eben das von derselben Gesellschaft eingesetzte Richterkollegium, das von dieser Befugnis Gebrauch macht, erst in letzter Linie der direkt tötende Einzelne, der mit der Exekution beauftragte Henker. Eben wegen der großen Indirektheit, in der die Meisten, die in dieser Frage mitreden, an der Tötung in dieser Form beteiligt sind, weil der Weg von den theoretischen Wahrheiten, über die sich gemächlich reden läßt, bis zu dem, was dann im Gefängnishof geschieht, ein so weiter ist, ist die Gefahr hier viel größer, daß man sich nicht klarmacht, *wie* schwer es auch hier ist, ja zu sagen zu dem, was dann endlich und zuletzt Ereignis wird. |

Es ist auffallend, daß man in keiner Ethik der Erwägung begegnet, daß das ethische Problem der Todesstrafe doch eigentlich ganz einfach das Problem des *Henkers* ist. Das so überaus hinrichtungsfrohe Mittelalter hat das noch gewußt, wenn dann auch seine Lösung des Problems eine sehr primitive und doch wohl allzu billige gewesen ist. Der mittelalterlichen Polis machte es nämlich gar nichts aus, dem Schauspiel der in der Todesstrafe sich offenbarenden göttlichen und menschlichen Gerechtigkeit unter Umständen alle paar Wochen oder noch öfters mit selbstverständlicher Billigung beizuwohnen, die Richter um ihres Blutspruches und den Rat, Bischof oder König um der Einsetzung solcher Richter willen zu loben, den Henker aber «Meister Hans» und seine ganze Familie als infam zu erklären und zu behandeln. Man könnte zur Ergänzung auch an den berühmten Grundsatz «ecclesia non sitit sanguinem» erinnern. Die *Kirche* anerkennt zwar theoretisch das Recht der Todesstrafe, sie überläßt aber seine praktische Ausführung dem Staat, eine ideologische Konstruktion, die noch bis in die Erwägungen der modernen theologischen Ethiken hinein ihre Rolle spielt. So weiß sich der Mensch zu helfen, wenn er ein sittliches Problem als solches zwar empfindet, sich aber darüber zu beruhigen wünscht. Es käme also vor Allem darauf an, einerseits die Feinfühligkeit des Mittelalters für das Vorhandensein des Problems gerade an dieser Stelle wieder zu gewinnen, also sich klarzumachen, daß kein Delegationsverhältnis, in dem der Henker zum Gericht und das Gericht zur Gesellschaft steht, etwas daran ändert, daß hier endlich und zuletzt einer es auf sich nehmen muß, einen Anderen zu töten. Es wäre dann aber natürlich von der Ideologie des Mittelalters, von jenem Kniff von der Ehrlosigkeit gerade des Henkers und von der Kirche oder Christenheit, die als solche kein Blut vergießt, Abstand zu nehmen, und man hätte sich praenumerando das Zweite klarzumachen, daß der Henker ja nur vikariert für die Richter, die Richter aber für die Gesellschaft, die Gesellschaft aber, sittlich gefragt und geantwortet, bin *ich*. Fragt man nur im Allgemeinen nach der Möglichkeit der Todesstrafe, statt concretissime: wäre ich bereit, sie zu vollstrecken?, dann fragt man hier nicht sachgemäß.

Und nun führt uns vielleicht folgende Überlegung auf den Punkt, auf den es ankommt. Es gibt zur Begründung der Strafe überhaupt bekanntlich vor Allem drei Theorien. Man straft nach der ersten, um den Bösen selbst, indem man ihm die Folgen seiner Tat abschreckend vor Augen führt, zum Besseren zu erziehen. Man straft nach der zweiten aus reiner Gerechtigkeit, weil das Böse nicht unvergolten bleiben darf, sondern weil es das Böse ist, unter eine sichtbare Reaktion gestellt werden muß. Und man straft nach der dritten, um die Gesellschaft vor dem Verbrecher und vor allfälligen Nachahmern seines Verbrechens zu schützen, indem man den ersteren unschädlich macht, den letzteren aber ein abschreckendes Beispiel vor Augen führt.|

Fraglos bedeutet nun die Todesstrafe einen völligen Verzicht auf die erste dieser Theorien. Das Todesurteil involviert auf alle Fälle auch das andere Urteil: Besserung, Erziehung in diesem Fall ausgeschlossen. Oder allgemeiner ausgedrückt: Unter uns Anderen, die zwar täglich auch Böses tun, hat dieser, der sogenannte Verbrecher, *zu* Böses getan, als daß wir Anderen fernerhin Gemeinschaft mit ihm haben könnten, das Zusammenleben mit *diesem* Bösen ist für uns Andere, die wir zwar auch Böse, aber doch nicht *so* Böse sind, untragbar geworden. Da dieser nun zum Glück nicht die Macht hat, *uns* aus der Welt zu schaffen, muß *er* nun eben daran glauben. Ich brauche nicht zu sagen, in welcher Nähe zu der Situation der Notwehrtötung wir uns schon in dieser Hinsicht befinden. Jenen Verzicht, jene freilich durch die Macht der Übermacht äußerlich ungefährlich gemachte Kapitulation vor der Unüberwindlichkeit der Bosheit eines Menschen, ein kühnes Wissen um seine Unverbesserlichkeit und darauf gegründet dann ein «Ich oder Er», ein «Herunter von der Planke», ist das Erste, was man, wenn man die Möglichkeit der Todesstrafe bejaht, auf sich nehmen muß. Und man wird sich dann nicht zu leicht dabei beruhigen dürfen, daß der Blick auf das nahe Ende den Delinquenten vielleicht ernsthafter beeinflussen möchte als die leicht abstumpfend wirkende lebenslängliche Zuchthausstrafe, daß er ja auch ohne die irdische Gemeinschaft, die ihn durch das Todesurteil von sich ausschließt, nicht überhaupt verloren sein *(Haering* S. 423), daß ihm ja auch die Anbietung der Gnade nicht versagt werde (*Schlatter* S. 131).[32] Gewiß nicht, aber das Alles bedeutet, daß wir den Delinquenten auf Gott verweisen, um ihn unterdessen unsererseits doch aufzugeben. Es könnte doch auch so sein, daß die Güte Gottes ihm in der Tat nicht entzogen ist durch das, was wir ihm antun, ohne daß doch wir mit unserem Tun darum gerechtfertigt wären. Mit demselben Argument könnte man sich ja überhaupt für entschuldigt halten für jede letzte Treulosigkeit, in der wir unserem Nächsten gegenüberstehen, mit der wir ihn ja auch zu seinem Glück, aber nicht zu unserer Rechtfertigung von der Güte Gottes nicht abschneiden können.|

Was nun die zweite Theorie, die von der vergeltenden Gerechtigkeit, [an]belangt, so läßt es sich wohl hören, wenn Schlatter schreibt: «Die vollständige Entrechtung des Bösen geschieht da-

---

[32] Vgl. a.a.O. 1929³ (1961), S. 160.

durch, daß der Staat ihn tötet. Sein Recht dazu ist mit der vollständigen Verwerflichkeit des Bösen gegeben.» Schön, aber warum versteckt sich auch Schlatter hinter den Staat? «L'Etat c'est moi»[33] wird doch gerade der Christ sagen, d. h. er wird sich für verantwortlich halten, wenn nun der Staat von dem ihm gegebenen Recht Gebrauch macht und also tötet. Und wie sicher muß «der Staat», nein, wie sicher müssen wir dann unserer Sache sein nicht nur hinsichtlich des Tatbestandes, der zum Töten in concreto Anlaß gibt, sondern auch hinsichtlich der Todeswürdigkeit des betreffenden Anlasses! Mit wie verschiedener Gründlichkeit kann nur schon die Tatsachenfrage untersucht werden – man denke daran, wie eilfertig in dieser Hinsicht etwa Revolutions- oder auch Gegenrevolutionsgerichte oder gar Kriegsgerichte in Feindesland vorzugehen pflegen. Mit wie verschiedenen Maßstäben kann da gemessen werden, und wie käme doch, wo es sich eben um die Anwendung der ultima ratio handelt, Alles darauf an, den Tatbestand mit letzter Klarheit durchschaut zu haben und zu seiner Beurteilung einen eindeutigen Maßstab zu besitzen. Schlatter möchte die Anwendung der Todesstrafe beschränkt wissen auf den Fall, «wo Bosheit das Leben eines Anderen vernichtet hat» (132).[34] Schön, aber was heißt Bosheit, und könnten nicht gerade die schlimmsten Fälle boshafter Lebensvernichtung solche sein, die durch ein menschliches Gericht überhaupt nicht zu fassen sind? Müßte, wer für die wenigen Fälle öffentlicher, boshafter Lebensvernichtung (angenommen, sie lasse sich als solche eruieren) die Todesstrafe empfiehlt, nicht für die vielen heimlichen Fälle derselben Möglichkeit die Selbsthinrichtung den Betreffenden zum Gebot und zur Pflicht machen? Und erweckt es nicht Verdacht gegen die Reinheit der ganzen Vergeltungstheorie, wenn auch Schlatter in unmittelbarem Anschluß an jene Sätze fortfährt: «Schwerlich wird sich ein Volk die Über-

---

[33] Der berühmte Ausspruch Ludwigs XIV. (1643–1715) ist unverbürgt und jedenfalls nicht, wie die Legende will, schon 1655 vor dem Parlament getan. Vgl. G. Büchmann, *Geflügelte Worte*, Berlin 1942[29], S. 490 f.

[34] Vgl. a. a. O. 1929[3] (1961) S. 159 f.

zeugung bewahren, daß das Böse nicht geschehen dürfe und unerträglich sei, wenn es aus seinem Strafvollzug die Tötung vollständig entfernt» (131).[35]

Denn damit befinden wir uns offenbar bereits auf dem Boden der dritten Theorie: Der Gesellschaft ist das Böse «unerträglich», d.h. sie befindet sich gegenüber denen, die es tun, im Kriegszustand, sie kann die Überzeugung, in der diese Menschen handeln, nicht in ihrer Mitte dulden, und des zum Zeichen trifft sie sie in gewissen ärgsten Fällen mit dem Schwert. In einem ausländischen Parlament wurde einmal einem Antrag auf Abschaffung der Todesstrafe mit dem Zwischenruf begegnet: «Mögen doch die Herren Mörder den Anfang machen!» (*E. W. Mayer* S. 298). Mayer bemerkt dazu, das sei noch kein ethisch haltbares Argument zugunsten der Todesstrafe. Mag sein, aber gerade das ist, ob ethisch oder nicht, jedenfalls das allein *durchschlagende* Argument, auf dessen Boden sich nüchtern stellen muß, wer hier ja sagen will. Die im Staat verfaßte Gesellschaft, gegenüber der sich aber anständigerweise auch die Kirche nicht desolidarisieren darf, befindet sich gegen die das Leben ihrer Mitglieder bedrohenden Individuen im Verteidigungszustand, d.h. wie wir gesehen haben: im Zustand des mit überlegener Macht zuvorkommenden Angriffs. Greifbar sind ihr freilich nur «die Herren Mörder», d.h. diejenigen unter diesen Individuen, die in einem eklatanten, für ein öffentliches menschliches Recht faßbaren Sinn Angreifer des Lebens Anderer geworden sind und vermutlich wieder werden könnten. In ihrer Tötung nun *demonstriert* sie – um mehr als um eine Demonstration kann es sich offenbar nicht handeln: sie erwischt ja (sofern sie überhaupt erwischt) immer nur die großen Mörder, die vielleicht re vera die kleineren sind – sie demonstriert, indem sie gegen *diese* vorgeht, gegen diesen Angriff *überhaupt,* für die «vollständige Verwerflichkeit des Bösen», und damit für die Ehrfurcht vor dem Leben, die jene in unerhörter Weise verletzt zu haben scheinen. Weil das

---

[35] Vgl. a.a.O. 1929³ (1961) ebenda.

nicht geschehen darf, darum müssen jene bluten. «Es ist uns besser, ein Mensch sterbe für das Volk, denn daß das ganze Volk verderbe» (Joh. 11,50). So läßt sich die Todesstrafe begründen. Aber nicht ohne daß man es, abgesehen von jener Kapitulation, von der schon die Rede war, auf sich nimmt, 1. zum Zweck dieser Demonstration gerade die bewußten großen Mörder, die vielleicht die kleineren sind, herauszugreifen, 2. des Tatbestandes ihres Vergehens so sicher zu sein, wie es bei einer Strafe, die eine unwiderrufliche Tatsache schafft, am Platze ist (diese Tatsache könnte ja vielleicht selbst boshafte Lebensvernichtung, könnte Justizmord sein), 3. ihnen nun wirklich das anzutun, was sie Anderen angetan haben, und also sich mit ihnen auf den gleichen Boden, auf den Boden des «Ich oder Er», den Boden der Notwehrtötung zu stellen und auf diesem Boden von dem Recht des Stärkeren Gebrauch zu machen.|

Eine absolute ethische Unmöglichkeit der Todesstrafe läßt sich aus dieser ihrer damit nachgewiesenen ethischen Fragwürdigkeit nicht ableiten, aber ebenso ausgeschlossen ist offenbar angesichts dieser Fragwürdigkeit der Sache die Behauptung ihrer absoluten Möglichkeit auch nur im Blick auf bestimmte Vergehen. Bejaht man sie in concretissimo – und wir würden wohl alle Mühe gehabt haben, sie z.B. vor zwei Jahren in dem Fall *Haarmann* in Hannover *nicht* zu bejahen[36] – und tritt man darum für eine prinzipielle Entfernung der Todesstrafe aus dem Strafgesetzbuch nicht ein, dann wird man jedenfalls wissen müssen, daß man dies nicht auf Grund einer eingesehenen absoluten Möglichkeit dieses

[36] F. Haarmann (1879–1924), Gewohnheitsverbrecher und homosexuell veranlagter Triebmörder. Er wurde zu einem der spektakulärsten Fälle der Kriminalgeschichte der Zeit nach dem Ersten Weltkrieg, als sich herausstellte, daß er in den Jahren zwischen 1921 und 1924 in Hannover mindestens 24–30 junge Männer umgebracht haben dürfte, ohne daß man ihm auf die Spur gekommen wäre. Dieser Umstand wie die kaltblütig brutale Methode, mit der er sich seiner Opfer entledigte, wie schließlich der unter dem Deckmantel des Althandels systematisch betriebene Verkauf der Effekten der Getöteten, erregten in der damaligen Öffentlichkeit ungeheures Aufsehen. H. wurde am 19. 12. 1924 hingerichtet. Vgl. Dr. Weiss, *Der Fall Haarmann,* Archiv f. Kriminologie, Bd. 76, Leipzig 1924, S. 161–174.

Tuns, sondern nur in der ganzen ethischen Gefährdetheit und Fragwürdigkeit, von der es umgeben ist und bleibt, nur auf Auftrag und Gebot hin, d.h. weil man jene Demonstration trotz und in ihrer ganzen heillosen Gefährdetheit als unter Umständen geboten, nicht verunmöglichen will. Geschieht das Todesurteil in concretissimo im Wissen um diese Gefährdetheit – dieses Wissen wird dann auch eine weitgehende Garantie gegen einige von den Gefahren dieses Unternehmens schaffen –, dann mag es (vorausgesetzt, daß es geschehen *muß*) auch *geschehen* müssen. Und dasselbe Wissen um diese völlige Gefährdetheit könnte dann auch die Rechtfertigung des Gesetzgebers sein, der auf die Todesstrafe nicht prinzipiell verzichten will. Es ist aber, um dies nochmals zu sagen, von Jedem, der hier ja sagt, als Probe auf die Echtheit seines Ja zu fordern, daß er, Alles bedenkend, was hier zu bedenken ist, keinerlei auf ethische Gründe sich beziehenden Widerspruch dagegen erheben dürfte, selber Henker zu sein. Er müßte es wagen, persönlich, wohlverstanden: als Christ, auf die Gefahr seines eigenen Seelenfriedens und Seelenheils einzutreten für das, was er vom Staate fordert. Die Ehrfurcht vor dem Leben würde dann, ob die Todesstrafe abgeschafft oder aufrecht erhalten würde, schon zu ihrem Rechte kommen, und das ist es, worauf es bei der ethischen Besinnung über diese Frage letztlich allein ankommt.

Und nun können wir, unmittelbar anknüpfend, sofort weiterfahren: Man darf, wenn man die Möglichkeit des *Krieges* bejahen will – man kann und muß ja vielleicht auch sie bejahen –, man darf sich dann unter keinem Vorwand der Nachbarschaft schämen, sondern man muß die Nachbarschaft in allem Ernst bejahen, in der sich das hier in Betracht kommende Tun mit dem des Henkers befindet. Der Krieg ist die Exekution, die ein im Staate verfaßtes Volk wegen seines Willens zum Leben gegenüber einem anderen diesen seinen Lebenswillen bedrohenden Volke vornimmt. Und das Problem des Krieges ist die Frage, ob solche Exekution trotz und in der Ehrfurcht vor dem Leben möglich ist. Handelt es sich doch um Exekution im prägnantesten Sinn des Wortes. Wenn auch der Krieg nur die «Fortsetzung der Politik mit anderen Mitteln» ist,[37] so bestehen diese anderen Mittel doch in der Unschädlichmachung der feindlichen Streitkräfte, bei der es ohne absichtliche Tötung von zahlreichen Menschen nicht abgehen kann. Es war ja doch wohl ein Sophismus oder eine schöne professorale Ahnungslosigkeit, wenn *Schleiermacher* (Chr. S. S. 281) um diesen klaren Sinn des Krieges mit folgender Argumentation herumzukommen suchte: Der Krieg werde nur in der Absicht geführt, den Gegner in dem Maße zu schwächen, «daß ihm vernünftigerweise nichts übrigbleibt, als das Geforderte zu leisten. Aber nicht dadurch soll er geschwächt werden, daß seine Untertanen getötet werden, sondern dadurch, daß man in Besitz nimmt, was seine Kraft ausmacht, nämlich Land und Leute. Je weniger der Krieg so geführt wird, desto mehr ist er barbarisch und unsittlich; denn darf schon der eigene Untertan nicht mit dem Tode bestraft werden (Schl. war – vgl. S. 248 – Gegner der Todesstrafe), so darf es noch viel weniger der fremde. Daß also Feinde den Tod finden, ist nicht Folge des bestimmten Willens, sie zu töten, und nicht Folge davon, daß man sich und sie in eine bestimmte Stellung zu setzen gewußt hat, sondern nur davon, daß sie willkürlich Widerstand leisten. Früher war das freilich ganz anders; aber es kann uns gar nicht zweifelhaft sein, welche Art, Krieg zu führen, die sittlichere sei, die alte oder die jetzige. Allerdings entwickelte sich wohl größere persönliche Tapferkeit, als man noch bloß mit Schwert und Lanze focht. Aber weil dabei leichter ein Kampf auf Leben und Tod entstand als bei der jetzt herrschenden Anwendung des Geschützes, die nur darauf ausgeht, den Gegner zu veranlassen, sich vor der Entwicklung einer bestimmten Masse von Naturkräften zurückzuziehen, so ist die heutige Kriegführung bei weitem edler. Unchristlich ist nur unser Vorpostenkrieg und die Verwendung von Scharfschützen, wobei es auf die Einzelnen abgesehen ist,

[37] So der Grundgedanke des preußischen Generals Carl von Clausewitz (1780–1831) in seinem Werk *Vom Kriege,* Berlin 1832. Neudr. eingeleitet von E. Engelberg und O. Korfes, Berlin 1957, vgl. v. a. S. 6.34.727 ff.

womit aber [auch] gerade am wenigsten ausgerichtet wird.» Nein, man wird schon davon ausgehen dürfen und müssen, daß man im Letzten und Entscheidenden, was die Kriegshandlung zur Kriegshandlung macht, den gegnerischen Streitkräften ans Leben will, gewiß nur als Mittel zum Zweck, aber das für den Krieg als solchen bezeichnende Mittel zum Zweck ist eben dies, daß der einzelne Soldat dem einzelnen feindlichen Soldaten ans Leben will und ans Leben geht.|

Wiederum hat das Mittelalter die Problematik dieses Tuns zunächst ehrlicher anerkannt als die Neuzeit, indem es den Klerikern die Ausübung des Waffenhandwerkes untersagte. Das bedeutet nun freilich sofort wieder einen Trugschluß, eine Ideologie ganz ähnlich wie die betreffend den Henker und das «ecclesia non sitit sanguinem». Die geschichtlichen Umstände und Zustände ermöglichten es zwar nicht nur den Klerikern, sondern, und zwar noch bis an die napoleonische Zeit heran, auch weiten sonstigen Kreisen der Gesellschaft, das Suspekte des kriegerischen Tuns von sich auf den besonderen Stand der Kriegsleute abzuwälzen, den Krieg als eine Angelegenheit der Fürsten und ihrer verhältnismäßig kleinen Armeen zu betrachten, die sie ethisch nichts anging oder eben nur als ihre allfälligen Opfer. Eben zugunsten der «Kriegsleute» hat *Luther* seine bekannte Schrift von 1526 geschrieben, die jedenfalls darin verdienstvoll ist, daß sie mit der Vorstellung einer besondern Suspektheit gerade des Soldatenstandes gründlich aufgeräumt hat durch den Nachweis, daß auch sein Tun im Glauben und in der Liebe, im Gehorsam gegen Gottes Gebot geschehen sein könne.[38]|

Die inzwischen eingetretene Veränderung der Situation besteht darin, daß seither immer mehr praktisch und theoretisch das *Volk* als solches zum Träger des Krieges geworden ist, besonders eindrucksvoll bekanntlich in der Erhebung Preußens von 1813. Damit ist die von Luther bekämpfte Ideologie gegenstandslos,

---

[38] s. WA 19,623–662: Ob Kriegsleute auch in seligem Stande sein können, 1526.

damit ist aber auch die Problematik des kriegerischen Tuns überhaupt in einer Weise akut geworden, wie sie es für Luther im Blick auf seine kursächsischen «Kriegsleute» unmöglich sein konnte. Nachdem es so geworden ist, daß es nicht bloß «Kriegsleute» gibt, wie es auch Schuster und Doktoren der Theologie gibt, sondern grundsätzlich jedermann ein «Kriegsmann» geworden ist (die in Frankreich und Italien jüngst eingeführte Militarisierung der ganzen männlichen und weiblichen Bevölkerung vom 6. Lebensjahr an bedeutet nur die logische Vollendung dieser Entwicklung),[39] würde es offenbar einen Mißbrauch Luthers bedeuten, wenn man mit den Mitteln seiner Dialektik die *neue* Ideologie stützen wollte, mit der man sich alsbald auch dieser neuen, nun allgemeinen Problematik zu entwinden gesucht hat. Diese *neue,* von der alten, von Luther bekämpften, wohl zu unterscheidende *Kriegsideologie* besteht darin, daß der Mensch, als Glied seines Volkes im Fall des Krieges unweigerlich direkt oder indirekt auch aktiv an diesem beteiligt, also beteiligt an der massenweisen Tötung feindlicher Soldaten und nun doch erfüllt von dem alten Wunsch, das Suspekte dieses Tuns von sich abzuwälzen, ja in diesem Tun sich sogar das Zeugnis eines guten Gewissens ausstellen zu können, folgende Übertragung vornimmt: Das eigentliche und verantwortliche *Subjekt* des Krieges ist nicht er, obwohl und indem er es ist, der die kriegerischen

---

[39] Die militärische Jugenderziehung fand außer im deutschen Reich, in Österreich, Ungarn und Bulgarien, für die sie durch die Verträge von Versailles, Saint-Germain u. a. verboten worden war, in fast allen europäischen Ländern statt. In Frankreich wurden zur Durchführung der Militarisierung 1927 mehrere neue Gesetze erlassen, u. a. das Gesetz über die allgemeine Organisation des Volkes im Kriegsfall, das den bis dahin umfassendsten Eingriff des Staates in das Leben seiner Bürger darstellte. Bezüglich der militärischen Jugenderziehung galt, daß die obligatorische Körperschulung sowohl von Knaben wie Mädchen mit dem 6. Lebensjahr in den Schulen zu beginnen und mit dem 16. Lebensjahr eine planmäßige Vorbereitung auf den Militärdienst einzusetzen hätte. In Italien wurde die militärische Jugendausbildung der faschistischen Nationalmiliz übertragen; sie begann erst mit dem 8., die eigentlich militärische ebenfalls mit dem 16. Lebensjahr. Vgl. K. L. von Oertzen, *Abrüstung oder Kriegsvorbereitung?* Berlin 1929. 1931², S. 29 f. 34.

Handlungen vollzieht, sondern eine in einem abstrakten Vorher für ihn handelnde, ihn für diese kriegerischen Handlungen in Anspruch und also auch für ihn die Verantwortung übernehmende dritte Größe. «Rufst du, mein *Vaterland,* sieh uns mit Herz und Hand all dir geweiht», wird in der Schweiz gesungen,[40] und in Deutschland galt: «Der *König* rief und alle, alle kamen.»[41] Und hier wie dort: «Das *Volk* steht auf, der Sturm bricht los.»[42] Also: Ich bin zwar dabei, aber doch eigentlich nur indirekt: nicht ich will, sondern: das Vaterland, der König, das Volk, die Nation, der Staat will. Nicht *ich* rufe, sondern «*es* braust ein Ruf wie Donnerhall»,[43] und auf diesen Ruf hin und ethisch gedeckt durch ihn mache ich mich nun auf, um auf unbekannte Menschen, die mir nichts zuleide getan haben, zu zielen und zu schießen. Und der Vorteil dieser indirekten Vorstellung von der Sache ist nicht nur der, daß ich dadurch ethisch gedeckt bin, sondern daß sie mich in die Lage versetzt, mein Tun – ich tue ja, was ich tue, nicht für mich, sondern für mein Volk, und ich tue es unter Einsatz meines eigenen Lebens – nun ethisch geradezu positiv zu werten: als Dienst, ja als Opferdienst meinem Volke gegenüber, auf den dann geradezu Joh. 15,13 anwendbar wird: «Niemand hat größere Liebe denn die, daß er sein Leben läßt für seine Freunde.» Nicht gegen diese Gedanken an sich, wohl aber gegen ihre übliche Verwendung in der Ethik ist das zu sagen, daß man sich die Sache zu leicht macht, wenn man meint, mit Hilfe dieser Gedanken, die an ihrem Ort gewiß ihr Recht haben, mit dem sittlichen Problem des Krieges fertig werden zu können.

[40] Der Anfang der damaligen (1928) Nationalhymne der Schweizerischen Eidgenossenschaft, verfaßt von J. R. Wyss d. J. (1782–1830).
[41] Der Anfang eines von H. Clauren (= C. Heun, 1771–1854) gedichteten Liedes aus dem Jahre 1813.
[42] Der Anfang des Gedichtes *Männer und Buben* von Th. Körner (1791 bis 1813) aus dem Jahre 1813, abgedruckt in *Leyer und Schwert,* 1. Ausg. Berlin 1814, S. 78.
[43] Der Anfang des Liedes *Die Wacht am Rhein* von M. Schneckenburger (1819–1849) aus dem Jahre 1840, das im Kriege 1870/71 zum Kampf- und Siegeslied der deutschen Truppen wurde.

Die Soldatenparole «Mit Gott für König und Vaterland»[44] verschweigt nämlich etwas Wesentliches. Wer wollte und sollte nicht dabei sein, wenn es sich bloß um dieses «Für» handeln sollte? Aber dieses «Für» macht eben das kriegerische noch nicht zum kriegerischen Tun. Um dieses zu bezeichnen und vor anderen auszuzeichnen, müßte die Parole lauten «Mit Gott gegen jeden Feind von König und Vaterland». Jenes schöne «Für» könnte offenbar ebensogut den friedlichen Hut eines König und Vaterland zugetanen Zivilisten zieren, auf dem Helm des Soldaten aber müßte, wenn eben jene ideologische Verklärung des Krieges nicht die Absicht wäre, jenes weniger schöne «Gegen» stehen. Und das ist eben der Kern und Nerv der neuen, der Kriegsideologie im Zeitalter der allgemeinen Wehrpflicht, daß man sich und daß man dem Kriegsteilnehmer gegenüber dem Entscheidenden, was er als solcher zu leisten hat, die Augen verschließt und darüber hinaus auf das blickt, was er freilich *auch* tut, was aber durchaus nicht das Besondere ist, was er als solcher tut, das Töten der Angehörigen der feindlichen Streitmacht. Die erste Aufgabe der ethischen Besinnung in bezug auf die Möglichkeit des Krieges wird in der modernen Situation die sein müssen, jene Abstraktion aufzulösen, als ob irgendwo im leeren Raum der Idee das Volk an sich Krieg führe, ich aber als Kriegsteilnehmer bloß meinem Volke diene, und festzustellen: *ich* bin das Volk (wie ich auch der Staat bin, der den Verbrecher tötet), *ich* führe Krieg und also: *ich* töte. Kein Anderer und kein Anderes tritt da für mich ein, auf mir selber steh' ich da ganz allein, wie *Schiller* seine Wallensteiner ganz mit Recht hat singen lassen.[45] Mag es denn sein, daß ich diene, daß ich gehorsam bin, daß ich sogar dem Gebot der Liebe zu meinen Nächsten gehorche, daß ich schließlich

---

[44] In der Beilage III, Abs. 5 zur Verordnung König Friedrich Wilhelms III. von Preußen (1797–1840) vom 17. März 1813 über die Organisation der Landwehr heißt es: «Jeder Landwehrmann wird als solcher durch ein Kreuz von weißem Blech mit der Inschrift ‹Mit Gott für König und Vaterland› bezeichnet, welches vorn an der Mütze angeheftet wird.»

[45] Vgl. oben S. 136 Anm. 7.

mein Leben lasse für meine Freunde, aber das Alles deckt und rechtfertigt mich noch nicht, wenn Gott mich nicht auch darin deckt mit seinem Gebot gegenüber der großen Frage, die damit gestellt ist, daß ich das Alles nun doch eben in dieser Weise tue, so nämlich, daß ich meinerseits anderen Menschen ans Leben will und ans Leben gehe, daß ich ziele und schieße. Mag denn die These *Luthers* auch heute noch gelten – und sie gilt –, daß ich durch den Glauben (wohlverstanden durch den Glauben, nicht durch meine gute Gesinnung und dergleichen) gerechtfertigt bin auch in diesem meinem Tun, aber wie soll ich das verstehen, wenn ich mich hinter dem Begriff «Volk» verstecke, statt mich resolut zu meinem Volk zu bekennen und also unzweideutig die Verantwortung zu übernehmen, daß ich jetzt – nicht für König und Vaterland irgend etwas nicht näher Bestimmtes tue, sondern – hier gilt «pecca fortiter!»[46] – auf Engländer und Franzosen ziele und schieße. Erst wenn ich mir nüchtern und sachlich klarmache, daß es sich *darum* handelt, nicht um den schönen Oberbegriff, unter dem die Sache freilich auch steht, aber ohne sie in sich anders zu machen, erst dann kann von Glauben und Rechtfertigung sinnvollerweise die Rede sein. |

Ist die bewußte neuzeitliche Ideologie einmal als solche durchschaut, suche ich also das ethische Subjekt nicht mehr in irgendeiner für mich eintretenden und mir auch noch ethischen Ruhm verschaffenden Hypostase, sondern weiß ich, daß ich auch hier selber Subjekt bin, *dann* mag auch das Wahrheitsmoment, das in dieser wie in jeder Ideologie steckt, zu Worte kommen. Es ist wahr: es handelt sich beim Krieg wie bei der Todesstrafe nicht um meine Sache im Allgemeinen, sondern um meine Sache als Glied meines Volkes – wir werden im nächsten Paragraphen hören, daß das, von der Schöpfung her gesehen, zu meiner Berufung durch Gottes Gebot gehört, daß ich zu meinem Volke gehöre –, nur daß hier ganz anders als bei der Todesstrafe ein

[46] Luther, WA Briefwechsel Bd. 2, S. 372, Brief vom 1. 8. 1521 an Melanchthon.

jeder zur aktiven Teilnahme aufgerufen ist. Bekenne ich mich zu meinem Volk, dann muß ich mich auch zu seinem Krieg bekennen, d. h. aber zu der Betätigung des Lebenswillens meines Volkes im Konflikt mit dem Lebenswillen eines anderen Volkes, in welchem Konflikt es so weit gekommen ist, daß entweder mein Volk oder das andere nur noch von der Anwendung der ultima ratio eine Lösung erwartet. Krieg ist die Notwehr meines Volkes und also meine eigene Notwehr. Ist er einmal da, dann bin ich eben, ob mein Volk recht oder unrecht hat, auch da. «Right or wrong, my country!»[47] Die Sache geht mich dann genauso an, wie wenn jemand mit Recht oder Unrecht mich selbst angreift, oder wie wenn ich selbst mit Recht oder Unrecht einen Anderen meinte angreifen zu müssen. Was zur Vermeidung des Krieges hätte geschehen müssen, das ist nun eben verpaßt, und zwar was an mir lag, auch von mir verpaßt worden. Ich nahm mit meinem Leben teil an der Lebensbewegung meines Volkes, die es an diesen kritischen Punkt geführt hat, und nun es so weit ist, müßte ich schon einen sehr besonderen Auftrag haben, um mich zu weigern, die Suppe ausessen zu helfen, die ich im Frieden einzubrocken durch mein Tun und Lassen auch mitgeholfen habe. Ich *bin* am Krieg meines Volkes beteiligt, auch wenn ich etwa vorher aus allen Kräften für die Erhaltung des Friedens gearbeitet haben sollte: das gibt mir kein Recht, den dennoch ausbrechenden Krieg nun etwa als eine Angelegenheit der Übrigen zu betrachten, sondern dann habe ich mich angesichts der offenbaren Machtlosigkeit meiner persönlichen Bemühungen zu der Verantwortung, die nun mein Volk als solches auf sich zu nehmen im Begriffe steht, zu bekennen. Die Ethik kann zwar die individuelle *Militärdienstverweigerung* sowenig verurteilen wie irgendeine Möglichkeit menschlichen Tuns, sie hat aber den Dienstverweigerer daran

---

[47] Dieser Grundsatz geht auf einen Ausspruch des Amerikaners S. Decatur (1779–1820) zurück, der 1816 in einem Toast formulierte: «Our country! In her intercourse with foreign nations, may she always be in the right, but our country, right or wrong!» Vgl. Mackenzie, *Life of Stephen Decatur,* Boston 1846, S. 295.

zu erinnern, daß er reine Hände in bezug auf den ausbrechenden Krieg seines Volkes unmöglich haben kann, und daß die seinigen gerade dann doppelt unrein sein könnten, wenn er etwa meinen sollte, an der Verantwortung seines Volkes darum nicht mitzutragen, weil er kein Gewehr trägt.|

Aber wenn ich nun – mit oder ohne Gewehr – am Kriege meines Volkes beteiligt bin, dann muß ich (und dazu treibt man eben im Frieden, solange es noch Zeit ist, ethische Besinnung auch in bezug auf den Krieg) wissen, was ich mit solcher Beteiligung auf mich nehme, in welcher radikalen Gefährdetheit mein Tun nun auf alle Fälle, auch im besten Fall Gehorsam gegen Gottes Gebot sein wird. Gerade wie die Ethik sich wohl hüten soll, auch nur im Versteckten Aufforderung zur Militärdienstverweigerung zu treiben, ebenso hat sie es nun auch – und diese Enthaltung ist vielleicht doch noch dringlicher – gänzlich von sich zu weisen, sich dadurch zu einem Instrument des kämpfenden Staates machen zu lassen, daß sie sich dazu hergibt, der eigenen Streitmacht gleichsam die geistige Munition oder vielmehr das den Generalstäben allerdings erwünschte Ruhekissen eines getrösteten Gewissens für diejenigen, die das Zielen und Schießen übernehmen müssen, zu liefern. Diese Servilität ist es, die im letzten Krieg die Kriegstheologie aller Länder zu einer so schlechterdings verabscheuungswürdigen Erscheinung gemacht hat, vom Standpunkt der Ethik aus unverhältnismäßig viel schlimmer als alles Zielen, Schießen und Töten miteinander, weil durch diese Servilität die *Sache* der Ethik, jedenfalls einer christlichen Ethik, öffentlich schmählich verraten worden ist. Eben darum ist die ethisch gefährlichste Art der Beteiligung am Kriege weder der Dienst bei der Infanterie noch der bei der Artillerie, noch auch der bei den Gastruppen, sondern zweifellos der als Feldprediger, weil es hier unheimlich naheliegt, daß die Sache der Ethik als solche öffentlich verraten, statt ethischer Besinnung jene faule Ideologie getrieben wird. Die Ethik hat dem Menschen im Frieden und im Krieg unbekümmert um die Wünsche der Generalstäbe zu sagen, was er auf sich nimmt, indem er sich am Kriege beteiligt. Ist sie im Kriege vielleicht durch physische Gewalt verhindert daran, es laut zu tun, dann tue sie es durch beredtes Schweigen. Auf keinen Fall aber darf sie, unter dem Anspruch der Ethik auftretend, Ideologie treiben. Und im Frieden soll sie laut und deutlich sagen, was hier zu sagen ist. |

Es geht um den Lebenswillen meines Volkes, den ich zu bejahen habe, indem ich den Krieg bejahe. Dieser Lebenswille ist nun aber wirklich nicht in erster Linie sein auf die Gemeinsamkeit der Rasse, der Sprache, der Kultur und der Geschichte begründeter Einheitswille oder sein Wille zur Aufrechterhaltung gewisser nationaler Symbole wie etwa die beinahe mystische Idee des deutschen Rheins oder (für Deutsche und Franzosen gemeinsam) der Besitz des Straßburger Münsters oder für den Russen der Besitz der Meerengen von Konstantinopel, sondern aktuell wird jener Einheitswille und dieser Wille zu gewissen Symbolen doch erst, weil und sofern ein bestimmter *Machtwille* dahinter steht. Machtwille aber heißt als Wille eines Volkes: Wir wollen ... wir wollen, weil wir brauchen, wir brauchen aber doch auch, weil wir wollen – also wir wollen: Kohle und Kali, Erz und Petroleum, dazu Absatzgebiete, Handelsverträge, Kommunikationswege, Kolonien, dazu zur Sicherung in einem nächsten Kriege: solche Grenzen, die zugleich natürliche Verteidigungslinien bilden, und endlich, als Krone und Zusammenfassung von dem Allem: wir brauchen und wollen, wollen und brauchen Prestige, Weltgeltung, Respekt vor unseren Farben als Voraussetzung künftiger weiterer Betätigung unseres Machtwillens. Alles andere kommt doch eigentlich nur in der Politik der Gymnasialaufsätze in erster Linie, in Wirklichkeit nur als freilich unentbehrlich und eben darum in den Schulen fleißig gepflegter Stimulus für diesen Machtwillen in Betracht. Die Politik Englands in Krieg und Frieden war darum seit den Tagen des alten Rom die klügste und erfolgreichste Politik, weil England es verstanden hat, unter selbstverständlicher Voraussetzung des nationalen Einheitswillens und unter Zurückdrängung aller politischen Mystik, ganz realistisch sich auf das Eine Notwendige, nämlich auf den Machtwillen zu konzentrieren, um dann nur, wenn es ihm gerade so paßte, wie etwa 1914–1918, auf eine Weile auch die Moral in den Dienst, aber wohlverstanden: in den Dienst dieses Willens zu setzen. Dieser Sachverhalt, der berühmte englische «cant», ist damals in Deutschland als dem nun plötzlich auch noch vom hohen Roß der Moral herunter bekämpften Gegner sehr richtig durchschaut worden, man hätte sich aber vielleicht doch etwas weniger über Heuchelei und dergleichen aufgeregt, wenn man sich klargemacht hätte, daß Moral, Ideen und Mystik jeder Art in dieser Sache, wenn ein Volk leben will und ohne Anwendung der ultima ratio gegen ein anderes Volk nicht mehr meint leben zu können, eine andere Rolle als diese *nicht* spielen können und faktisch auch in Deutschland *nicht* gespielt haben, nur daß eben die Engländer, als es darauf ankam, viel klüger und hemmungsloser damit umzugehen wußten. |

Weder geschickt noch ungeschickt mit Moral umzugehen, sondern sich nüchtern und sachlich klarzumachen, daß es sich in der Politik überhaupt und im Krieg insbesondere um die Betätigung des Machtwillens handelt, das wäre die erste konkrete Aufgabe ethischer Besinnung über den Krieg. Gewiß ist er damit nicht ethisch verurteilt, wohl aber erkannt in seiner Wirklichkeit, und das wird so oder so die Voraussetzung alles Weiteren sein müssen. Man wird die ethische Möglichkeit des Krieges offenbar weniger leichten Herzens bejahen, wenn man sich sagt –, wenn die Völker lernen, sich das zu sagen –, daß es sehr viel weniger die sogenannten höchsten Güter als vielmehr Kohle und Kali und was folgt sind, um derentwillen die Soldaten als «Feinde» aufeinander schießen sollen. Man wird die Notwendigkeit dazu vielleicht auch dann noch bejahen müssen, aber vielleicht doch, und das wäre eben sehr erwünscht, mit etwas gedämpfter Begeisterung. ⌐An der direkten moralischen Bekämpfung wird der militaristische Nationalismus nicht sterben, wohl aber, wenn überhaupt, an moralischer Aushungerung.¬ Und dann, und das wäre die zweite Aufgabe, wäre ebenso rücksichtslos klarzustellen, daß die für den Krieg bezeichnende Betätigung dieses Machtwillens – es könnte ja auch noch andere geben – die ist, daß man (gewiß unter eigener Lebensgefahr, aber das ist wieder nicht das Bezeichnende) eifrig und sorgfältig auf die feindlichen Soldaten schießen muß.

> «Gib, daß ich tu mit Fleiß, was mir zu tun gebühret,
> Wozu mich Dein Geheiß in meinem Stande führet»,[48]

sollen die Grenadiere *Friedrichs des Großen* am Morgen von Leuthen gesungen haben und am Abend bekanntlich:

> «Nun danket alle Gott mit Herzen, Mund und Händen...»[49]

Wohl ihnen, wenn sie das konnten, kann man nur sagen, und wohl uns, wenn wir das gegebenenfalls auch könnten! Denn darauf, daß man vorher und nachher so singen könnte, darauf käme es bei der menschlichen Tat im Frieden und im Krieg nun wirklich an. Aber daß man sich ganz unsentimental klarmache, was *zwischen* jenen beiden Chorälen von den beteiligten Menschen nicht sowohl zu *leiden* als zu *tun* war, das eben ist der ethischen Besinnung zweiter Teil. Wir können uns jede Analyse der ethischen Situation des zwischen Morgen und Abend liegenden Gefechtstages ersparen. Es genügt die Erinnerung, daß viele Umstände es *uns* jedenfalls schwerer gemacht haben als denen von Leuthen, vor und nach dem, was heute eine Kriegshandlung bedeutet, Choräle zu singen, daß gerade im letzten Kriege die Stimmung von Leuthen doch wohl unverhältnismäßig mehr in der Heimat als an der Front selbst ihre Stätte hatte, d.h. aber, daß das theoretische Ja zum Kriege mindestens gedämpfter von denen gesprochen wurde, die in harter Blutarbeit das praktische Ja zu sprechen hatten, als von den Idealisten, Romantikern und Theologieprofessoren fern von dem nun wirklich auf andere lebendige Menschen zu richtenden Geschütz. Indem ich mich zum Kriege be-

---

[48] Joh. Heermann (1585–1647), *O Gott, Du frommer Gott* (1630), EKG 383, Schweiz. Kirchengesangbuch 66, Anfang der 2. Strophe.

[49] M. Rinckart (1585–1649), EKG 228, Schweiz. Kirchengesangbuch 44, der «Choral von Leuthen» (5. 12. 1757).

kenne, bekenne ich mich dazu, daß ich wegen des Lebenswillens, d. h. wegen des Machtwillens meines Volkes fremdes Menschenleben töten will, das mir durch ein anderes Volk wegen *seines* Lebens- und Machtwillens entgegengeworfen ist. Indem ich mich zum Kriege bekenne, bekenne ich mich noch einmal zur Notwehrtötung, zu dem «Ich oder Er» und «Herunter von der Planke!», nur daß ich es jetzt als Glied, aber als verantwortliches Glied meines Volkes tue. Es kann sein, daß ich das tun *muß*. Die Ethik kann den Krieg nicht verbieten. Sie kann ihn aber auch wirklich nicht gebieten. Sie kann nur auf das Schöpfergebot des Lebens, der Ehrfurcht vor dem Leben hinweisen und unbeirrbar fest sagen und immer wieder sagen, daß wir Menschen in Krieg und Frieden an diesem Gebot gemessen sind. Es ist Gottes Gebot, über dessen konkretesten Inhalt wir nicht zu verfügen haben. Es kann also so sein, daß wir auch heute noch im Gehorsam gegen dieses Gebot den Krieg zu wollen und zu vollbringen haben. Es kann aber wirklich auch das andere sein, daß die Losung, die wir ihm entnehmen, bei genauerem Hinhören auf das, was er von uns will, der bewußten ultima ratio den Charakter einer ratio nehmen, daß sie lauten müßte: «Die Waffen *nieder!*»[50]

Es ist klar, daß mit den nun besprochenen Fragen noch nicht einmal der Kreis der möglicherweise erlaubten, ja gebotenen Tötung des Menschen durch Menschen vollständig umschrieben ist. Wir würden in derselben Weise Fragen zu stellen haben an die theoretischen Befürworter etwa der Möglichkeit *künstlicher Geburtenverhinderung* oder an die Vertreter der Berechtigung einer *medizinischen Tötung* geistig oder körperlich hoffnungslos defekter menschlicher Individuen, und es würde sich dann wohl eine im Verhältnis zu den hier besprochenen Fragen noch erhöhte, der offenkundigen Unmöglichkeit sich nähernde Fraglichkeit dieser Möglichkeiten als Ergebnis herausstellen. Und wir müßten dann

---

[50] So lautet der Titel des Hauptwerks der österreichischen Schriftstellerin und Pazifistin Bertha von Suttner (1843–1914), die 1903 den Friedensnobelpreis erhielt: Volksausgabe Dresden, Leipzig, Wien, 1896.

weiter jenen feineren und vielleicht schlimmeren Möglichkeiten einer durch kein Gesetz zu erreichenden und allem Anschein nach doch höchst boshaften Lebensvernichtung nachgehen. Aber wir treten ja überhaupt nur exempli causa und nicht, um einen orbis pictus des menschlichen Lebens zu entwerfen, auf solche Einzelfragen ein. Wir sind auf die besprochenen Fragen eingetreten wegen ihrer allgemeinen und besonderen Aktualität, die uns nicht erlaubte, ohne einen Versuch der Anwendung mit der Feststellung der allgemeinen ethischen Denkregel an ihnen vorüberzugehen, [wir] sind es nun aber der eilenden Zeit und den anderen Kategorien, unter denen das Gebot auch noch zu verstehen ist, schuldig weiterzugehen. Dennoch wird es nötig sein, die Erörterung des Begriffs der Ehrfurcht vor dem Leben noch zu einem gewissen Abschluß zu bringen.

Dieser Begriff, in dem wir den zweiten Sinn des Gebotes des Lebens erkannt haben, erschöpft sich offenbar nicht in der Scheu und Verantwortung, durch die, wie gezeigt, der ganze Kreis der Möglichkeiten der vermeintlich erlaubten, ja gebotenen Tötung so kräftig in Frage gestellt wird. Das fremde Leben will wahrlich nicht nur nicht getötet, sondern es will auch abgesehen von dieser letzten Möglichkeit in seinem Bestande respektiert sein. Mein Tun im Zusammenleben mit anderen Menschen kann auch sein, ist auch abgesehen von der äußersten Möglichkeit des Tötens jedenfalls eine Hemmung ihres Lebens, und sofern dies der Fall ist, steht es offenbar grundsätzlich nicht weniger als in jenem extremen Fall unter der Frage des göttlichen Gebotes. Wir fassen das menschliche Tun, sofern es nicht gerade Tötung, wohl aber Hemmung fremden menschlichen Lebens bedeutet, zusammen unter den Begriff der *Konkurrenz*. Wir verstehen darunter, wie das Wort sagt, einen Wettlauf, und zwar den Wettlauf zwischen dem Lebenswillen der einen und dem der anderen Menschen. Das Bild ist aber insofern zu harmlos, als bei einem sportlichen Wettlauf, wenn A. vor B. in Vorsprung kommt, B. zwar den Ruhm und den Preis A. überlassen muß, in seinem Wollen und Können aber durch A. keinerlei Hemmung erfährt. Was ich bin, will und kann, das kann beim Spiel durch meinen siegreichen Konkurrenten wohl komparativ, relativ, aber nicht absolut, nicht in sich in Frage gestellt werden. Anders im wirklichen Wettlauf des Lebens, in dem wir alle stehen. Es braucht schon die doppelte Reflexion des Glaubens, um auch den Ernst des Lebens sub specie aeterni selbst wieder als Spiel zu verstehen, wie es uns unter den neueren Denkern besonders eindrücklich von *Hermann Kutter* gelehrt worden ist.[51] Zunächst und in der nicht zu überspringenden einfachen Reflexion ist das Leben nicht ein Fußballspiel um einen Pokal, sondern ein Kampf ums Dasein und als solcher eine ernste Sache. Wir laufen, wenn wir von der Möglichkeit des Spiels jetzt absehen – für den Berufssportler würde das freilich schon für das Spiel gelten –, wir laufen alle irgendwie um unser Leben, d. h. unser Lebensakt vollzieht sich in unserem auf dies oder das gerichteten Laufen. Und wenn uns nun Andere zuvorkommen, dann entgeht uns damit nicht nur dieses oder jenes. Denn wenn wir uns im Leben um dieses oder jenes bemühen, so tun wir es doch nur, weil unser Leben eben gelebt sein, weil es sich als Leben betätigen will, wozu uns dann dies oder jenes den *Anlaß,* weithin sogar doch nur das *Symbol* bietet. Dies oder jenes, alle die Dinge, die wir etwa nach *Luthers* Auslegung der 4. Bitte [Mt. 6,11] nötig haben,[52] könnten wir an sich auch entbehren, wie der Wettläufer im Stadion die einem Anderen zufallende Ehrenurkunde allenfalls auch entbehren kann … wenn sie uns nur nicht (und das ist eben der Unterschied von Spiel und Ernst) lebensnotwendig wären, wenn das, daß ein Anderer sie uns vor der

---

[51] Vgl. H. Kutter, *Das Unmittelbare. Eine Menschheitsfrage,* Berlin 1902 (1921³), S. 279ff.; *Das Bilderbuch Gottes,* Basel 1917, S. 226; *Im Anfang war die Tat,* Basel 1924, S. 207; *Plato und wir,* München 1927, S. 311; *Aus der Werkstatt. Gesammelte Andachtsblätter,* Zürich 1963², passim. Dazu H. Kutter jun., *Hermann Kutters Lebenswerk,* Zürich 1965, S. 116f.

H. Kutter (1869–1931), Pfarrer an der Neumünstergemeinde in Zürich, gilt neben L. Ragaz als der bedeutendste Vertreter der religiös-sozialen Bewegung in der Schweiz.

[52] s. *Die Bekenntnisschriften der evangelisch-lutherischen Kirche,* Göttingen 1930. 1959⁴, S. 513f., 679ff.

Nase wegnimmt, nur nicht eine Hemmung und Brechung unseres eigenen Lebens bedeuten würde. Mit den Kampfpreisen, die wir uns im ernsten Kampf des Lebens fortwährend gegenseitig abjagen, nehmen wir uns gegenseitig nicht irgend etwas Entbehrliches, sondern ein Stück eigensten Lebens ab. Wenn ich in diesem Kampf einen Konkurrenten schlage, so ist er eben nicht nur komparativ geschlagen, sondern getroffen in seinem Lebenswillen, in seinem Sein, Wollen und Können, denn darin lebte er, daß er sich nach dem ausstreckte, was ich ihm nun vorweggenommen habe, und so bedeutet dies mein Vorwegnehmen für ihn nicht nur, daß ihm etwas Fremdes, sondern daß ihm etwas höchst Eigenes, ein Stück Lebensmut, Lebensfreude, Lebensbejahung entgeht, eine Minderung seiner Lebendigkeit fraglos eingetreten ist. Es ist damit etwas geschehen, was zweifellos grundsätzlich auf derselben Ebene liegt, wie wenn ich ihn töten würde, es ist nicht ausgeschlossen, daß mein siegreiches Konkurrieren dem Töten des Konkurrenten zunächst ohne Absicht sich jedenfalls nähert. Und es ist nicht ausgeschlossen, daß ich bei meinem Konkurrieren, um es siegreich zu gestalten, endlich und zuletzt den Notwehrzustand für gegeben erachte und proklamiere und also nach der ultima ratio greife, was ja, wie wir sahen, immer nur die extremste Äußerung desselben menschlichen Lebenswillens ist.

Nehmen Sie als Beispiel für die erste scheinbar harmlose Stufe des Kampfes ums Dasein, auf der doch für jeden, der Augen hat, sichtbar genug das wilde Tier bereits seine Krallen zeigt: den bekannten Vorgang, wenn eine größere Anzahl von Menschen gleichzeitig einen vorfahrenden Eisenbahn- oder Straßenbahnwagen besteigen will, und wie schon bei dieser kaum allzu belangreichen Angelegenheit der schöne Grundsatz «Freie Bahn dem Tüchtigen!» seine Triumphe zu feiern pflegt. Zweite Stufe, Stufe der absichtslosen, nur eben auf Rücksichtslosigkeit beruhenden Annäherung an die Tötungsmöglichkeit: es brennt im Kino oder im Theater, nun werden schon Menschen zu Boden getreten, und einige ganz Kühne erlauben sich, über die Köpfe ihrer Mitmenschen hinweg den Weg ins Freie zu suchen. Dritte

Stufe: der Kampf um die Rettungsboote bei einem Schiffsunter-
gang, nun werden unter Umständen schon die Revolver gezückt,
nun reißen, die schon drinnen sind, die Hände der Schwimmen-
den vom Rand des überladenen Bootes, also das absichtliche
Töten beginnt. Auf dieser wirklich schiefen Ebene spielt sich unser
Leben ab ... unser ganzes Leben. Wieder wird der erste nötigste
Schritt ethischer Besinnung darin bestehen, daß wir uns klar-
machen, daß dem wirklich so ist, daß also der Kampf ums
Dasein nicht erst bei solchen bestimmten Ereignissen einsetzt,
sondern in solchen Ereignissen nur an den Tag kommt als der
eigentliche Zustand, in dem sich unser menschliches Zusammenleben befindet. Ich kann nicht leben, ohne zu laufen. Ich kann
nicht laufen, ohne in irgendeiner Hinsicht zu wettlaufen. Und ich
kann nicht wettlaufen im ernsten Wettlauf des Lebens, ohne eben
dadurch anderes Leben zu hemmen, zu beeinträchtigen in seiner
Bewegung, ihm zuvorzukommen, und also nicht, ohne mich auf
jene schiefe Ebene zu begeben, an deren unterem Rande dann
der Mensch des Menschen Schlächter wird.|

Die Betätigung des Willens zum Leben in dem ganzen in
Absatz 2 festgestellten Umfang dieses Begriffs vollzieht sich in
Akten der *Aneignung.* Ich lebe, indem ich nach diesem und jenem
greife, was ich zur Befriedigung meiner Bedürfnisse oder auch zu
meiner Freude oder auch zur einfachen Erprobung und Bewährung meiner Macht brauche, oder was ich zum Behuf späteren
Gebrauchs, gleichsam in Reserve mir bereitstellen möchte. Der
Umfang meiner Lebenssphäre ist bestimmt durch den Aktionsradius meines Zugreifens, Nehmens, Aneignens. Hat er in bezug
auf das, was ich unmittelbar brauche, seine gewissen natürlichen
Grenzen – ich kann auch bei größter Begehrlichkeit nicht mehr
direkt zu mir nehmen, als ich eben zu fassen vermag –, so kann
dieser Radius meines Lebenswillens hinsichtlich dessen, was ich zu
künftigem Gebrauch bloß bereitstellen will, offenbar alle möglichen Ausmaße haben. Es ist etwas Anderes, ob ich bloß von
der Hand in den Mund lebe (wobei es allerdings einen Unterschied ausmacht, was für Ansprüche ich dabei stelle, was ich alles

unter dem täglichen Brot verstehe!), oder ob ich mich auch noch für morgen, oder ob ich mich gleich für mein ganzes Leben und womöglich gleich auch noch für das meiner Kinder und Kindeskinder, teilweise oder ganz, und vielleicht zur Vorsicht auch noch mit Überschüssen eindecken will, und weil auch der reine, gar nicht am Bedarf orientierte Machtwille zweifellos eine Form des Lebenswillens ist, und weil auch er sich (als kapitalistischer Imperialismus z. B.) in Form der Aneignung betätigt, kann eine natürliche Grenze dieser zweiten Möglichkeit von Aneignung gar nicht gezogen werden. Und wenn schon das einfache Aneignen zum sofortigen Konsum mich um so wahrscheinlicher zu leichtesten, leichten und nicht ganz leichten Kollisionen mit dem aneignenden Tun Anderer führt, je weniger mein Leben etwa dem Robinsons gleicht, je mehr es im Zusammenleben mit Anderen stattfindet, so stellt sich dieses Zusammenleben um so mehr als ein ganzes System oder vielmehr Chaos von gegenseitig sich schneidenden Kreisen, von gegenseitig sich durchkreuzenden, aufhaltenden, sich brechenden Aktionsradien dar, je mehr ich und Andere etwa auf jenes vorsorgliche und an sich in unbegrenztem Umfang mögliche Bereitstellen von Eigentum für irgendeinen künftigen Gebrauch bedacht sein sollten. So wird mein Tun zum Konkurrieren, zur Teilnahme an jenem ernsten Wettlauf des Lebens. Indem ich für mich lebe, lebe ich notwendig gegen Andere. Und in diesem meinem Tun habe ich mich nun zu verantworten vor dem Gebot der Ehrfurcht vor dem fremden Leben. Es hieße das Meer ausschöpfen wollen, wenn wir nun die Infragestellung dieses unseres Tuns durch Gottes Gebot auch nur annähernd vollständig umschreiben wollten. Einige Hinweise müssen hier genügen, Hinweise darauf, daß es vor der Frage des Gebotes wirklich kein Sichverbergen gibt, daß wir uns vielmehr auf Schritt und Tritt mit ihrem Gestelltsein auseinanderzusetzen haben.

1. Die Frage ist, um vor Allem das festzustellen, [da] nicht weniger scharf gestellt, wo ich gar *nicht daran denke,* daß mein durch meinen Lebenswillen bedingtes Zweckstreben, mein Zu-

greifen und Aneignen ein Stück Kampf, Störung und Beraubung Anderen gegenüber bedeutet, als da, wo ich mir das in irgendeiner Zurechtlegung und Motivierung ausdrücklich klarmache. Unser Lebenswille ist wohl in neunundneunzig von hundert Fällen klug genug, uns darüber nicht erst zum Besinnen kommen, sondern uns ohne Scham, weil nicht wissend, was wir tun, nach der Eingebung des Augenblicks und der Situation fröhlich handeln zu lassen. Ganz erstaunt erwachen wir dann vielleicht plötzlich an einem leisen Weinen oder auch an einem lauten Protest in unserer Umgebung, die sich offenbar als das Opfer unserer naiven Vitalität zu empfinden scheint. Wie ist's nur möglich? fragen wir, und: Ach Gott, es war nicht bös gemeint! sagen wir dann, wie aus den Wolken gefallen. «Der Andere aber geht und weint.»[53] Es kann sein, daß wir im Glauben und im Gehorsam weithin unbedenklich, nach allfälligen Tränen und Protesten unserer Umgebung nicht fragend handeln müssen, wie wir handeln. Aber wohlverstanden: Unser Glaube und Gehorsam, d. h. aber Gottes Gebot rechtfertigt uns dann, nicht etwa unsere Unbedenklichkeit, nicht unsere naive Vitalität. Ethische Besinnung kann nicht anders als Zerstörung der Naivität bedeuten, mit der wir unsere Vitalität zu behaupten und als Rechtsgrund geltend zu machen pflegen. Es kann nicht anders sein, als daß sie uns bedenklich machen wird gegen unsere Unbedenklichkeit. Um den Unterschied von bewußt und unbewußt, absichtlich und unabsichtlich, kümmert sich Gottes Gebot gerade nicht. Es richtet unsere *Handlung,* und wenn unsere Handlung den Charakter einer Kampfhandlung *hat,* dann hat sie ihn eben, und wenn sie nun dennoch und als solche in der Heiligung vollzogen ist, dann sicher nicht darum, weil wir uns nichts dabei gedacht haben, sondern bei größerer oder kleinerer Klarheit unseres Bewußtseins um des

[53] «Und hüte deine Zunge wohl, bald ist ein böses Wort gesagt. O Gott, es war nicht bös gemeint, der andre aber geht und klagt.» F. Freiligrath (1810–1876) in seinem Gedicht *O lieb, so lang du lieben kannst,* Gesammelte Werke in 6 Bänden, hrsg. von J. Schwering, Berlin/Leipzig/Wien/Stuttgart 1909, Bd. 1, S. 184.

Glaubens und Gehorsams willen, in dem wir wissend oder unwissend gehandelt haben, d. h. aber um des Wortes willen, das zu uns geredet ist [vgl. Joh. 15,3] und kraft dessen solche Sünder, wie wir es mit unserer naiven oder weniger naiven Vitalität vielleicht fortwährend sind, Gerechte und Heilige sein können.

2. Angenommen nun, es handle sich um unsere weniger naive Vitalität, also wir *wissen* jetzt mit mehr oder weniger Klarheit, was wir tun, so gilt es auf der Wache zu sein gegenüber einer ganzen Reihe von Mystifikationen, von Verschleierungen und Zurechtstellungen, mittels derer wir uns fortwährend der Verantwortlichkeit für den kämpferischen Charakter der Betätigung unseres Lebenswillens entschlagen möchten. Wir haben einmal weiter zu sagen, daß das Gebot und seine Frage nicht weniger scharf da gestellt ist, wo unser Aneignen und Kämpfen sich in *indirekter,* als wo es sich in direkter Weise vollzieht. Wenn ich als jüngerer Mensch von der höheren Kräftigkeit meines Lebenswillens Gebrauch mache und damit vor einem älteren in irgendeiner Hinsicht, nehmen wir einmal an, auf einem rein geistigen Gebiet, in Vorsprung komme, diesen also – «ôte-toi, que je m'y mette»[54] – verdränge, dann geschieht dies vielleicht, ohne daß ich das Geringste gegen ihn unternehme, einfach kraft der an sich so schönen Tatsache, daß ich eben jung und stark und lebhaft bin, er aber etwas müde und abgekämpft. Ich bin offenbar jetzt an der Reihe. Ich habe dem alten Herrn nur ganz indirekt etwas weggenommen. Wenn wir Alle als Angehörige der weißen Rasse alle möglichen geistigen und materiellen Vorzüge genießen, die auf der Überlegenheit dieser Rasse und also auf der Unterlegenheit mancher anderen und auf dem Gebrauch, den unsere Rasse seit Jahrhunderten von beidem gemacht hat, beruhen, so habe ich darum keinem Neger oder Indianer ja auch nur ein Haar ge-

---

[54] «La véritable devise des chefs de ce parti (sc. du parti libéral) est: Ôte-toi de là, que je m'y mette.» So C. H. de Saint-Simon (1760–1825), *Catéchisme des industriels,* Œuvres, tome IV, Paris 1875, réimpr. 1966, p. 53 (St-S. zitiert hier seinerseits, und zwar aus dem Gedicht *Il poeta di teatro* von 1808 des Italieners Filippo Pananti da Mugello).

Verantwortlichkeit hätten als ich persönlich oder im Unterschied zu mir wohl gar keine. Sie bedeutet die ethische Verlotterung des Staates selbst und des Einzelnen in seinem Verhältnis zum Staate. Nein, was ich will, daß der Staat tue, das muß ich mich als meinen ganz persönlichen Willen zu verantworten getrauen, und wenn ich es so haben will oder auch wenn ich es nicht hindern kann, daß mein Volk und Staat (und welches Volk, welcher Staat täten dies nicht) in seinem Verhalten nur zu sehr dem Adler, dem Löwen, dem Bären, oder wie diese reißenden Wappentiere alle heißen, gleicht, dann muß ich mir darüber klar sein, daß keine noch so humane Privatmoral, derer ich mich vielleicht daneben befleißige, etwas daran ändert, daß ich als Glied der großen Kollektivität Staat jedenfalls immer auch als Raubtier handle. Und so ist mein Zugreifen und Nehmen auch dadurch nicht gerechtfertigt, daß es vielleicht durchaus im Zeichen der Selbstlosigkeit erfolgt in meiner Eigenschaft als Hausvater und Versorger der Meinigen. Das, die Familie, ist freilich die feste Burg jener bürgerlichen Moral, die eine rührende Treue und Fürsorge für die Insassen des eigenen Nestes sehr wohl mit dem laisser faire laisser aller einer rücksichtslosen Profitwirtschaft zu vereinigen weiß. Hier ist ja auch der bedenkliche Punkt, wo der natürliche Altruismus der Frau, besonders der Frau als Mutter, haarscharf in sein Gegenteil umzuschlagen pflegt, in die sonnige Klarheit der Fürsorge und Parteinahme für ihre Kinder im Gegensatz zu aller anderen Leute Kinder. Wozu eine ganz böse Seite aus *Kierkegaards* Tagebüchern zu vergleichen wäre: «So verhält sich das Menschliche zum Idealen. Das junge Mädchen errötet vor Begeisterung, wenn sie davon hört; des Jünglings Herz schlägt heftig; der unverheiratete Mann respektiert es; der verheiratete Mann wendet sich doch nicht ganz von ihm ab: aber der größte Abstand vom Ideal ist: Mutter, die Madame. Das eigentliche Wüten gegen das Ideal geht vom Familienleben, von der Löwin aus» (Buch d. Richt. S. 159).[55] Es ist weiter klar, daß eine der

[55] S. Kierkegaard, *Buch des Richters*. Kierkegaards Tagebücher. Auszug aus dem Dänischen von H. Gottsched, Jena/Leipzig 1905.

Grenzen des Sozialismus damit bezeichnet ist, daß er es bis jetzt gerade in seinen lebenskräftigsten und fruchtbarsten Erscheinungen, ich meine die Gewerkschafts- und die Genossenschaftsbewegung, nicht vermocht hat, etwas Anderes zu tun, als dem einen, dem bürgerlichen, einen anderen, den proletarischen Klassenegoismus gegenüberzustellen, auch den Arbeiter zu einem seiner Kräfte bewußten Kämpfer in der Arena des wirtschaftlichen Krieges zu erziehen. Das bedeutet durchaus kein Urteil über den Sozialismus, wohl aber die Einsicht, daß eine andere Welt auch mit ihm nicht angebrochen ist. Auch der Sozialdemokrat wird jedenfalls nicht etwa wegen seines treuen Klassenbewußtseins in den Himmel kommen. Nun, es wird eine Rechtfertigung auch des Patrioten, auch des Familienvaters und der Familienmutter, auch des Klassenkämpfers geben, aber daß man sie doch ja nicht darin suche, daß sie alle nicht aus individuellem, sondern aus kollektivem Egoismus handeln, als ob dieser plötzlich etwas Anderes und nicht bloß eine besondere Form des allgemeinen Wettlaufes wäre. Auch hier kann die Rechtfertigung, kann die Heiligkeit menschlichen Tuns nur im Glauben gesucht werden, in dem der Mensch in der Fragwürdigkeit seines Tuns dem göttlichen Gebot gehorcht, in dem er sich dann aber auch dem Gericht des Gebotes sicher nicht entziehen wird.

4. Es wäre wiederum eine Mystifikation, wenn man sich der Verantwortlichkeit für den kämpferischen Charakter unseres Tuns dadurch entzöge, daß man sich auf die *gute Absicht* beriefe, die man dabei verfolgt. Der Zweck heiligt die Mittel nicht, sondern der Schuster, der dem Reichen Leder stahl, um dem Armen Schuhe daraus zu machen, stiehlt darum nicht weniger, und wenn ihm seine Sünden vergeben sind, dann sicher nicht um deswillen, daß er dem Armen Schuhe gemacht hat, sondern um des Glaubens willen, in dem er dies, wohlverstanden auch er dem allgemeinen Gesetz des Zugreifens in seiner Weise folgend, getan hat.[56] Das ist's, was bei jeder christlichen Aktion in der halben

---

[56] Randbemerkung von K. B.: «*Problem von Schillers ‹Räuber›!*»

oder ganzen Öffentlichkeit nicht genug bedacht werden könnte, bevor man es wagt, sie eben im Namen des Christentums in Bewegung zu setzen. Das wäre gegenüber dem immer wiederkehrenden Anliegen einer nun einmal wirklich christlichen Politik zu bedenken, wenn man christliche Gewerkschaften und Zeitungen gründet oder gar, wie neulich zu Berlin geschehen, eine «Evangelische Bank»,[57] [das] wäre zu bedenken bei jedem Schritt in der Kirchenpolitik, innerhalb der Kirche selbst und bei der Auseinandersetzung der Kirche mit dem Staat oder mit der römischen Kirche. Wo gekämpft wird von Menschen gegen Menschen, da betritt man nun einmal jene Arena. Das kann uns nicht an sich verboten sein, wir können jene Arena ja ohnehin nicht verlassen. Wohl aber dürfte es vielleicht angebracht sein, von der christlichen Fahne in dieser Arena nur den allerbehutsamsten Gebrauch zu machen, einfach darum, weil die Gefahr beim kleinsten Schritt, den wir da tun, allzugroß ist, daß wir, um überhaupt etwas zu tun, den guten Namen mindestens in schwere Zweideutigkeit bringen müssen, und weil Christus ohnehin nicht durch unser christliches Fahnenschwingen, sondern trotz ihm siegen wird. Das ist die Zweideutigkeit, in die auch die beste Absicht auf Erden notwendig verwickelt ist, daß, um dem Armen Schuhe zu machen, immer irgendwie Leder gestohlen werden muß, ohne Bild geredet: daß wir auch das beste Ziel nicht erreichen können ohne den Versuch, Mehrheit, Geld (bitte: vor Allem Geld!), Geltung, Einfluß zu erlangen, ohne, wenn wir wirklich etwas erreichen wollen, allzu genau fragen zu

---

[57] Es handelt sich um ein Unternehmen, das – durch die nach 1920 aus der Pfalz nach Berlin verzogene Familie Adolf Runck und Söhne – in der Inflationszeit auf der Basis eines Firmenkonsortiums ins Leben gerufen wurde. Unter dem Namen *Evang. Zentralbank e. G. m. b. H.* mit Sitz in Berlin W., Uhlandstraße, ging es darauf aus, die evangelische Kirche mit ihren weitverzweigten Arbeitsbereichen und breite Teile der evangelischen Bevölkerung der jüdischen Konkurrenz zu entziehen und für sich zu gewinnen. Das Unternehmen machte Ende der zwanziger Jahre infolge unlauterer Geschäftspraktiken seiner Initiatoren Bankrott. Diese Information verdankt der Herausgeber Herrn Heinz Orth, Berlin.

dürfen, wo wir sie finden. Sollen wir darum die Hände sinken lassen? Nein, aber wir sollen wissen, daß wir, indem wir die Hände erheben, uns den Kindern dieser Welt gleichstellen, d. h. auf die Christlichkeit unseres Handelns nicht mehr Anspruch haben als alle Anderen auch, nämlich den Anspruch auf Gottes Barmherzigkeit, mit dem wir dann doch wohl nicht ihnen *entgegen*treten, sondern mit dem wir nur *neben* sie treten können. Das ist es ja, was für uns den Charakter der römischen Kirche als wirklicher Kirche so unglaubwürdig oder schwer glaubwürdig macht, daß sie ihr weltliches Regiment, gegen das ja an sich gar nichts zu sagen wäre, oder doch nicht mehr als gegen alles weltliche Regiment, immer wieder so ungehemmt als geistliches Regiment in Anspruch zu nehmen wagt. Wir stehen, wenn wir es ihr gleichtun wollen, im Verhältnis zum Staat, zur Gesellschaft und nicht zuletzt eben im Verhältnis zu ihr, der römischen Kirche, wenn wir aus der Sache der Kirche die Sache einer Partei machen, ganz gleich, ob das eine Rechts- oder Linkspartei oder eine besondere christliche Partei sei ... wir stehen dann in schwerer Gefahr, uns selber als Kirche ebenso unglaubwürdig zu werden. Die gute Absicht wird uns dann auf keinen Fall rechtfertigen, sondern die Wege, die wir zu ihrer Realisierung einschlagen müssen, werden uns notwendig dahin stellen, wo unsere Christlichkeit noch einmal allen Ernstes eine Frage wird.

5. Wir haben uns weiter klarzumachen, daß die Verantwortlichkeit für unsere Beteiligung am Kampf ums Dasein auch dadurch nicht abgeschwächt wird, daß sie sich wahrscheinlich in der Regel in irgendwelchen allgemein anerkannten Formen des Herkommens, der Sitte und des Rechtes vollzieht. Herkommen, Sitte und Recht – wir werden darauf noch zu sprechen kommen – bedeuten in der Tat eine gewisse nötige und heilsame Kanalisierung und Regulierung des kämpferischen Willens zum Leben, einen gewissen Damm gegen das Chaos, und indem auch sie im Gebote Gottes ihren Ursprung haben, machen sie einleuchtend, wie sehr wir dem Gebote Gottes auch einfach Dank schuldig sind; denn wer weiß, was aus uns würde, wenn wir ohne dieses Korrektiv

einander preisgegeben wären. Herkommen, Sitte und Recht ändern aber nichts daran, daß wir dem Gebote Gottes auch Verantwortung schuldig sind und schuldig bleiben: auch dann – hier droht nämlich der zu vermeidende Trugschluß –, wenn die Betätigung unseres Lebenswillens sich noch so strikte innerhalb ihres Rahmens halten sollte.

Es ist vor Allem der Begriff des *Eigentums,* dessen hier warnend vor seiner Überschätzung zu gedenken ist. Mein Eigentum sind diejenigen geistigen oder materiellen Lebenswerte, die ausschließlich für mich bestimmt, mit Ausschluß jedes anderen Menschen zu meiner Verfügung stehen. Es ist zuviel gesagt, wenn man behauptet, daß durch das Gebot: «Du sollst nicht stehlen!» [Ex 20,15] das Eigentum geschützt und geheiligt werde. Man vergißt dabei, daß der Begriff des Eigentums den Kampf aller gegen alle einerseits zur Voraussetzung hat, andererseits auch ihn in seiner Weise bestätigt und aufnimmt. Indem er ihm nun gleichzeitig gewisse Schranken steckt, ist er freilich eine gewisse Erinnerung an Gottes Gebot und an die Frage, die dieses in unser Leben hineinwirft. Gottes Gebot selbst aber, auch und gerade in der Konkretion: «Du sollst nicht stehlen!» bezeugt und gehört, greift weiter. Es richtet nicht wie der Begriff des Eigentums eine Schranke auf innerhalb jenes Kampfes, sondern das Recht und den Anspruch Gottes des Schöpfers gegenüber diesem Kampf als solchem. Richtet sich seine Frage an den, der fremdes Eigentum verletzt, so richtet es sich nicht weniger an den, der sein eigenes Eigentum behauptet. Richtet es Schranken auf innerhalb des Kampfes, so begründet es nicht weniger die Schranke dieses Kampfes im Ganzen. Das ist das relative Recht des Paradoxons «Eigentum ist Diebstahl».[58] Es ist sinnvoll nicht als Ausdruck der Negation, wohl aber der Krisis, in der sich auch der Begriff des Eigentums befindet. Es hebt das Gebot: «Du sollst nicht stehlen», nicht auf, aber es kehrt es um gegen den Eigentümer,

[58] «La propriété c'est le vol», sagt P. J. Proudhon (1809–1865) in: *Qu'est-ce que c'est que la propriété? ou: Recherches sur le principe du droit et du gouvernement,* Paris 1840, p. 2.

nicht um ihn als einen Schelmen zu erklären – so wäre es frei-lich sinnlos –, wohl aber um ihn zu fragen, ob er nicht gerade in der Gesichertheit des Eigentümers, in der er den Kampf ums Dasein zu bestehen in der Lage ist, gerade in der Gesichertheit, die er dem Gebote zu verdanken hat, selber ein Übertreter des Gebotes, ein Störer und vielleicht Mörder fremden Lebens ist. Und diese Umkehrung ist nicht eine teuflische oder kommu-nistische Erfindung, sondern sie ist der ernste radikale Sinn des Gebotes: «Du sollst nicht stehlen», weil dieses Gebot nicht Menschen-, sondern Gottes Gebot ist. Bin ich als Eigentümer *kein* Schelm, dann nicht um meines, sondern um Gottes Eigen-tumsrechtes willen, dem es wohl gefallen kann, mir dies oder das zuzusprechen, ohne daß ich mich dadurch der Verletzung der Ehrfurcht vor fremdem Leben schuldig mache. So, aber auch nur so, bin ich dann als Eigentümer kein Dieb, aber ob dem so ist, das ist die Frage, die Gottes Gebot auch an den legitimsten Eigentümer richtet, und der er sich nicht entziehen kann.

Eine Sicherung gegenüber dieser Frage ist wiederum nicht gegeben durch die Notwendigkeit der *Arbeitsteilung*. Auch das scheint ja wenigstens manchen von den Vorsprüngen, die sich Einer vor dem Anderen und zuungunsten des Anderen ver-schafft, zu begründen, daß der Beruf im weitesten Sinne des Wortes (nächster Paragraph!) den Aktionsradius des Lebens-willens des Einen gegenüber dem des Anderen, z.B. den des Mannes gegenüber dem der Frau, den des geistigen gegenüber dem des physischen Arbeiters, den des Königs gegenüber dem des Kärrners sozusagen automatisch verlängert. Wiederum ist auch von der Arbeitsteilung zu sagen, daß sie wirklich gut und notwendig ist als Ordnungsprinzip innerhalb des schon während Kampfes ums Dasein, als Gesichtspunkt für eine relativ billige und beruhigende Rangordnung und Güterverteilung, ein Ge-sichtspunkt, der als Erinnerung an Gottes Gebot, das in der Tat einen jeden in seinen Beruf weist, wahrhaftig respektabel ist. Aber wiederum schafft das Gebot, ernst und radikal verstanden, keinen in der Weise gesicherten Anspruch der unter diesem

Gesichtspunkt Bevorzugten, daß die Verkümmerung der Lebens-
ansprüche Anderer, die das Korrelat dieser Bevorzugung ist,
daß das dumpfe Grollen der Unzufriedenheit dieser ihm gegenüber Benachteiligten ihm keine Gedanken mehr machen müßte.
Daß es mir meinem Beruf entsprechend gut gehen müsse, daß es
mein Recht sei, es besser als Andere zu haben, das ist mir durch
das Gebot, das mich in meinen Beruf verweist, nun gerade nicht
zugesichert, das ist jus humanum, nicht jus divinum. Gerade weil
Gottes Gebot mich jure divino an einen bevorzugten Ort stellen
kann, ist und bleibt die Frage akut, ob ich denn jure divino,
nämlich im Gehorsam gegen Gottes Gebot hier stehe als Bevor-
zugter, oder ob ich nicht durch dasselbe Gebot verurteilt bin als
Einer, der die Ehrfurcht vor dem fremden Leben verletzt, ob
meine so legitim eingenommene und behauptete Vorzugsstellung
nicht vielleicht mit der Gnade Gottes gar nichts zu tun hat, sondern eine freche Usurpation bedeutet. Wenn ich innerhalb der
bürgerlichen Ordnung (und auch in der Ordnung einer Räterepu-
blik soll ja das durchaus nicht zu vermeiden sein) eine Stellung
einnehme, in der ich so oder so vielen Anderen im Lichte stehe,
so werde ich mich damit nicht entschuldigen vor dem göttlichen
Richterstuhl, daß ich kraft meines Berufes Anspruch darauf habe,
daß mir solches zukomme, sondern wenn mich nicht Gott selbst
entschuldigt, so bin ich auch in dieser Hinsicht unentschuldigt.
    Ebenso kann endlich keine Unverantwortlichkeit meines Zu-
greifens und Nehmens abgeleitet werden aus der Idee der *aus-
gleichenden Gerechtigkeit,* d. h. aus der particula veri jenes schönen
Grundsatzes: «Dem Tüchtigen freie Bahn!» Es ist nämlich wahr,
was die Ethik der Puritaner in England und Amerika und ihnen
folgend die Ethik der Aufklärung in freilich unangebrachter
Weise als *die* ethische Wahrheit zu feiern und zu predigen pflegte:
daß die Peripetien des Kampfes ums Dasein immer auch, wenn
auch oft auf sehr ferne Sicht und nicht ohne die Notwendigkeit
von eschatologischen Kompensationen und Wiedergutmachun-
gen, den Charakter von Belohnung und Bestrafung trügen, der
Belohnung für Konzentration, Solidität, Fleiß, Kühnheit, Ehrlich-

keit und auch wohl Nächstenliebe, für Gottesfurcht und Christentum, der *Bestrafung* für Zerstreutheit, Verlotterung, Faulheit, Kleinmut, Unredlichkeit, krasse Selbstsucht, für Gottlosigkeit und Unchristlichkeit. Wieder bedeutet das Geltendmachen dieses Sachverhaltes die Aufrichtung eines Prinzips der Ordnung und Billigkeit innerhalb des Kampfes ums Dasein, und wieder ist dieses Prinzip ein Reflex des Gebotes Gottes, kraft dessen Gehorsam Leben, Ungehorsam aber Tod ist [vgl. Deut. 30, 15 ff.], kraft dessen einem jeden vergolten werden soll nach seinen Werken [vgl. 2. Kor. 5, 10]. Aber wiederum ist zu sagen, daß ein gesichertes Anrecht auf Erfolg durch das Gebot Gottes jedenfalls niemandem gegeben, daß die Vorstellung einer Unverantwortlichkeit meiner Beteiligung am Kampf ums Dasein daraufhin, daß ich besser bin und mich benehme als mancher Andere, unmöglich zu begründen ist. Das wurde bei jener merkwürdigen Wende in der Geschichte der christlichen Ethik, die durch den Übergang vom Puritanismus zur Aufklärung bezeichnet ist, das wurde etwa von einem *Benj. Franklin* mit seinen Rechnungsbüchern über den täglichen Stand seines moralischen Soll und Habens gründlich übersehen,[59] das scheint auch heute noch von einer großen Mehrzahl unserer amerikanischen – aber doch nicht nur unserer amerikanischen! – Mitchristen übersehen zu werden, daß eine Moral, die den praktischen Erfolg zum Lohne hat, am Ende eine solche sein könnte, die diesen Lohn auch zum Ziele hat, daß eine Moral, die den Menschen so tauglich fürs Leben N. B. für den Wettkampf des Lebens macht, bei aller Strenge und Reinheit ihrer Vertreter jedenfalls eine wettkämpferische Moral zu sein scheint, eine Moral, die den Streit um die Plätze an der Sonne voraussetzt und gleichzeitig dafür sorgt, daß er nicht etwa aufhören kann, eine Moral, die sich nur dadurch von Schlauheit und Gewalt, von Geld und Revolver unterscheidet, daß sie

---

[59] Vgl. *The Autobiography of Benjamin Franklin,* with introduction, notes and suggestions by W. N. Otto, The Riverside Press, Cambridge, Mass. 1928, p. 93 ff.; deutsche Übersetzung von K. Müller, Leipzig, Recl. Univ. Bibl. 2247/48, S. 114 ff.

vielleicht in der Tat, mindestens im Hinblick auf jene eschatologischen Sanktionen die allen anderen überlegene, also die tauglichste Waffe in dem bewußten Kampf des Lebens ist. Möchten wir diese tauglichste Waffe brauchen und ja keine andere! Wohl uns, wenn wir *diese* Waffe brauchen! Ja: «Üb' immer Treu und Redlichkeit!» «Tue recht und scheue niemand!» «Dem Mutigen gehört die Welt!» und vielleicht gar noch: «An Gottes Segen ist alles gelegen!»[60] – alle diese Sprüche, die der sichere Bürger zu seiner eigenen Erbauung im Munde zu führen pflegt, sind *gute* Sprüche. Aber eben zur Sicherheit sollten sie dem sicheren Bürger keinen Anlaß geben. Allzu gefährdet stehen wir auch mit dieser Waffe in der Hand da gegenüber dem Anderen, der nun solchen Segen wie wir selbst nicht in seine Scheuern heimsen konnte, gegenüber der ganzen Zweideutigkeit unseres Erfolges, gegenüber der Frage, ob nicht auch der evidente Triumph des Gerechten über den Ungerechten, der sichtliche Segen auf dem Tun des Frommen gegenüber dem des Gottlosen, eine Gott keineswegs ebenso wie uns selbst wohlgefällige Angelegenheit, weil vielleicht trotz Allem eine Verletzung der Ehrfurcht vor fremdem Leben, eine brutale Szene aus dem Urwald neben vielen anderen sein möchte. Nur noch viel mehr könnte es Unbarmherzigkeit und Ungerechtigkeit sein, daß wir Andere unter die Räder kommen lassen, auf denen wir so fröhlich rollen, wenn wir diese Räder auch noch mit dem Öl der Moral und Christlichkeit geschmiert haben. Nur noch viel mehr könnte Gott gegen uns sein, wenn wir unser Zugreifen und Nehmen dadurch für gerechtfertigt halten, daß unser Vorteil zugleich ein Erweis der Überlegenheit der causa Dei, ein Sieg des Guten über das Böse sei. Ist dem *nicht* so, sind wir gerechtfertigt in unserem Siegen, dann gewiß nicht darum, weil die Weltgeschichte das Welt-

---

[60] Randbemerkung von K. B.: «*Hüssy!!*» Gemeint ist die Dynastie der Safenwiler Textilfabrikanten Hüssy, mit der K. Barth, 1911–1921 Gemeindepfarrer in Safenwil und mehrfach die Rechte der Arbeiter gegen die Fabrikanten vertretend, auf gespanntem Fuße lebte und für deren Firmenideologie Sprüche wie die zitierten offenbar charakteristisch waren.

gericht wäre,[61] sondern dann darum, weil es vielleicht im wirklichen Weltgericht, das mit der Weltgeschichte keineswegs identisch ist, eine Barmherzigkeit gibt auch für das Stücklein Weltgeschichte, das wir selbst mit oder ohne Moral geleistet haben, wobei wir dann gewärtig sein müssen, daß die Ersten die Letzten, die Letzten aber die Ersten sein könnten [vgl. Mk. 10,31 u.ö.]. Da, da fängt die wirkliche Gottesfurcht und auch die wirkliche Moral an, wo ich im Blick auf *Gottes* ausgleichende Gerechtigkeit weiß, daß ich auch mit meiner Gerechtigkeit auf der Waagschale liege, daß auch sie als ein schmutziges Kleid sich erweisen könnte [vgl. Jes. 64,5], in das ich mich gehüllt habe, um nicht meines Bruders Hüter sein zu müssen [vgl. Gen. 4,9].

6. Wir haben endlich darauf hinzuweisen, daß es zwar eine Reihe von Lebensmöglichkeiten gibt, die scheinbar mit dem Kampfe ums Dasein nichts zu tun haben, für die also die Frage des Gebots der Ehrfurcht vor dem fremden Leben scheinbar bedeutungslos ist, während in Wirklichkeit auch in diesen letzten Schlupfwinkeln die Regel gilt: Wir konkurrieren, und also wir sind gefragt, wie wir das verantworten wollen.

Ich denke zuerst an Alles das, was man unter den Begriff der *Technik* zusammenfassen kann. Technik heißt Gebrauch, Erweiterung und Vervollkommnung des menschlichen Könnens, der menschlichen Herrschaft über die Natur. Sollten wir es hier nicht mit einem reinen, das fremde menschliche Leben gar nicht berührenden und also auch nicht gefährdenden Handeln zu tun haben? Ja, ist zu sagen, wenn sich das menschliche Erfinden, Konstruieren und Wagen im leeren Raum vollzöge, und wenn sein Subjekt «der Mensch» in abstracto wäre, wie man es zum Ruhme besonders der Neuzeit darzustellen pflegt. Faktisch hat sich doch wohl noch nie ein Kopf oder Augen oder Hände in Bewegung gesetzt für den Fortschritt jenes Könnens an sich. Die treibende Kraft dieses Fortschrittes in der Vertikale ist die Aussicht, und

---

[61] «Die Weltgeschichte ist das Weltgericht.» F. Schiller in seinem Gedicht *Resignation* (1784).

wäre es eine noch so dünne Aussicht, auf einen Fortschritt in der Horizontale, d. h. aber doch wieder auf der Ebene, auf der gekämpft, überholt und verdrängt wird. Interessant pflegen auch die an sich schönsten Erfindungen erst zu werden, wenn und indem sich die Industrie und durch ihre Vermittlung die Banken dafür zu interessieren beginnen. Und als neulich die Überfliegung des Atlantischen Ozeans von Osten nach Westen zum ersten Mal gelungen war, da war doch wohl jedenfalls in Deutschland die Tatsache, daß es gerade ein Deutscher und nicht etwa ein Engländer oder Franzose war, dem dies gelungen, der Stimulus zu der Begeisterung, mit der dieser Fortschritt aufgenommen worden ist.[62] Um nicht zu reden davon, daß der letzte Krieg uns zum ersten Mal ganz klar vor Augen geführt hat, daß der ganze wundervolle Kosmos der menschlichen Techne sich, wenn es sein muß, im Handumdrehen in eine wahre Hölle von Mordinstrumenten verwandeln [kann und] mit dem Menschen selbst sich [dann] auf der Ebene befindet, wo das Töten jeden Augenblick Ereignis werden kann.

Es ist aber wirklich an sich auch keine reinere Luft, die wir zu atmen bekommen, wenn wir weiter an die Welt der *Wissenschaft* denken. Als die uninteressierte Wahrheitsforschung und Wahrheitslehre, als die sie etwa in akademischen Festreden aufzutreten pflegt, existiert die Wissenschaft so gewiß nicht, als sie nie und nirgends ohne das menschliche Subjekt dieses besonderen menschlichen Handelns existiert. Das menschliche Subjekt ist aber wahrlich auch in seiner Eigenschaft als Subjekt der Wissenschaft

---

[62] Nachdem der Amerikaner Ch. Lindbergh am 20./21. Mai 1927 erstmals im Flugzeug den Atlantik in west-östlicher Richtung überquert und – wobei ihm der Rückenwind zustatten gekommen war – die rund 6000 km lange Strecke New York–Paris in 33 ½ Stunden bewältigt hatte, überflogen am 12. April 1928 die Deutschen Köhl und von Hünefeld und der Ire Fitzmaurice mit einer Junkersmaschine vom Typ W 33 den Atlantischen Ozean zum ersten Mal in der entgegengesetzten Richtung. Sie landeten nach stürmischem Flug auf Greenly Island. Ausgangspunkt war Baldonnel in Irland. Für die 6570 km lange Flugstrecke benötigten sie 35 ½ Stunden. *Der Große Brockhaus*, Leipzig 1930[15], Bd. VI, S. 355f.

das Subjekt, das eben, koste es was es wolle, leben will. Ich will nicht davon reden, für wie manchen Studenten die Wissenschaft wirklich nur die milchende Kuh ist, die ihn dereinst mit Butter versorgen soll, und auch nicht von dem selbstverständlichen Kampf um die beste Pfründe, dessen Aufregungen, Sorgen, Triumphe und Leiden auch in den professoralen Sanktuarien der vermeintlich so reinen Wissenschaft eine größere Rolle spielen, als der ehrerbietige Laie zu ahnen pflegt. Es kommt doch, auch abgesehen von dieser allgemein menschlichen Bedingtheit auch des wissenschaftlichen Lebens, gerade heute mit wachsender und dankenswerter Deutlichkeit an den Tag, daß die Hochschätzung der Wissenschaft in dem Grade zunimmt, als wie bei der Technik – wohl den Chemikern und Physikern! – eine Industrie und das hinter ihr stehende Kapital oder doch – wohl den Medizinern! – die sichere Aussicht, sich solches zu erwerben, in der Nähe ist. Und wenn wir etwa die Neigung haben sollten, die Philosophie oder unsere Theologie als in dieser Hinsicht harmlose Wissenschaften seligzupreisen, so braucht man bloß den Kampf der Richtungen gerade auf diesen Gebieten vorurteilsfrei zu betrachten (wobei man von dem realen, auch hier wahrhaftig nicht außer Betracht fallenden Hintergrund der Lehrstuhlbesetzungen noch ganz absehen kann), um sich auch bei diesem, sei es denn rein geistigen, Schauspiel des Kommens und Gehens der verschiedenen Schulen und Richtungen, ihrer Art, sich geltend zu machen und durchzusetzen, des Auftretens und Wiederabtretenmüssens der verschiedenen großen Männer (von «großen Tieren» oder von «Kanonen» pflegt man ja auch da nicht unzutreffend zu reden), um sich auch da unheimlich doch wieder an die Vorgänge des Urwaldes erinnert zu fühlen und sich als Philosoph oder Theologe jedenfalls um seiner Reinheit [willen] in dieser Hinsicht dann gewiß nicht mehr seligzupreisen. Daß sich dasselbe Schauspiel unter denselben Frage- und Ausrufzeichen auch im Leben der Kirche, aber auch im freien christlichen Geistes- und Gemeinschaftslebens, und nicht weniger in der Literatur, Kunst- und Sportwelt der Weltkinder abspielt, soll nur noch angemerkt

sein. Es ist wirklich nicht so, daß der Macht- und Interessen-
kampf des Lebens mit allen seinen Begleiterscheinungen und
Folgen, der die Frage nach dem Verhältnis zu dem, was uns
geboten ist, so notwendig herauszufordern scheint, etwa bloß auf
die besondere Sphäre des Wirtschaftslebens beschränkt wäre, und
daß wir Anderen uns daneben unsere Hände auch nur im Blick
auf unsere eigenen Bezirke (abgesehen davon, daß wir dort wahrhaftig auch beteiligt sind), in Unschuld waschen könnten. Sind
wir freigesprochen, so sind wir es sicher nicht um der idealeren
Sphäre willen, in der wir im Vergleich mit dem Kaufmann oder
Beamten etwa unser Zelt aufgeschlagen haben.

Wir schließen mit einem Ausblick in ganz anderer Richtung.
Ist nicht die *Liebe* in allen ihren Spielarten, von der himmlischen
bis zur eingestandenen und unverkennbar irdischen Liebe, und in
allen ihren Betätigungsmöglichkeiten, von der Eltern- und Kin-
desliebe bis zu der Liebe, in der ein Mensch vielleicht sein Leben
an irgendein Werk der Hilfe wagt, als solche, wie es auch mit
den Mitteln stehen mag, nach denen auch sie greifen muß, doch
als Liebe exempt von dem Gesetz des Kampfes Aller gegen Alle
und darum auch von der Verantwortlichkeit, die wir in diesem
Kampf auf uns nehmen? Ragt hier nicht eine Welt der Reinheit
und darum auch der keiner Rechtfertigung bedürftigen Unschuld
sichtbar hinein in die Welt der Zweideutigkeit, der grenzen-
losen Problematik, in der wir sonst leben? Ja, ist zu sagen, wenn
wir wirklich wagen sollten, unsere Liebe als wirkliche Liebe in
Anspruch zu nehmen, wenn wir eine Betätigung von Liebe
kennen sollten, bei der es gar nicht ums Zugreifen, Nehmen,
Herrschen, und also gar nicht um eine Vergewaltigung des Geliebten durch den Liebenden gehen sollte, eine Liebe, in der man
sich nicht wehtäte, sich nicht bedrängte, sich nicht belastete,
in der man sich des Anderen nicht bemächtigen wollte, in der
man nicht sich selbst, sondern wirklich den Anderen suchen würde.
Es ist wahr, die Liebe kommt nicht ins Gericht. Aber wer hat,
wer betätigt etwa die Liebe, die nicht ins Gericht kommt? Wer
ist nicht auch mit seiner Liebe in das Gericht der Frage [ge-

stellt], ob er nicht eben durch seine Liebe die Ehrfurcht vor dem fremden Leben verletze, vielleicht viel schwerer verletze als ein Räuber oder Mörder, weil ein solcher wenigstens kenntlich ist in dem Charakter seines Tuns, während die Vergewaltigungen, die man sich aus Liebe antut, uns selbst und dem, dem wir damit zu nahe treten, vielleicht unter dem schönen Gewand, in dem sie Ereignis werden, lebenslänglich verborgen bleiben? Warum macht auch die Übung der *christlichen* Liebe der Welt, und zwar doch nicht nur der bösen Welt, so selten einen anderen Eindruck als den einer besonderen Äußerung des christlichen Machtwillens? Wir dürfen doch wohl nicht vergessen, daß die Liebe, von der Paulus 1. Kor. 13 geschrieben, eine eschatologische Möglichkeit ist, und daß im 1. Johannesbrief [4, 8. 16] *Gott* die Liebe genannt wird. Sollte unsere Liebe uns rechtfertigen im Gericht, dann doch wohl nicht die Liebe, die wir aufgebracht, bewiesen und bewährt haben, sondern die Liebe, die wir nur als von Gott uns zugewandte Liebe verstehen können. In ihr mag es sein, daß das Gebot der Ehrfurcht vor dem Leben von uns gehalten und erfüllt ist, obwohl und indem wir uns, wir mögen uns drehen und wenden, wie wir wollen, nur als seine Übertreter verstehen können.

§ 8   DER BERUF

Gottes Gebot trifft mich immer an einem begrenzten Ort und als ein bestimmtes Werk seiner Schöpfung. In dieser meiner konkreten Berufung durch Gott den Schöpfer nimmt es mich in Anspruch und habe ich es zu hören.

1.

Wir haben in § 7 das durch das Gebot des Schöpfers aufgeworfene ethische Problem kennengelernt. Gott ist der Schöpfer und der Herr des Lebens. Wir leben. Wir leben im Zusammenhang mit anderem fremden Leben. So bedeutet sein Gebot die an unser ganzes Tun gerichtete Frage, ob es Wille zu dem von Gott geschaffenen eigenen Leben und ob es Ehrfurcht vor dem von Gott geschaffenen fremden Leben sein oder nicht sein möchte. Die Antwort gibt das Gericht, aus dem wir fort und fort herkommen, in das wir fort und fort hineingehen. Die Antwort ist also Gottes Antwort, wie die Frage Gottes Frage ist. Eben darum sind wir nicht in der Lage, diese Antwort vorwegzunehmen – sowenig wir selbst es sind, die die Frage aufgeworfen haben –, nicht in der Lage, eindeutig zu sagen: dies und dies Tun ist oder ist nicht Betätigung des uns von Gott gebotenen Lebenswillens, ist oder ist nicht Betätigung der uns gebotenen Ehrfurcht vor dem Leben. Dieses «ist» kann keinen Klang haben als allgemeine menschliche Wahrheit, so freigebig die Ethiker damit umzugehen pflegen, es kann als menschliches sittliches Urteil immer nur von Fall zu Fall und unter Vorbehalt des Urteils der höheren Instanz erfolgen. Es ist das göttliche mandatum concretissimum, in dem dieses «ist» allein offenbar wird und ist. Aber nun erschöpft sich ethische Besinnung offenbar nicht in der Frage nach dem *Inhalt* unseres Tuns. Wir können und brauchen uns nicht zufriedenzugeben mit der Feststellung, daß wir von Gott dem Schöpfer gefragt sind, was wir tun, und daß wiederum Gott der Schöpfer uns wohl sagen wird, was wir getan haben. Und zwar darum nicht, weil das Gebot Gottes uns nicht nur angeht als solche, die leben wollen und im Zusammenhang mit anderem fremden Leben zu leben haben, sondern nun weiter als solche, die *das* und *das* seiend und *so* und *so* seiend leben und zu leben haben: «an einem begrenzten Ort und als ein bestimmtes Werk seiner Schöpfung».[1] Wissend aus der Entscheidung des gegenwärtigen in die Entscheidung des nächsten Augenblicks hinübergehen, in der uns Gott fragend und antwortend begegnen wird, wie er uns fragend und antwortend begegnet ist – das schließt in sich ein ganz bestimmtes (über das bloße Wissen um unser Leben hinausgehendes) Wissen um unser Das-Sein und So-Sein, durch das erst

[1] s. oben These zu § 8.

die Begegnung mit Gott den Charakter einer wirklichen Verantwortung bekommt, den wir in unserem § 7 stillschweigend vorausgesetzt haben. Gott ist nicht willkürlich. Sein Gebot fällt nicht, wie es nach dem Bisherigen vielleicht als noch nicht ganz ausgeschlossen erscheinen könnte, jetzt dahin, jetzt dorthin ins Menschenleben, jetzt so, jetzt anders treffend, es fällt auch in das Leben des Einzelnen nicht zufällig, in keinem Augenblick zufällig gerade so herein, wie es fällt. Es trifft mich so, wie mich der Blitz trifft, der, wenn er mich trifft, nach den Gesetzen des Magnetismus durchaus gerade mich getroffen haben muß, oder sagen wir noch besser: es trifft mich, wie mich ein wohlgezielter, gerade auf mich gezielter Pfeil trifft. |

Zwischen Gottes Gebot und mir besteht, wenn ich es höre und in jedem Augenblick, da ich es höre, eine bestimmte *Korrelation,* in der es mich gerade so und nicht anders trifft. In dieser Korrelation begegnet es mir entsprechend meinem Das-Sein und So-Sein, so daß mir indirekt mein eigenes Das-Sein und So-Sein zum Zeugnis von der Wirklichkeit des göttlichen Gebotes wird, so daß ich jenem wie einem Spiegelbild eine Erkenntnis des göttlichen Gebotes entnehmen kann, die über die inhaltliche Erkenntnis, daß es Gebot des Lebens ist, hinausführt, eine wenn auch indirekte und relative, so doch in sich klare Erkenntnis dessen, daß das Gebot und inwiefern das Gebot *mich* angeht. Jene Korrelation ist aber damit gegeben, daß ja der Gebieter des Gebotes zugleich mein Schöpfer ist. Daß ich in diesem Augenblick in der Krisis des Gebotes stehe, und daß ich bin, was ich in diesem Augenblicke bin, das ist das Werk *einer* Hand, das Tun des Schöpfers, das Eine wie das Andere. Gott *beansprucht,* was ihm *gehört,* sein Anspruch ist ein Rechtsanspruch, haben wir schon zu Anfang von § 7 gehört. Also nicht so ist die Korrelation zwischen dem Gebot und meinem Das-Sein und So-Sein zu verstehen, als wäre dies, daß ich *das* und daß ich *so* bin, etwa in sich selbst begründet, als hätte sich Gott, indem er mich in Anspruch nimmt, etwa nach mir zu richten, sich nachträglich an mich und meine Freiheit anzupassen. Es ist ja schon mein Wissen um mich selbst, um das, was ich bin, in diesem Augenblick keineswegs ein mir eignendes, ein als *mein* Wissen in sich begründetes Wissen. Gehe ich wissend um mich selbst der Entscheidung des nächsten Augenblicks entgegen, dann darum, weil auch der gegenwärtige Augenblick unter Gottes Gebot steht, weil Gottes Gebot mir über mich selbst Bescheid gesagt hat. So ist nun auch das, was ich weiß, also das, was mir durch das Gebot über mich selbst gesagt ist: daß ich in dieser und dieser Begrenztheit und Bestimmtheit existiere, keine in sich gegründete Wirklichkeit, sondern eine solche, in der ich mich nur als Gottes Geschöpf, als Werk der creatio ex nihilo und nicht anders vorfinde. Es kommt also nicht in Frage, daß wir jene Korrelation so verstehen könnten, als wären wir auf Grund jener unserer Wirklichkeit in der Lage, bei Gott einen Gegenanspruch, einen Anspruch auf Berücksichtigung unseres Das-Seins und So-Seins anzumelden. Und zwar darum nicht, weil unser Das-Sein und So-Sein in dem uns begegnenden Gebot schon berücksichtigt ist, weil es ja eben das Gebot unseres Schöpfers ist. Unser durch Gottes Gebot vermitteltes Wissen um uns selbst besteht darin, daß wir uns als seine Geschöpfe wissen, nicht nur in unserem Leben als solchem, sondern nun eben auch in der Bestimmtheit unseres Lebens, in der es an *diesem* Ort *dieses* Werk seiner Schöpfung ist. Damit ist uns aber der Raum und der Atem schlechterdings genommen, diese Bestimmtheit unseres Lebens etwa zur Begründung dazu anzuführen, daß wir über den Sinn und Inhalt des Gebotes mitzuverfügen hätten. Sondern so steht es, daß Gott entsprechend der Art, wie er über unsere Lebensbestimmtheit verfügt hat, nun auch über den Sinn und Inhalt des an uns ergehenden Gebotes verfügt. Wir befinden uns also als Gottes Partner in jener Korrelation nicht auf derselben Ebene mit ihm, er als der Große, wir als die Kleinen vielleicht, sondern schlechthin selbständiges und schlechthin unselbständiges Existieren begegnen sich in ihr. Von einer Umkehrbarkeit der Ordnung, von einer Reziprozität der hier stattfindenden Beziehung, von einer Relevanz der menschlichen für die göttliche Freiheit kann gar keine Rede sein.

Aber nachdem das gesagt ist: daß Gott der Herr ist über den Sinn und Inhalt des Gebotes ebenso wie über die Bestimmtheit unseres Lebens in jedem Augenblick, darf nun eben auch das Andere nicht unterdrückt werden, daß Gott nicht willkürlich ist, d. h. daß jene Korrelation wirklich besteht zwischen seinem Gebot und der Bestimmtheit unseres Lebens. Die Formel: «Gott Alles und der Mensch nichts» ist falsch, denn sie leugnet die Schöpfung. Die Schöpfung ist eben die göttliche Setzung jenes schlechthin unselbständigen Seins, das nun doch als solches, als von Gott geschaffenes, nicht Nicht-Sein, sondern Sein ist. Wir existieren *nicht durch uns selbst* in dieser unserer Bestimmtheit und darum erwächst uns aus ihr kein Verfügungsrecht über Gottes Gebot, aber wir *existieren* in dieser Bestimmtheit. Wir wissen auch *nicht aus uns selbst* um dieses unser Existieren, sondern durch Gottes Wort, aber durch Gottes Wort *wissen* wir darum. Es ist uns aber notwendig, darum zu wissen. Es kann ja kein unwesentliches, sondern es muß ein sehr wesentliches Moment in der Erkenntnis des Gebotes sein, daß wir es als zu *uns* gesagt verstehen. Wir sind aber nicht die Schöpfung überhaupt, wir leben nicht das Leben überhaupt, sondern wir leben an einem *bestimmten* Ort und als ein *bestimmtes* Werk der Schöpfung Gottes. Trifft uns das Gebot nicht in dieser unserer Begrenztheit und Bestimmtheit, so trifft es uns überhaupt nicht. Wir sind kein leeres Blatt, auf das nun irgend etwas geschrieben würde. Wir sind keine leere Saite, auf der nun irgendein Ton gegriffen würde. Schlechthin unselbständig im Verhältnis zu Gott sind wir das und sind wir so, aber wir sind *das,* und wir sind *so.* Und Gottes Gebot geht uns in diesem unserem Das-Sein und So-Sein an. Gott fragt und Gott antwortet, aber das ist kein Vorgang, dem wir mit verschränkten Armen beiwohnen könnten, weil Gottes Fragen und Antworten sich auf unser verantwortliches Tun bezieht. An dem Wissen um die Bestimmtheit unseres Lebens hängt unser Wissen um unsere Verantwortlichkeit. Gottes Fragen und Antworten bezieht sich nicht nur auf unser Tun, sondern, weil auf unser *verantwortliches* Tun, eben damit auch auf unser Sein. Der Ernst der Tatsache, daß nicht irgend etwas oder irgend jemand, sondern wir selbst Gott begegnen müssen, erlaubt es uns nicht, uns selbst nicht ernst zu nehmen: nicht um irgendeiner Anschauung willen, die wir von uns selbst gewonnen haben, nicht in irgendeiner Seinstiefe, in der wir uns selbst gehörten – beides ist durch dieses Ernstnehmen vielmehr ausgeschlossen –, wohl aber in der Existenz und Existenzweise, die wir Gott verdanken, und in der uns Gott wiederum für sich in Anspruch nimmt. Gott fragt uns nicht nur: Was *tust* du?, sondern eben damit auch: Wer *bist* du? und die erste Frage bliebe allzu dunkel, wenn nun nicht diese zweite hinzuträte mit dem Anspruch, ebenfalls gehört und in die ethische Besinnung einbezogen zu werden. Wenn und indem das Gebot Gottes des Schöpfers, das uns zu leben und fremdes Leben zu respektieren gebietet, wirklich *mich* angeht, dann kann das nicht heißen, daß ich für alles Weitere auf den dunklen Zufall oder Drang meines Seelenlebens oder meiner Situation verwiesen werde, daß ich mir selbst, den Launen oder dem Schicksal meiner Subjektivität preisgegeben sei. Sondern gerade indem es *mir* gebietet, ist es *bestimmtes,* für mich bestimmtes und damit dann auch inhaltlich jedenfalls näher bestimmtes Gebot.|

Zur Formulierung des mandatum concretissimum, um dies gleich zu sagen, werden wir freilich auch von dieser Seite aus nicht vorstoßen können – wir wissen, daß das mandatum concretissimum Gottes Offenbarung ist –, wohl aber, und das ist etwas wert, zu einer zweiten Bestimmtheit, die dem mandatum concretissimum auf alle Fälle eigen sein wird. Fasse ich statt des Inhalts des Gebotes jetzt das ins Auge, daß es das *mir* gegebene Gebot ist, dann bedeutet das nämlich: Ich habe mich, was auch der Inhalt des Gebotes sein möge, auf alle Fälle als in der Wirklichkeit, in der ich mich selbst vorfinde, auch von Gott vorgefunden zu verstehen, indem sein Gebot mich anspricht. Ich darf und soll, indem ich auf sein Gebot höre, nicht abstrahieren von meiner eigenen Wirklichkeit, denn diese meine Wirklichkeit steht zu Gottes Gebot in Entsprechung. Sie und keine andere wird der Ort sein, wo Gott Gericht über mich hält. Das Gericht des Gebotes, unter dem ich stehe, bedeutet nicht nur, daß ich an Gottes Gebot, sondern eben damit, weil Gottes Gebot zu *mir* gesagt ist und weil ich desselben Gottes Geschöpf bin, daß ich an mir selbst, an meinem Das-Sein und So-Sein gemessen werde. Ich stehe jeden Augenblick gerade in der Bestimmtheit meines Lebens im Lichte des Gebotes und kann und werde das Gebot nicht verstehen, wenn ich es nicht auch in der Bestimmtheit meines Lebens verstehe. Würde ich mich selbst durchschauen und verstehen, wie mich Gott durchschaut und versteht, wäre das Individuum «effabile»,[2] so müßte uns in jeder wirklich von uns durchschauten und verstandenen Komponente unserer eigenen Wirklichkeit auch Gottes Gebot in Klarheit einsichtig sein, wie es Gott selber einsichtig ist. So durchschauen und verstehen wir uns nun freilich gerade nicht, «individuum est ineffabile», wirklich durchschaut und verstanden ist das Geschöpf weder von einem anderen Geschöpf noch von sich selber. Nur das läßt sich sagen, das aber muß gesagt werden, daß unsere geschöpfliche Wirklichkeit als Ganzes und daß mehr oder weniger deutlich jede einzelne ihrer Komponenten einen *Hinweis* auf Gottes Gebot (in der eigentümlichen Bestimmtheit, in der es das *mir* gegebene Gebot ist) bedeutet im selben Sinn, wie wir die Tatsache unseres eigenen und fremden Lebens als Hinweis auf seinen Inhalt verstanden haben. Unsere geschöpfliche Wirklichkeit (immer in dem besonderen Sinn unseres Das-Seins und So-Seins verstanden) stellt uns, und [zwar] jede einzelne ihrer Komponenten stellt uns vor die Frage: Wer bist du? nämlich: wer bist du als der, den eben jetzt Gottes Gebot angeht, eine Frage, die dann offenbar für die andere: Was tust du? eine ganz eigentümliche Präzisierung und Verschärfung bedeutet. |

Unsere eigene Wirklichkeit in ihrer Bestimmtheit verstanden als solcher Hinweis auf Gottes Gebot – das ist der allgemeine ethische Sinn des Begriffes *Beruf*. Wir verstehen ihn also hier

[2] Mit Beziehung auf den Satz der Mittelalterlichen Philosophie «individuum est ineffabile» (s. unten), welcher besagt, daß die konkrete Besonderheit der Individualität nie in den Begriff eingeht, da dieser gemäß seiner logischen Funktion allgemein ist.

umfassend als Inbegriff des Das-Seins und So-Seins des Menschen. Weil wir dieses Das-Sein und So-Sein nicht aus uns selbst haben, sondern von Gott, darum kann es, ohne daß es selbst das Gebot Gottes wäre, eine Stimme, eine berufende Stimme haben, *berufend*, *hin*rufend zu Gottes Gebot. Es wäre nämlich ganz unangebracht und voreilig, in unserem Beruf, auch in dem hier angenommenen allgemeinen Sinn, wie *Ritschl* es in bezug auf den Beruf im engeren Sinn sehr ungebrochen getan hat, das Gebot Gottes selbst erkennen zu wollen.[3] Aber das ist richtig, daß wir Gottes Gebot nicht hören können, ohne auch auf diese berufende, zum Gebot hinrufende Stimme unserer eigenen bestimmten Wirklichkeit zu hören, anders ausgedrückt: wenn wir es nicht von unserem bestimmt umgrenzten Ort in der Schöpfung aus hören wollen. Mein Beruf ist nämlich die Begrenztheit und Bestimmtheit, in der unter den anderen Menschen und Geschöpfen überhaupt nun gerade ich lebe, sofern diese Bestimmtheit nicht zufällig, nicht schicksalhaft und darum auch in bezug auf das mir gegebene Gebot auch nicht stumm ist, sondern auf göttlicher Bestimmung beruht, sofern in ihr das mich treffende Gebot sich bezeugt, sich ankündigt, sofern sie also auf Gottes Gebot hinzeigt, wenn ich ihr Zeigen nur sehen und verstehen will. Sich selbst ernst nehmen im Sinn des vorhin Gesagten heißt also einfach: dieses Zeigen der Bestimmtheit, in der wir Alle leben, sehen und verstehen wollen, seinen *Beruf* ernst nehmen, sein Das-Sein und So-Sein nicht als neutral, nicht als indifferent anzusehen, sondern anzusehen auf die Weisung zu Gottes Gebot, die sie uns nicht verweigern wird. Es kann sich auch bei der Überlegung, die wir hier anzustellen haben, natürlich nicht etwa darum handeln, nunmehr die Bestimmtheiten, in denen wir leben, auch nur in annähernder Vollständigkeit zu entwickeln und zu analysieren. Das eigentliche entscheidende Wort darüber, was unser Beruf

---

[3] Vgl. A. Ritschl, *Unterricht in der christlichen Religion,* Bonn 1875, 1881[2], 1886[3] (z. T. erheblich überarbeitet). In Verbindung mit dem Vortrag: *Die christliche Vollkommenheit,* 1874, in einer kritischen Ausgabe hrsg. von C. Fabricius, Leipzig 1924, S. 10 ff., 56. 81. 92 f.

ist, wird ungesagt bleiben müssen, wie wir ja auch nicht sagen könnten, was Leben ist. An einigen Näherbestimmtheiten der menschlichen Wirklichkeit können wir anzudeuten versuchen, was es um ihre Bestimmtheit und ihre Korrelation zu Gottes Gebot sein möchte.

Die Bestimmtheit selbst ist nicht nur das Geheimnis des Individuums, wie wir vorhin sagten, sondern primär das Geheimnis Gottes. Können wir nun nicht einmal die Weisung vollständig und erschöpfend wiedergeben, die uns unsere Berufung gibt, weil wir von ihr nur das Allgemeine, aber gerade nicht das Besondere sagen können, das sie im Leben des einzelnen Menschen zur Weisung macht, so können wir noch weniger aufzeigen, daß und inwiefern wir ja viel mehr empfangen als Weisung, nämlich Gottes Gebot selbst. Nur das kann uns diese zweite Überlegung zeigen – das kann und soll sie uns aber auch zeigen: daß auch die subjektive Seite der Erkenntnis des Gebotes, daß auch die Frage: Wer bist du? ohne die Frage: Was tust du? dunkel bleiben muß, keineswegs der ethischen Besinnung entzogen, nicht dem Zufall überlassen ist. Es ist eben kein Zufall, daß ich bin, was ich bin. Und wenn wir darüber nur in Form der Erörterung einiger allgemeiner Erwägung zugänglicher Näherbestimmtheiten der menschlichen Existenz reden können, so ist zu bedenken, daß es mehr schließlich auch nicht braucht, um deutlich zu machen, daß der Mensch auch nach dieser Seite auf der Wache zu sein, sorgfältig und bedenklich mit Gottes Gebot umzugehen aufgerufen ist.

2.

Wir berühren nun einige von den engeren und weiteren Kreisen, innerhalb derer sich unser Leben abspielt, die es, wenn auch nicht erschöpfend, weil das unwiederholbar Einzelne des Lebens gerade nicht erreichend, als ein begrenztes und bestimmtes Leben, die unser Dasein als ein Das-Sein und So-Sein charakterisieren. Wir berühren dieses Kreise im Blick darauf, daß sie Weisung zu dem uns gegebenen Gebot, also Weisung in der Frage: Was sollen *wir* tun? bedeuten können, wenn wir sie als solche beachten – also in der Absicht, Momente unserer eigenen subjektiven Wirklichkeit aufzuzeigen, die ebenso viele Momente der Erkenntnis der objektiven Wirklichkeit des Gebotes werden können, [wir berühren sie] also immer in der Absicht, hinzuweisen auf unseren *Beruf,* der selber der große Hinweis, der Wegweiser und Führer zum Gebote Gottes ist.

1. Wir beginnen mit einem Kreis, der so universal ist, daß man sich auf den ersten, aber doch nur auf den ersten Anblick fragen möchte, ob wir nicht ein leeres Wort aussprechen, indem wir ihn besonders nennen: Wir haben unseren Beruf, indem wir von Gottes Gebot getroffen werden, jedenfalls grundsätzlich in der Richtung der Einsicht zu suchen, daß wir *Menschen* sind. Nicht als irgendwelche und auch nicht als diese und diese andere unter den unübersehbar vielen Möglichkeiten der Schöpfung finden wir uns vor, finden wir uns als durch das Wort Gottes vorgefunden, sondern *das* seiend und *so* seiend: als *Menschen.* Wir dürfen wohl an dieser Stelle, wo wir uns selbst verstehen wollen unter dem Begriff der Geschöpflichkeit, in der Bestimmung des Wesens des Menschen nicht weiter gehen als bis zu dem Satz, daß wir uns selbst verstehen als Wesen, die nur von sich selbst und ihresgleichen wissen, daß ihr Leben sich nicht erschöpft in den wahrnehmbaren Vorgängen des physischen, des raumzeitlichen Lebens, daß ihr Leben vielmehr, wenn auch in der physisch, raumzeitlich bedingten Form des Bewußtseins, teilnimmt an einer nicht wahrnehmbaren Seite der Weltwirklichkeit, an einer Seite der Schöpfung, die jener anderen – sollen wir sagen: vorausgeht?, sollen wir sagen: nachfolgt? – jedenfalls, ohne je von ihr getrennt zu sein, ohne je und irgendwo in einem Ansichsein als eine Meta-Physik erkennbar zu werden, doch von der Welt der Physik unterschieden ist, von der aus erst jene andere wahrnehmbare Seite als solche, als Welt der Physik, einsichtig und übersichtlich wird. Kraft dieser Anteilnahme wissen wir uns, relativ unterscheidend zwischen uns selbst und unserem Lebensakt, als *Subjekt*

dieses Aktes. «Es» lebt nicht, sondern *ich* lebe. Mein Leben ist nicht nur ein Geschehen, sondern immer auch mein Handeln. Man kann und muß es auch umgekehrt sagen: Indem ich handle, indem *ich* mein Leben lebe, findet jene Anteilnahme statt, bin ich Glied einer intelligiblen Welt, lebe ich als Leib *und* Seele, lebe ich als *Mensch*. So oder so bedeutet nämlich dieser Satz nicht mehr und nicht weniger als die Umschreibung der besonderen, bestimmten Geschöpflichkeit eben des *Menschen*. Also: Gott steht über dem Gegensatz der sichtbaren und unsichtbaren Weltwirklichkeit, in dem ich als Mensch existiere. Im Verhältnis zu Gott ist diese wie jene *geschaffene* Wirklichkeit, *unselbständige* Wirklichkeit. Damit habe ich also noch nicht Anteil am Leben Gottes, daß ich Glied der intelligiblen Welt bin, daß ich nicht nur ein leibliches, sondern auch ein geistiges, seelisches Leben lebe. Auch das Leben der Seele spielt sich diesseits der Kreaturgrenze ab. Aber dieser Vorbehalt hindert nun doch nicht, daß die Wirklichkeit des Menschen diese doppelt bestimmte Wirklichkeit ist. Und weiter ist zu sagen, daß wir nichts darüber wissen, ob es nicht auch andere, bekannte oder unbekannte Geschöpfe gibt, die in derselben oder in einer ähnlichen Weise doppelt bestimmt leben wie wir. Unser Wissen berechtigt uns nicht zur Leugnung der Möglichkeit von Tier- und Pflanzenseelen. Freilich auch nicht zur Behauptung solcher Möglichkeiten. Wir kennen nur uns selbst und unseresgleichen als lebend in dieser doppelten Bestimmung. Aber dieser Vorbehalt hindert wiederum nicht, daß wir uns selbst und unseresgleichen als lebend in *dieser* Bestimmtheit *kennen*. In ihr also hören wir das Gebot des Schöpfers, das Gebot des Lebens.|

Wille zum Leben und Ehrfurcht vor dem Leben, sofern sie Gehorsam gegen Gottes Gebot sind, sind auf alle Fälle charakterisiert als *Menschlichkeit,* als *Humanität.* Sie stehen, indem wir sie betätigen, unter dem Kriterium der Frage, ob wir sie als menschlich verstehen können. Es kann also gar keine Rede davon sein, daß wir daran denken könnten, das Anliegen, das eben in dem Begriff der Humanität (und damit auch historisch: des

Humanismus) angemeldet ist, in jener allzu siegreichen Weise unter den Tisch zu wischen, wie dies in etlichen im übrigen befreundeten Lagern der heutigen Theologie zu geschehen pflegt.[4] Humanität ist vielmehr die breite Grundlage der göttlichen Berufung, die wir nicht *nicht* ernst nehmen können, wenn wir von Gottes Gebot, so gewiß es das Gebot Gottes des Schöpfers ist, getroffen sind. Humanität des Willens zum Leben würde bedeuten, daß wir nicht bloß an sich leben wollen, wie auch das Tier, wie auch die zum Lichte und zur Feuchtigkeit strebende Pflanze leben will, sondern leben wollen in menschlicher Bestimmtheit. Je mehr sich unser Lebenswille in einer einzelnen Tat oder in einer kontinuierlichen Richtung unseres Tuns dem bloß vegetabilischen oder bloß animalischen Lebenswillen annähert und angleicht, je weniger unser Wollen das Wollen des Bürgers zweier Welten ist, als den uns Gott geschaffen hat, desto aktueller wird offenbar die Frage nach der Humanität dieses Willens. Wir haben freilich keinen unzweideutigen Maßstab, mit dem in der Hand wir die Grenzen der Humanität abstecken könnten: Wir kennen ja keine Humanität, die nicht auch an der Animalität, ja an der Vegetabilität teilnähme, und keine Animalität, der wir die Humanität mit Sicherheit absprechen könnten. Daß er menschenwürdig oder menschenunwürdig handle, das kann kein Mensch dem Anderen, das kann auch keiner sich selbst sagen, das sagt Gott. Aber Gott sagt uns, indem uns sein Gebot richtet, in der Tat auch dies. |

Indem wir dies Kriterium nicht als absolut, sondern als relativ verstehen, leugnen wir nicht, sondern behaupten wir, daß die Frage nach unserer Humanität, z. B. nach der Humanität unseres Selbsterhaltungstriebes, unserer Bedürfnisbefriedigung, unserer Lust *gestellt,* daß hier größere, dort geringere Bedenklichkeit in bezug auf das Verhältnis unseres Tuns zu Gottes Gebot im

---

[4] Man wird hierbei außer an so verschieden profilierte lutherische Theologen wie F. Gogarten (s. oben § 1 Anm. 30.31), P. Schütz (1891) oder auch E. Reisner (1890–1966) vor allem an die Schüler des reformierten Theologen H. F. Kohlbrügge (1803–1875) zu denken haben: H. Forsthoff (1871–1942) und F. Horn (1875–1957).

Blick auf diese Frage *am Platze,* daß also ethische Besinnung möglich und notwendig ist, so gewiß der Sinn dieser Besinnung nur *Bereitung,* nicht aber die Entscheidung zwischen Gut und Böse sein kann. Und es würde Humanität der Ehrfurcht vor dem Leben bedeuten, daß wir allem fremden Leben in der spezifischen Scheu und Verantwortlichkeit, die wir als menschliche kennen, gegenüberstehen, anders als Pflanze neben Pflanze, Tier neben Tier zu leben scheint, nämlich wissend um die unsichtbare Seite der Weltwirklichkeit, wissend um den wenngleich geschaffenen Geist, der der Naturkraft unseres Lebens noch eine andere Grenze setzt als die, die ihr fort und fort durch seinen Zusammenprall mit anderen Naturkräften gesetzt wird. Je mehr unser Verhältnis zum fremden Leben sich den Verhältnissen des Urwalds annähert, um so aktueller wird offenbar die Frage nach seiner Humanität. Wir haben diese Frage mächtig aufstehen sehen gegenüber jenen Möglichkeiten menschlichen Handelns, die wir unter den Begriff der Konkurrenz zusammenfaßten, noch mehr gegenüber den sämtlichen Möglichkeiten der Tötung des Menschen durch den Menschen, aber auch schon gegenüber zahlreichen Möglichkeiten unseres Verhältnisses zur Tier- und Pflanzenwelt. Wir wissen nun um das innere Recht dieser Frage. Bei allen diesen Möglichkeiten steht eben unsere *Humanität* in Frage, die Besonderheit, die Unterschiedenheit, in der der Mensch als Mensch dem fremden Leben gegenübersteht: er, der Wissende, der unsichtbar durch sich selbst als Subjekt seines Handelns gehemmte, er, dessen Tun kein bloßes Geschehen sein kann.|

Unsere Humanität steht *in Frage:* nur das kann gemeint sein, wenn wir dieses Tun als human und jenes als inhuman in diesem engeren Sinn des Begriffs bezeichnen. Es kann immer noch human und geboten sein, jenen großen Wettlauf des Lebens mitzumachen unter Umständen bis zu seinem bittersten Ende, das in der Tötung des Anderen bestehen kann, inhuman und verboten aber, dies zu unterlassen. Aber die Nähe zu dem Geschehen des Urwaldes, in die sich der Konkurrierende, der Tötende auf alle Fälle als solcher begibt, sie macht das Wettlaufen und Töten unter allen Umständen zu einem sehr viel problematischeren Tun als ein anderes, das wir ganz oder doch vorwiegend als Schonung, Erhaltung und Pflege fremden Lebens verstehen können. Unter dem Gesichtspunkt der Humanität betrachtet, sinkt z. B. die Waage – mehr können wir nicht sagen, und wir sagen kein letztes Wort damit, aber das müssen wir sagen – zugunsten des Friedens und zuungunsten des Krieges, kann man unmöglich sagen, daß beides gleich mögliche Möglichkeiten sind, ist uns das Friedenhalten entschieden nähergelegt als das Kriegführen. Und das wäre sinngemäß anzuwenden auf den ganzen Inhalt von § 7 Abs. 3. Weil unsere Berufung auf Humanität lautet und nicht auf das Gegenteil, darum offenbar lautet – nicht das Gebot Gottes selbst, wohl aber das unzweideutige biblische Zeugnis von Gottes Gebot: «Du sollst *nicht* töten!» Messer weg! Mag das Kriterium so relativ sein, als es will, mag also das Gebot Gottes auch unter Berücksichtigung dieses Kriteriums und in scheinbarem Widerspruch zu jenem biblischen Zeugnis von ihm von uns in concretissimo dahin verstanden werden müssen, daß wir das Messer zur Hand nehmen müssen, so werden wir doch im Blick darauf, daß das Gebot des Lebens uns als *Menschen* gegeben ist, unmöglich sagen können, daß wir kein Kriterium haben, daß wir ohne Weisung seien darüber, was es nun eben *uns* sagen wolle. Schon das scheinbar so Allgemeine und Leere, daß wir *Menschen* sind, *ist* Weisung in bezug auf die Frage, wie *wir* denn unseren Lebenswillen und wie *wir* denn die Ehrfurcht vor dem fremden Leben betätigen sollen. Steht das letzte eigentliche Urteil über unser Tun, das Urteil über Gut und Böse in Gottes und nur in Gottes Hand, so können wir doch nicht sagen, daß wir nicht wachend, nach bestem Wissen und Gewissen auch selber urteilend, seinem Spruch entgegengehen könnten, verantwortlich und nicht unverantwortlich.[5]

---

[5] Randbemerkung von K. B.: «*Dieser Passus ist zu kurz geraten. Es fehlt eine Erörterung und Einbeziehung der Begriffe Menschenwürde, Menschenrecht, Menschenliebe.*»

2. Ein zweiter Kreis oder hier vielmehr ein ganz eigentümlicher Doppelkreis von Bestimmtheit, in dem wir alle leben, ist unsere *Geschlechtlichkeit*. Wir leben nicht nur als Menschen, sondern wir leben als Mann oder als Frau. Aber wir müssen sofort ergänzen: wir leben als Mann *und* Frau. Man muß es so sagen: Wir leben als Mann *oder* Frau in unauflöslicher gegenseitiger Bezogenheit von Mann *und* Frau. Das Gebot Gottes will vom Mann als Mann und von der Frau als Frau, aber nicht vom Mann an sich und von der Frau an sich – denn das gibt es nicht –, sondern vom Mann und von der Frau in ihrer gegenseitigen *Bezogenheit* zueinander gehört sein. Man kann vor allem Selbstbewußtsein des Mannes als Mann und der Frau als Frau eigentlich nur warnen: es ist dabei immer und von beiden Seiten gleich sehr der Tod im Topf [vgl. 2. Kön. 4,40]. Unser wirkliches Geschlechtsbewußtsein ist nie und nimmer das auf die bekannten physisch-psychischen Merkmale sich gründende männliche oder weibliche («frauliche!») Sonder- und Eigenbewußtsein. Es gibt vielleicht nicht viel so schlimme Verkrampftheiten wie die, die davon herrühren, daß man an diesem Punkte falsche Götter anbetet, Illusionen für Wirklichkeiten hält. Das wirkliche Geschlechtsbewußtsein ist weder männlich an sich noch weiblich an sich, sondern beim Mann: Bewußtsein der Bezogenheit der eigenen Existenz auf die der Frau, bei der Frau: Bewußtsein der Bezogenheit der eigenen Existenz auf die des Mannes. Gewiß bestehen jene Merkmale. Aber nicht in ihrer Summe ist das Wesen hier des Mannes, dort der Frau zu suchen. Der Mann hat kein Eigenleben als solcher, sondern er ist Mann, indem er der Frau zugewendet ist. Und die Frau hat auch kein Eigenleben, sondern sie ist Frau, indem sie dem Manne zugewendet ist. |

Die Vorstellung eines in sich selbst begründeten und gerechtfertigten, sich selbst genügenden, in sich das Menschentum erfüllenden, das Andere irgendwie – und wäre es auch nur in Form dieses stolzen Selbstgenügens – überbietenden (um nicht zu sagen: übertrumpfenden) Männer- oder Frauentums: diese Vorstellung ist darum eine schlechthin ironische Vorstellung, eine

Vorstellung, die durch alles Pathos, mit dem sie vertreten wird, nur immer noch ironischer werden kann, weil sie gegenüber der Wirklichkeit unserer Geschlechtlichkeit eine leere, willkürliche Abstraktion des männlichen oder weiblichen Individuums bedeutet, an der sich diese nicht zu betrügende Wirklichkeit früher oder später rächen wird, von der aus es aber keinen Rückweg zu dieser Wirklichkeit gibt, d. h. an die sich dann der Gedanke der Zusammengehörigkeit von Mann und Frau nicht etwa nachträglich wieder anleimen und mit der sich folgerichtig auch der Gedanke eines Gebotes, unter dem der Mensch als Mann *und* als Frau stünde, nicht vereinigen läßt, weil man sich mit ihr von dem Ort in der Schöpfung, an dem wir durch das Gebot getroffen werden, grundsätzlich entfernt hat. Eben darum stehen alle noch so wohlgemeinten und tiefsinnigen Definitionen des männlichen und weiblichen Wesens – so nahe die Forderung liegt, es müsse doch solche geben – zum vornherein im Schatten des Verdachtes, unfruchtbare und wirklichkeitsfremde Deklamationen zu sein, gleichviel, ob man nun mit dem Brustton der Überzeugung von der Schöpfer-, Führer- und Schützerstellung des Mannes oder mit leise bebender Stimme von der Mütterlichkeit, Hingabefähigkeit, Empfänglichkeit und Gestaltungswilligkeit der Frau letzte Worte zu reden sich getraut. Was wissen wir denn vom Manne und von der Frau, als daß der Mann nicht Mensch wäre ohne die Frau, die Frau nicht ohne den Mann, daß beide nicht sich selbst gehören können, ohne eben damit einander zu gehören? Alle jene Zuweisungen besonderer Tugenden, Vorteile, Vorrechte, wie sie die alte, in der Regel von Männern verfertigte Ethik zugunsten des Mannes und wie sie dann die Ideologie der Frauenbewegung mit viel Geräusch zugunsten der Frau vollzogen hat, kranken daran – und keine geschichtliche Notwendigkeit etwa der heutigen Lage darf uns daran irre machen, daß sie wirklich daran *kranken* –, daß sie jene gegenseitige *Zugehörigkeit,* in der der Mann allein Mann und die Frau allein Frau sein kann, in Frage stellen. Gen. 2,25 steht das merkwürdige Wort: «Und sie waren beide nackt, der Mensch und sein Weib, und schämten sich nicht.»

Warum nicht? Weil die Männlichkeit des Mannes und die Weiblichkeit der Frau erst dadurch und dadurch allerdings mit Recht zu einem Gegenstand der Scham (und Schamhaftigkeit dann höchst paradoxerweise zu einer Tugend) wird, daß Mann und Frau in ihrer Männlichkeit und Weiblichkeit nicht einander, sondern sich selbst gehören wollen. Sofern sie einander gehören, dürfen und sollen sie beide nackt sein, d. h. darf und soll der Mann Mann und die Frau Frau sein, darf und soll die Eigengeschlechtlichkeit beider nicht geleugnet, nicht verborgen, nicht verwischt, nicht neutralisiert werden. Stellt man jene gegenseitige Zugehörigkeit in Frage (und das geschieht fast unvermeidlich schon mit dem ersten Wort jener Definitionen, jener Zuweisungen von allerlei unterscheidenden und konkurrierenden Auszeichnungen des Mannes oder der Frau), dann macht man damit die Männlichkeit *und* die Weiblichkeit zu einer Sache, deren man sich als anständiger Mensch doch nur schämen kann und über die, auch wenn wir selbst nicht darüber erröten sollten, der scharfsichtige andere Teil ganz sicher einfach lächeln wird, aber mit jenem bösen Lächeln, mit dem Mann und Frau nicht übereinander lächeln sollten, weil sie dabei wahrlich zuerst sich selbst in ihrer Menschlichkeit und Geschöpflichkeit in Frage stellen.

Wir können alles bisher Gesagte positiv zusammenfassen in dem anderen Wort aus der Schöpfungsgeschichte Gen. 2, 18: «Und Gott der Herr sprach: Es ist nicht gut, daß der Mensch allein sei, ich will ihm eine Gehilfin machen, die um ihn sei.» Das ist der ernste Sinn dessen, was den Mann zum Manne macht: daß es ihm laut des göttlichen Schöpferwortes nicht gut ist, allein zu sein, daß ihm kraft dieses Schöpferwortes eine Gehilfin gegeben ist. Und das ist der ernste Sinn dessen, was die Frau zur Frau macht, daß sie diese Gehilfin *ist*. Beides hat mit sogenannter echter Männlichkeit und mit der sogenannten echten Weiblichkeit gerade nichts zu tun. Echte Männlichkeit und echte Weiblichkeit sind in gleicher Weise pudenda, in deren Behauptung man sich nur aneinander versündigen kann. Was aus Gen. 2, 18 zu entnehmen ist, das ist, daß Mann und Frau einander gehören und darin, in diesem Sichgehören, Mann und Frau sein sollen. – Wir werden von der *Ehe* als dem Prinzip der *Ordnung* unserer Geschlechtlichkeit im nächsten Paragraphen zu reden haben. An dieser Stelle können wir nicht weitergehen, ohne einer *Voraussetzung*, ja in bestimmter Hinsicht *der* Voraussetzung der Ehe – nicht der Ordnung der Ehe, wohl aber des *Eintritts* in diese Ordnung zu gedenken. Es erhebt sich nämlich die Frage, ob wir unsere Geschlechtlichkeit bloß im Sinne einer allgemeinen und nicht auch im Sinne einer ganz *besonderen* schöpfungsmäßigen Bezogenheit und Zusammengehörigkeit *eines, dieses* Mannes und *einer, dieser* Frau zu verstehen haben. Es fragt sich, ob es mit der Ehe nicht so steht, daß sie die menschliche Verwirklichung und die ordnungsmäßige Bestätigung und Befestigung einer solchen gewissermaßen prädestinierten gegenseitigen Zuordnung zweier Menschen zwar sein *kann,* aber nicht durchaus sein *muß,* und sicher weithin durchaus *nicht* ist. Die Ehe könnte diese Zuordnung nicht schaffen, wenn sie nun einmal nicht kraft des Willens des Schöpfers schon vor der Ehe und ohne die Ehe besteht. Und an ihrem Bestehen könnte das Fehlen der Ehe nichts ändern, wenn sie wirklich kraft des Willens des Schöpfers besteht. Umgekehrt könnte freilich auch das Fehlen dieser schöpfungsmäßigen Zuordnung nicht hindern, daß zwei Menschen unter der Ordnung der Ehe stehen. Diese Ordnung müßte dann zu einem Joch werden, ohne darum aufzuhören, eine Ordnung zu sein. Es ergäbe sich aber die Einsicht, daß bei der *Schließung* der Ehe, beim Eintritt unter diese Ordnung nicht sorgfältig genug nach dem Vorhandensein jener Voraussetzung einer Ehe, die *nicht* den Charakter eines Joches trüge, gefragt werden könnte. Es fragt sich: ob wir uns die individuelle Realisierung jener generellen Zugehörigkeit von Mann und Frau so zu denken haben, daß sie auf dem Zufall oder auf dem freien Wollen und Wählen der beteiligten Menschen beruht – oder ob es so etwas gibt wie ein schöpfungsmäßiges Füreinanderbestimmtsein je nur dieses Mannes zu dieser Frau, dessen Entdeckung das Geheimnis der sogenannten wahren Ehe, dessen Nicht-Entdeckung, dessen Verwechslung mit einem sonstigen gewöhnlichen Fall der Zugehörigkeit von Mann und Frau dann die Schuld und die Not der gewöhnlichen, in bezug auf Gottes Ordnung freilich nicht weniger wahren Ehe wäre. Man kann die Frage auch so formulieren, ob der Satz zu Recht besteht, daß die wahren Ehen im Himmel geschlossen werden, ob es eine bloße Illusion oder eine reale Möglichkeit ist, daß ein Mann die Frau «seine Erwählte», eine Frau einen Mann «ihren Erwählten» nennt, nicht nur in dem trivialen Sinn, daß sie einander eben gegenseitig erwählt *haben,* sondern in dem Sinn, daß sie füreinander erwählt, schöpfungsmäßig erwählt und für die Ehe miteinander bestimmt *sind.* Es verhielte sich dann so, daß jede Ehe unter der *Frage* steht, ob sie in diesem Sinn *wahre* Ehe, auf Berufung beruhende Zugehörigkeit von Mann und Frau ist oder nicht ist.|

Dieser Gedanke ist doch wohl dadurch noch nicht widerlegt, daß er wohl zu irgendeiner Zeit die vermeintliche Gewißheit jedes liebenden Paares gewesen ist, um dann in späterer Zeit für dieselben zwei Menschen Gegenstand der Ungewißheit, des Zweifels oder gar der Negation zu werden. Eine solche Entwicklung der Dinge könnte ja doch auch nur die Bestätigung dafür sein, daß die schöpfungsmäßige Bestimmtheit dieser Menschen in bezug auf ihre Geschlechtlichkeit, in dieser Hinsicht freilich mit ganz besonders einschneidenden und dauernden Folgen ebenso *verkannt* und *verfehlt* worden ist, wie wir sie auch in anderer Hinsicht zu verkennen und zu verfehlen pflegen, wie es in jeder Hinsicht Gottes Gnade ist, wenn wir sie *nicht* verkennen und verfehlen. Und auch das dürfte zur Abweisung dieses Gedankens nicht ohne weiteres Anlaß geben, daß er, wie nicht zu leugnen ist, ein esoterischer Lieblingsgedanke der deutschen Romantik gewesen ist. *Schleiermacher* hat ihn an einer berühmt gewordenen Stelle des vierten seiner «Monologen» von 1800 (Schiele S. 74f.) in der bekannten Schwülstigkeit seiner Jugendschriften, aber in der Sache nicht uneinleuchtend vorgetragen, und *Goethe* hat ihn in seinen «Wahlverwandtschaften» dichterisch entwickelt, in denen man übrigens die wahrhaftig ernsthaften Kautelen nicht übersehen darf, mit denen er die einmal, gleichviel ob richtig oder unrichtig geschlossene Ehe umgeben hat.[6] Es dürfte doch so sein, daß der Begriff der Berufung hinsichtlich der Geschlechtlichkeit die Zuspitzung in diesem Gedanken einfach fordert. |

Man hat die Geschlechtlichkeit als gegenseitige Zugehörigkeit von Mann und Frau noch nicht in ihrer Wirklichkeit gedacht, wenn man dabei abstrakt an das Verhältnis der Männer und Frauen überhaupt, statt konkret an das Verhältnis *dieses* Mannes zu *dieser* Frau denkt, in dem die Geschöpflichkeit und Menschlichkeit Wirklichkeit wird. Und wenn man darin eine *Bedrohung* des Begriffs der *Ehe* sehen möchte, wenn hier ein Verhältnis statuiert wird, das mit der Ehe als solcher *nicht* zusammenfällt, das gleichsam oberhalb der Ehe stattfindet und in der Ehe selbst nicht notwendig, ja vielleicht in tausend Ehen nicht *ein*mal verwirklicht wird, das auch in der besten Ehe nicht geschaffen, nicht nachgeholt werden kann, wenn es nicht schon die Voraussetzung der Eheschließung gewesen ist, wenn also bei der Eheschließung jene Verwechslung stattgefunden hat – wenn das Alles die Ehe problematisch zu machen scheint, so ist zu sagen, daß dies jedenfalls von der Ehe als *Ordnung nicht* gilt. Man kann aber von der Ehe nicht reden, ohne auch davon zu reden, wie sie – nicht als Ordnung, wohl aber als das Stehen dieses Mannes und dieser Frau unter ihrer Ordnung *zustandekommt*. Hier ist es, wo der Begriff einer ursprünglichen mit der Ehe nicht zusammenfallenden, durch die Ehe nicht berührten und ihrerseits die Ehe nicht berührenden individuellen Zugehörigkeit von Mann und Frau Platz greift: als eigentlicher Sinn des *Eintritts* in die Ordnung der Ehe, der bei diesem Tun zweier Menschen entweder getroffen oder aber – und das dürfte das unverhältnismäßig viel öfter sich Ereignende sein, verfehlt wird. Die *Ordnung* der Ehe wird nicht schlechter, sondern besser als Gottes Gebot verstanden, wenn wir auf Grund jenes Begriffs ihr *Zustandekommen* als dem Gebot Gottes auch nicht entzogen denken,

---

[6] s. *Wahlverwandtschaften* I, 9.

wenn wir also den Gedanken einer schöpfungsmäßigen Zuordnung dieses Mannes zu dieser Frau und umgekehrt ebenso bejahen wie die Zusammengehörigkeit von Mann und Frau im Allgemeinen. Man dürfte nicht übersehen, daß Gen. 2 nicht nur, wie man es gewöhnlich auffaßt, das Zeugnis von der Schöpfungs*ordnung* des Ehestandes, sondern ebenso und vorher das Zeugnis von der schöpfungsmäßigen *Berufenheit* Adams für Eva, Evas für Adam ist. Allerdings rückt damit die Ehe*schließung,* das *Eintreten* zweier Menschen in die Ordnung der Ehe in das sehr ernste Licht der Frage, ob dabei jene ursprüngliche Bestimmtheit beider erkannt sei oder aber die Verwechslung, der Ungehorsam gegen Gottes *Berufung* vorliege, deren schmerzliche Folgen dann, in der einmal geschlossenen Ehe, im Gehorsam gegen Gottes *Ordnung* zu tragen wären. Wir werden die Frage im nächsten Paragraphen, wo wir eben von der Ehe als *Ordnung* zu sprechen haben, noch einmal berühren müssen. Sie geht uns hier, wo wir vom schöpfungsmäßigen *Beruf* des Menschen reden, insofern an, als wir in ihrer entschiedenen Bejahung die notwendige Zuspitzung und Durchführung der geschlechtlichen Bestimmtheit des Menschen zu erkennen haben, außerhalb derer es sowenig ein Hören des Gebotes gibt wie außerhalb seiner Bestimmtheit als Mensch überhaupt.

Auch mit dieser zweiten Form unseres Berufes sind uns nun *Kriterien* in die Hand gegeben in bezug auf das Verhältnis unseres Tuns zu Gottes Gebot. Wir werden nicht nur als Menschen zu handeln haben, sondern als Mann oder als Frau, und das heißt also: in der geschilderten gegenseitigen Bezogenheit beider zueinander. Zweierlei Gruppen von Fragen werden hier zu unterscheiden sein.|

Es wird sich bei der Betätigung unseres Willens zum Leben und unserer Ehrfurcht vor dem fremden Leben *erstens* fragen, ob wir dabei unserem Beruf als Mann oder als Frau treu sind, oder ob dabei nicht ein Quidproquo, eine heimliche oder offene Vertauschung des vom Manne mit dem von der Frau und des von der Frau mit dem vom Manne Geforderten vorliegt. Wir wissen,

daß männliches und weibliches Wesen abstrakt sich gegenüberzustellen vom Übel ist. Es ist aber nicht nur vom Übel, sondern
diese Gegenüberstellung ist faktisch auch gar nicht durchzu-
führen. Über das, was dem Manne als solchem und der Frau als
solcher in concreto ziemlich, bekömmlich und geboten sei, haben
die verschiedenen Zeiten, Völker und Kulturen bekanntlich sehr
verschieden gedacht, und eindeutige Gebote und Verbote kann
die Ethik auch hier nicht aufstellen wollen. Aber gerade wenn
man weiß, daß das Wesen der Geschlechtlichkeit in der gegenseitigen Bezogenheit der zwei Geschlechter zueinander zu suchen
ist, so weiß man auch das andere, daß ihre Unterschiedenheit
besteht und damit – und das hat die Ethik einzuschärfen – die
Frage, wieweit sich unser Tun angesichts der schöpfungsmäßigen
Unterschiedenheit der Geschlechter verantworten lassen möchte.
Diese Frage wird offenbar um so aktueller, je mehr unser Tun
den Charakter des Tuns des anderen Geschlechtes bekommen
sollte, statt, und das ist etwas Anderes, in der Bezogenheit des
eigenen zum anderen Geschlechte stattzufinden. Ein Mann, der im
Kampf ums Dasein vorwiegend aus einem weiblichen Empfinden
heraus handelt, oder eine Frau, die sich in derselben Arena
charakteristisch männlich gebärdet, der Typus des lyrischen Dichters etwa und auf der anderen Seite der Typus der Gewerk-
schaftssekretärin, würden sich in gleicher Weise zu fragen haben,
ob ihr Tun dem Willen des Schöpfers wirklich entsprechen oder
ob hier nicht das Quidproquo vorliegen möchte. Ein Mann, dessen
Lebenswille sich z.B. mit Vorliebe in Form psychologischen
Studiums und entsprechender Gespräche über seine Mitmenschen
betätigte oder vielleicht darin, daß er von allen Seiten Anregungen, nehmen wir an, lauter sehr geistige Anregungen
suchte und sammelte, könnte in bezug auf seine schöpfungsmäßige Berufung auf dem Holzweg sein. Gegenüber *Schleiermachers* Definition der Religion als «Gefühl schlechthinniger Abhängigkeit»[7] könnte, von allem anderen ganz abgesehen, die Frage

---

[7] s. *Der christliche Glaube nach den Grundsätzen der evang. Kirche im Zu-
sammenhange dargestellt,* Berlin 1821–1823, 2. umgearb. Ausgabe 1830–1831,

aufgeworfen werden, ob sich darin nicht eine ganz eigenartige Perversion des Geschlechtsbewußtseins verrate, wozu der Ausspruch Schleiermachers in einem seiner Briefe, er habe sich schon oft gewünscht, eine Frau sein zu dürfen, merkwürdig stimmen würde.[8] Umgekehrt könnte bei einer Frau, deren Lebenswille sich ausgeprägterweise just als Wille zur Macht, in Gestalt von Kampfgeübtheit und Regimentsfähigkeit auswirken sollte, Untreue gegen ihren schöpfungsmäßigen Beruf unheimlich genug im Hintergrunde stehen. *Könnte,* sagen wir mit allem Vorbehalt, denn es kann ja auch immer anders sein im Urteil Gottes, als es der Aspekt erscheinen läßt für unsere Augen. Aber dieser Vorbehalt hebt die Tatsache nicht auf, daß die Frage *gestellt* ist, und man sollte sich nicht darüber täuschen, daß es gerade in dieser Hinsicht kaum eine Möglichkeit des täglichen und alltäglichsten Lebens geben dürfte – bis hinunter zu den Möglichkeiten der Kleider- und Haartracht. – 1. Kor. 11 wird wohl nicht umsonst in der Bibel stehen – die etwa ethisch irrelevant, die etwa dieser Frage entzogen wäre. Wir haben kein absolutes Kriterium. Wir sollen aber auch nicht tun, als ob ein relatives Kriterium darum kein Kriterium wäre. Wir haben weder über gut noch über böse zu befinden. Wir sollen uns aber nicht darüber täuschen, daß es im Urteil Gottes keine neutralen Möglichkeiten gibt, daß im Urteil Gottes die Entscheidung über gut und böse auch in dieser Hinsicht auf uns wartet und von uns in Anwendung der uns gegebenen Kriterien bedacht sein will. |

Es wird sich dann bei der Betätigung unseres Willens zum Leben und unserer Ehrfurcht vor dem fremden Leben *zweitens* fragen, ob dabei unsere geschlechtliche Bestimmtheit nunmehr als *Bezogenheit* der beiden Geschlechter zueinander zu Ehren oder nicht zu Ehren kommt. Man kann dieses zweite Kriterium so formu-

---

§ 32 S. 183 ff.: Neudr. m. Einleitung, Erläuterungen u. Register versehen von M. Redeker, Berlin 1960, Bd. I S. 171 ff.

[8] Vgl. *Aus Schleiermachers Leben.* In Briefen. 1. Band: Von Schleiermachers Kindheit bis zu seiner Anstellung in Halle Okt. 1804, Berlin 1860², S. 403. 207.

lieren: Kann ich als Mann mein Tun der Frau gegenüber, kann ich als Frau mein Tun dem Manne gegenüber verantworten? Und nun eben in jener letzten konkreten Zuspitzung gefragt: Kann ich es verantworten gegenüber *der* Frau, gegenüber *dem* Manne, gegenüber *dem* Glied des anderen Geschlechtes, das ganz gleichgültig, ob ich es persönlich kenne oder ob ich es vielleicht nie kennen [werde], ganz gleichgültig, ob ich mit ihm in der Ehe verbunden bin oder nicht, *die* Frau, *der* Mann ist, zu der ich oder zu dem ich schöpfungsmäßig, erwählungsmäßig gehöre? Der Mensch des anderen Geschlechts, an dem ich also in dieser Hinsicht ganz konkret *gemessen* bin. Kann ich es *verantworten?* Das heißt: Bedeutet mein Tun zugleich eine Betätigung dieser Bezogenheit im weiteren und engeren Sinn? Geschieht es in der schöpfungsmäßigen Zusammengehörigkeit von Mann und Frau? Oder bedeutet es einen Bruch in dieser Hinsicht, geschieht es heimlich oder offen in jener unguten isolierten Männlichkeit oder Weiblichkeit, die sich nur als Empörung gegen den Willen des Schöpfers verstehen läßt? Es gibt eben innerhalb der großen Verantwortlichkeit, die wir Gott [schuldig sind], und abgesehen von der allgemeinen Verantwortlichkeit, die der Mensch dem Menschen überhaupt schuldig ist, im Blick auf unsere geschlechtliche Bestimmtheit diese ganz besondere Verantwortlichkeit, die der Mann der Frau und die Frau dem Manne schuldig ist, die Verantwortlichkeit für das gemeinsame Menschsein und Geschöpfsein, die beide nur in der Bezogenheit zueinander betätigen können. Wieder ist damit eine Frage gestellt, die um so aktueller wird, je mehr etwa unser Tun den Charakter eines Heraustretens aus dieser Bezogenheit, also den Charakter eines eigenmächtig abstrakt männlichen oder eines eigenmächtig abstrakt weiblichen Tuns haben sollte. Dann, dann erst kommt eben die Notwendigkeit der Scham in Frage, dann hat man das Männliche und Weibliche voreinander zu verstecken um des bösen Lächelns des Anderen willen, eine Notwendigkeit, die innerhalb jener Bezogenheit geradezu eine Unmöglichkeit ist. Wieder können wir keine eindeutigen Grenzen ziehen zwischen solchem

Tun, das innerhalb, und solchem, das außerhalb jener Bezogenheit geschieht. Es ist nur zu bedenken, daß sie gezogen *sind* und daß es wiederum keine Möglichkeiten gibt, die der Frage nach diesem Innerhalb oder Außerhalb etwa entzogen wären. Es könnte also sein, daß Vieles, allzu Vieles, was sich die Vitalität des Mannes in aller Gewissensruhe als heiliges Recht meint gestatten zu können, z.B. die typische Art, wie sich der Mann nach der Arbeit zu erholen, gehen zu lassen und bedienen zu lassen pflegt, im Lichte des Kriteriums, daß ihm, sichtbar oder unsichtbar ist ganz gleichgültig, die Frau gegenübergestellt ist, daß er keinen Augenblick die Frau *nicht* sehen dürfte, sich als ganz unmöglich herausstellen müßte, [daß ihm alles dies] möglich nur ist, weil und solange er die Frau eben *nicht* sieht. Der Krieg stellt sich zweifellos auch von der Seite aus als eine fragwürdige Angelegenheit dar, als er eine reine Männerangelegenheit ist, bei der die Beteiligten die Frau, unter Umständen die Frau als Mutter, Gattin und Schwester, die eigene und die des Feindes, nicht sehen wollen dürfen. Es könnte aber auch sein, daß mehr als ein Akt scheinbarer weiblicher Tugend, sagen wir etwa der Tugend der Geschäftigkeit oder der Zurückhaltung, darum in Wirklichkeit ein ganz untugendhafter Akt ist, weil die Frau dabei ganz vergißt, daß sie nicht für sich, sondern wiederum, sichtbar oder unsichtbar, in der Beziehung zum Manne lebt, daß ihr aufgegeben ist, den Mann zu *sehen* und immer wieder zu sehen und daß ihr Tun, nur wenn es in diesem Sehen geschieht, wirkliche Tugend sein kann. Es *könnte* sein, sagten wir mit Bedacht auch hier. Denn es kann auch hier ganz anders sein, als der Augenschein in concreto zu zeigen scheint. Was unsere Taten wert sind, darüber haben wir nicht zu befinden. Ist es klar, daß noch nie ein Mensch das Böse gewollt hat, so müßten wir uns ebenso klar sein darüber, daß wir auch das Gute nicht wollen können. Wir können nur handeln. Wir können aber wachend und betend handeln, handeln im Bewußtsein von Maßstäben, nicht von absoluten, aber von relativen Maßstäben. Ein solcher relativer Maßstab ist nun auch die Verantwortung dem anderen Geschlecht gegenüber, ist die

Frage, ob mir als Mann die Frau, ob mir als Frau der Mann nicht ein lebendiger Vorwurf ist angesichts meines Tuns. Die ganze menschliche Gesellschaft würde vielleicht ganz anders aussehen, wenn einmal nur dieses einzige Kriterium in seiner ganzen Relativität, vielleicht kraft eines Wunders, plötzlich von allen ebenso bedacht und angewendet werden müßte, wie wir etwa die Bedürfnisse nie ganz zu vergessen und zu unterdrücken in der Lage sind. Wollten wir dieses Kriterium nicht gelten lassen und anwenden, weil es allzu relativ sei, so würden wir doch wohl jenem Schalksknecht gleichen, der sein eines Pfund nahm, in ein Tuch wickelte und vergrub [vgl. Mt. 25,14–30; Lk. 19,12–27]. Was man eben nicht tun soll.

3. Es gibt eine der Geschlechtlichkeit analoge, aber ihrer ganzen Struktur nach von dieser verschiedene schöpfungsmäßige Bestimmtheit des Menschen zur *Freundschaft,* die wir bei unserer Umschreibung des Ortes, wo der Mensch von Gottes Gebot getroffen wird, zu berühren allen Anlaß [haben]. Wir können jene Bestimmtheit definieren als die mehr oder weniger jedem Menschen eigene, innerhalb der allgemeinen Solidarität mit allen anderen Menschen sich auszeichnende, in freier Wahl sich realisierende Affinität, d.h. Benachbartheit seiner Existenz zu der Existenz bestimmter anderer Menschen desselben Geschlechts. Ob es, um dies gleich vorwegzunehmen, diese Affinität und also Freundschaft auch gibt zwischen Menschen *verschiedenen* Geschlechts, nämlich ohne geschlechtliche Bestimmtheit, das ist eine alte und berühmte Frage, die der Weise, von gewissen Grenzfällen abgesehen, wahrscheinlich am besten glatt verneinen wird. Freundschaft zwischen Menschen *verschiedenen* Geschlechts ist eben, ein Fall von hunderttausend vielleicht ausgenommen, gewiß Freundschaft, aber eben *geschlechtliche* Freundschaft, d.h. dann aber entweder geschlechtliches Spiel oder geschlechtlicher Ernst. Beides bedeutet nicht, daß dabei etwas Verwerfliches geschieht, wohl aber, daß dabei mit dem Feuer hantiert wird. Das muß und das darf weithin sein, daß man mit dem Feuer hantiert, aber man muß dann wissen, daß man es tut, und was etwa dabei zu

bedenken ist. Nicht das Berühren dieses kritischen Punktes, wohl aber das kühne Nicht-wissen-Wollen an diesem Punkt, die optimistische Art, mit der man das Wunder zur Sitte und Gewohnheit machen zu können meinte, ist eine der übelsten Schrullen der Jugendbewegung in der Zeit vor und nach 1920 gewesen. Wir reden also hier von dem normalen Fall der Benachbartheit zwischen Menschen *desselben* Geschlechtes. Wenn zwei oder auch mehr Menschen diese ihre *Benachbartheit entdecken,* dann entdecken sie sich als *Freunde.* Sie *besteht* aber auch ohne diese Entdeckung (wie man ja auch sonst oft Nachbarn hat, ohne sie als solche zu kennen), und daß es Freundschaft gibt, die nicht auf solcher Entdeckung und also nicht auf dieser schöpfungsmäßigen Bestimmtheit beruht, das braucht nicht erst gesagt zu werden. Beides bedeutet dann wiederum ein Entbehren, eine Schuld vielleicht und eine ob empfundene oder nicht empfundene Not auf alle Fälle. Denn erschaffen ist der Mensch weder zur Einsamkeit noch zu einer allgemeinen Gemeinsamkeit, sondern zweifellos in der Nachbarschaft oder Nichtgeradenachbarschaft seiner Existenz zu anderen Existenzen, in der größeren oder geringeren Nähe seines «Lebensgefühls» zu dem anderer Menschen, in der Fähigkeit und Notwendigkeit zu einem letztlich unerklärlichen, rein faktischen Vertrauen zu bestimmten Menschen im Unterschied zu anderen.

Der Begriff der *Freundschaft* ist nicht mehr und nicht weniger als die Wurzel des für das Verständnis des Gebotes Gottes so wichtigen Begriffs des *Nächsten,* den wir bis jetzt mit Absicht noch gar nicht berührt haben. Der Nächste heißt ja eben der Nachbar, der mir zunächst Stehende. Gewiß, auch Geschlechtlichkeit bedeutet Nachbarschaft. Und – worauf wir nachher zu sprechen kommen[9] – auch Verwandtschaft bedeutet Nachbarschaft zwischen bestimmten Menschen, nämlich Nachbarschaft der Herkunft, der Geburt, des Blutes und insofern der Geschichte. Freundschaft ist aber die grundsätzlich und wohl in der Regel auch faktisch *zuerst* entdeckte, nicht auf der Verwandtschaft des Blutes, sondern auf der der *Seele* oder des *Geistes* beruhende

[9] s. unten S. 323 ff.

Nachbarschaft. Freundschaft ist als *freie* Bezogenheit von Mensch zu Mensch geradezu der Grundtypus solcher Bezogenheit überhaupt. Wenn der Mensch in seiner späteren Jugend sich selbst zu entdecken beginnt, dann entdeckt er bekanntlich zunächst durchaus nicht das andere Geschlecht, aber auch nicht Vater und Mutter, Brüder und Schwestern, dann findet vielmehr zunächst jene merkwürdige, oft sanftere, oft borstigere Abwendung gegenüber dem anderen Geschlecht und gegenüber der Familie statt, dann entdeckt er, indem er sich selbst entdeckt, den *Freund* oder die *Freundin*. Es würde eine böse Lücke in seinem Wissen um seine eigene Existenz bedeuten – eine Lücke, die freilich durch Schuld oder Schicksal oder durch beides im Leben der meisten Menschen irgendwie Ereignis ist –, wenn er hernach seine verwandtschaftliche und geschlechtliche Bezogenheit nicht ebenfalls entdecken würde. Es bedeutet den freilich oft wunderlich tief ins Leben hinein sich verzögernden normalen Abschluß der sogenannten Pubertätszeit, der Entwicklung der Selbstentdeckung des Menschen, daß er, nachdem er in intimstem Zusammenhang mit dieser Selbstentdeckung seine Freunde entdeckt hat oder doch zu entdecken meinte oder doch entdecken wollte, nachdem er in den unvermeidlichen Enttäuschungen und Leiden dieser Entwicklung einigermaßen reif geworden ist, umgekehrt und, hoffentlich ohne deshalb den Freund, wenn er ihn gefunden, darum preiszugeben, in ganz anderer Weise, auf ganz anderen Ebenen den Nächsten auch in seinen Geschwistern und, wenn es noch Zeit ist, in seinen Eltern und endlich im anderen Geschlecht entdeckt. Aber grundsätzlich zuerst hat er doch den Freund entdeckt oder doch gesucht. Und gerade darin, daß er hernach auch seine natürlichen Verwandten als *befreundete* Verwandte und in der Geliebten oder dem Geliebten des anderen Geschlechts den geschlechtlichen *Freund,* beide also nach dem Paradigma der freien geistigen Wahl der *Freundschaft* erst suchen und finden muß, darin dürfte doch wohl der Beweis dafür vorliegen, daß diese letztere Art der Bezogenheit nicht genetisch und beileibe auch nicht dem Werte nach, aber rein sachlich eine bestimmte Primatstellung einnimmt.

Mein Freund ist *der* Mensch, der als mein *Mit*mensch dadurch in qualifizierter Weise ausgezeichnet ist, daß – wer will erklären wie? – seine und meine Seele sich begegneten, obwohl keine bestehende Blutsgemeinschaft und keine geschlechtliche Beziehung dabei mitwirken konnten, sich begegneten in dem Sinn, daß ich mich bis zu einem gewissen Grade in ihm wiedererkannte, daß mir in ihm in einiger Verhüllung mein eigenes Ich noch einmal begegnete, so daß seine Existenz bis zu einem gewissen Grad meine eigene bedeutet, seine Nicht-Existenz meine eigene Nicht-Existenz bedeuten würde. Er ist mein *alter ego,* wie die alte Formel sehr schön und richtig sagt. Man kann das auch auf den beiden anderen Ebenen, der der Verwandtschaft und der der Geschlechtlichkeit sagen. Das reif gewordene Verhältnis zu Eltern und Geschwistern wird den Charakter der Freundschaft haben; und wie sollte es anders sein, als daß auch die geschlechtliche Bezogenheit, wenn sie in jener Vollendung stattfindet, von der wir sprachen, aber zum Glück auch in der weniger vollendeten, ja heimlich oder offen höchst unvollkommenen Form der meisten Ehen nicht eben diesen Charakter der Freundschaft bekommen können? Aber dann ist eben die Freundschaft als etwas *Besonderes* bereichernd, erfüllend und auch wohl tröstend und heilend zu der verwandtschaftlichen oder geschlechtlichen Bezogenheit hinzugetreten und ist doch wohl ihr gegenüber als etwas Besonderes zu verstehen. Dieses Eigene der Freundschaft besteht aber darin, daß sie die charakteristisch *humane* Bezogenheit des Einen zum Anderen bedeutet. Geschlechtlichkeit und Verwandtschaft gibt es auch unter Tieren. Zur Freundschaft aber bedarf es, soviel wir zu sehen vermögen, der Seele, jenes freien oder auf einer ganz unerklärlichen Nötigung beruhenden Wählenkönnens. Eben in dieser Eigenheit ist nun die Freundschaft die Wurzel des Begriffs des *Nächsten,* den das Gebot Gottes nicht nur uns entgegensetzt, sondern auch als eine Bestimmtheit unseres schöpfungsmäßigen Berufes bei uns voraussetzt. Das Du, das mir im Freunde als alter ego entgegentritt, ist gleichsam das Tor zum anderen Menschen überhaupt und als solchem, unter das ich mich alsbald, indem ich mich selbst entdecke, gestellt sehe. Wer einen Freund sucht oder findet, der sucht oder findet, indem seine eigene Seele erwacht, nicht das gemeinsame Blut, nicht das Geschlecht, sondern den anderen Menschen als solchen in seiner Zugehörigkeit zur eigenen Existenz. Eben darum ist der Freund das Paradigma des *Nächsten*. Der gewisse naiv-egoistische Charakter des Begriffs Freundschaft soll bei dem Allem gar nicht geleugnet werden. Es darf uns aber auch nicht daran irremachen, daß eben die Freundschaft *auf* dem Gebiet des naiven Egoismus das *Korrektiv* bedeutet, die Berufung, kraft welcher eben der naive Egoismus, den zu betätigen wir nicht wohl unterlassen können, solange wir dieses Leben haben, zum vornherein unter Gottes Gebot gestellt ist.|

Weil wir nicht nur geschlechtlich und nicht nur verwandtschaftlich, sondern in der eben gezeigten primären Weise freundschaftlich bestimmt sind, darum ist es nicht so, daß Gottes Gebot uns etwa als solchen begegnete, die, abgesehen von ihrer blutmäßigen und geschlechtlichen Zugehörigkeit zu anderen Menschen, nur um sich selbst wüßten, denen die Zugehörigkeit zum anderen Menschen als solchem als etwas von Hause aus Fremdes von außen auferlegt werden müßte. Gottes Gebot begegnet uns vielmehr als solchen, die schöpfungsmäßig dazu bestimmt sind, sich selbst nicht anders zu finden, als indem sie sich auch im Freunde finden. Es behaftet uns dabei, daß wir jenes rein faktischen Vertrauens gegenüber bestimmten anderen Menschen nicht um ihrer natürlichen Nähe und nicht um ihres Geschlechtes willen fähig sind, und daß es uns, um selbst wirklich leben zu können, notwendig ist, uns in solchem Vertrauen nach außen zu öffnen. So, in dieser Bestimmtheit uns vorfindend, gebietet es uns zu leben und leben zu lassen, leben zu *wollen* und *ehrfürchtig* gegenüber fremdem Leben zu leben. Der Nächste, ohne den ich nicht ich selbst sein kann, ist die konkrete Einheit dieser beiden Momente des Gebotes des Lebens. Um des Nächsten willen, ohne den ich nicht ich selbst bin, kann ich es nicht für wahr halten wollen, daß mein eigenes Leben sich in sich selbst erschöpfe, daß das fremde Leben mich nichts oder nur in sekundärem Sinne angehe. Der Nächste, der mein Freund ist, bedeutet, gerade weil er mein alter *ego,* aber eben mein *alter* ego ist, den prinzipiellen Durchbruch durch die Möglichkeit eines egoistischen oder auch eines bloß durch die Stimme des Blutes und Geschlechtes altruistisch bestimmten Lebens.

Insofern bedeutet nun auch die hier in Frage stehende schöpfungsmäßige Bestimmtheit unseres Daseins ein *Kriterium* unseres *Handelns.* Es fragt sich bei Allem, was wir tun, ob wir es tun in derjenigen Geöffnetheit unseres naiv egozentrischen Willens zum Mitmenschen hin, die damit grundsätzlich gesetzt ist, daß wir *nachbarlich* geschaffen sind, und zwar *seelisch* nachbarlich, daß wir also von Hause aus gleichsam auf Ausschau gestellt sind nach dem anderen Menschen, der uns nur um seiner unsichtbaren Seele willen interessieren kann. Je mehr wir egozentrisch verschlossen wollen und handeln in [der] ungebrochenen Naivität jenes natürlichen Egozentrismus, oder je mehr unser Handeln und Wollen zwar altruistischen Charakter tragen sollte, aber doch nur innerhalb der für den Menschen als solchen noch nicht bezeichnenden verwandtschaftlichen oder geschlechtlichen Bezogenheit, je weniger wir also durch verwirklichte oder doch gesuchte oder doch ersehnte und vermißte Freundschaft zur Humanität erzogen sind, desto aktueller müßte die an uns gerichtete Frage werden, ob unser Tun nicht etwa, weil Gottes Gebot uns dort trifft, wo Gott uns hingestellt hat, Ungehorsam bedeuten möchte, weil wir doch durch den Freund, ob wir ihn nun entdeckt haben oder nicht – sei es denn einfach durch die leere Stelle in unserem Leben, die der Freund einnehmen müßte – unter jenes Tor gestellt sind, wo kraft einer Komponente unserer eigenen Existenz der Ausblick auf den Mitmenschen sich grundsätzlich auftut. Denn wenn es tausendmal so sein mag, daß die verwirklichte, aber auch die ersehnte und gesuchte Freundschaft faktisch eine Verstärkung unseres naiven Egoismus bedeuten mag, so kann das nur bedeuten, daß wir den schöpfungsmäßigen Beruf, in dem wir uns eben als Freund eines

Freundes befinden, verkennen, nicht aber, daß wir uns nicht in diesem Beruf *befinden*.

Es ist nicht nur dieser und dieser bestimmte Mensch, sondern es ist in diesem und diesem bestimmten Menschen der *Mit*mensch als solcher, der in Gestalt des gefundenen, gesuchten oder entbehrten Freundes seinen festen Platz in unserer eigenen Existenz hat. Wir können uns nur über uns selbst täuschen, wenn wir uns über seine Gegenwart täuschen und sein Mandat als Vertreter des Nächsten überhaupt nicht respektieren. Keine eindeutigen Direktiven sind uns damit gegeben, kein absolutes Kriterium. Denn was das heißt in concreto: in Gegenwart des Nächsten wollen und handeln, ihn liebend, wie wir uns selbst lieben [vgl. Mk. 12,31 par.], wie es dann im Alten und Neuen Testament zusammengefaßt wird, das können und sollen wir uns eben nicht selbst sagen, das wird uns *gesagt* werden, wenn wir bereit sind, es zu hören. Scheint das Alles und Jedes heißen zu können, so wird es doch gar nicht Alles und Jedes, sondern etwas ganz Bestimmtes heißen, wenn und indem es uns von Gott geboten wird, wenn und indem wir uns da, wo wir schöpfungsmäßig hingehören – und das bedeutet nun eben auch: in dieser grundsätzlichen Aufgeschlossenheit für den Nächsten – von ihm finden lassen. Es sei uns genug, daß wir auch in dieser Hinsicht nicht ohne Weisung, nicht ohne Beruf sind, bloß zu sein brauchen, was wir sind, um dem gebietenden Gott bereitet entgegenzugehen.

4. Auch die vierte schöpfungsmäßige Bestimmtheit, von der nun zu reden ist, besteht wie die Geschlechtlichkeit und wie die freundschaftliche Benachbartheit in einer Bezogenheit des Menschen zu anderen Menschen. Ich meine nun eben die *Verwandtschaft*. Wir werden von der Ordnung der Familie wie von der Ehe in § 9 zu reden haben. Hier interessiert uns das der Familie zugrunde liegende Phänomen als solches: daß wir alle uns mit bestimmten Menschen auch darin in besonderer, wenn auch mannigfach abgestufter Nähe befinden, daß wir gemeinsame Vorfahren und insofern dasselbe Blut und wenn nicht eine gemeinsame Gegenwart, so doch ein Stück gemeinsamer Vergangen-

heit und auf alle Fälle in der Geschichte unserer Vorfahren eine gemeinsame Vorgeschichte haben. Daß diese Menschen, wobei wir zunächst an Eltern, Kinder und Geschwister denken mögen, unsere Nächsten sind, das will in der beschriebenen Weise auf dem Weg über die verwandtschaftliche Freundschaft entdeckt und bejaht sein, weil es durch das Erwachen des Bewußtseins unserer eigenen Existenz zunächst in den Hintergrund gedrängt und verdunkelt wird. Aber wenn wir nun davon absehen, so ist nicht zu verkennen, daß wir es hier mit einer Bezogenheit zu tun haben, die, ob entdeckt und bejaht oder nicht, vor der Freundschaft und vor der Geschlechtlichkeit gerade um ihrer größten Natürlichkeit, ja Leiblichkeit willen den Vorzug einer selbstverständlichen, durch kein Vergessen und Verleugnen zu beseitigenden noch zu erschütternden Gegebenheit besitzt. Alle Ungebärdigkeit, mit der etwa ein jugendbewegter Sohn im Eifer seiner Selbstentdeckung über seinen Vater hinwegsehen und -schreiten zu müssen und zu können glaubt, ändert gar nichts daran, daß er nun eben doch – und in seiner Ungebärdigkeit vielleicht, ohne daß er es weiß, am Allermeisten – der Sohn dieses seines Vaters, der Erbe seiner guten und weniger guten Eigenschaften *ist*. Wenn er das nicht einsieht und klein beizugeben irgendwie in der Lage ist, indem er, welches auch sein sachliches Recht sein mag, mit den Pubertätssprüngen jedenfalls innerlich und äußerlich Schluß zu machen weiß, dann wird er neben ernsthafteren Folgen, die das haben kann, ganz sicher mit einem saftigen Vaterkomplex bestraft werden, mit Hilfe dessen er sich die Hörner, die er sich nicht stutzen lassen wollte, im Leben draußen sicher in sehr schmerzlicher Weise einrennen wird. Und wenn eine Mutter mit ihrer Tochter nichts Klügeres anzufangen weiß, als an ihr ihre eigenen Minderwertigkeits- und Eifersuchtsgefühle, ihren Verdruß über das, was das Leben ihr vermeintlich oder wirklich schuldig geblieben [ist], abzureagieren durch allerlei Lieblosigkeit und Bedrängnis, so schneidet sie sich damit ins eigene Fleisch; denn die Mutter der so beleuchteten und behandelten Tochter bleibt sie darum doch, nur daß sie durch ihr Tun die Quellen

324

verschüttet und die Wege versperrt für Alles, was die Tochter ihr vielleicht in ihrer Lebensnot sein wollte und könnte. Oder wenn Brüder, wie das gelegentlich vorkommen soll, unter sich trotz der Mahnung Josephs: «Zanket nicht auf dem Wege!» [Gen. 45,24] in ganz besonders heftige Streitigkeiten geraten können, so rührt das oft gerade davon her, daß sie eben Brüder sind, eine gemeinsame Vergangenheit und in dieser Vergangenheit, die bis auf die Kinderstube zurückgehen kann, vielleicht allerlei gemeinsame gegenseitige Ärgernisse haben, und es bedarf dann vielleicht nur eines Angriffs von außen auf einen der brüderlichen Streiter, um ihre ursprüngliche Solidarität alsbald wieder sichtbar zu machen nach dem weisen französischen Wort: «La famille est un bloc, elle se dispute, mais elle se défend.»[10] Das Alles zum Zeichen, daß Verwandtschaft eine Gegebenheit ist, an der man wohl rütteln kann – und welche Eltern, Kinder und Geschwister hätten wohl nie daran gerüttelt –, die man aber zu seinem Heil oder zu seinem Schaden nicht erschüttern kann. Eine schöpfungsmäßige Gegebenheit offenbar, so gewiß wir ebensogut über unseren Schatten springen könnten, als daran etwas ändern, daß wir als Verwandte in diesem und diesem Verhältnis zu diesen und diesen Menschen nun einmal stehen. Hier in diesem bestimmten, und zwar von Gott bestimmten Verhältnis begegnet uns das Gebot desselben Gottes. Hier und nicht anderswo. Irgendwie im Rahmen und gemessen an den berechtigten Ansprüchen und Regeln dieses Rahmens werden wir zu gehorchen haben und nicht anderswie. Bedenkend, daß dem so ist, daß wir in dieser Wirklichkeit unseres Verwandtseins vor Gott zu treten haben, würden wir das Unsere getan haben, um in dieser Hinsicht nicht unbereitet zu handeln und in sein Gericht zu kommen.

Aber wir müssen nun sofort weiterblicken. Wir brauchen den Begriff der Verwandtschaft bloß zu erweitern, so kommen wir auf geradem Weg über den altgermanischen Begriff der Sippe oder Horde zum Begriff des *Volkstums*. Wir meinen hier nicht das

[10] Französisches Sprichwort.

Staatsvolk. Wir werden vom Staat erst in unserem dritten Kapitel reden. Er gehört weder zu unserer schöpfungsmäßigen Berufung, noch auch wie Ehe und Familie zu den Schöpfungsordnungen, von denen wir im nächsten Paragraphen zu handeln haben. Volk und Staatsvolk decken sich nicht. Volk im eigentlichen und engeren Sinn nennt man eine solche geschichtlich zusammengehörende Gruppe einer Vielzahl von Familien, deren Einheit selber die einer Familie ist, d.h. die kraft gemeinsamen Stammes und Blutes, kraft der Rasse, wie man zu sagen pflegt, und der darauf begründeten relativ gemeinsamen Geschichte und gleichen oder doch gleichstämmigen Sprache besteht. Man wird gut tun, sich klarzumachen, daß es Staatsvölker, Völker im politischen Sinn, die zugleich Völker in diesem eigentlichen Sinn wären, im neuzeitlichen Europa sozusagen nicht mehr gibt, sondern nur noch mehr oder weniger starke und selber mehr oder weniger reine völkische Majoritäten. Man kann den modernen Staat, der sozusagen in allen Ländern nur a parte potiori den Namen gerade dieses und dieses Volkes im eigentlichen Sinn dieses Begriffes trägt, wohl nicht schwerer gefährden, als wenn man um dieses Namens willen eines der in ihm vereinigten und aufgegangenen Volkstümer gegen das andere oder die anderen mobil macht. Aber wenn man vor dem politischen Manipulieren mit dem Begriff des Volkstums als vor einem für den Staat lebensgefährlichen Spiel nur warnen kann, so ist damit nicht gesagt, daß Volkstum nicht, vor Allem im Blick auf Sprache und Art, eine lebendige Wirklichkeit bedeutet, in der wir alle stehen, und die darum zweifellos auch ethisch keineswegs irrelevant ist. Von dieser Wirklichkeit entfernt man sich freilich sofort, wenn man seines eigenen Volkstums nur mittels eines natürlich zu eigenen Gunsten ausfallenden Vergleichs mit anderen froh sein zu können meint. Darin besteht diese Wirklichkeit z.B. nicht, daß am deutschen Wesen noch einmal die Welt genesen müsse,[11] sondern das ist ein

[11] In E. Geibels (1815–1884) Gedicht *Deutschlands Beruf* aus dem Jahre 1861 lautet der letzte Vers allerdings: «Macht und Freiheit, Recht und Sitte, klarer Geist und scharfer Hieb zügeln dann aus starker Mitte jeder Selbst-

ganz überflüssiger Zusatz zu der Wirklichkeit, die einfach darin besteht, daß wir nun einmal Deutsche und nicht Slawen, Romanen oder Semiten sind. Daß wir in dieser Wirklichkeit auch Gott begegnen müssen und nicht in einer anderen, daß uns Gott auch in dieser Hinsicht da finden will, wo er uns hingestellt hat, das ist die ethische Relevanz des Volkstums. Sie hat mit dem gegenseitigen sich Überprahlen gar nichts zu tun. Sie bedeutet konkret einfach Treue gegenüber der Art meines Volkes, gegenüber der mit seiner Sprache verbundenen Denkweise, nicht weil sie besser wäre als die anderer, sondern schlicht und ausschließlich darum, weil sie die Art und Sprache *meines* Volkes ist und darum die auch mir jedenfalls zunächst zugewiesene. Auch das Volkstum ist ein Rahmen für mein Tun als gehorsames Tun.

Beide, Verwandtschaft und Volkstum, bedeuten Bindungen, in denen wir unsere Existenz vorfinden, und insofern Kriterien unseres Handelns. Keine eindeutigen und keine letzten Bindungen und darum auch keine absoluten Kriterien. Wo und wie verwandtschaftliche sowohl wie völkische Treue anfangen und aufhören, wer wollte das von außen und für Andere oder auch nur für sich selbst eindeutig feststellen? Und daß hier auch keine letzten und unbedingten Bindungen vorliegen, das zeigt die Erinnerung, daß eheliche Treue unter Umständen der Verwandtentreue, Treue gegen die Autorität des Staates oder der Kirche unter Umständen der Treue gegen das Volkstum *voran*gehen muß, um von anderen weniger allgemeinen Möglichkeiten, von Einschränkung dieser Bindungen nicht zu reden. Aber an der Gegebenheit dieser Wirklichkeiten und an ihrem bindenden Charakter und so auch an ihrem Charakter als Kriterium wird durch diesen Vorbehalt nichts geändert. Wir leben nicht im leeren Raum und wir sind nicht diese und jene, sondern wir sind *wir* und d. h. auch: Wir gehören kraft unseres Blutes im engeren und weiteren Sinn näher zu diesen als zu jenen Menschen. Bekommt

sucht wilden Trieb, und es mag am deutschen Wesen einmal noch die Welt genesen.» Ges. Werke, Stuttgart 1883, Bd. 3 S. 214.

unser Tun den Charakter eines Hinaustretens oder doch Hinaus-
strebens aus dieser Zugehörigkeit, dann erhebt sich offenbar die
Frage, ob wir uns nicht etwa entfernen von dem Ort, wo Gott
mit uns reden will, wo wir also auch allein hören können, ob
unser Tun nicht schon darum Ungehorsam sein möchte, weil es
Untreue ist. Die Frage erhebt sich. Vielleicht muß unser Tun dann
dennoch weitergehen auf der fraglichen Bahn, weil es tatsächlich
und gegen den Schein, vor Gott jenen Charakter *nicht* hat. Das
Verhalten des zwölfjährigen Jesus im Tempel [vgl. Lk. 2, 41–52]
scheint nicht gerade Treue gegen seine Blutsverwandten zu bedeuten und mehr als ein Auftritt in seinem späteren Leben auch
nicht. Und die Haltung Jeremias während der Belagerung von
Jerusalem war nicht gerade Treue gegen sein Volkstum [vgl.
Jer. 27; 37; v. a. 38, 1–6]. Ein weiterer Kreis schöpfungsmäßiger
Berufenheit scheint sich hier aufzutun gegenüber Verwandtschaft
und Volkstum, und was die Treue diesen gegenüber bedeutet, das
kann nun bloß von diesem weiteren Kreis aus verstanden werden.
Aufgehoben ist doch der innere Kreis auch im Falle solcher Über-
bietung keineswegs. Erstaunliche Möglichkeiten innerhalb unserer
verwandtschaftlichen oder völkischen Bezogenheit brauchen
darum doch nicht unmögliche Möglichkeiten zu sein. Auch ein
Überbotenwerden des inneren durch den äußeren Kreis, ein Vor-
gehen anderer Bindungen gegenüber dieser Bindung, ändert nichts
daran, daß auch diese *besteht,* daß wirkliche Möglichkeiten in irgendeinem Sinn notwendig auch in dem inneren Kreis dieser Bindung ihren, wenn auch vielleicht sehr rätselhaften Ort haben, daß
wir also bei all unserem Tun auch danach gefragt sind, ob und
inwiefern dies der Fall sein möchte, daß uns also auch von dieser
Seite her ein nicht zu übersehendes und nicht zu überspringendes
Kriterium erwächst.

Aber nun haben wir eine letzte Linie, die hier zu bedenken ist,
noch nicht ausgezogen. Gibt es denn abgesehen von den Schöpfungsordnungen, auf die wir nachher kommen,[12] als schöpfungs-

---

[12] s. unten S. 367 ff.

mäßige Berufung oberhalb und außerhalb des Volkstums noch einen solchen *weiteren* Kreis von Verwandtschaft? Wir verstanden den Freund als den Mandatar des Mitmenschen, des Nächsten als solchen, weil Freundschaft auf freier seelischer Wahl beruht und eben damit unverkennbar ein Korrektiv unseres natürlich-naiven Egoismus, eine grundsätzliche Anerkennung der Humanität bedeutet. Verwandtschaft und Volkstum beruhen nicht auf solcher Wahl. Sie sind Gegebenheit. In jenem Sinne eröffnen sie nicht den Ausblick in die Ferne und Höhe, scheinen sie uns vielmehr in der Tiefe der Natürlichkeit festzuhalten, uns an einen bestimmten geschlossenen Kreis von Mitmenschen unter Ausschluß aller Übrigen zu verweisen. Aber dem *scheint* doch letztlich bloß so zu sein. So gewiß der Begriff der Verwandtschaft über sich selbst hinausweist, sich von selbst erweitert zu dem der Sippe und dann des Volkes, so gewiß können wir auch hier nicht stehenbleiben. Warum etwa, kraft welches schönen Eigensinnes gerade hier? Sollten die Völker nicht etwa selbst wieder nur Glieder einer großen Familie sein? Das Wort «*Menschheit*» hat in unserer konkretionsfreudigen deutschen Gegenwart im Gegensatz zu der Zeit der Aufklärung und des Idealismus einen so verdächtigen Klang bekommen, daß man sich ja wirklich fast fürchten muß davor, es auf die Lippen zu nehmen. Aber es ist nun doch nicht einzusehen, inwiefern etwa der Begriff des Volkes, wenn wir uns einmal, wie es notwendig ist, auf die Erwägung unserer blutsmäßigen Bestimmtheit überhaupt einlassen, durchaus die letzte ernst zu nehmende Konkretion, die hier in Betracht fallen kann, sein, inwiefern eben der Begriff der Menschheit im Gegensatz zu dem der Verwandtschaft und dem des Volkes auf einmal eine leere rationalistische Phrase sein sollte. Schon angesichts der bereits berührten Mischung der Volkstümer innerhalb so ziemlich jedes heutigen europäischen Staatsvolkes, aber auch angesichts der zahllosen Berührungen und Beziehungen, in denen Volk und Volk heute auch über die Staatsgrenzen hinweg miteinander steht, dürfte sich die Abneigung, mit dem Begriff der Menschheit allen Ernstes zu rechnen, vielmehr selbst als ein leeres, rationalistisches, d. h. auf Konstruktion und nicht auf einer Wirklichkeit beruhendes Ressentiment erweisen. Der Russe, der Japaner, der Inder *sind* nun einmal heute nicht mehr die fernen, fernen, nur theoretisch als Mitmenschen in Betracht fallenden Mitmenschen, als die sie eine nationalistisch eingestellte Ethik gerne hinzustellen liebt. Mag es im 18. Jahrhundert weithin Schwärmerei gewesen sein, wenn man von der Menschheit – und damals oft in abstrakter Überspringung der inneren Kreise, von denen wir hier herkommen, redete, so wäre es im 20. Jahrhundert Schwärmerei, *nicht* von ihr zu reden, und es wäre in den verschiedensten Hinsichten doch wirklich fatal, wenn sich etwa gerade die Kirche darauf versteifen wollte, ihrer ethischen Besinnung und Verkündigung gerade hier eine Schranke ziehen zu wollen, die durch die Tatsachen, vor Allem des Wirtschaftslebens, längst über den Haufen geworfen ist und, wenn nicht Alles täuscht, immer mehr über den Haufen geworfen werden wird. Man wird auch hier nicht dringend genug davor warnen können, doch ja nicht mit gewissen *lutherischen* Gedanken, Stimmungen und Schemata Mißbrauch zu treiben, als hätte die Wirklichkeit nicht auch als schöpfungsmäßige Wirklichkeit für uns ein anderes, weiteres Bild bekommen, als dies zu Luthers Zeit sinnvollerweise möglich war.[13] Grundsätzlich ebenso gewiß und ebenso konkret wie in unserem eigenen Volkstum leben wir eben heute innerhalb der Staatsgrenzen und über sie hinweg fortwährend auch in Beziehung zu fremdem Volkstum. |

Aber selbst wenn dem faktisch nicht so wäre, selbst wenn jemand der völkischen Reinheit seines Stammbaumes so sicher sein könnte, wie es wahrscheinlich nur noch den Allerwenigsten wirklich zusteht, und wenn er dazu in der Lage wäre, sich hermetisch auch gegenüber dem fremden Volkstum innerhalb des eigenen Staates zu verschließen – kraft welcher grundsätzlichen Einsicht sollte er sich eigentlich gegen die Konsequenzen der Binsen-

[13] Vgl. Th. Pauls, *Luthers Auffassung von Staat und Volk,* Halle 1927, sowie W. Elert, *Morphologie des Luthertums,* 2. Band, München 1931. 1953², S. 125 ff.

wahrheit, daß wir von Adam her doch Alle miteinander verwandt sind, wehren können? Ist die menschheitliche Bindung, in der wir stehen, etwa weniger eine Gegebenheit, wenn auch die Gegebenheit eines weiteren Kreises, als die verwandtschaftliche und völkische? Und wenn jene ein Kriterium unseres Handelns bilden, warum dann nicht auf derselben Linie, nur etwas weiter außen, was aber nicht heißt: weniger dringlich, auch diese? Wer das leugnen wollte, der hätte über die merkwürdige Rolle, die «der Fremdling, der in deinen Toren ist» [Ex. 20, 10] im Gesetz des Alten Testamentes spielt, noch nicht nachgedacht. Dieser Fremdling ist eben, ob willkommen oder unwillkommen, auch da. «Und der Fremdling bleibt nicht der Gastfreund, für den auch Zeus ein besonderes Ressort hatte; sondern er wird zum Vertreter des Menschen unter den Völkern» (*Cohen*, Ethik S. 382). Man merke wohl: der Begriff der Menschheit hebt den Begriff des Volkes so wenig auf wie dieser den Begriff der Verwandtschaft. Es kann sich aber auch die tiefste Treue gegenüber Verwandtschaft und Volkstum die Augen nicht verschließen vor der Tatsache, daß diese beiden inneren Kreise umschlossen sind von einem noch weiteren Kreis ebenfalls blutmäßiger Bezogenheit, in dem wir ebenfalls stehen und ebenfalls kraft schöpfungsmäßiger Berufung, der also unsere Treue ebenfalls in Anspruch nimmt und an dem unser Handeln ebenfalls gemessen ist. Hinter den Blutsverwandten tritt der Volksgenosse, hinter den Volksgenossen der «Fremdling, der in deinen Toren ist», und gerade dieser Letzte sagt uns, wenn wir es vorher noch nicht gehört haben sollten, daß es sich um *Humanität* wahrlich auch bei diesen blutmäßigen Bezogenheiten handelt. In der Reihe mit diesem letzten gesehen und aufgenommen ist also in seiner Weise auch der Blutsverwandte, auch der Volksgenosse der Mandatar des Mitmenschen, des Nächsten als solchen. Indem wir ihn aber und mit ihm auch den Fremdling als *Gegebenheit* verstehen, wird einsichtig, daß der Nächste als solcher eben eine Gegebenheit und nicht etwa eine Idee ist, tritt der Nächste nun doch auch von der natürlichen, leiblichen Seite her in unsere eigene Existenz hinein als eine nicht zu umgehende, nicht zu überspringende Wirklichkeit, wird er uns zur Frage, wie sich unser Tun zu dem Gebot des Gottes verhalten möchte, dessen Berufung auch in dieser Wirklichkeit besteht. Ich brauche die Fragen wohl nicht auszusprechen, die sich aus dem Allem ergeben in bezug auf das alte Phänomen des Antisemitismus auf der einen, das moderne Phänomen des bewußten Nationalismus auf der anderen Seite. Mögen sie mögliche oder unmögliche Möglichkeiten sein, das ist sicher, daß sie als Prinzipien menschlichen Wollens und Handelns der Krisis des umfassend verstandenen Begriffs der Verwandtschaft unterliegen, wie wir ihn hier kennengelernt haben als Komponente der Wirklichkeit, in der wir vor Gott stehen.|

5. Zum Begriff des Berufs, in dem wir vor Gott stehen, gehört als weitere Komponente unser *Lebensalter*. Daß wir, identisch mit uns selbst, diese Identität in einer unübersehbaren, aber begrenzten Reihe von zeitlichen Augenblicken unter allmählich sich verändernden Bedingungen immer wieder entdecken und behaupten müssen, daß wir alle irgendwo auf dem merkwürdigen und auf jeder seiner vielen Stationen wieder besonders merkwürdigen Wege von der Wiege zum Sarge uns befinden, daß wir hineingestellt sind in ein Werden, das doch schon von Anfang an auch ein Vergehen ist, um am Ende nur noch als rätselhaftes Vergehen sichtbar zu sein, das ist auch eine der schöpfungsmäßigen Voraussetzungen, bei denen uns Gottes Gebot behaftet, die von uns ernst genommen sein wollen. Aber das ernst zu Nehmende besteht auch hier in etwas ganz Konkretem: Was mich angeht, oder der Ort, wo Gottes Gebot mich angeht, ist nicht meine Lebenszeit überhaupt, sondern der durch die bewegte Zeit so oder so bestimmte jetzige Augenblick, von dem aus ich in den nächsten hinübergehe. Es verhält sich mit der individuellen Lebensphilosophie wie mit der Geschichtsphilosophie im Ganzen: Versteht man darunter ein Betrachten und Vergleichen verschiedener Möglichkeiten nebeneinander, dann ist sie ein eitles Unternehmen. Was wissen wir von unserem Leben als Ganzem? Wir gehören ja doch in keinem Augenblick uns selbst, wir durch-

schauen uns auch in keinem Augenblick, geschweige denn, daß wir über die ganze Reihe seiner Augenblicke Herr wären, etwas Wirkliches über sie wüßten und sagen könnten. Wir sind gerade nicht in der Lage, unser Leben, wie *Albr. Ritschl* in der ganzen strahlenden Naivität des ausgehenden 19. Jahrhunderts meinte, zu einem Ganzen, zu einem «einheitlichen Lebenswerk» zu gestalten.[14] Wir sind vielmehr nur in der Lage, menschlich dürftig genug belehrt durch die Einsichten, Warnungen und Weisungen, die wir als Erinnerung unserer Vergangenheit mit uns führen, wirklich belehrt nur durch Gottes Wort, das wir aber heute hören müssen, uns in diesem Augenblick zu bereiten auf den nächsten Augenblick, in dem wir wiederum nicht uns selbst gehören, und in dem wiederum Gott allein die Wahrheit über uns wissen und sagen wird. Darum ist jede Biographie und vor Allem jede Selbstbiographie, so ergötzlich und lehrreich diese Literaturgattung zweifellos ist, ein so gänzlich fragwürdiges Unternehmen, weil dabei fast immer vorausgesetzt wird, wir säßen auf einem Stuhl, von dem aus wir die Folge der Augenblicke, die das Leben eines Menschen oder gar unser eigenes Leben ausmacht, überschauen und durchschauen könnten – auf welchem Stuhl wir eben gerade nicht sitzen. Was wir sind in der Totalität unserer Augenblicke, das weiß Gott. Das wissen wir nicht. Wir wissen es nicht einmal vom gegenwärtigen Augenblick. Denn was Gott selbst uns heute sagt, das ist keine Offenbarung über unser Sein, sondern eine Inanspruchnahme unseres Handelns, das können wir in keiner Weise betrachten, sondern nur tun. Gottes Gebot lautet auf alle Fälle: Weitergehen! als der, der du bist und geworden bist in der ganzen Reihe deiner Lebensaugenblicke, aber: Weitergehen! als ob du jetzt eben zu gehen anfingest, ja, nicht nur «als ob» : sondern das Gehen fängt in der Tat jetzt eben von vorne an, nur eben von da aus, wohin du bis jetzt gekommen bist, wobei du doch diesen Ausgangspunkt in keiner Weise als dein Werk verstehen kannst. Geschaffen von Gott ist ja deine Existenz heute nicht weniger als am Tage deiner Geburt, und was der Sinn und die

---

[14] Vgl. a.a.O. S. 8.11.81.83f.

Bedeutung der Entscheidung war, von der du eben herkommst, das steht wiederum in Gottes Urteil, diese deine Wahrheit vor Gott hast du weder hervorgebracht, noch kannst du von ihr wissen und reden. Du kannst dein ganzes bisheriges Gehen wirklich nur in der Weise verantworten, indem du weitergehst.|

Wir sind schöpfungsmäßig, so gewiß der Schöpfer der *ewige* Gott ist, immer gerade das, was wir *jetzt* sind. Grübeln und Spintisieren über Vergangenheit und Zukunft heißt immer: die Wirklichkeit, in der uns Gott geschaffen hat, nicht ernst nehmen. Aus ihm leben wir ja und werden wir leben, und sein ist auch das Gericht über unser Leben. Unsere Existenz ist aber die Gegenwart als Bereitung für die nächste, die allernächste Zukunft. Zu solcher Bereitung, zu einem Handeln im Wissen um das, was uns Gott heute, heute gesagt hat, sind wir aufgerufen. Also aufgerufen immer gerade auf der Stufe unserer leiblich-seelischen Entwicklung, auf der wir uns eben befinden. Das bedeutet nun aber sofort folgendes: die schöpfungsmäßige Voraussetzung des Lebensalters, in dem wir uns befinden, ernst nehmen, heißt durchaus nicht: dieses Lebensalter als solches ernst nehmen, sondern: *in* diesem Lebensalter, schon in diesem oder: auch noch in diesem Lebensalter, das Leben selbst ernst nehmen, aufmerkend auf die Fragen, Ansprüche, Forderungen, Verheißungen, die sich mir aus einem wirklichen Hören des Gebotes Gottes ergeben, mit offenem und bereitem Willen dem entgegengehen, was es uns weiter offenbaren will. Der besondere Ernst jedes Lebensalters besteht nicht in einer besonderen Haltung, die wir in dem und dem Alter dem Leben gegenüber einzunehmen hätten, sondern in dem Ernst, in dem wir in dem und dem Alter, als wäre es zum ersten Mal, als gäbe es kein anderes Alter als das, in dem wir eben stehen, zu leben versuchen, dem Herrn des Lebens entgegengehen.|

Daß Einer z. B. ein *junger* Mensch ist, das ist an sich eine ganz uninteressante Tatsache, aus der Aufhebens und Geschrei zu machen sich nicht im geringsten lohnt. «Indes ihr Komplimente drechselt, kann etwas Nützliches geschehen.»[15] Indes ihr eure

[15] Goethe, *Faust* I. Teil, Vorspiel auf dem Theater.

Jugend als solche betätigen wollt, könntet ihr jung *sein,* indem ihr euch betätigtet, wie sich eben der Mensch betätigen muß, der die Verantwortlichkeit des gegenwärtigen Augenblicks im Blick auf den kommenden begriffen hat. Man kann nur jung *sein* und ist dann gerade nicht an sich jung, sondern indem man ein bewegter, eben von der Verantwortlichkeit dieser Stunde, als wäre sie die erste und letzte, bewegter Mensch ist. Wirkliche Jugendbewegung gibt es nur in Form von Bewegtheit durch eine *Sache,* die an sich mit Jugend und Alter gar nichts zu tun hat, in der Beziehung zu einem Gegenstand, in der man weiter lebt, als junger Mensch gewiß, aber vor Allem weiterlebt, aber ja nicht – Motto: «Verweile doch, du bist so schön!»[16] sich seiner Jugend als solcher freuen zu können oder gar zu müssen meint. Man kann sich seiner Jugend nur freuen und man kann sie nur ernst nehmen durch jugendliche *Sachlichkeit,* mit der man auf irgendeinem Feld seine Bereitschaft, seine Aufmerksamkeit, seinen Gehorsam erprobt, nicht aber, indem man dem Phantom einer vermeintlich typisch *jugendlichen* Sachlichkeit nachjagt. Jugendlich ist die Fähigkeit und der Wille, sich an ein *Objekt* hinzugeben, ohne die Reflexion, daß die Art, in der das geschieht, nun gerade jugendlich sein müsse, im Gegenteil: mit Unterdrückung der Reflexion, daß die Art, in der das geschieht, doch unter Umständen noch recht jugendlich sein möchte, mit der grimmigen Absicht, sich an Sachlichkeit dem höheren Lebensalter *gleich*zustellen. Wenn man ein Kind sein *will,* dann ist man gerade kein Kind, sondern kindisch. Wenn man ein Kind *ist,* dann will man kein Kind sein, dann betreibt man auch das Spiel mit bitterem Ernst. Und das eben heißt dem Gebot *dieser* Lebensstunde in der rechten Treue gegen die *ihr* eigentümliche Bestimmtheit entgegengehen. |

Was exempli causa von der Jugend gesagt wurde, das wäre mutatis mutandis auch auf die anderen Altersstufen anzuwenden. Sowenig man darin jung ist, daß man sich von der Art und Tätigkeit der Älteren durch irgendeine besondere jugendliche Art und Betätigung abhebt, so wenig ist man ein reifer Mensch kraft

[16] Goethe, *Faust* I. Teil, Studierzimmer.

dessen, daß man den Idealen und Irrtümern der Jugend mit weisem Gesicht abgesagt hat und gesetzt und gediegen geworden ist, keine Schwabenstreiche mehr begeht, was nach einer sehr unzuverlässigen Nachricht vom vierzigsten Lebensjahr ab die Regel sein soll, sowenig ist das das wirkliche Alter, daß man in der Lage ist, auf eine lange Vergangenheit zurückzublicken und sich dessen zu trösten, daß der verantwortlichen Entscheidungen, die die Zukunft bringt, nur noch verhältnismäßig wenige sein werden, zu deren Erledigung eben die Weisheit der langen Vergangenheit ja gewiß von selber helfen werde. Wirklich lebendige und d. h. dann also wirklich junge, reife oder alte Menschen sind wir nicht kraft der eigentümlichen Bestimmtheit jeder dieser Stufen an sich, sondern kraft der Aufgeschlossenheit, in der wir jedesmal *in* der Bestimmtheit dieser oder dieser oder dieser Stufe – nicht diese Bestimmtheit an sich, sondern den Anspruch des Lebens, dem wir in dieser Bestimmtheit gegenüberstehen, bejahen. Er wird uns dann wohl auf jeder Stufe in ganz besonderer Weise zum Gericht und zur Gnade, es wird uns also die Stufe selbst, auf der wir uns jeweilen befinden, in ganz besonderer Weise zum Kriterium und zur Wegweisung werden. Es ist selbstverständlich etwas Anderes, ob das Gebot des Lebens in seinen zwei Momenten uns in den Jahren trifft, die unsere Lehrjahre, oder in denen, die unsere Wanderjahre, oder in den von *Goethe* nicht beschriebenen, die unsere Meisterjahre bedeuten sollten, ob in der Bildung oder in der entwickelten Gestalt unseres Lebens oder endlich vor der dunklen Schwelle, jenseits derer wir das Sein dessen, was in unserem Leben wurde und geworden ist, nur noch Gott anbefehlen können. Aber das Gebot selbst ist ja kein Anderes, und ihm gegenüber kann unser Jung- und Altsein kein Eigenleben mit selbständigen Gesetzen bedeuten. Lassen sich doch die Grenzen zwischen den Lebensaltern und das, was sie physisch und psychisch zu unterscheiden scheint, so wenig eindeutig bestimmen wie das wirkliche Wesen der männlichen und der weiblichen Menschlichkeit. Ist der Mensch nicht schon als Lehrling ein Wanderer und nicht auch als Wanderer noch ein Lehrling?

Und steckt nicht immer der künftige Meister schon in beiden? Kann die reife und die ausgereifte Gestalt etwas Anderes sein als die Ausprägung der ersten und ursprünglichen? Ist es ein Zufall, daß schon der Aspekt der Gesichtszüge des Greises dem des Säuglings wieder ähnlich zu werden beginnt? Ist die Reihe unserer Augenblicke etwas Anderes als die Variation eines und desselben Themas, bis sie nach dessen Erschöpfung oder auch vorher, «zu früh», wie man dann zu sagen pflegt, eines Tages geheimnisvoll abgebrochen wird? Und müßte uns schließlich nicht schon die Ungewißheit der Todesstunde, die den Jüngsten auf einmal neben, nein, über den Ältesten stellen kann, die Relativität der Stufen, von denen hier die Rede ist, endgültig klarmachen? Ist dem nun so, dann kann offenbar die Bestimmtheit des Lebensalters, in der wir Alle existieren, wichtig und bedeutsam nur sein als göttlich-schöpfungsmäßige Bestimmtheit des Jetzt, in der wir jedesmal doch aufgerufen sind, als wäre es das erste und letzte Mal, und liegt das Kriterium unseres Tuns, das sich aus dieser Bestimmtheit ergibt, nicht etwa in der Unterschiedenheit dieses und dieses Alters gegenüber einem anderen, sondern in der heimlichen, aber wirklichen Zusammengehörigkeit aller Altersstufen *in* ihrer Unterschiedenheit.|

Als *unjugendlich* wird dann ein solches Tun bedenklich sein, das geleitet ist von der mit der Dringlichkeit des Gebotes ganz unvereinbaren und nur scheinbar jugendlichen Vorstellung, als ob wir auch im Verhältnis zu Gott noch ein langes Leben vor uns hätten, als ob die Entscheidung, die wir jetzt fällen, darum noch keine ernste Entscheidung sei, weil ihr vermutlich noch viele andere unter neuen Möglichkeiten folgen werden, als sei also das Träumen und Spielen, das Nachahmen und selbständige Probieren, das allerdings für diese Stufe charakteristisch ist, nicht genau so wie das, was nachher kommt, ein verantwortliches Tun. «So freue dich, Jüngling, in deiner Jugend und laß dein Herz guter Dinge sein in deiner Jugend. Tue, was dein Herz gelüstet und deinen Augen gefällt, und wisse, daß dich Gott um dies alles wird vor Gericht führen» (Pred. 11,9). Sollte dies nicht bedacht sein, sollte unser Tun – nicht die Gesetztheit und Überlegenheit des Mannesalters oder gar die Abgeklärtheit des Alters, wohl aber das Wissen um das Gericht vermissen lassen, dann, dann wäre es ein unjugendliches Tun, gerade weil es dann ein abstrakt jugendliches Tun wäre. Jung sein kann nur heißen: in der Jugend menschlich sein.|

Bedenklich wäre umgekehrt das Tun des *reifen* Menschen, wenn hinter ihm etwa die Blindheit dafür stehen sollte, daß all *unser* Entscheiden, so ernst und verantwortlich es ist, doch keineswegs die göttliche Entscheidung, sondern der göttlichen Entscheidung unterworfen ist, zu deren Ernst es sich immer wieder verhalten wird, wie Spiel sich zu Ernst verhält. Reif sein heißt wissen um diesen Spielcharakter des ernstesten menschlichen Tuns. Wenn der Mensch auf der Höhe seines Lebens ein Philister und Bourgeois, ein Schulmeister oder auch ein Prometheus wird (denn Epimetheus und Prometheus sind nur bei *Spitteler,* aber nicht in der Wirklichkeit absolute Gegensätze)[17], wenn er den Humor und die Wehmut einbüßt, in der man dem göttlichen Ernst menschlich doch allein Rechnung tragen kann, wenn er feierlich wird, d. h. wenn er sich selbst statt Gott ernst nimmt, wenn also das Gericht des Wortes von dem notwendigen Umkehren und Werden wie die Kinder [vgl. Mt. 18,3] ihn trifft, dann ist eben damit gesagt –, nicht etwa, daß er leider nicht mehr jung ist, sondern daß er gerade die wirkliche *Reife* des Lebens vermissen läßt. Und so wird das Tun des alten Menschen um so fragwürdiger, je mehr es etwa den Charakter des Fertigseins mit der Frage des Gebotes, den Charakter mechanischer Wiederholung der bisherigen Entscheidung tragen sollte, je mehr es das vermeintliche Anrecht des Alters auf Ruhe in Anspruch nehmen sollte. Wenn der Torschluß, wenn die letzte Entscheidung, die der Mensch vor Gott zu fällen hat, herannaht, dann kann offenbar die Frage, vor die der Mensch durch Gottes Gebot gestellt ist, nicht weniger dringlich, sondern nur noch dringlicher werden und immer unmöglicher die Möglich-

---

[17] s. oben S. 158 Anm. 5 sowie S. 236 Anm. 26.

keit, ihm durch bloße Wiederholungen, durch Weiterrollen auf vermeintlich bewährten Geleisen zu entsprechen. Wir nehmen uns wohl nicht zu viel heraus, wenn wir formulieren: die wirklichen, die eigentlich ehrwürdigen Alten sind gerade die, die in und trotz der Gebrechlichkeit und Unkraft des Alters immer wieder jung sein – nicht etwa wollen!, sondern müssen: jung sein im Bewußtsein der vollen Dringlichkeit auch ihres, gerade ihres Lebensaugenblicks. Darum ist Abraham, der fünfundsiebzig Jahre alt war, da er aus Haran auszog [vgl. Gen. 12,4], der im besten Sinn natürlichere alte Mann als etwa der Schaffhauser Antistes *David Spleiss,* der schon mit sechzig Jahren gewissen Ansprüchen, die man an ihn stellte, entgegenhielt: «J'ai fait ma fortune, ich habe mein Schäflein ins Trockene gebracht»,[18] oder als der Emeritus, der sich hinsetzt, um seinen Liebhabereien nachzugehen und seine Selbstbiographie zu schreiben. Darum ist es durchaus kein wunderlicher, sondern ein mindestens als Symptom des Normalen höchst bedeutsamer und ehrwürdiger Vorgang, wenn z.B. ein *Schelling,* ein *Tolstoi,* ein *P. Natorp* in ihren alten Tagen noch einmal von einer stürmischen Lebensunruhe überfallen wurden und sich veranlaßt sahen zu dem kühnen Versuch, ihrem ganzen Lebenswerk in letzter Stunde noch einmal eine andere Gestalt und Wendung zu geben.[19] Das kann jedenfalls Gehorsam sein gegen das Aufgebot: «Gehe aus deinem Vaterland und von deiner Freundschaft... in ein Land, das ich dir zeigen will» [Gen. 12,1], ein Aufgebot, das an die Alten nicht weniger ergeht als an die Jungen. Berufstreue wird gerade im Alter, wo das Gegenteil allzunahe zu liegen scheint, Gehorsam gegen dieses Aufgebot bedeuten müssen. «Dein Alter sei wie deine Jugend», lautet die schöne Verheißung Dtn. 33,25. Diese Verheißung ist doch auch

[18] Vgl. C. Stokar, *David Spleiss,* Basel 1858, S. 264.
 D. Spleiss (1786–1854) lebte als evangelischer Theologe in Schaffhausen. Dort war er zunächst Professor für Physik und Mathematik und seit 1813 gleichzeitig als Seelsorger in dem benachbarten Buch tätig. 1841 rückte er zum Antistes, d. h. Hauptpfarrer von Schaffhausen, auf.
[19] Vgl. zu F. W. Schelling RGG[3]V, 1396–1400, zu L. Tolstoi RGG[3]VI, 947–949, zu P. Natorp RGG[3]IV, 1321–1322, jeweils m. weiterer Literatur.

eine Beschreibung des Berufs, in dem der alte Mensch als solcher steht. Und sie ist umkehrbar: Deine Jugend sei wie dein Alter – wir haben gesehen, in welchem Sinn – und mag so oder so als das Kriterium gelten, das hier zu beachten ist. Wir können es auch mit dem letzten Wort des Alten Testaments dahin zusammenfassen, daß es darum geht, daß das Herz der Väter sich bekehre zu den Kindern und das Herz der Kinder zu den Vätern (Mal. 3,24), oder mit Ps. 148,12 f.: «Alte mit den Jungen, die sollen loben den Namen des Herrn; denn sein Name allein ist hoch.»

6. Die sechste Bestimmtheit des Berufes, in dem wir alle stehen, besteht in all dem, was wir in den zwei Begriffen der *Führung* und der *Begabung* zusammenfassen können. Jeder Augenblick und also in jedem Augenblick das Gebot findet uns nämlich in einem ganz bestimmten Stand körperlicher und geistiger Bildung, auf einer bestimmten äußeren und inneren (und in bezug auf das Innere: moralischen, intellektuellen, ästhetischen) Kulturstufe oder in einem bestimmt differenzierten Entwicklungsgrad des Verstandes, Willens und Gefühls, dem eine bestimmte Eukrasie, Kräftigkeit und Geschicklichkeit des Körpers parallel gehen kann, oft genug freilich auch durchaus nicht parallel geht. Jeder Mensch hat unter diesem weiteren, von den bisherigen grundsätzlich ganz unabhängigen Gesichtspunkt seinen bestimmten, ihm schlechterdings und unwiederholbar eigenen Standort in einem System, das man mittels zweiter Koordinaten bezeichnen kann: Führung die eine, Begabung die andere.

Wir verstehen unter *Führung* die *geschichtliche* Bestimmtheit, in der das Leben eines jeden Menschen unter allen Umständen gelebt wird. Es ist offenbar nicht gleichgültig, ob jemand als Feuerländer, oder als baltischer Graf, oder als mit Spreewasser getaufter Berliner, ob er im Schatten eines holländischen Kaufmannshauses, oder als sächsischer Proletarier, ob er als Sohn und Großsohn und Urgroßsohn von lauter Basler Theologen, oder als Kind eines Generals der alten deutschen Armee geboren, aufgewachsen und erzogen ist. Obwohl doch alle diese Menschenkinder in den ersten fünf Minuten ihres Daseins alle gleich dürftig dran waren und in den letzten fünf sicher auch wieder alle gleich dürftig dran sein werden. Mit hoher Wahrscheinlichkeit bedeutet je das Eine oder Andere für den betreffenden Menschen das Offenstehen einer ganzen Reihe und ebenso das Verschlossensein einer ganzen anderen Reihe von Möglichkeiten, guter und böser, fördernder und hemmender, aber jedenfalls von Möglichkeiten, deren Vorhandensein oder Fehlen seine Existenz in einer ganz bestimmten durch alle späteren Einflüsse und Mischungen hindurch sich behauptenden Weise prägen. Keiner hat sich diese Prägung, in der er von seinen Eltern und seiner Kinderstube her einhergeht, aussuchen können, sowenig er sich seine Eltern aussuchen konnte. Er hat sie aber, er wird sie in Allem, was er tut und sagt, und wäre es nur in der Form heftigster Opposition oder Verleugnung, im Aufsuchen von allerlei Kontrastmöglichkeiten, verraten. Er ist doch, was er ist. Wir können uns aber auch die späteren Einflüsse, durch die wir zu dem gebildet werden, was wir sind, nur zum allergeringsten Teil wirklich selber wählen. Was wissen wir von den geheimnisvollen Nötigungen, auf Grund derer ein Mensch sich jetzt diesem Anderen eröffnet und anvertraut, jetzt diesen Freundeskreis aufsucht, jetzt diese Universität aufsucht und jetzt diesen Lebensberuf ergreift! Auch die Bildungseinflüsse, denen wir uns bewußt und willentlich aussetzen, sind dann in Wirklichkeit immer ganz andere, als wir erwartet hatten, und bestimmen uns auch in der Regel ganz anders, als wir es auf dem Programm hatten. Wer von Ihnen hätte etwa wirklich gewußt, was er tat, als er anfing, Theologie zu studieren, und über wen wären dann nicht ganz unerwartete Mächte gekommen, als er diesen Plan ausführte? Gewiß, wir sind immer dabei, und zwar verantwortlich dabei, das wissen wir wohl, aber das ändert kaum etwas daran, daß unser Leben auch einfach *geschieht* irgendwo im Großen und im Einzelnen immer nur bis zu einem gewissen Grad durchsichtigen Strom der *Geschichte*. Und nun können wir offenbar, wenn wir nicht so gottlos sind, da von Zufall oder Schicksal zu reden, wir können auch dann, wenn wir etwa zur Erklärung von dem Allem unsere Zuflucht zu einem in den Ster-

nen uns vorgeschriebenen Programm nehmen wollen, dieses un-
aufhaltsame Geschehen doch nur als *Führung* verstehen. Der
Schöpfer, durch dessen Willen die Welt nicht nur allein an-
gefangen hat, sondern auch allein besteht in jedem Augenblick,
nicht nur im Allgemeinen und Ganzen, sondern auch in jeder noch
so kleinen Einzelheit, dieser Schöpfer hat auch, unbeschadet
meiner Freiheit und Verantwortlichkeit, ja gerade *in* meiner Freiheit und Verantwortlichkeit, *mich* heraufgeführt aus dem Nichts
und dann weiter so und so geführt, daß ich das und das wurde,
was ich eben heute bin, hat als Töpfer mit dem Ton gemacht,
was er wollte, und hat es auf alle Fälle gut gemacht. Und als
so Heraufgeführter habe ich ihm nun als dem Gebieter des Gebotes wieder zu begegnen.

Aber das ist nur die eine Koordinate unserer Bildung. Die
andere ist meine besondere *Begabung*. Wir verstehen darunter die
individuelle *physiologisch-psychologische* Bestimmtheit, in der das
Leben des Menschen wiederum unter allen Umständen gelebt
wird. Sie deckt sich offenbar nicht etwa mit der geschichtlichen,
so gewiß diese beiden Linien sich an einem bestimmten Ort schnei-
den, wo es dann unmöglich wird, sie eindeutig auseinanderzu-
halten. Unter allen den verschiedenen geschichtlichen Bildungs-
möglichkeiten meines Lebens und weithin unabhängig davon,
nicht unzweideutig auf jene zurückzuführen, kann ich von Hause
aus ein gesunder oder ein kranker Mensch sein, ferner: klein
oder groß von Gestalt, auffallend kleine Leute haben fast immer
einen ganz besonderen Minderwertigkeitskomplex, der sie unter
Umständen zu den erstaunlichsten Dingen veranlaßt, auf die sie
bei normaler Größe nimmer kommen würden, der ganze Napo-
leon I. ist schon von da aus erklärt worden! – ich kann ge-
wandt, oder mal adrett sein, intelligent oder unintelligent, starken
oder schwachen Willens, ästhetisch stumpf oder feinsinnig, ein-
siedlerisch oder gesellig. Nicht alles Derartige, bei Licht gesehen
vielleicht das Allerwenigste von dem Allem läßt sich im einzelnen
Fall als Vererbung erklären. Die Natur, und zwar die physische
wie die psychische, *macht* eben Sprünge, gestattet sich hier, in ein

Haus voll alter Kultur einen Idioten zu setzen und dort ein Genie in eine Taglöhnerhütte, hier in gediegenster Umgebung einen perversen Lüstling und dort in fragwürdigstem Milieu einen feinen, schlichten, geradsinnigen Menschen aufwachsen zu lassen. Mag die geschichtliche Situation, die geographische, politische, soziologische Bedingtheit des betreffenden Menschen diese seine individuelle Begabung in so und so vielen Fällen unwirksam machen oder doch in Verborgenheit hüllen, mag es unzählige Male vorgekommen sein, daß ein hochbedeutender Mensch unbeachtet verkümmerte, das seiner Begabung Entsprechende menschlich geredet nicht leisten konnte, während ebensooft ein Halbtrottel es zu Amt und Ehren und wer weiß sogar zu weltgeschichtlicher Bedeutung brachte, nur weil seine geschichtliche Stellung, seine Führung sagen wir also, dort hemmend, hier fördernd wirkte – mag die geschichtliche Führung in unseren Augen noch so oft im Schein eines unbegreiflich grausamen Fatums dastehen – wie anders würde unter Umständen das ganze heutige deutsche Geistesleben aussehen ohne jene Schlacht in Flandern im Herbst 1914, in der Gott und eine wenig einsichtige Heeresleitung es zuließen, daß ausgerechnet eine ganze oder halbe studentische Generation, darunter vielleicht so und so viele von den geistigen Führern, die wir heute nötig hätten, in kompakten Massen den englischen Maschinengewehren ausgesetzt wurden[20] –

[20] Nachdem der deutsche Vormarsch im Westen zum Stehen gebracht worden war, versuchte die deutsche Heeresleitung in den beiden Flandernschlachten vom 20. Okt.–3. Nov. und vom 10. Nov.–18. Nov. 1914 durch einen von ihr befohlenen Masseneinsatz von Truppenverbänden aus Freiwilligen und jungen Rekruten das Gesetz des Handelns noch einmal an sich zu reißen und die bereits zu erstarren drohende Front erneut in Bewegung zu bringen. Unter dem Gesang des Liedes «Deutschland, Deutschland über alles ...» brachen am 10. November junge, fast nur aus Studenten zusammengesetzte Regimenter bei Langemarck «gegen die erste Linie der feindlichen Stellungen vor und nahmen sie». Dieser Sturmangriff, der unübersehbare Zahlen Gefallener forderte, wurde in der Folgezeit zu einem Symbol für das heldische Sterben der deutschen Jugend im Kriege, obgleich er militärisch ein Fehlschlag war und den gefürchteten Übergang in den zermürbenden Stellungskrieg sowenig aufzuhalten vermochte wie die übrigen Operationen in jener Novemberschlacht. Der deutsche Soldatenfriedhof bei Langemarck

das Alles bestätigt doch nur, daß es eine *individuelle* Bildung gibt, die von der geschichtlichen zwar gefördert und gehemmt werden kann, die aber grundsätzlich nicht von ihr abhängig ist, die sich oft genug gegenüber jener siegreich durchsetzt, die jedenfalls immer mitzuerwägen ist, wenn wir die Bildungsstufe des Menschen (Bildung jetzt im allgemeinsten Sinn verstanden) als Komponente der Wirklichkeit, in der uns Gottes Gebot begegnet, in Betracht ziehen.

Von Schicksal oder Zufall könnte man natürlich gottloserweise auch hier reden. Wir verstehen den Menschen als Gottes Geschöpf und sagen darum mit dem ja auch in der Profansprache geläufigen Ausdruck: nein, das ist eben seine *Begabung.* So, mit so Vielem oder so Wenigem hat Gott mich, hat er diesen und jenen begabt, beschenkt, als er mich und ihn und indem er mich und ihn aus dem Nichts emporführte. Aber wer berechtigt uns, hier von viel oder wenig zu reden? Man wird mit allen Wertungen und Abwertungen hier wie bei dem, was wir als die göttliche Führung bezeichnet haben, nicht zurückhaltend genug sein können. Nennen wir das Geschaffene gut geschaffen, so meinen wir damit nichts Anderes, als daß es eben von Gott so und nicht anders geschaffen ist, daß es, wenn es unsere eigene Wirklichkeit ist, *die* Wirklichkeit ist, in der wir berufen sind, die für Gott jedenfalls gut genug ist, uns darin aufzusuchen. Und nun redet auch diese Komponente unserer Wirklichkeit *mit* bei der Beantwortung der Frage: was sollen denn *wir* tun? Denn auch sie ist ein Moment unseres *Berufes.* Was wir auch tun werden, wir werden es als die so Geführten und Begabten tun. Und das Urteil Gottes seinerseits wird über uns als die so von ihm Geführten und Begabten ergehen. Wieder sind es zwei Gruppen von Fragen, die sich von hier aus in bezug auf unser Tun ergeben.|

Die erste Frage: Entspricht unser Tun dem, daß Gottes Gebot uns in dem *ganzen* Bestand, in dem wir uns, unter jenem dop-

---

umfaßt 45 000 Gräber. Vgl. H. Thimmermann, *Der Sturm auf Langemarck,* München 1933.

344

pelten Gesichtspunkt betrachtet, vorfinden, in Anspruch nimmt, mit Beschlag belegt? Oder findet etwa bei unserem Tun nicht immer eine teilweise und vielleicht sehr umfangreiche Zurückhaltung statt? Ist es nicht so, daß wir handeln, als ob gar nicht der ganze Bestand dessen, was wir geworden sind und sind, auf dem Spiele stünde, wenn wir vor Gott stehen, sondern bloß ein Teil, ein sehr kleiner Teil vielleicht? Unser Tun dürfte offenbar um so kritischer zu betrachten sein, je weniger wir ganz dabei sind, je mehr wir uns dabei gleichsam eingeteilt, diese und diese Möglichkeit, Anlage und Fähigkeit, die wir haben, bewußt oder unbewußt als in diesem Fall unbeteiligt in den Hintergrund geschoben haben, je mehr wir vielleicht bloß beiläufig handeln, nicht mit dem Einsatz unserer ganzen Persönlichkeit, wie man sagt, d.h. nicht mit dem Einsatz der ganzen Wirklichkeit unserer geschichtlichen und physiologisch-psychologischen Existenz. Gewiß, solche Einteilungen und Zurückstellungen vollziehen wir fortwährend, und in sehr Vielem, was wir tun, handeln wir in diesem Sinne bloß beiläufig. Man sagt z.B., wenn man etwa einen Ort des Vergnügens aufsucht: Ich will jetzt den Theologen einmal ganz zu Hause lassen und nur noch harmlos Mensch sein! Oder man sagt: Ja, da muß nun das ästhetische Gefühl schweigen vor anderen wichtigeren Rücksichten! Oder man läßt, auf dem Gebiet der Wissenschaft z.B., seinen Verstand ganz allein laufen wie ein gutes Pferd, das seinen Stall schon allein finden wird. Oder man überspringt, in gewissen gesellschaftlichen Situationen etwa, den wirklichen Stand seiner moralischen oder intellektuellen Bildung, begibt sich, zum Schein wenigstens (denn in Wirklichkeit kann man das ja nicht) an einen höheren oder auch tieferen Ort als den, der einem eigentlich zukommt. Oder der trivialste, aber in dieser Hinsicht häufigste und vielleicht bezeichnendste Fall: man ist ganz einfach faul, man ist des Treibens irgendwie müde, man vernimmt wohl, daß irgend etwas irgendwoher von einem verlangt ist, aber man hat genug, man mag nicht, man zieht zeitweilig vor, jetzt einmal ruhend sich selbst zu sein. Das Alles, mit Inbegriff der Faulheit, kann erlaubt, ja geboten sein. Es kann durchaus in der Ordnung sein, daß ein Teil unserer Existenz manchmal schläft oder doch schlummert, nicht dabei ist bei dem, was wir tun. Wirklich mit dem Einsatz unserer ganzen Persönlichkeit sind wir wahrscheinlich selten oder nie dabei, und es ist schon besser so, denn sonst würden wir wohl binnen einiger Tage herunterbrennen wie eine Kerze. Aber die *Frage,* ob wir unserem Beruf, nun im Sinn von Führung und Begabung verstanden, getreu sind, diese Frage *erhebt* sich gegen uns im Blick auf diesen Sachverhalt, erhebt sich um so energischer gegen uns, je ausgeprägter jeweils dieser Sachverhalt vorliegen sollte. Daß dem so ist, das darf man sich auch nicht verhehlen. Ein Einteilen und Zurückstellen gewisser Möglichkeiten unserer Existenz gegenüber anderen mag, darf, ja muß es je und je geben. Nicht aber den Versuch, gewisse Möglichkeiten unserer Existenz der göttlichen Inanspruchnahme zu entziehen, nicht ein solches Einteilen und Zurückstellen also, das eine Abstraktion von der Wirklichkeit bedeuten würde. In Anspruch genommen ist grundsätzlich meine ganze Existenz, auch in ihren jeweils schlafenden oder schlummernden Komponenten. Ein wirkliches Ausziehen des Theologenrockes zum Behuf freierer Bewegung gibt es z. B. schon nicht. Überhaupt: unsere Begabung und Führung bedeutet einen character indelebilis, den verleugnen zu wollen, nicht von Gutem sein könnte. Von Gottes Gebot getroffen bin ich in der ganzen Breite meiner Existenz, auch in ihren zeitweilig zurückgestellten, schlafenden oder schlummernden Komponenten. In Anspruch genommen bin ich in der Totalität dessen, was ich geworden bin und bin. Wollte ich etwas davon im Ernst absondern, im Ernst und gänzlich es als nicht beansprucht und unbeteiligt, als Adiaphoron gleichsam freimachen als Gebiet und Gegenstand meiner Willkür – so wäre es unfehlbar so, daß ich selbst in diesem freigemachten, Gottes Gebot vermeintlich entzogenen Teil meines Wesens den eigentlichen Sitz meines Lebens hätte und nicht etwa in dem Gottes Gebot scheinbar zur Verfügung gestellten, vielleicht viel größeren übrigen Teil. Einteilungen, die eine wirkliche Abstraktion, eine Aufteilung meines

Tuns in eine ernstere und eine weniger ernste Sphäre bedeuten würden, würden auf alle Fälle Ungehorsam bedeuten.|

An diesem Kanon also: bin ich, wie einseitig, wie vorzugsweise immer in der und der Richtung, letztlich eben doch ganz dabei, ganz bei der Sache? Oder umgekehrt gefragt: ist die Sache eine solche, bei der ich als der, der ich bin, grundsätzlich ganz dabei sein kann, darf, muß? An diesem Kanon ist unser Tun in dieser Hinsicht vor Allem zu messen. Wobei es also keine Bedeutung hat, ob das, was ich durch göttliche Führung und Begabung bin, viel oder wenig ist, ob ich oder ob Andere es für wertvoll oder wertlos oder gar für gefährlich und schädlich halten. Das Gleichnis von den anvertrauten Talenten greift hier ein mit seiner Warnung vor dem Verscharren des einen einzigen Talentes, das jener letzte Knecht empfangen [vgl. Mt. 25,14–30; Lk. 19,12–27]. Ob uns viel oder wenig anvertraut ist, und was es auch sein möge, was uns vertraut ist (also inbegriffen auch die Anlagen und Möglichkeiten, die wir für weniger gute oder schlechte halten) – einerlei: das bin nun einmal ich, das ist mir anvertraut und das eben, d. h. ich, wie ich bin, bin durch Gottes Gebot gefordert. Was wissen wir denn darüber, ob das, was uns geworden ist an unserem Ort, in jenem Koordinatensystem viel oder wenig ist, gut oder böse? Auch die scheinbar sonnenklarsten derartigen Wertungen sind menschliche, nicht göttliche, vorletzte und nicht letzte Wertungen. Gott wird sein Urteil schon sprechen, und dann vielleicht nach oben und unten ganz anders, als wir selbst es tun würden, als unsere menschliche Umwelt es tut. Erste können dann Letzte, und Letzte können dann Erste sein [vgl. Mk. 10,31], haben wir bereits früher festgestellt. Was von uns gefordert ist, ist nicht, daß wir Vieles, Schönes, Außerordentliches herbeibringen, sondern daß wir bringen, was wir haben und sind, daß wir unseren wirklichen Bestand nicht verschleiern, weil er ja unser schöpfungsmäßiger Bestand ist, daß wir grundsätzlich nichts von dem, was wir sind und haben, dem gerechten Urteil Gottes entziehen, daß wir in unserem Tun das, was wir sind, jedesmal *ganz* sind – nicht um der Ganzheit unseres

Wesens und Werkes, sondern um der Ganzheit des Gebotes willen. Mehr wird nicht von den Knechten gefordert, als daß sie treu erfunden werden [vgl. 1. Kor. 4,2]. Das aber *wird* von ihnen gefordert. Und Treue gegen das Gebot bedeutet dann Wahrheit gegen uns selbst. Das ist ja immer die Unwahrheit, die Lüge gegen uns selbst, daß wir uns Großes oder Kleines, Gutes oder Böses, das nun einmal im Kreise unserer Möglichkeiten liegt, verschleiern, daß wir aus irgendwelchen Gründen nicht zu dem stehen wollen, was wir nun einmal sind und haben. Und das ist die Untreue, der Ungehorsam gegen Gott, daß wir in dieser unvollständigen Wirklichkeit, die dann doch eine ganz andere, nicht unsere eigene ist, unter Fälschung der uns zukommenden Ortsbestimmung nun auch noch vor sein Angesicht treten zu können meinen. Die Wahrheit gegen uns selbst besteht darin, daß wir uns getrauen, uns hüllenlos zu sehen. Und die Treue, der Gehorsam gegen Gott darin, daß wir eben so: hüllenlos auch vor ihm uns einfinden, in dem Beruf, in dem er uns geschaffen hat.|

Die zweite Frage: Entspricht unser Tun dem, daß es *Gottes* Gebot ist, das den ganzen Bestand unseres unter dem Gesichtspunkt der Führung und Begabung betrachteten Das-Seins und So-Seins in Anspruch nimmt? *Gottes* Gebot: d.h. aber das Gebot dessen, der uns geschaffen, geführt und begabt hat bis auf diesen Tag, und der doch letztlich auch allein den Ort unserer Wirklichkeit weiß, dessen Gebot also jederzeit in einem sehr unerwarteten Verhältnis zu dem stehen kann, was wir für die Wirklichkeit unseres Berufes halten. Weil wir um diese Wirklichkeit doch eben nicht so wissen, wie Gott um sie weiß! Ist unser Tun ein aufgeschlossenes Tun, d.h. ein solches, bei dem wir bereit sind, uns jederzeit auch über die uns bewußten Grenzen unserer Bestimmtheit hinausführen oder auch dahinter zurückdrängen zu lassen? Weil unser Bewußtsein davon durchaus nicht das letzte, sondern eben nur ein vorletztes menschliches Wort darüber sein kann? Oder sollte unser Tun ein solches von Menschen sein, die über ihr eigenes Geführt- und Begabtsein Kunde zu haben meinen, als ob sie sich selbst geführt und begabt hätten, als wären sie

mindestens wissend um sich selbst ihre eigenen Herren? Unser
Tun wäre offenbar um so kritischer zu betrachten, je mehr es etwa
im Guten oder im Bösen bestimmt sein sollte durch die Erwägung: So und das bin ich nun einmal, und mit diesem meinem
Das-Sein und So-Sein *muß* nun auch Gott mit seinem Gebot mir
gegenüber rechnen, nach der geschichtlichen und nach der physiologisch-psychologischen Struktur meiner Existenz hat nun auch
Gott sich zu richten, «ultra posse nemo obligatur!»[21] Ich kann
nicht mehr und nichts Anderes leisten, als ich eben bin und habe.
Das kann selbstbewußt und fröhlich gemeint sein wie etwa in dem
Falle, den *Ritschl,* wenn er vom Berufe redete, im Kolleg als
Paradigma anzuführen pflegte: er sei einmal neben einem hinter
einem Schubkarren schwer keuchenden Arbeiter bergauf gegangen, und habe sich die ethische Frage vorgelegt, ob es nicht
allenfalls sein Beruf sein könnte, diesem Mann ein wenig zu
helfen. Worauf er sich aber alsbald zur Klarheit durchgerungen
habe: Nein, denn mein Beruf ist meine theologische Professur,
ein jeder hat aber in seinem Berufe zu bleiben, also habe ich mich
an der Bewegung dieses Schubkarrens als in den Beruf dieses
guten Mannes fallend nicht zu beteiligen. Dasselbe kann aber
auch kläglich und demütig gemeint sein: Ich weiß mir nicht
anders zu helfen, als daß ich mich zu diesem und diesem Stande
der Dinge als zu dem für mich wirklichen bekenne und zu Gott
sage: Lieber Gott, so bin ich dran, so mußt Du mich nun auch
haben, denn anders bin ich nicht zu haben! Das «ultra posse nemo
obligatur» und das darauf begründete Handeln kann so oder so
ebenfalls erlaubt, ja geboten sein. Aber man wird sich die Problematik, in der es stattfindet, dann nicht verhehlen dürfen.
Man muß wissen, was man tut, wenn man so seine Grenzen
verteidigt, und d.h. dann in diesem Fall das Koinzidieren des
göttlich Gebotenen mit dem, was wir können, behauptet. Eine
Begrenztheit des göttlichen Gebotes durch das, was wir zu kön-

---

[21] «Ultra posse nemo obligatur» ist die Umformung des Rechtssatzes des
römischen Juristen Publius Juventius Celsus (um 100 n.Chr.): «Impossibilium
nulla obligatio est», *Digesten* L 17,185.

nen meinen, gibt es jedenfalls nicht. Und könnte unser fröhliches oder klägliches Verteidigen unserer Grenzen nicht immer auch diesen Sinn haben, daß wir uns herausnehmen, Gott eine Grenze ziehen zu wollen? Müssen wir uns doch sagen, daß wir über unsere Grenzen durchaus nur zu wissen *meinen*. Gott, der uns geschaffen hat, könnte sehr viel besser wissen, wie diese unsere Grenzen in Wirklichkeit laufen, und wenn nun sein Gebot die von uns bloß gemeinten Grenzen verrückte, wenn er uns nun, indem er uns sein Gebot gibt, authentischen Bescheid auch über unseren Beruf geben wollte, wenn er uns sagte: Du bist und kannst viel weniger oder auch viel mehr als du meinst und dir zutraust, tu jetzt nur, was dir befohlen ist, du kannst, denn du sollst! – und nun wollten wir uns hartnäckig hinter unserem Meinen über unseren Beruf, über unser Können verschanzen, ja dann wäre unser Tun offenbar Ungehorsam. Diesen Sinn kann also das «ultra posse nemo obligatur» nicht haben, daß wir auf unser «posse» oder «non posse» Gott gegenüber gleichsam trotzten.|

Es kann ja sein, daß wir mit unserem Meinen das Richtige treffen, daß wir genau dahin gestellt sind vor Gott, wo wir uns selbst innerhalb unserer Grenzen stehen sehen, und daß dann auch sein Gebot nicht mehr und nicht weniger von uns will, als daß wir getreulichst daselbst stehenbleiben sollen. Es kann aber doch auch das Andere sein, daß Gottes Gebot eine Erniedrigung oder eine Erhöhung gegenüber dem uns bekannten Stande der Dinge bedeutet, und zwar darum, weil eben ein ganz anderer Stand der Dinge als der uns bekannte der wahre ist. Und weil wir nie wissen können, ob nicht der zweite Fall zutrifft, weil das Bejahen des ersten Falles allzuleicht ein bloßer Sophismus unseres Herzens sein, unser Nicht-Können ein Deckmantel unseres Nicht-Wollens sein könnte, darum muß jetzt der zweite Kanon auf alle Fälle lauten: unser Handeln muß in bezug auf die Wirklichkeit unseres Berufes ein jederzeit und nach allen Seiten offenes Handeln sein, ein Handeln in der Bereitschaft, anders zu handeln, als wir jetzt auf Grund unserer Kenntnis unserer Möglichkeiten meinen handeln zu dürfen und zu sollen. Es geht auch bei dieser zweiten

Frage, wenn auch in etwas anderem Sinn, um die Treue gegen Gott und um die Wahrheit gegen uns selbst. Wahrheit gegen uns selbst heißt jetzt ehrliches Dazustehen, daß wir das Letzte unserer Existenz und ihrer Bestimmtheit so wenig wissen, wie wir es in unserer Macht haben. Das heißt also noch nicht wahr sein gegen sich selbst, wenn man sich, und wäre es in der schonungslosesten Offenheit, sagte: ja, so bin ich nun einmal, und dazu stehe ich auch!, sondern das hieße wahr sein gegen sich selbst, wenn wir diesen Satz zu überbieten und zu kontrapunktieren uns getrauten durch den ganz anderen: Ja, so finde ich mich zwar vor, dazu kann ich aber jeden Augenblick nur dann stehen, wenn Gottes Gebot mich in diesem meinem Beruf bestätigt, wenn er mir also sagt, daß er dazu steht. Tut er das nicht, ja dann kann ich auch nicht mehr dazu stehen, sondern muß anders werden und handeln, ich *muß* es, weil ich es dann, wenn Gott sich zu einem anderen als dem von mir vermeinten Sein bekennt, sicher auch *kann,* und weil es eben auch damit unerbittlich von mir gefordert ist. Diese Wahrheit gegen uns selbst ist dann eo ipso auch Treue gegen Gottes Gebot. Treue, Gehorsam gegen Gott heißt schutzlos, ungesichert, unverschanzt, unverbarrikadiert vor ihm stehen, bereit zu der Einsicht, daß unser wirklicher Ort ein anderer ist als der, den wir uns erträumt hatten und ein wenig trotzig gegen Gott selbst behaupten zu können meinten.

Das sind die beiden Fragen, die in bezug auf unsere Führung und Begabung die Kriterien unseres Tuns bilden.

7. Die siebente und letzte Bestimmtheit unserer Existenz ist so allgemein und scheinbar so binsenwahr wie die erste, daß wir Menschen sind. Wir sagen nur noch ganz wenig darüber, weil wir sonst nur ganz viel darüber sagen könnten. Sie besteht sehr schlicht darin, daß uns «gesetzt ist, einmal zu *sterben* – danach aber das Gericht» (Hebr. 9,27). Sterben kann in der Bibel heißen: Vergänglichkeit, φϑορά und ist dann der Fluch und die Strafe, die auf allem liegt, was Fleisch ist. ⌐In diesem Sinne ist unser Sterben der Tod, der durch die Sünde in die Welt kam [vgl. Röm. 5,12].⌐ Sterben kann aber auch heißen: Endlichkeit des Geschöp-

fes als sein Merkmal im Unterschied zu dem, der allein das Leben hat. Wir haben es hier mit der zweiten[22] dieser zwei Bedeutungen zu tun. Unser Leben und also auch unser Tun verläuft in jedem Augenblick innerhalb der Schranken und in der Bestimmtheit, daß wir sterben müssen, d.h. daß es ein Ende mit uns haben muß [vgl. Ps. 90,12; 39,5], und daß eben hinter diesem Ende das Gericht anbricht. Hinter diesem Ende, d.h. aber in schlechthinniger Überlegenheit, als ein kompetentes und mächtiges Gericht über unser Leben. Wir leben und handeln als die, die im Unterschied zu Gott sterben müssen – ob unser Handeln dem entspricht, daß es so mit ihm und mit uns selbst bestellt ist, das ist die Frage, die hier aufsteht. Wir handeln innerhalb der Todesgrenze, über die kein Handeln hinausreicht, sub specie mortis, unter dem Aspekt des Friedhofs, den wir zu überbieten nicht in der Lage sind. Nicht das Sterben ist das Gericht über unser Handeln – Gott ist nicht der Tod –, aber das Sterben ist das letzte uns gegebene Kriterium unseres Handelns, der äußerste und gerade darum dringlichste Gesichtspunkt unserer Bereitung für das Gericht. Verantwortlich handeln – vielleicht geht uns erst hier die ganze Schwere des scheinbar so vagen Begriffs des verantwortlichen Handelns auf – verantwortlich handeln würde heißen, im Blick darauf handeln, daß der Augenblick, dem wir entgegengehen, unser letzter Augenblick sein, daß der Herr mit seinem richtenden Gebot jetzt eben uns zum letzten Mal und endgültig begegnen könnte. Wann wüßten wir etwa darum, daß dies nicht der Fall sein werde? Wann wäre es uns also gestattet, es mit unserer Bereitung leichter zu nehmen, als indem wir unser Wollen in dieses Licht stellen? Ja, und wenn wir es wüßten, daß unser Ende noch ferne ist – was wir doch nicht wissen –, wäre das Sterben nicht heimlich doch da in unserem gegenwärtigen, sterblichen, vom Tode so oder so schon gezeichneten Leben, könnten wir uns anders verstehen denn als Sterbende, dürften wir uns dagegen wehren, daß dieses Kriterium in Kraft

---

[22] Text A: «*Wir haben es hier mit der ersten dieser zwei Bedeutungen zu tun.*»

steht und mit ihm die Frage: ob denn unser Tun ein solches sei, das Sterbenden zukommt? Es könnte ja auch sein, daß wir offen oder heimlich leben zu können meinten wie die seligen Götter im Vergessen unserer Geschöpflichkeit, als ob wir eine Ewigkeit zur Verfügung hätten? Böse hieße dann eben vergessen, daß wir sterben müssen, gut aber wäre ein solches Handeln, bei dem die Endlichkeit unseres Lebens und die es umgebende Unendlichkeit Gottes bedacht wäre. Aber wie sollte es ein Vergessen und wie sollte es hier ein genügendes Bedenken geben, so daß wir von gut und böse zu reden uns getrauen dürften? Wir können nur sagen, daß Berufensein auf dieser letzten Stufe heißt: im Schatten des Todes berufen sein. Hier und so begegnet uns Gottes Gebot. Es richtet sich an Sterbende. Hier und als solche haben wir ihm mit unserer nächsten Entscheidung zu antworten.

§ 9 DIE ORDNUNG

Gottes Gebot bedeutet immer eine Regelung, d.h. die Herstellung einer Stetigkeit meines Handelns. Es nimmt mich in Anspruch, und ich habe es zu hören, indem es mich verpflichtet, d.h. indem es mich daran erinnert, daß mein Leben als mein Eigenleben sowohl wie als mein Zusammensein mit anderem Leben mit Allem, was geschaffen ist, dem einen Schöpfer gehört und untergeben ist.

1.

Was sollen wir tun? haben wir in § 7 gefragt und: Was sollen *wir* tun? in § 8. Wir verlegen nun den Schwerpunkt der Frage in den Begriff des *Sollens.* Wir fragen nun im engsten Sinn danach, was es bedeutet, daß Gottes Gebot uns *angeht,* was denn das ist, was es an uns *heran*trägt, in unser Denken und Wollen und Fühlen *hinein*tragen will, damit unser Denken, Wollen und Fühlen sich danach *richte,* dadurch *bestimmt* werde. Viel Anderes geht uns ja fortwährend *auch* an. Die Kräfte der uns umgebenden Natur (z. B. die Hitze des Sommers) gehen uns fortwährend sehr lebhaft an. Stimmen von Menschen, liebe und böse, ermutigende und beunruhigende, wissende und ratlose, ruhige und aufgeregte, berufene und unberufene, gehen uns unablässig an. Und es gibt auch dämonische Stimmen in der Welt – wir werden später auch davon zu reden haben –, die uns angehen. Welches ist die besondere Art, in der uns das Gebot Gottes angeht? Was will es von uns? Wir hörten in § 7, daß sein Inhalt (Inhalt im Sinn von Material verstanden) das Leben ist: es geht auf alle Fälle um unseren Lebensakt, er ist auf alle Fälle das Substrat des Gesollten. Aber was ist nun das Gesollte unseres Lebensaktes als solches? Was macht ihn zum gesollten, zum unter das Gebot des Schöpfers gestellten Lebensakt? In welcher besonderen Auszeichnung würde er dem Willen des Herrn des Lebens entsprechen? Was ist der Inhalt des Gebotes, sofern unter Inhalt jetzt nicht das verstanden sein soll, worauf sich das Gebot bezieht, sondern die Beziehung des Gebotes als solche, die Formung jenes Materials durch das Gebot? Und wenn wir in § 8 den Menschen als das *Subjekt* des schöpfungsmäßigen *Lebens* in seinem Berufensein zum Gebot Gottes ins Auge faßten, wenn wir uns klarmachten, daß der Gebieter ja kein Anderer ist als unser Schöpfer, daß also schon unsere eigenste Wirklichkeit eine Bestimmtheit für Gottes Gebot, gleichsam einen Spiegel des Gebotes bedeutet, daß schon unser Beruf in Korrelation steht zu dem an uns ergehenden Ruf, so ist nun offenbar doch auch dieser an uns ergehende Ruf als solcher zu hören. Es ist zu fragen: *wozu* wir denn berufen sind? Es ist also der Mensch auch als *Objekt* des *Gebotes* des Lebens zu verstehen. Wir werden auch hier an die Grenzen der Ethik, also daran zu denken haben, daß wir nicht in der Lage sind, dieses Uns-Angehen des göttlichen Gebotes etwa zu vollziehen, also in irgendeiner Hinsicht abschließend und in concretissimo zu dekretieren: Das und das ist unter allen Umständen gesolltes, gebotenes Tun, durch das Gebot geformtes Leben, meine Wirklichkeit als Objekt des Gebotes des Lebens.

Das sagt Gott, das sagt keine Ethik. Aber die Erinnerung, daß die Ethik das Gebot Gottes nicht aufstellen, sondern nur in der Voraussetzung, daß es durch sich selbst aufgestellt ist und fort und fort aufgestellt wird, darauf hinweisen kann, diese Erinnerung darf uns auch hier nicht daran hindern, diesen Hinweis wirklich zu vollziehen. Haben wir das Gebot Gottes in § 7 verstanden als Gebot des *Lebens,* in § 8 als das *uns* gegebene Gebot, so haben wir es nun als *Gebot* zu verstehen, haben uns zu vergegenwärtigen, daß die Offenbarung des Gebotes des Lebens ein durchaus nicht «irgendwie», sondern ein sehr *charakteristisch* bestimmtes, ein von anderen sehr wohl zu *unterscheidendes* Ereignis ist, und haben zu verstehen, in was dieses Charakteristische und Unterscheidende bestehen möchte.

Wir gehen hier am einfachsten und sachgemäßesten aus davon, daß wir es im Gebot Gottes mit *Gott selbst,* mit dem Schöpfer im Unterschied von aller materiellen oder spirituellen Wirklichkeit der geschaffenen Welt, also konkret vor Allem: im Unterschied von uns selbst zu tun haben. Wir haben es zu tun mit einem *Willen,* der *unserem* Willen *begegnet* mit der Forderung, daß unser Wille sich vor ihm beuge, ihm untergeben sei, ihm konform werde. Diese Forderung besteht darum zu Recht und tritt darum gebieterisch an uns heran, weil er der Wille des Schöpfers, unser Wille aber der Wille des Geschöpfs ist, das ohne den Schöpfer nicht nur nicht geworden wäre, sondern auch keinen Augenblick Bestand hätte. Darum fordert sie nichts Unerhörtes oder Ungebührliches, aber auch nichts in sich Unmögliches. Sie fordert einfach, daß das Geschöpf sei, was es ist, nämlich eben Geschöpf. Unsere geschöpfliche Freiheit ist die uns vom Schöpfer gegebene und damit wesenhaft zur Konformität mit seiner göttlichen Freiheit bestimmte Freiheit. Eine andere Freiheit, ein Eigenwille des Geschöpfs im Gegensatz zu seinem Schöpfer bedeutet nicht mehr und nicht weniger als die Verleugnung seiner eigenen Wirklichkeit, sie ist eo ipso nicht etwa als Gebrauch, sondern nur als unbegreiflicher Mißbrauch der Freiheit zu verstehen. Rechnen wir mit einer solchen anderen Freiheit, so müssen wir wissen, daß wir *damit* das in sich Unmögliche, das Mysterium iniquitatis[1] als Wirklichkeit bekennen. Im Gehorsam gegen den Schöpfer ist das Geschöpf, was es ist. Die Forderung des Schöpfergebotes kann also sachlich nichts anderes sein als die Forderung des eigensten Wesens des Geschöpfes. Das ist der berechtigte Sinn des alten Begriffs der lex naturae und des modernen Begriffs der Autonomie des Sittengesetzes. Beide Begriffe sagen: Gott fordert nichts Anderes, als was durch das Wesen der von Gott geschaffenen Kreatur gefordert ist.|

Daraus folgt nun aber mitnichten, was man daraus gefolgert hat, daß das Ereignis der Offenbarung des Gebotes darin bestehe, daß das Geschöpf die Forderung des Schöpfers an sich selbst zu richten in der Lage sei. Daraus, daß das Gesetz Gottes in der Tat kein anderes ist als das eigene Gesetz der von ihm geschaffenen Natur, folgt keineswegs, daß die Natur selbst zum Gesetzgeber erhoben sei. Und daraus, daß das Sittengesetz das Gesetz unseres eigenen Wesens ist, folgt keineswegs, daß es in unserer Macht stünde, es zu erkennen und aufzurichten. Das Alles könnte offenbar nur dann behauptet werden, wenn man das Verhältnis von Schöpfer und Geschöpf, d. h. den qualitativen, unendlichen und unumkehrbaren Unterschied zwischen beiden, mit dem deistischen Mythus auf den Eintritt des Geschöpfs in die Wirklichkeit, also auf einen in irgendwelcher Ferne liegenden Schöpfungsakt beschränken, seine Aktualität aber, d. h. die unaufgehobene Bestimmtheit dieses Verhältnisses durch die Bedingungen des Schöpfungsaktes, in Abrede stellen wollte. Man müßte dann das Geschöpf als eine vom Schöpfer nicht nur unterschiedene, sondern ihm gegenüber auch selbständige Wirklichkeit verstehen, den Schöpfer aber nur noch als den gewesenen Schöpfer, aktuell dagegen nur noch als den Beziehungspunkt der selbständigen Wirklichkeit des Geschöpfes, den metaphysischen Oberbegriff, unter dem es diese seine eigene, in sich gegründete Wirklichkeit versteht. Erkenntnis des Willens Gottes wäre dann nur die Er-

---

[1] Vgl. 2. Thess 2,7: Vulgata.

kenntnis des wohlverstanden eigenen Willens, und es wäre dann die Gehorsamsforderung, mit der uns der göttliche Wille entgegentritt, nur als Symbol der Tatsache zu verstehen, daß das Geschöpf in seiner eigenen Wirklichkeit, um seiner selbst willen und auf Grund seiner eigenen Vollmacht sich selber sagt, was Gott will.|

Dieser deistische Mythus von der unaktuell gewordenen Schöpfungsordnung des Verhältnisses von Gott und Mensch und von der Übertragung des Schöpferwillens an das Geschöpf ist nun aber nichts Anderes als die Theorie zu der Praxis des Ungehorsams und letztlich der Gottesleugnung. Die Theorie lautet: «Nehmt die Gottheit auf in euren Willen, und sie steigt von ihrem Himmelsthron.»[2] Diese Theorie ist darum ein Mythus, *der* große anthropologische Mythus, der Mythus des Abfalls und Aufruhrs, *die* große Lüge, weil die in unseren Willen aufgenommene Gottheit nicht mehr die Gottheit, nicht mehr der Schöpfer ist. «Finitum capax infiniti»[3] heißt auch in dieser Hinsicht: es gibt keinen Gott, weil wir selber Gott sind. Aber auch wenn man diese letzte Konsequenz kurzsichtigerweise bestreiten wollte, so wird man sich doch zeigen lassen müssen, daß die Forderung, die wir an uns selbst richten, als solche jedenfalls nicht die Forderung Gottes, und der Gehorsam, den wir dieser von uns selbst aufgerichteten Forderung schenken, jedenfalls nicht Gehorsam gegen Gott ist. Indem ich mich selbst als Gesetzgeber verstehe,

[2] «Nehmt die Gottheit auf in Euren Willen und sie steigt von ihrem Weltenthron», so F. Schiller in dem Gedicht *Das Ideal und das Leben* (1795).

[3] Die Formel, daß das Endliche aufnahmefähig für das Unendliche sei, gilt seit dem späten 16. Jahrhundert als Erkennungszeichen der lutherischen Orthodoxie. Nach A. Adam (*Lehrbuch der Dogmengeschichte*, Bd. II, Gütersloh 1968, S. 402f.) kommt zwar nicht als Schöpfer des Gedankens, wohl aber als Urheber dieser Formulierung Johannes Brenz in Frage: *Recognitio propheticae et apostolicae doctrinae de vera majestate Domini nostri Jesu Christi*, Tübingen 1564, S. 60. Brenz wiederum scheint die Formel in bewußtem Widerspruch zu einer Wortprägung des Wolfgang Musculus: «Quod finitum est, infinitum comprehendere non potest» (*Loci communes sacrae Theologiae*, Basel 1563, S. 6), abgefaßt zu haben, die danach – zu dem Satz: «finitum non est capax infiniti» kontrahiert – ihrerseits zu einem Schibboleth der reformierten Lehre wurde.

meine ich ja, wenn ich von mir selbst rede, ausdrücklich oder stillschweigend doch nur mein geistiges, von der Natur unterschiedenes Ich, die Einheit der transzendentalen Apperzeption oder dergleichen im Gegensatz zu der sichtbaren raumzeitlichen physiologisch-psychologischen Gegebenheit meines Ich. Ein Gott, der in diesem Gegensatz des Geistes und der Natur, des Idealen und Realen, des Unsichtbaren und Sichtbaren steht, ein Gott, der wohl ein Gott des Himmels, aber nicht der Erde zu sein scheint, mag eine richtig beobachtete anthropologische Wirklichkeit sein – er könnte freilich auch ein Dämon sein, er ist aber nicht *Gott,* wenn anders Gott Aseität, d. h. Herrschaft über Alles, zukommt. Ferner: indem ich mich, sei es denn ohne ausdrückliche Gottesleugnung, als Selbstgesetzgeber, als von Gott beauftragter Gesetzgeber zwischen Gott und mich selbst bzw. mein niederes Ich hineinschiebe, kann ich offenbar seine Forderung nur noch dialektisch als *seine* Forderung, kraft derselben Dialektik aber auch als meine *eigene* verstehen, kann ich auch meinen Gehorsam gegen sie nur von der einen Seite als Gehorsam gegen Gott, sondern muß ihn von der anderen Seite ebenso als Gehorsam gegen mich selbst begreifen. Ein Gott, der sich in diesem vom ganzen Idealismus und am begeistertsten von den idealistischen Theologen angenommenen dialektischen Verhältnis zu mir befindet, unter dem ich jederzeit, «zur Abwechslung», wie etwa *Ritschl* zu sagen pflegte, mich selbst verstehen kann, ein Gott, der seine Würde in dieser angenehmen Weise mit mir teilt, ein solcher Gott ist eben nicht *Gott.* Wiederum ein vielleicht unentbehrlicher anthropologischer Hilfsbegriff, dessen Verwechslung mit dem Gottesbegriff man aber unterwegen lassen[4] sollte. Und ferner: ein Gott, der wohl einmal Schöpfer aus dem Nichts und also Alleingesetzgeber gewesen ist, nun aber offenbar ein bloßer Zuschauer einerseits und Blick- und Beziehungspunkt andererseits einer sich selbst genügenden geschöpflichen Wirklichkeit geworden ist, ein solcher Gott ist eben ein typisch *gewesener,* ehe-

[4] schweizerisch für: unterlassen.

358

maliger, emeritierter Gott, es hat keinen Sinn mehr, ihn als Gott vor einem zum Verständnis unserer eigenen Wirklichkeit unentbehrlichen «Als ob» auszuzeichnen und unter dem Titel der sogenannten Religion ein besonderes Verhältnis zu ihm zu unterhalten. Es wird einer idealistischen Theologie nicht so bald gelingen, den Nachweis zu führen, inwiefern der Gottesbegriff als solcher nicht ein fünftes Rad am Wagen ist, ohne das man im Grunde wirklich besser fahren würde. Steigt die Gottheit von ihrem Himmelsthron, indem wir sie in unseren Willen aufnehmen, ist «finitum capax infiniti» – ist es dann etwas Anderes als eine Frage des Taktes und Geschmackes, ob man es nicht geradezu heraussagen will, daß Gott als Gott seinen Geist aufgegeben hat?

Aber wir gingen ja aus von dem Satz, daß die Forderung des göttlichen Gebotes in der Tat die Forderung des eigensten Wesens des Geschöpfes ist: die Forderung des *göttlichen,* also des von Gott gegebenen und offenbarten Gebotes präzisieren wir nun und sagen gegen den deistischen Mythus und die auf ihn sich gründende Ethik als letztes das, daß sie die Aufhebung auch der particula veri, auf die sie sich gründet, bedeutet: denn mit jener Beseitigung Gottes als des Alleingesetzgebers und mit jener Erhöhung des Menschen zu seinem Stellvertreter ist offenbar nicht mehr und nicht weniger geschehen, als daß die Forderung des einen wahren Gottes überhört und damit, eben damit auch die Forderung des eigensten Wesens des Menschen überhört, das Anliegen der Humanität also keineswegs gewahrt, sondern fallengelassen wird. Jetzt, jetzt, indem das Geschöpf die Würde des Schöpfers an sich reißt, verliert es, indem es das Gehör verliert für *sein* Gebot, seine Würde als Geschöpf, verleugnet es seine eigene Wirklichkeit. Geschöpfliche Würde, Menschenwürde besteht ja gerade in *der* Freiheit, der einzig möglichen geschöpflichen Freiheit, die nicht geschöpflichen Eigenwillen im Gegensatz zum Schöpfer bedeutet – auch nicht unter dem Titel, daß es die Gottheit in seinen Willen aufgenommen habe und «finitum» sei «capax infiniti», am allerwenigsten unter diesem Titel werden wir nun sagen –, sondern Anerkennung dessen, daß unser Leben

Gott gehört, und also Unterordnung unseres Eigenwillens als eines heute wie am Schöpfungstag in keiner selbständigen Wirklichkeit beruhenden unter den Willen eben des Schöpfers.|

Also: wir haben es im Gebot mit dem Willen des Schöpfers und gerade nicht mit unserem eigenen Willen zu tun, und dieser Wille des Schöpfers will unsere Unterordnung. Als den Willen des Schöpfers haben wir ihn als *guten* Willen zu verstehen. Denn was soll es im Umkreis der geschaffenen Wirklichkeit für ein Maß des Guten geben, als eben den Schöpfer, durch den allein alles Wirkliche wirklich ist? Gemessen an *seiner* Wirklichkeit ist die geschaffene Wirklichkeit gut oder nicht gut: *gut* offenbar in der Konformität mit ihm, *nicht* gut offenbar in jener unbegreiflichen oder nur als Mysterium iniquitatis begreiflichen Nicht-Konformität. Und wenn nun diese geschaffene Wirklichkeit geschöpfliche Freiheit, geschöpflicher Wille ist, so will der Schöpfer offenbar darin ihr eigenes Gutes, daß er ihre *Unterordnung* will. Daß er ihr Herr sei, daß er also in der Freiheit unseres geschöpflichen Willens als der Herr anerkannt werde, das ist es, was uns gut ist, und darin ist unser Wille guter, in sich selbst guter Wille, daß er diese Unterordnung *leistet*. Das will das Gebot von uns. Und eben darum wird das Gebot im ganzen Alten Testament keineswegs beseufzt, sondern – Ps. 119! – als Gnade und Wohltat gepriesen. Es will, im tiefsten Sinne verstanden, nichts anderes von uns als unser eigenes Bestes. Aber als *Gottes* Gebot will es verstanden sein, wenn es in dieser Bedeutung verstanden werden soll. Eben indem wir diese einfache Unterstreichung vollziehen: *Gottes* Gebot, ist nun aber über den Charakter und Inhalt des Gebotes das Entscheidende bereits gesagt. «Unterordnung unseres Willens unter den Willen Gottes», so allgemein und formal dieser Begriff zu sein scheint, er sagt uns in Wirklichkeit alles, wonach wir in diesem Zusammenhang fragen.

Ein Gott untergeordneter Wille ist offenbar erstens ein solcher Wille, der unter einer *Notwendigkeit* steht. Nur Gott ist notwendig, ist in sich selbst begründet und keiner weiteren Bedingung unterworfen. Nur in der Unterordnung unter seinen Willen gibt es also einen geschöpflichen Willen, der – gewiß nicht selber Notwendigkeit hätte, wohl aber unter Notwendigkeit stünde. Alles Andere, dem wir uns auch unterordnen können, ist nicht notwendig, so gewiß es nur Geschöpf, vielleicht geistiges Geschöpf, aber Geschöpf ist. Dem Schicksal kann man, wie wir bereits feststellten, trotzen, Naturgewalten kann man, wenn sonst nichts hilft, wenigstens unerschrockenen *Geistes* widerstehen, daß es keine geistige Gewalt gibt, der wir uns nicht entziehen könnten, braucht nicht gesagt zu werden, mit menschlichem Willen konkurriert unser Wille offenbar auch und gerade, indem er sich ihm vielleicht unterwirft. Immer ist unser Wollen, wenn es nicht Gott untersteht, *nicht* notwendig bestimmtes, letztlich unbestimmtes, keinem Gebot unterworfenes Wollen. Wirkliches Gebot ist nur Gottes Gebot, indem es als solches auch den letzten Schlupfwinkel einer nicht notwendigen, nicht unbedingten und also gar nicht wirklichen Bestimmtheit unseres Willens aufhebt, indem es ihm in seiner ganzen geschöpflichen Zufälligkeit die Richtung auf das Notwendige gibt.

Ein Gott untergeordneter Wille ist zweitens ein *einheitlicher* bestimmter Wille. Wieder kann unter Allem, was uns bestimmen kann, nur von Gott gesagt werden, daß er das *Eine,* der *Eine* ist, und unter allen möglichen Bestimmungen unseres Willens nur von der von ihm ausgehenden, daß sie eine einheitliche und unzweideutige sei. Wo wir sonst hinblicken mögen, die Größen der geschaffenen Welt, die in ihrer Weise auch gebieterisch an uns herantreten, sind einerseits zusammengesetzte Größen, andererseits im Gegensatz zu anderen stehende Größen. Ihnen ermangelt zur wirklichen Einheit sowohl das Merkmal der Einfachheit wie das Merkmal der Einzigkeit. Einfach und einzig und darum Einer ist nur Gott. Sie nehmen wohl teil an der Einheit, aber sie sind nicht das Eine. Und so kann denn auch das, was sie in ihrer Weise von uns wollen, nicht das sein, daß wir das Eine wollen, sondern aller anders als durch Gott bestimmte Wille ist ein solcher, der irgend Etwas im Gegensatz zu allerlei Anderem will, der aber auch in sich gebrochen und mannigfaltig ist, so gewiß man nur das Eine so wollen könnte, daß man nicht zugleich immer auch noch Anderes wollte. Der Gott untergeordnete geschöpfliche Wille ist nun freilich auch noch auf dies und das im Gegensatz zu diesem und jenem Anderen gerichtet, aber das ist seine Auszeichnung, daß er in dieser seiner geschöpflichen Uneinheitlichkeit eine einheitliche Bestimmung, d. h. eine Richtung auf das Eine, bekommt, ebenso wie er notwendig bestimmt ist.|

Und nun fassen wir Beides, die Notwendigkeit und die Einheit, zusammen, indem wir sagen: ein Gott untergeordneter Wille ist ein durch die *Ordnung* bestimmter Wille. *Die* Ordnung, das Prinzip und die Wahrheit aller Ordnung in der Welt, ist Gott ihr Schöpfer selber und allein. Indem wir uns dem Willen Gottes beugen, beugen wir uns nicht unter eine Macht der Willkür, der Laune oder des Zufalls, sondern unter die Macht der *Ordnung:* eben weil Gott notwendig und Einer ist, weil alle andere Notwendigkeit und Einheit nur von ihm geliehen und nur durch ihn Notwendigkeit und Einheit ist, weil alle andere Macht in der Welt in ihm ihre Ordnung hat. Wir reden von Ordnung da, wo die Wirklichkeit nicht nur gegeben ist, sondern als regelmäßige Wirklichkeit in bestimmter Stetigkeit ihres Wirklichseins gegeben ist. Eben darum heißt sich unterordnen: sich unter eine Ordnung und Regel, in eine Reihe stellen. Und also sich Gott unterordnen: sich unter *die* Ordnung, *die* Regel stellen, in *die* Reihe, außerhalb derer die Wirklichkeit weder Notwendigkeit noch Einheit hat und also keine Wirklichkeit ist. Wirkliche Unterordnung gibt es also nur als Unterordnung unter Gott.|

Wir stehen unter vielen Ordnungen. Ob sie Ordnung *sind* oder nicht, bloß scheinbare Ordnung, das fragt sich bei allen Ordnungen, die nicht unmittelbar *die* Ordnung, also letztlich Gott selbst oder das unmittelbare Zeugnis von ihm sind. Daß wir uns, indem wir unter den vielen mittelbaren und unmittelbaren Ordnungen stehen – und wir können beide nicht überspringen –, daß wir uns unter *die* Ordnung stellen, nein gestellt erkennen (jene sind ja Ordnungen nur, sofern sie von Gott selbst als solche bestätigt sind), daß wir in den nicht ursprünglichen, abgeleiteten Ordnungen unter der ursprünglichen eigentlichen Ordnung Gottes stehen, das ist es, was Gottes Wille will von unserem Willen. Mit diesem auf unseren Willen erhobenen Anspruch tritt er uns gebieterisch entgegen. Indem er sich unserem Wollen und Handeln gegenüber geltend macht, bedeutet er dessen Regelung, die Herstellung einer Stetigkeit unseres Wollens und Handelns. Er entzieht uns eben der Willkür, der Laune, dem Zufall, die für die gottlos gesehene Kreatur bezeichnend wären. Er drückt unserem Wollen und Handeln den Stempel der Notwendigkeit und Einheitlichkeit auf, die sein, Gottes eigenes Wesen ist. Er gibt ihm die Richtung, die seiner eigenen Ordnung entspricht. Er gibt ihm das Vorzeichen seiner Oberherrschaft und also des Gehorsams. Er gibt meinem Tun in diesem Augenblick einen *Charakter,* der nicht nur für diesen Augenblick Bedeutung hat, sondern grundsätzlich auch für den nächsten und für alle folgenden Augenblicke, einen Charakter, der nicht nur für mein gehorsames Tun bezeichnend ist, sondern grundsätzlich auch für das Tun jedes anderen Menschen. Er gibt ihm also den Charakter des *Allgemein-Gültigen.* Er verpflichtet mich im Blick auf mein Tun, eben indem er mich erinnert, daß ich nicht mir selbst gehöre, sondern sein Geschöpf bin. Er läßt mich mein Tun verstehen als ein gerade um meiner eigenen Freiheit und Würde willen gebundenes Tun. Diese Gebundenheit ist es, was der Wille Gottes will von unserem Willen. Und die Offenbarung dieses seines Willens ist eben das *Gebot.|*

Als das Gebot des Lebens verstehen wir es in diesem Zusammenhang. Indem unser Eigenleben und unser Zusammensein mit anderem Leben, unser Wille zum Leben und unsere Ehrfurcht vor dem fremden Leben nicht sich selbst überlassen, sondern Inhalt des göttlichen Gebotes sind, ist ihnen die Ordnung des *Schöpfers* des Lebens auferlegt. Nicht an sich damit, daß ich *lebe,* sondern indem ich in dieser *Ordnung* des Lebens lebe, lebe ich im Gehorsam gegen das Gebot des Lebens. Meine Handlung ist, als mein Lebensakt betrachtet, gut, sofern sie jenes Vorzeichen, jenen Stempel trägt, sofern sie jenen Charakter des Allgemeingültigen (des für diesen wie für den nächsten Augenblick, des für mich wie für Andere Gültigen) besitzt, sofern ich verpflichtet, sofern ich gebunden handle. Der mich Bindende ist Gott, niemand und nichts sonst. Eben darin zeigt sich auch hier die Grenze der Ethik, daß wir keine Ordnungen mit absoluter Stringenz aufzeigen können, an die gebunden unser Tun auf alle Fälle gut, an die nicht gebunden es auf alle Fälle nicht gut wäre. Auch wenn wir in der Lage wären, in der wir nicht sind, eine vollständige Tafel der Ordnungen aufzustellen, unter denen wir stehen – wir wären darum doch nicht fähig, über Gut und Böse endgültige Worte zu sagen, denn *die* Ordnung fällt auch mit der Totalität *der* Ordnungen nicht zusammen. Sie haben ihre Kraft als wirkliche Ordnungen nicht durch sich selbst, sondern durch *die* Ordnung, durch den freien Spruch des Schöpfers. Er bindet uns wohl, aber er ist nicht gebunden. Er ist immer nur an sich selbst gebunden. Und dem Gebot gehorchen, muß auf alle Fälle heißen: ihm gehorchen. Der große Relativismus der Aufstellungen gerade einer theologischen Ethik darf sich und wird sich also auch hier nicht verleugnen. Wie könnte es anders sein, wo es um die Erkenntnis des absoluten Gebotes geht? Aber nun ist auch hier das Andere zu sagen. Gott begegnet uns auf alle Fälle als der unseren Willen Bindende. Der Schöpfer ist auf alle Fälle der Gott der Ordnung. Es ist auf alle Fälle so, daß gutes Handeln notwendig und einheitlich bestimmtes Handeln ist. Wir können nicht eindeutig dieses Handeln als gebunden und also gut, und jenes als ungebunden und also böse bezeichnen. Wir können und müssen aber völlig eindeutig sagen, daß gebundenes Handeln gut, ungebundenes böse ist.|

Wir können und müssen ein weiteres *Kriterium* unseres Erkennens des Gebotes feststellen. Und zu dieser Erkenntnis ist nun ein Blick auf die bestehenden Ordnungen so wenig überflüssig oder irreführend wie im vorigen Paragraphen der Blick auf die Bestimmtheiten unseres Berufes, obwohl wir auch dort davon ausgingen und immer wieder darauf zurückkamen, daß unser Beruf in concretissimo nur Gottes eigenes Wort sein kann. Wo immer wir unter *Ordnungen* stehen, wo unser Lebensakt beansprucht ist für eine gewisse Regelmäßigkeit und Stetigkeit, wo wir ihn als gemessen zu erkennen haben an einem Allgemeingültigen, da kommt es jedenfalls in *Frage,* ob die betreffende Ordnung nicht *die* Ordnung, ob die kreatürliche und darum uneigentliche Notwendigkeit und Einheitlichkeit, die sich unserem Handeln von irgendwoher aufdrängen will, nicht Repräsentant des gebietenden Gottes selbst sein möchte, da wird Besinnung darüber nötig, ob wir ihr nicht zu gehorchen haben, um Gott nicht ungehorsam zu sein.|

Und nun ist doch *noch mehr* zu sagen. Wenn wir von *bestehenden* Ordnungen reden, so meinen wir nicht zufällig bestehende, unter diesen und diesen geschichtlichen Verhältnissen bestehende und mit ihnen stehende und fallende Ordnungen. Solche gibt es allerdings auch, und welches ihre ethische Relevanz ist, davon wird später besonders in unserem 3. Kapitel zu reden sein. Es gibt aber auch *Schöpfungsordnungen,* d.h. aber solche Ordnungen, die unmittelbar mit der Tatsache unseres Lebens selbst in Frage kommen (und doch nicht nur in Frage kommen) als Repräsentanten *der* Ordnung, als geschöpflicher Maßstab und Erkenntnisgrund des Willens des Schöpfers, als Worte, an denen wir im Gehorsam gegen *das* Wort auf keinen Fall vorübergehen können, weil sie uns mit unserem Leben selbst auf die Lippen und ins Herz gelegt sind als unmittelbare Zeugnisse von *dem* Wort, als Worte, die in keiner geschichtlichen Lage anders lauten können, Urworte gleichsam, auf die sich alle geschichtlich gewordenen und gestalteten Ordnungen, aber auch alle ernsthaften Versuche, diese abzuändern oder umzustürzen, zurückbeziehen und berufen müssen als auf ihren wenigstens vorletzten Grund – Urworte, die das Wort Gottes selbst auf alle Fälle verkündigen, die also als Repräsentanten der Ordnung Gottes nicht nur in Frage kommen, sondern die das auf alle Fälle *sind,* die unter allen Umständen die einheitliche notwendige Bindung beschreiben, die unser Handeln zum guten Handeln macht, die man also im Gehorsam gegen Gottes Gebot nicht *nicht* respektieren kann.|

Freilich, indem wir das Gegebensein solcher Schöpfungsordnungen anerkennen, anerkennen wir zugleich, daß sie in concretissimo, in dem speziellen, direkten, eindeutigen Sinn, in dem sie dann mit Gottes Gebot geradezu zusammenfallen, von uns nicht nachzusprechen, nicht aufzuweisen sind, sie so wenig wie Gottes Gebot selber. In unserem Mund, von uns wiederholt, in unserem Verständnis können sie jene unmittelbare, unbedingte eindeutige Gewalt nicht haben. Ja wir werden nicht einmal in der Lage sein, sie auch nur vollständig zu nennen und aufzuzählen. Wir können nur einige von ihnen nennen zur Erinnerung daran, daß es das gibt, zur Erinnerung daran, daß Gott wirklich schon als Schöpfer unseres Lebens nicht schweigt, sondern redet, daß wir gar nicht leben können, ohne seinem bindenden Anspruch zu begegnen. Aber eben um auf diesen Anspruch hinzuweisen, können wir gar nicht anders, als nun wiederum auf einige der wichtigsten Relationen hinzuweisen, in denen dieser Anspruch Ereignis wird. Man widerlegt den Gedanken einer lex naturae so wenig damit, daß man auf die Unmöglichkeit, sie streng zu erfassen und zu formulieren, hinweist, wie man den Gedanken des Gebotes Gottes überhaupt damit widerlegt, daß wir die eindeutige, absolut stringente Gegebenheit, in der es zweifellos immer wieder vorliegt, nicht aufweisen können. Wir bekennen uns also in aller Form zu der *Relativität* unserer Nennung und Umschreibung der Schöpfungsordnungen. Man könnte auch ganz *andere* Worte nennen als die, die wir nun nennen werden, oder man könnte diese auch ganz *anders* analysieren. Aber in dieser Relativität nennen und beschreiben wir diese Ordnungen, weil sie, ob so oder so benannt und beschrieben, *bestehen,* weil göttliche Ordnung uns nicht erst in den göttlichen Stiftungen des Gnadenreiches, sondern wahrlich schon in regno naturae wirklich entgegentritt, weil schon unser Lebensakt als solcher gemessen ist: wie an seinem eigenen gottgegebenen Sinn (§ 7) und wie an unserem gottgewollten Beruf (§ 8), so auch an der gottgegebenen Ordnung.

Wir konnten ja mit jenen paar Begriffen, in denen wir den Willen zum Leben und die Ehrfurcht vor dem fremden Leben erläuterten, die Wirklichkeit des von Gott gebotenen Lebens auch nicht fassen und wiedergeben, und ebensowenig unserem gottgewollten Beruf mit den paar Bestimmungen unseres Das-Seins und So-Seins. Wir konnten aber und wir können hier bestätigen, daß es das gibt: von Gott gebotenes Leben, göttlichen Beruf und nun also: gottgewollte Ordnung, und das alles von Hause aus und mit der Wirklichkeit unseres Geschaffenseins. In diesem Sinn will es verstanden sein, wenn wir nun im Einzelnen von Schöpfungsordnungen reden. Das Recht dazu, gerade diese zu nennen und gerade so von ihnen zu reden, kann wohl durch gewisse sachliche Rücksichten begründet werden. Es kann doch nicht ohne eine gewisse Zufälligkeit in Anspruch genommen werden, und die Wahrheit des Gesagten, also der Aufweis der göttlichen Ordnung unseres Lebens, wird auf der ganzen Linie weniger in dem Gesagten als in dem Gemeinten zu suchen sein. Und das Recht, es gerade so und nicht anders zu halten, wird also in letzter Linie nur für sich selber reden können, vorausgesetzt, daß es etwas für sich zu sagen habe.

2.

Wir gehen nun in vier Kreisen vor. Es ist göttliche Ordnung, daß wir unseren Lebensakt überhaupt und als solchen auffassen und leben müssen als *Arbeit*. Es ist göttliche Ordnung, daß unser geschlechtliches Leben seinen Ort und seine Schranke und seine Erfüllung habe im Verhältnis der *Ehe*. Es ist göttliche Ordnung, daß unser Zusammenleben mit den anderen Menschen seine Grundform habe im Leben der *Familie*. Und es ist göttliche Ordnung, daß alle sonstige Gemeinschaft unter uns Menschen sich vollziehe unter Leitung der beiden unzertrennlichen Grundsätze der *Gleichheit* und der *Führung*.

1. Wir versuchen es, eine erste Schöpfungsordnung zu fassen mit dem Begriff der *Arbeit*. Ich könnte, wenn der Begriff nicht

so belastet wäre, ebensogut auch *Kultur* sagen. Das Problem der Kultur ist es jedenfalls, von dem wir hier zu reden haben. Uns ist mit unserer geschöpflichen Existenz als Menschen auf alle Fälle eine Aufgabe gestellt, und es ist Ordnung, Schöpfungsordnung, daß wir uns in der Bearbeitung dieser Aufgabe betätigen. Die Aufgabe ist damit gestellt, daß wir als *Menschen* existieren, d. h. wie wir uns erinnern: in dem rätselhaften Dualismus von Seele und Leib, von Geist und Natur, von Subjekt und Objekt, von innerer und äußerer Wirklichkeit. Humanität ist nicht nur Beruf, sondern auch Ruf. Beruf und Ruf stehen sich unmittelbar gegenüber. Humanität als an uns ergehender Ruf ist Aufruf zur Einheit, zur Synthese. Er scheucht uns in gleicher Weise auf aus einer bloß somatischen Existenz, einem bloß natürlichen Leben, einem bloß gegenständlichen Dasein, aus einer bloßen Äußerlichkeit, wie aus einer bloß seelischen, geistigen Existenz, aus der bloßen Subjektivität, aus einer abgesonderten, abstrakten Innerlichkeit. Weder das Eine noch das Andere *soll* offenbar unser Leben sein, sondern unser Leben *soll*, um Menschenleben zu sein, gelebt werden in der Einheit, in der Ganzheit, die erst den Menschen zum Menschen macht im Unterschied zum Engel oben und zum Tier unten. Es *soll*. Dieses Soll ist die *Idee* der Kultur, die *Aufgabe* der Kultur. Wer von der Kultur als von einer gegebenen vorfindlichen Wirklichkeit redet, der weiß wenig von ihr. Wo und wann wüßten wir anders von ihr, als indem wir sie entbehrten und suchten, wo und wann anders als in der Arbeit an der Aufgabe, im Blick auf die Idee der Kultur? Das Tier arbeitet nicht, und der Engel arbeitet auch nicht. Eine Aufgabe scheint das Leben für sie nicht zu bedeuten, eine Idee nicht zu haben. Wohl aber, wie es auch mit jenen stehe, für uns. Wir können unseren, den menschlichen Lebensakt nicht anders ausführen als in irgendeinem positiven oder negativen Verhältnis zu jener Aufgabe und Idee. Und immer und überall ist unser Lebensakt an jenem Verhältnis gemessen. Als Mensch leben heißt für den Pfahlbauer wie für uns Gestaltung der Natur durch den Geist und Erfüllung des Geistes mit Natur, Objektivierung des Subjekts und Subjektivierung des Objekts, Erscheinung des Inneren im Äußeren und Verwesentlichung des Äußeren durch das Innere, Beseelung des Leiblichen und Verleiblichung der Seele. In dieser Bewegung hin und her, von oben nach unten und von unten nach oben (und beides ist gleich unentbehrlich) leben wir. Das Alles heißt nun aber *Arbeit.*|

Die menschliche Arbeit charakterisiert sich dadurch als *Lebensakt* – als geformter, geregelter, geordneter Lebensakt, aber als Lebensakt –, daß sie nie und nirgends nur um ihrer selbst willen getan wird, sondern immer irgendwie auch der einfachen Erhaltung, Sicherung und Fortsetzung des Lebens des betreffenden Arbeiters dient. Der Begriff der Kultur müßte vor der groben Verwechslung, als bedeute Kultur eine Art Vergottung des Menschen, schon dadurch geschützt sein, daß sich ja bei keiner großen oder kleinen Kulturtat abstrahieren läßt von der ehrlichen materiellen Grundlage, ohne die menschliches Tun nun einmal nicht menschliches Tun wäre. Es gilt vom Ackerbauer wie vom Lehrer oder Pfarrer, von der Fabrikarbeiterin ebenso wie von der Filmdiva, vom kleinbürgerlichen Krämer ebenso wie vom Gewerkschaftssekretär oder von der Krankenschwester: alle diese menschlichen Individuen tun das, was sie tun, ungeachtet der besonderen Führung und Begabung, kraft welcher sie gerade das tun, und ungeachtet der besonderen Freudigkeit, mit der sie gerade das tun, doch wirklich auch, um leben zu können und weil sie leben wollen. Sie haben in diesem ihrem Tun ihre «Lebenstätigkeit» gefunden, was nun doch nicht bloß heißt, daß sie ihr Leben zur Ausübung dieser Tätigkeit für geeignet fanden und daß sie ihr Leben dieser Tätigkeit widmen, hingeben und opfern, sondern doch auch das etwas Nüchternere, aber nicht weniger Wahre – das heftige Interesse an Besoldungsfragen, dem man in Lehrer- und Pfarrerzeitungen wahrlich nicht seltener begegnet als in irgendeinem Gewerkschaftsblatt ist des Zeuge –, daß sie durch Ausübung dieser Tätigkeit ihr Leben zu fristen, sich einen Platz am Tisch des Lebens zu gewinnen gesonnen sind, wobei man unter Leben ja im Sinn unseres § 7 nicht bloß die primitiven, sondern auch die höheren Geltungs- und Machttriebe unseres Lebens verstehen mag. «Wer nicht arbeitet, der soll auch nicht essen» [2. Thess. 3,10]. Ja: und wer arbeitet, der zeigt damit, daß er u. a. jedenfalls auch essen und nicht nur essen möchte. Und das ist im tiefsten Sinn wirklich «in der Ordnung» so. Unsere Zeit ist darin vielleicht doch nur ehrlicher als manche frühere Zeiten, daß sie das auf allen Gebieten ohne allzuviel unnütze Scham offen ausspricht. Sie müßte vielleicht nur noch ehrlicher dazu stehen, noch seltener tun, als ob es sich anders verhielte, um dann vor der Ideologie der Arbeit und der Kultur noch geschützter zu sein, als sie es ist, geschützter vor dem Wahn der Gottähnlichkeit, der sich bei der Arbeit, je energischer sie geleistet wird, leicht einstellt, um so leichter, in je höherem Sinn sie gegenseitige Durchdringung von Geist und Natur, Seele und Leiblichkeit zu bedeuten scheint, je vollendeter sie das Problem der Humanität zur Darstellung bringt. Was tun wir Sonderliches, wenn wir arbeiten? Was tut der Staatsmann, der Wissenschaftler, der Künstler Sonderliches neben dem ersten besten Handlanger? Wir wollen leben, darum arbeiten wir, darum tun wir nach geheimnisvoller Fügung – denn wir haben doch letztlich keine Macht darüber – der Eine dieses, der Andere jenes, «du in deiner Ecke, ich in meiner hier».[5]

Es besteht kein Anlaß, sich daran zu berauschen, daß wir arbeiten und daß wir gerade an dieser oder dieser Aufgabe arbeiten. Denn es ist einfach in der Ordnung, daß wir arbeiten, *Lebens*ordnung, der wir uns in bestmöglichem Verständnis unseres besonderen Berufes eingeordnet haben an bestimmter Stelle. Gewiß ist Arbeit Gottesdienst. Aber eben damit sagen wir: Arbeit ist geordnete Betätigung unserer *Geschöpflichkeit,* geordneter Lebensakt des *Menschen* in bestimmtem Gegensatz zum göttlichen Lebensakt. Es ist ein sentimentales Mißverständnis des Wortes vom Ruhen Gottes am siebenten Tage [Gen. 2,2], wenn man

---

[5] «In der Welt ist's dunkel, leuchten müssen wir, du in deiner Ecke, ich in meiner hier.» So ein Vers des Liederdichters G. Frei (1851–1901), u. a. bei P. Zauleck, *Deutsches Kindergesangbuch,* Gütersloh o. J., Nr. 227.

sagt, auch Gott arbeite, und es gehört zu den vielen Zwei-
deutigkeiten der katholischen Kirche, wenn man dort gegenwärtig dabei ist, ein neues Kirchenfest zu Ehren «Christi des
Arbeiters»[6] einzuführen. Nicht das gibt unserer Arbeit ihre eigentümliche Weihe, daß sie ein Schaffen bedeute wie das göttliche
Schaffen, daß sie wohl gar in Kontinuität zu diesem stünde, wohl
aber gerade das, daß sie ein ganz und gar menschliches Schaffen,
daß sie die notwendige Form unseres menschlichen Lebensaktes
ist. Daß sie *geordneter* Lebensakt, *geordnete* Betätigung unserer
Geschöpflichkeit ist, das ist die Weihe der Arbeit, das schützt
sie, das schützt dann aber auch jede «ehrliche» Arbeit vor Mißachtung. Erhaltung, Sicherung, Fortsetzung des Lebens fordert,
daß der Mensch arbeite, daß er sich an irgendeiner Stelle in das
große System der Zwecke einfüge, in dem jene Durchdringung
von Geist und Natur unter den verschiedensten geschichtlichen
Bedingungen immer wieder versucht wird. Der Mensch kann
seinem nächsten Zweck nicht dienen: seinem Lebenszweck, ohne
zugleich und eben damit dem scheinbar, aber doch nur scheinbar,
entferntesten Zweck, dem Zweck des Menschen überhaupt, zu
dienen. Er kann nicht einfach wachsen wie die Pflanze oder
weiden wie das Tier, sondern sein Leben ist in Anspruch genommen für eine Aufgabe, die im Verhältnis zu *der* menschlichen
Aufgabe immer nur eine Teilaufgabe sein kann, die aber für ihn
dennoch *die* menschliche Aufgabe überhaupt ist, deren Teilhaftig-
keit ihn zur Ehrfurcht vor jeder fremden Lebensarbeit veranlassen wird, die aber auch der seinigen gegenüber jeder anderen
Lebensarbeit die ihr eigentümliche Würde gibt. Jede wirkliche
menschliche Arbeit betätigt ja die spezifisch menschliche Geschöpflichkeit, ist ein Ringen um die Synthese der Gegensätze,

---

[6] Der Plan, den kirchlichen Festkalender um ein Fest zu Ehren «Christi des
Arbeiters» zu erweitern, befand sich in den Jahren 1927/28 noch im Anfangs-
stadium. «Erst unter Pius XII. drohte es zum Mißfallen der um echte Liturgie-
reform Bemühten damit ernst zu werden. Es kam aber nicht soweit. Dafür
entschloß sich der Papst im Jahr 1955, auf den 1. Mai das Fest Sancti Joseph
Officis einzuführen.» Diese Mitteilung verdankt der Herausgeber Herrn
Pfarrer i. R. A. Beil, Heidelberg.

der zwei Welten, in denen der Mensch zugleich Bürger ist, und ist damit ein Zeugnis für die Oberhoheit des Schöpfers über die *eine* Welt, über Himmel und Erde. Diese Würde seiner Arbeit kann niemand sich nehmen, sie kann aber auch niemandem genommen werden. Sie ist die Würde der Ordnung, unter der wir stehen, die Würde des Aufrufes, der an uns ergeht, indem wir als Menschen leben, die Würde dessen, der den Menschen so, in dieser Dualität und im Ausblick auf seine eigene Einheit geschaffen hat.

Ist nun unser Lebensakt ein durch Arbeit geordneter Lebensakt? Wird das Gebot Gottes uns auch in diesem Sinn wachend finden, daß es uns bei der Arbeit findet? Das ist die ethische Frage, die durch das Bestehen dieser Ordnung aufgeworfen ist. Wollen wir sie, und das ist die Aufgabe, die uns hier obliegt, näher, konkreter spezifizieren, so werden wir den Begriff der *Arbeit* noch etwas näher bestimmen müssen.

a) Von Arbeit, von wirklicher Arbeit im Sinn der göttlichen Schöpfungsordnung reden wir überall da, wo das Tun des Menschen durch einen bestimmten Kulturzweck charakterisiert, auf diesen Kulturzweck hin gespannt, durch das Wollen dieses Kulturzweckes diszipliniert ist. Kulturzweck sage ich, denn es könnte auch andere Zwecke geben, die mit Kultur, mit der humanen Aufgabe nichts zu tun haben. Wir reden nachher davon. Zunächst beachten wir, daß wirkliche Arbeit ein durch seinen Zweck *bestimmtes* Tun ist. Diese ihre Bestimmtheit ist die ihr eigentümliche *Sachlichkeit*. Es hat das Tun des Arztes sowohl wie das des Handwerkers wie das des Politikers oder Heerführers, aber auch das des Theologen, wenn es wirkliche Arbeit ist, eine solche eigentümliche Sachlichkeit, die zu verschiedenen Zeiten auf verschiedenen Kulturstufen und auch bei verschiedenen Individuen in concreto sehr Verschiedenes bedeuten kann, die aber immer als die Spielregel *dieses* Tuns den Willen des arbeitenden Menschen in Anspruch nimmt, seine Hingabe und seine Unterordnung verlangt, wenn er wirklich und nicht bloß zum Schein arbeiten will. Wer die hier geltende Spielregel, mag sie in concretissimo noch so individuell bestimmt sein, verletzt, wer überhaupt keine solche kennen will oder sie verwechselt mit der aus einem anderen Zweck sich ergebenden, wer also unsachlich arbeitet, der ist eben ein Dilettant oder Pfuscher, d.h. er arbeitet überhaupt nicht, und wenn er noch so tätig wäre. Die Frage, ob unser Lebensakt durch Arbeit geordnet ist, ist also zunächst dahin zu präzisieren, ob wir wissen, was wir tun, um dann auch zu tun, was wir wissen.[7] Arbeiten heißt auf alle Fälle, seine Sache, gemessen an ihrem besonderen Zweck, *recht* machen. Unter allen Umständen nicht als Pfuscharbeit, sondern nur als sachlich getane Arbeit nimmt sie teil an der Sache des Menschen, am Kulturzweck überhaupt, den zu wollen uns mit unserer Erschaffung aufgegeben ist. Wir werden bei diesem Gesichtspunkt nicht stehenbleiben können, aber er gilt: Jede sachlich getane Arbeit hat, welches auch ihr Gegenstand sei, das Vorurteil für sich, daß hier wirkliche Arbeit, Gehorsam gegen Gottes Gebot vorliegen möchte und umgekehrt. Ich habe einmal unmittelbar hintereinander an einem Samstagabend eine in ihrer Weise in allen Teilen einfach vollkommene Variété-Vorstellung und am Sonntagmorgen eine miserable Predigt gehört und konnte dem Eindruck nicht widerstehen, daß hier die gottgewollte Sache des Menschen an der Stätte des sehr weltlichen Vergnügens besser besorgt worden sei als an der Stätte der Andacht. Es rächt sich eben, wenn man meint, die theologische und die kirchliche Aufgabe fielen nicht durchaus auch unter den Begriff der Kulturarbeit, hätten also nicht auch ihre eigentümliche Zweckbestimmtheit und Sachlichkeit, sondern im Blick auf den Heiligen Geist dürfe und könne man es sich hier ersparen, seine Sache im gleichen bescheidenen, aber bestimmten Sinn recht zu machen, wie es für die Kinder dieser Welt weithin – und das ist das Verheißungsvolle ihres weltlichen Tuns – selbstverständlich ist. Ist es klar, daß sich die Grenze zwischen sachlicher und

---

[7] Vgl. Textvariante des Codex D zu Luk. 6,5: «Am selben Tage sah er jemanden am Sabbat arbeiten und sprach zu ihm: Mensch, wenn du weißt, was du tust, bist du selig; wenn du es aber nicht weißt, bist du verflucht und ein Übertreter des Gesetzes.»

dilettantischer Art nicht auf eine allgemeine Formel bringen läßt, daß es sich dabei im Blick auf Andere wie auf uns selbst letztlich immer nur um höchste Wahrscheinlichkeiten handeln kann, so ist es doch ebenso klar, daß diese Grenze in jedem Augenblick unseres Tuns gezogen und mit ihr die Frage gestellt ist, nicht nur als technische, sondern durchaus als ethische Frage, ob wir brauchbare oder unnütze Knechte sind. Wir sind bei der Sache oder wir bummeln. Tertium non datur. Und Gott weiß wohl, ob wir bei der Sache sind oder bummeln.

b) Wirkliche Arbeit, «ehrliche» Arbeit wie wir vorhin beiläufig mit dem hier üblichen guten Ausdruck sagten,[8] wird da getan, wo der Dienst an dem persönlichen Lebenszweck eine Beteiligung an der Sache des Menschen überhaupt, also einen Dienst an einem wirklichen Kulturzweck, bedeutet. Wir können uns also nicht verhehlen, daß es mancherlei Arbeit geben möchte, die an sich wohl sachlich und fleißig getan wird, bei der es sich aber fragt, ob sie nicht im Blick auf ihren Gegenstand keine wirkliche, keine ehrliche Arbeit ist, darum nicht, weil sie als humanes Tun keinen Sinn hat. Ich hörte einmal einen Entfesselungskünstler nach getaner Arbeit, als es an das Einsammeln ging, sich auf das Schriftwort berufen, daß jeder Arbeiter seines Lohnes wert sei [vgl. Lk. 10,7], gewiß mit hohem subjektivem Recht, weil er seine Sache gut gemacht hatte. Nun ja, aber man wird nicht leugnen wollen, daß es Künste gibt, die, objektiv betrachtet, mit hoher Wahrscheinlichkeit als brotlose, weil inhumane Künste anzusprechen sind, aber auch ganze Berufe, gerade auf dem Gebiet der Vergnügungsindustrie oder auf dem Gebiet des Zwischenhandels, vielleicht auch gewisse Beamtenkategorien, besonders in höheren Sphären, bei denen man fragen darf, ob es sich da bei aller vielleicht zu anerkennenden subjektiven Sachlichkeit nicht objektiv um geschäftigen Müßiggang mehr als um ehrliche Arbeit handeln möchte. Ebenso wäre vielleicht von viel viel wissenschaftlicher Arbeit, die an Examina oder an die Herstellung von Disser-

---

[8] s. oben S. 371.

tationen und weiter überhaupt an literarische Produktion verwendet wird, zu sagen, daß da wohl sichtlich einer leben, es zu
etwas bringen und zu diesem Zweck etwas unternehmen möchte,
aber vielleicht doch vergessen haben dürfte, daß dieses Unternehmen, um Arbeit im Sinn von Gottes-Gehorsam zu sein, eine
Leistung für die Sache der Kultur, eine Bemühung um die Sache
des Menschen sein müßte. Es ergibt sich von da aus als zweite
Spezifikation des ethischen Problems der Arbeit die Frage, die
auch und gerade an den sehr sachlichen Arbeiter sich richtet:
ob und inwiefern seine Hingabe an diese und diese Sache wirklich
Hingabe an die Sache des Menschen, ob ihr besonderer Gegenstand in dieser Hinsicht sinnvoll, die aufgewandte Mühe lohnend
sein möchte. Wobei die Frage nach der Sinnhaftigkeit des Gegenstandes der Arbeit durchaus nicht etwa mit der nach seiner
höheren oder geringeren Geistigkeit zusammenfällt. *Aug. Bebel* hat
einmal (Die Frau und der Sozialismus, zit. bei E. W. Mayer
S. 247) geschrieben: «Richtig betrachtet, ist ein Arbeiter, der
Kloaken auspumpt, um die Menschheit vor gesundheitsgefähr-
lichen Miasmen zu schützen, ein sehr nützliches Glied der Gesellschaft, wohingegen ein Professor, der gefälschte Geschichte im
Interesse der herrschenden Klassen lehrt, oder ein Theologe, der
mit übernatürlichen, transzendenten Lehren die Gehirne zu um-
nebeln sucht, äußerst schädliche Individuen sind.»[9] Bebel hat, sofern er hier als Ethiker in Anspruch zu nehmen ist, sicher recht,
wenn er sagen will, daß Erste Letzte und Letzte Erste sein
können hinsichtlich der wirklichen Sinnhaftigkeit des Gegenstandes ihrer Arbeit. Er hat aber ebenso sicher unrecht, wenn er
offenbar meinte, im Besitze eines Kriteriums zur Unterscheidung
sinnvoller und sinnloser Gegenstände menschlicher Arbeit zu sein.
Was die Ethik sagen kann, ist offenbar nur das, daß die ethische
Frage in bezug auf die Arbeit auch in dem Sinn gestellt ist, daß
wirkliche Arbeit in einem positiven Verhältnis zum letzten Zweck
der menschlich-geschöpflichen Existenz, zu ihrem Kulturzweck

---

[9] A. Bebel, *Die Frau und der Sozialismus,* Stuttgart 1891[10], S. 289.

stehen muß. Ob Gott uns bei der Arbeit findet, das entscheidet sich nicht nur daran, daß wir irgendwie fleißig und sachlich tätig sind, sondern auch daran, ob das, was wir tun, sich verstehen läßt als Arbeit an der Sache, die dem Menschen mit seiner Erschaffung als Mensch aufgegeben ist, oder ob diese Sache nicht vielleicht bei noch so fleißigem und sachlichem Vollbringen unserer Sache verleugnet und verraten wird. Wobei die Gefragten und möglicherweise Angeklagten natürlich nicht nur und weithin sogar gar nicht in erster Linie die sind, die in diesem Sinn unehrliche Arbeit tun müssen, um leben zu können, sondern diejenigen, bzw. die ganze Gesellschaft, die einzelne ihrer Glieder oder gar ganze Kategorien von solchen in diese Notlage bringt und damit zeigt, daß es ihr, auch wenn sie in den meisten ihrer sonstigen Glieder in dieser Hinsicht saubere Finger behält, mit der Sache des Menschen offenbar selbst nur halber, d.h. dann aber gar nicht Ernst ist.

c) Wir dürfen nun aber den Begriff der Arbeit überhaupt nicht willkürlich beschränken auf das, was auf dem Feld und im Haus und auf der Straße, im Werkraum, im Büro und in der Studierstube als reelle Arbeitsleistung taylormäßig[10] festzustellen ist. Die in die Erscheinung tretende Arbeit ist doch selbst wieder nur die sichtbare Seite der Arbeit, die von uns gefordert ist. Und wenn es offenkundig unzählige Arbeitsmöglichkeiten gibt, bei denen die innere seelische Seite der Arbeit auf ein Minimum zusammengeschwunden ist, so ist umgekehrt damit zu rechnen, daß es ebenso viele andere gibt, bei denen die äußere Seite dieses verschwindende Minimum bildet. Mit Arbeit in jenem ersten Sinn pflegt doch für die meisten Menschen nur ein Drittel oder die Hälfte oder auch zwei Drittel ihrer Zeit ausgefüllt zu sein. Weiter: ein bis zwei Jahrzehnte am Anfang und unter Umständen ebensoviel am Ende unseres Lebens pflegen wieder bei den meisten Men-

---

[10] Dieses Adjektiv bezieht sich auf das System des Amerikaners F. W. Taylor (1856–1915): eine Methode der Betriebsführung, die durch systematische Zerlegung der Arbeitsvorgänge die optimale Ausnutzung der menschlichen Arbeitskraft zu erzielen versucht.

schen zu verstreichen, ohne daß sie in jenem feststellbaren Sinn Arbeit leisten. Weiter haben wir wahrhaftig auch an die Kranken zu denken, die vielleicht für weite Strecken, vielleicht für ihr ganzes Leben an der Arbeit in jenem sichtbaren Sinn überhaupt nicht beteiligt sind. Und es ist ferner merkwürdiger-, aber unbestreitbarerweise so, daß gerade bei der Kulturarbeit im feinsten Sinn, etwa bei der Arbeit des Gelehrten, des Künstlers, des Dichters, die Grenze zwischen der Arbeit und dem, was der Handarbeiter zweifellos Müßiggang nennen würde, sehr schwer oder gar nicht zu ziehen ist. Das Alles sind Warnungen vor allem Amerikanismus in der Auffassung des Begriffes Arbeit, Warnungen, die wir hier nicht etwa zur Rechtfertigung der betreffenden Menschen, sondern dazu geltend machen, um darauf hinzuweisen, daß die Ordnung der Arbeit sich auf viel mehr erstreckt als auf das, was als Arbeit ohne Weiteres ersichtlich werden kann, daß wir an der Grenze dieser ersichtlichen Arbeit keineswegs etwa aus dieser Ordnung entlassen sind. Spiel, das nur Zeitvertreib sein sollte – das ist eine Sache, die für Kinder und Erwachsene gilt –, ist auch als Spiel fragwürdig. Weiter: es wird durchaus wohlgetan sein, auch die Bewältigung scheinbar rein persönlicher, mit unserer Lebensaufgabe scheinbar in gar keiner Beziehung stehender Nöte und Schwierigkeiten in Form von einsamer «Besinnung» oder von gemeinsamen «Gesprächen» im Licht einer notwendig zu besorgenden Arbeit zu sehen. Und so ist die Sammlung oder unter Umständen auch Zerstreuung, die der Denker oder Künstler als Anlauf zu seinem Werk unter Umständen einfach nötig hat, sachlicherweise von dem Gesichtspunkt, daß sie eine vorbereitende Arbeit bedeuten können und sollen, auch nicht auszuschließen, gerade damit nicht der falsche Schein entstehe, daß strenge und dauernde Arbeit nur von Einigen, aber nicht von Allen gefordert sei. Und so wird es wohlgetan sein, auch etwa einem hoffnungslos Lungenkranken nicht etwa zu sagen, daß er für die ihm verbleibende Lebenszeit von der Arbeit ausgeschlossen sei, sondern daß er bei einer rechtschaffenen Auseinandersetzung mit seinem Schicksal, bei der es scheinbar nur auf geduldiges Leiden und gar nicht auf ein Tun ankommt, an der Sache des Menschen wahrhaftig auch beteiligt sei und einen Posten auszufüllen habe. Also die Frage: bist du bei der Arbeit? greift prinzipiell über den Bereich dessen hinaus, was sich als ein Beitrag zu der Fülle der von der Gesellschaft zu bewältigenden Zweckprobleme unmittelbar anschaulich machen läßt. Dahinter steht Alles das, was sich in das schöne Wort Jes. 53,11 zusammenfassen läßt: «Darum daß seine *Seele* gearbeitet hat...» Wo die Seele in ihrem unsichtbaren Bereich etwa gar nicht arbeiten wollte, da wäre die Frage am Platze, ob denn da etwa *überhaupt* gearbeitet wird, ob Arbeit da nicht trotz höchster Sachlichkeit, trotz höchster Güte des betreffenden Zweckes nicht ebenfalls als geschäftiger Müßiggang zu betrachten ist, eine Frage, die vielleicht manchem erst im Alter oder eben auf dem Krankenbette aufgegangen ist, die aber gestellt ist.

d) Die vierte notwendige Bestimmung des Begriffs der wirklichen Arbeit besteht darin, daß sie eine *Grenze* hat. Wir sahen schon unter c), wie diese Grenze sich in gewissen Arbeitsmöglichkeiten und Notwendigkeiten ankündigt, die auf den ersten Blick alles Andere als Arbeit zu bedeuten, die äußerlich vielmehr das Bild der Ruhe zu bieten scheinen, obwohl sie zweifellos als Arbeit in Anspruch zu nehmen sind. Wir deuteten auf die innere Arbeit hin, die beständig auch getan sein will. Aber wir müssen nun noch einen entscheidenden Schritt weitergehen: Wohl steht unser ganzes Leben unter der Ordnung der Arbeit. Aber das bedeutet durchaus nicht, daß unser ganzes Leben äußerlich oder wenigstens innerlich in Arbeit aufgehen müsse, um Gehorsam gegen diese Ordnung zu sein, daß es keine Zeit geben dürfe, deren Inhalt nicht Arbeit in irgendeinem Sinn wäre. Im Gegenteil ist zu sagen: unser Leben darf nicht in Arbeit aufgehen, und solche wirklich arbeitslose Zeit muß es geben in unserem Leben. Es ist eines der auffallendsten Merkmale der Theologie *A. Ritschls,* daß es in Konsequenz ihres Kampfes gegen die Metaphysik und gegen die Mystik eigentlich keinen *Sonntag* geben dürfte, sondern nur Weltanschauung und Sittlichkeit, d.h.

aber bürgerlichen Alltag. Aber das ist eben wohl eine typisch modern-abendländische, aber darum doch eine in fataler Weise enteschatologisierte Anschauung der menschlichen Dinge. Die Bibel weiß von einem «Tag des Herrn», an dem Leben nicht Arbeiten, in keinem Sinn Arbeiten, sondern durchaus und streng Ruhen bedeutet, und es ist bedeutsam für den Sinn dieses Begriffs, daß er ebensowohl den *Jüngsten Tag* als Grenze der Zeit des Menschen überhaupt wie den *Sabbat* als Grenze der sechs Arbeitstage der Woche bezeichnet und daß er in der christlichen Gemeinde in Verbindung dieses zweifachen Sinnes als Tag der *Auferstehung des Herrn* gefeiert worden ist.[11] Die Grenze der Arbeit ist also keine andere als die eschatologische Grenze, und wie die ordnungsmäßige Arbeit selber und als solche ein zeitausfüllendes Tun ist, so auch ihre Grenze, der Tag des Herrn, eine nicht minder zeitausfüllende *Ruhe*. Durch solche Ruhe ist er, wenn unsere Arbeit ordnungsmäßige Arbeit sein soll, zu *feiern*. Als aufgerichtetes Zeichen eben der eschatologischen Grenze, innerhalb derer es allein ordnungsmäßige Arbeit gibt. Eben das Ende unserer Zeit und konkret: die Unterbrechung der Arbeitstage durch einen Tag der Nicht-Arbeit, durch einen Tag des Gedächtnisses der großen Unterbrechung des menschlichen Alltags durch die Auferstehung Jesu Christi von den Toten – eben diese Unterbrechung der Arbeit durch die Ruhe unterscheidet die schöpfungsordnungsmäßige menschliche Arbeit, unterscheidet also die echte Kulturarbeit von einem ins Unendliche strebenden unendlichen Prozeß oder vielmehr – denn das gibt es nicht – von dem Mythus eines solchen, der allerdings weithin, aber sehr unbesonnenerweise als die Wahrheit und der Sinn der Kulturarbeit gläubig verkündigt und aufgenommen wird.|

Diese Unterbrechung verbietet es uns, uns der Kulturarbeit mit einem anderen als jenem relativen Ernst des vor seinem Gott

---

[11] Vgl. u. a. Apok. 1,10; 1. Thess. 5,2ff. mit Hebr. 4,10; 2. Thess. 1,7ff.; ferner: Dtn. 5,12ff.; Ex. 20,8ff.; Act. 20,7; 1. Kor. 16,2; Did. 14,1; zum Problem der Zuordnung von Sabbat und Herrentag aber auch Mk. 2,27f.

spielenden Kindes hinzugeben. Sie erinnert uns in heilsamer Weise daran, daß der absolute Ernst des Lebens wirklich erst vor uns steht. Wohl ist die Kultur, die Synthese von Geist und Natur, der letzte Zweck des Lebens des Menschen. Aber eben dieser letzte Zweck seines Lebens ruht ja in Gott, ist ja Gott selber, ist und wird verwirklicht nicht durch unser, sondern durch sein Tun. Verwirklichte Kultur heißt: ein neuer Himmel und eine neue Erde [vgl. Jes. 65,17; 2. Pet. 3,13; Apok. 21,1] ohne Gegensatz zwischen beiden und also ohne Begehren, ohne Kampf, ohne Arbeit um ihre Einigung, fruitio Dei in der Vollkommenheit eben des *siebenten* Tages. Es ist eine oft gehörte Rede, daß es unter diesen Umständen, also ohne Arbeit, in der Ewigkeit sehr langweilig sein möchte. Worauf zu antworten ist, daß wirkliche Arbeit jedenfalls nicht darum getan wird, weil sie süß, d. h. weil sie unterhaltsam, sondern weil sie geboten ist, daß es sehr unangebracht sein dürfte, nun auch noch die Ewigkeit nach unseren Begriffen von Unterhaltsamkeit zu beurteilen, und daß die Arbeit gerade der wirklich arbeitenden Menschen so unterhaltsam nicht einmal ist, daß sie nicht auch in dieser Hinsicht einer gründlichen Überbietung durch die Ewigkeit, gerade durch die *stille* Ewigkeit, durchaus fähig und bedürftig wäre. Aber ob langweilig oder unterhaltsam, wenn man so törichte Fragen überhaupt stellen will, jene Neue Welt des überwundenen Gegensatzes bejahen, bekennen, glauben wir faktisch, indem wir arbeiten, in dieser Richtung arbeiten wir, wenn wir wirklich arbeiten. Arbeiten heißt gerade der stillen Ewigkeit entgegenarbeiten. Erarbeiten werden wir diese neue Welt freilich nicht, wir arbeiten aber, indem wir aufgerufen sind zu *hoffen,* daß Gott sie schafft, wie er diese Welt geschaffen. Wir arbeiten, indem wir hoffen, hoffen auf die *Ruhe* des Volkes Gottes [vgl. Hebr. 4,1–10], wir arbeiten, «solange es Tag ist» [Joh. 9,4].|

Dieses «solange es Tag ist» ist eben wirklich nicht nur, wie es gewöhnlich verwendet wird, das Signal zu unermüdlichem Wirken, sondern ebenso das heilvolle Zeichen der *Grenze* auch des unermüdlichsten Wirkens. Wir arbeiten als solche, die einmal sterben und davon müssen und dürfen, auch und gerade von unserer Arbeit. *Melanchthon* war kein schlechterer Theologe, weil er sich ausdrücklich darauf gefreut hat, erlöst zu werden «a rabie theologorum».[12] Dieser Hoffnung und der mit ihr verbundenen Demütigung und Ermutigung zur Erinnerung ist den sechs Wochentagen der Sabbat, ist der Arbeit, ebenso konkret und in die Arbeitsordnung eingefügt, die Ruhe entgegengestellt. Wir würden nicht wirklich, d.h. wir würden hoffnungslos und gottlos arbeiten, wenn unsere Arbeit nicht in dieser Weise begrenzte Arbeit wäre. Es ist also ein sehr fragwürdiges Lob, wenn man jemanden als einen «rastlosen Arbeiter» verherrlicht. Das wäre nicht gut, wenn jemand wirklich rastlos arbeiten sollte. Wer sich nicht abspannen will, der kann sich auch nicht wirklich anspannen. Wer den Skopus aller Arbeit nicht mehr feiern – wirklich feiern mag, weil ihm die Ziele seiner Arbeit wichtiger sind, der verliert den Rhythmus und die Gelassenheit, ohne die man jenen Skopus auch bei der Arbeit selbst unmöglich bejahen, bekennen und glauben kann. Es dürfte sich, bevor man die üblichen Sprüche über die Gesetzlichkeit des angelsächsischen Christentums tut, wohl lohnen, zu überlegen, ob das Geheimnis der wirtschaftlichen und politischen Kraft des Engländers nicht auf allerlei Umwegen vielleicht zum guten Teil auch mit dem englischen Sonntag zusammenhängt. Ruhe von der Arbeit wird offenbar als ein um so dringlicheres Gebot zu verstehen sein, je geringer der seelische Gehalt einer Arbeit ist, je weniger sie also ihrer Natur nach ihr Schwergewicht auf der inneren unscheinbaren Seite hat, wo der Übergang zur wirklichen Ruhe näher liegt und leichter ist als auf der Ebene der äußerlich ersichtlichen Arbeit. Es dürfte einleuchten, daß von da aus der Kampf um den *Sonntag* und angemessenerweise auch um den freien *Wochenschluß,* aber auch um die tägliche *Arbeitszeitverkürzung,* aber auch um *Ferien* gerade des handarbeitenden, in der Arbeit selbst der seelischen Kompensation

[12] s. CR IX,1098.

weithin entbehrenden Volkes angesichts der mehr und mehr über-
handnehmenden Mechanisierung gerade seiner Arbeit eine Forderung ist, der man sich grundsätzlich kaum wird entziehen können.
Bei den geistigen Berufen, je geistiger sie sind, liegt die Sache
weniger unzweideutig. In dem Maß, als ohnehin viel Zeit von
jener unscheinbaren inneren Arbeit in Anspruch genommen wird,
wird offenbar auch das Bedürfnis und die Berechtigung zur
eigentlichen Arbeitsruhe geringer, kann und soll also die Arbeits-
zeit länger, und kann und soll auch das Gebot der Sonntags-
heiligung im speziellsten Sinn nicht statutarisch, sondern eben
sinngemäß verstanden werden. Wie wir denn hoffentlich alle
unsere akademischen Ferien nicht *nur* als dreimonatlichen Sabbat
zu begehen gedenken.

Aber damit ist nicht gesagt, daß das Sabbatgebot nicht wirklich auch für die Wissenschaft gilt, nicht zuleid, sondern zulieb
der wissenschaftlichen Arbeit. Ein Mensch, der nur noch wissen-
schaftlich denken und reden wollte, wäre höchstwahrscheinlich
nicht nur ein unausstehlicher, sondern auch ein im Grunde un-
wissenschaftlicher Mensch. Es hatte also schon Sinn, wenn im
Comment der Studentenherrlichkeit alten Stiles ein Überhand-
nehmen des «Fachsimpelns» am Biertisch ausdrücklich verboten
und mit Strafe belegt war. Wer nicht als Professor oder Student
auch einmal resolut ruhen, d. h. etwas Anderes tun als irgendwie
arbeiten kann, der sehe wohl zu, daß nicht etwa seine Arbeit
selbst zu dem Leerlauf werde, dem er offenbar entgehen möchte.
Gegen den Satz von *Harnack,* daß in der Theologie die Arbeit
entscheide (nämlich darüber, wer recht behalten werde), hat
Fr. Overbeck (Chrt. und Kultur S. 204) einmal geschrieben, «daß
unter den Danaergeschenken, mit denen ausgestattet der Gelehrte
auf die Welt kommt, und ohne welche er darin nicht zu existieren
vermag, der Fleiß das unbedenklichste und am wenigsten fragwürdige nicht ist. Diese Unerbittlichkeit des Fleißes verscheucht
aus der Atmosphäre des Gelehrten alle übrigen Götter, während
es sich doch eben, um die Gediegenheit der Arbeit sicherzu-
stellen, ernstlich empfehlen dürfte, auch der Faulheit in einer

Seitennische ein Altärchen zu errichten».[13] Und es muß ausdrücklich gesagt sein, daß man durchaus auch nicht immer *innere* Arbeit tun kann. *Calvin,* dem man Mangel an äußerer und innerer Bewegsamkeit wirklich nicht wird nachsagen können, hat den Sinn des Sabbatgebotes zusammengefaßt in die merkwürdigen Worte: «Si sanctificatio nostra propriae voluntatis mortificatione constat, jam se profert aptissima signi externi cum re ipsa interiori analogia. Quiescendum omnino est, ut Deus in nobis operetur: cedendum voluntate nostra, resignandum cor, abdicandae cunctae carnis cupiditates. Denique feriandum est ab omnibus proprii ingenii muniis, ut Deum habentes in nobis operantem, in ipso acquiescamus» (Inst. II 8,29). Diese «aptissima signi externi analogia» will offenbar gelegentlich vollständig und rein zum Ausdruck kommen als wirkliche Muße, was nicht Nichts-Tun, wohl aber Nicht-Arbeit bedeutet, im Gegensatz zu aller und in Widerlegung aller, aber auch wirklich aller Verkrampfung, in der man meinen könnte, das Himmelreich äußerlich oder innerlich doch noch stürmen zu können. Unter diesem Zeichen also ist unser Lebensakt durch Arbeit wirklich geordnet. Sonst wäre er, obwohl und indem er ein einziges rastloses Tun wäre, ein ungeordneter, von Gott nicht geordneter Lebensakt. Also: Von der Arbeitsordnung ist unzertrennbar die Sabbatordnung, und wenn man den Sabbat so wenig eindeutig und allgemein bestimmen kann wie die Arbeit, so ist zu bedenken, daß vermeintlicher Gehorsam gegen die Arbeitsordnung unter Mißachtung der hier sichtbar werdenden konkreten Grenze der Arbeit, die die Grenze des Todes und der Auferstehung anzeigt, eben doch Ungehorsam wäre.

2. Wir müssen zur Begründung der zweiten Schöpfungsordnung, von der wir nun zu reden haben, der Ordnung der *Ehe,* zunächst zurückgreifen auf den Gesichtspunkt, unter dem wir schon die Ordnung der Arbeit begründet gesehen haben. Ehe ist darum Ordnung, weil Ehe *Humanität* bedeutet, Humani-

---

[13] F. Overbeck, *Christentum und Kultur.* Gedanken und Anmerkungen zur modernen Theologie, Basel 1919; vgl. dazu A. Harnack, *Das Wesen des Christentums,* Leipzig 1900, S. 121, Neudruck Stuttgart 1950, S. 118.

tät zunächst des Geschlechtslebens im weitesten Sinn des Wortes. Weil wir auch als Mann und Frau und in der gegenseitigen Bezogenheit, in der wir, wie wir sahen, das eine oder das andere sind, Menschen sind, und also auch in der gegenseitigen Bezogenheit von Geist und Natur und nicht bloß als das eine oder andere leben, weil aber Humanität auch hinsichtlich des Geschlechtslebens nicht nur einen Beruf, sondern auch eine Aufgabe bedeutet, darum heißt schöpfungsmäßig leben auch in dieser Hinsicht geordnet leben, leben in der Leistung dessen, was diese Aufgabe von uns fordert. Wären wir bloße Geistwesen, so bedürfte es keiner Ehe, und wären wir bloße Naturwesen, auch nicht. Weil wir Menschen und keine Engel sind, darum ist uns auf der einen Seite der grundsätzliche Verzicht auf die individuelle Realisierung der Zugehörigkeit von Mann und Frau grundsätzlich verwehrt. Und weil wir Menschen und keine Tiere sind, darum ist uns auf der anderen Seite die grundsätzliche Willkür in dieser individuellen Realisierung ebenso grundsätzlich verwehrt. Verträgt sich die Natur nicht mit einem individuell wirklich uninteressierten Zusammensein der Geschlechter, so verträgt sich der Geist noch weniger mit ungebundener Geschlechtlichkeit, mit Promiskuität der Beziehungen der Geschlechter. Ehe geht mitten hindurch und heißt grundsätzlich und allgemein: *geordnete* Geschlechtsbeziehung, geordnet, schöpfungsmäßig geordnet, gottgeordnet, weil auch die Geschlechtsbeziehung eine Seite des menschlichen Lebensaktes ist, für dessen Vollzug der Mensch seinem Schöpfer verantwortlich ist.|

Zu dieser allgemeinen Begründung der Ehe kommt nun eine zweite hinzu, die uns über die Art dieser Ordnung sofort etwas sehr Besonderes zu sagen hat. Sie gilt freilich nur, wenn wir recht daran getan haben, bei der Entwicklung des Begriffs des schöpfungsmäßigen Berufs, in dem wir alle stehen, nicht bloß von einer allgemeinen gegenseitigen Zuordnung von Mann und Frau, sondern darüber hinaus von einem speziellen Füreinanderbestimmtsein je zweier Menschen der beiden Geschlechter zu reden. Gibt es eine solche besondere Zuordnung, dann ist die

Regel der individuellen Realisierung der Geschlechtsbeziehung gegeben, der Sinn der Ehe grundsätzlich bestimmt: der Sinn dieser Ordnung liegt darin, daß die vollkommene Geschlechtsgemeinschaft zwischen Mann und Frau die Realisierung eines schon mit der Existenz dieser beiden Individuen latent bestehenden speziellen Zugehörigkeitsverhältnisses ist. Die Ordnung der Ehe bedeutet, daß diese vollkommene, auf gegenseitigem Beruf beruhende Geschlechtsgemeinschaft die Norm der Geschlechtsgemeinschaft überhaupt ist. Darum bedeutet Ehe als Schöpfungsordnung sofort und per se *Eine*he. Gleichzeitige Polygamie wäre dann gar nicht als Ehe, sondern als gemilderte Promiskuität anzusprechen, und sukzessive Polygamie (Wiederverheiratung beim Tode eines Ehegatten) wäre dann ordnungsmäßige Ehe nur unter der Voraussetzung, daß die zweite Ehe mit einem höheren Maß von Wahrscheinlichkeit als die erste als Realisierung jener individuellen Zuordnung aufgefaßt werden dürfte. |

Es wird sich nicht leugnen lassen, daß zwar nicht die Ehe überhaupt, wohl aber der Grundsatz der Einehe eigentlich nur unter der Voraussetzung einer solchen individuellen Zuordnung begründet werden kann, unter dieser Voraussetzung dann allerdings auch begründet *ist*. Die Ehe überhaupt wird durch diese Voraussetzung zwar bestätigt, ist aber nicht etwa von ihr abhängig. Es soll damit, daß wir an sie erinnern, also keineswegs gesagt sein, daß eine Ehe, die nicht die Realisierung einer solchen individuellen Zuordnung, sondern in dieser Hinsicht einen Fehlgriff bedeuten sollte, darum sinnlos sein müßte, nicht ebenfalls höchst sinnvoll sein könnte. Es wäre ein schlimmes Verkennen der eigenen Würde der Schöpfungsordnung der Ehe als solcher, wenn man sagen wollte, daß ihre Geltung davon abhängig sein müsse, daß sie sich mit jener berufungsmäßigen Zugehörigkeit decke, daß wo kein solcher gegenseitiger Beruf vorliege, auch kein gemeinsames Stehen unter der Ordnung stattfinden könne. Wer könnte und dürfte dann überhaupt in die Ehe treten? Unzählige Ehen wären dann keine Ehen. Sie sind es aber, weil die Ordnung, auch wenn der gegenseitige Beruf verfehlt sein sollte, auch wenn man nur mit

Bedenken: Du und nur Du! zueinander sagen kann, ihre eigene Würde und Kraft und auch ihren eigenen Segen hat. Wir haben ja zu bedenken, daß man um diesen gegenseitigen Beruf auf alle Fälle vielleicht mit hoher, aber doch nur mit menschlicher Wahrscheinlichkeit wissen kann. Die aufrichtige Vermutung, daß jener Fall vorliegen möchte, ändert grundsätzlich nichts daran, daß der Eintritt in die Ehe dann doch ein nach bestem Wissen und Gewissen und im Gehorsam gegen Gott zu wagendes grosses Wagnis ist, denn es liegt in Gottes Hand und Wissen, ob jene Vermutung nicht doch auf einem Irrtum beruht. Und so kann auch das Auftauchen der Vermutung in einer schon geschlossenen Ehe, daß jener Fall nicht gegeben sein möchte, grundsätzlich nichts daran ändern, daß die Ehe besteht und daß Gehorsam gegen Gott im Gehorsam gegen diese Ordnung besteht, wie immer man unter diese Ordnung zu stehen gekommen sein möge. Auch die negative Vermutung ist ja nur eine Vermutung, und es steht auch da in Gottes Hand und Wissen, ob nicht auch sie sich als Irrtum herausstellen könnte. Man kann also von dieser berufungsmäßigen Voraussetzung der Ehe nur das sagen: 1. daß von ihr aus darüber entschieden ist, daß die ordnungsmäßige Form der Ehe die Einehe ist, 2. daß sie eine mit größtem Ernst, aber nicht mit absoluter Sicherheit zu beantwortende Frage bei der Eheschließung bedeutet, 3. daß die grundsätzlich *nicht* zu beseitigende Unsicherheit über ihre Beantwortung auch in der schon geschlossenen Ehe je nach dem Grade dieser Unsicherheit eine ernste Belastung des Verhältnisses der beiden Menschen bedeutet. Weil wir aber ihr Bestehen oder Nicht-Bestehen im einzelnen Fall doch nur vermuten können, kann sie weder als notwendig ehegründender und -erhaltender noch als notwendig ehehindernder oder -zerstörender Faktor in Betracht kommen.

Wir sagen also: Ehe überhaupt ist Ordnung, weil wir in jenem doppelten Sinn Menschen sind. Und Ehe ist Ordnung als Einehe, weil der Beruf des Menschen hinsichtlich der Geschlechtsbeziehung ein eindeutiger ist, so verborgen er uns in concreto letztlich immer bleiben mag, sowenig wir also das Bestehen der

Ordnung aus dem Bestehen des Berufes in concreto abzuleiten in der Lage sind. Das ist die Ordnung der Ehe, an der unser Tun in dieser Hinsicht, hinsichtlich unseres Geschlechtslebens gemessen ist. Versuchen wir es, sie im Einzelnen noch etwas besser zu verstehen. Wir fassen zunächst das Gesagte zusammen in eine Definition: *Ehe ist die von zwei Menschen verschiedenen Geschlechtes aus freier gegenseitiger Liebe, aber auch mit der Verpflichtung zur Fortsetzung bis zum Tode und in Verantwortung gegenüber Gott und den anderen Menschen vollzogene seelisch-geistige Lebensgemeinschaft.* |

Schon die Komplexheit dieser Formel und die damit zugestandene Unmöglichkeit, etwa mit einem Worte zu sagen, was Ehe ist, weist uns darauf hin, daß auch diese Schöpfungsordnung, sobald wir sie verstehen, uns auf ihre Wahrheit und Geltung besinnen wollen, sich zu einem *Problem* entfaltet, sich als *Frage* unserem Sein und Tun entgegenwirft. Wie sollte es auch anders sein, wenn wir sie hier nicht zivil- oder kirchenrechtlich und auch nicht unter dem Gesichtspunkt irgendeiner geltenden Moral, sondern eben ethisch, und zwar theologisch-ethisch, zu betrachten haben? Wie sollte es anders sein, wenn sie uns hier keineswegs als Ordnung überhaupt, sondern eben als Ordnung Gottes angeht? Zum vornherein ist klar, daß wir auch hier in das Gedränge der wirklichen *Frage: Was ist Ehe?* hinein- und aus diesem Gedränge nicht wieder hinauskommen werden. Viele sind verheiratet miteinander und scheinen auf den ersten Blick mit ihrem Sein und Tun die in unserer Formel angedeuteten Bestimmungen ganz oder doch teilweise und wie sie vielleicht denken (aber doch nur denken!) zum wichtigsten Teil zu erfüllen und also die Ordnung der Ehe zu verwirklichen. Und Viele sind nicht verheiratet miteinander und werden vielleicht von wichtigen der angedeuteten Bestimmungen doch und gerade erreicht, scheinen also die Ordnung der Ehe in ihrer Weise auch zu verwirklichen, um dann freilich um so deutlicher außerhalb anderer, nicht weniger wichtiger Bestimmungen dieses Begriffs zu stehen. Wer sollte hier strenggenommen – und die Ethik hat es nun einmal streng zu nehmen – *nicht* gefragt sein? Wir werden wohl nicht erwarten dürfen, hier so wenig wie anderwärts, mit fraglosen Fällen zu rechnen zu haben, d. h. innerhalb oder außerhalb der durch Zivilrecht, Kirchenrecht und geltender Moral anerkannten Ehen so bald einer *Verwirklichung* der Gottesordnung der Ehe zu begegnen. Wo würde ihre an den wirklichen Menschen gerichtete Frage etwa nicht *Gericht,* d. h. Aufdeckung des Fehlens einer oder mehrerer der angedeuteten Bestimmungen, bedeuten? Und nun sind ja diese einzelnen Bestimmungen nicht als *Teile* etwa zu verstehen, so daß man gemächlich von unvollkommener Verwirklichung etwa reden könnte. Sondern die Ordnung der Ehe besteht als Ganzes, in jeder ihrer besonderen Bestimmungen als Ganzes, also entweder als Ganzes ungebrochen oder eben als Ganzes gebrochen. Wie wir bei der Frage: Was ist Arbeit? kein Moment als weniger konstitutiv zurücklassen durften, also Sachlichkeit, Würde des Gegenstandes, Einheit der äußeren und inneren Arbeit, Begrenztheit der Arbeit gleich stark betonen mußten, so ist hier zu sagen, daß etwa die freie gegenseitige Liebe zwischen zwei Menschen das Fehlen der Verantwortlichkeit gegenüber Gott oder gegenüber den Menschen nicht gutmachen, daß der Wille zur Treue, zur Fortsetzung der ehelichen Gemeinschaft bis zum Tode das Nichtbestehen einer wirklichen seelisch-leiblichen Gemeinschaft oder umgekehrt: das Bestehen solcher Gemeinschaft das Fehlen des Willens zur lebenslänglichen Treue nicht aufwiegen kann, sondern daß jede Fragwürdigkeit an *einem* dieser Punkte Fragwürdigkeit der Verwirklichung dieser Ordnung *überhaupt* bedeutet. Und wer kann da bestehen, wenn es so steht? |

Aber nun ist dies doch bloß die eine Seite der Sache. Wir werden andererseits auch nicht erwarten dürfen, innerhalb oder außerhalb der anerkannten Ehen so bald ein solches eheliches oder also eheähnliches, auf die Ehe hinzielendes, als Ehe gemeintes Verhältnis zweier Menschen zu finden, das wir mit apodiktischer Sicherheit zu verurteilen in der Lage wären, weil es etwa am *Segen* der Gottesordnung der Ehe gar keinen Anteil hätte. Es wäre schlimm um uns bestellt, wenn es nicht einen Segen dieser Ord-

nung gäbe auch da, gerade da, wo wir sie keineswegs verwirklichen, wo wir unser Sein und Tun einfach als durch sie gerichtet
erkennen müssen. Man könnte ja auch allen Ernstes fragen, ob
etwa in dem definierten Sinn der Gottesordnung der Arbeit jemals
wirklich von einem Menschen gearbeitet worden ist oder gearbeitet werden wird, und könnte doch nicht verkennen, daß wo
immer – und wäre es auch nur unter *einem* Gesichtspunkt, etwa
unter dem der Sachlichkeit – wirkliche Arbeit getan zu werden
scheint, bei aller Fragwürdigkeit in anderer Hinsicht etwas auf-
zuleuchten scheint von der bestätigenden und tröstenden Wahrheit der Ordnung überhaupt, an der auch die wunderlichen
Arbeiter aller Art teilnehmen. [Es ist dies] ein Widerschein von
der Wirklichkeit der Ordnung selbst, unter der wir nolentes
volentes von Hause aus stehen – ohne daß uns das rechtfertigte,
aber nicht ohne daß die Gewalt des göttlichen Gebietens darin
sichtbar würde, die Möglichkeit unserer Heiligung, deren Wirklichkeit allein Gott selber ist. Genauso steht es nun auch mit
den Bestimmungen des Begriffs der *Ehe*. Ist dem so, daß hier
wohl innerhalb wie außerhalb der anerkannten Ehen niemand
bestehen kann vor der Gottesordnung der Ehe, so gilt nun doch
auch, daß man in keiner Hinsicht zu rasch sein dürfen wird
damit, einer im Sinn von Zivil- und Kirchenrecht und Moral
ehelichen oder auch bloß eheähnlichen Beziehung zweier Menschen die Anteilnahme an der Würde, der Bestätigung und dem
Trost der Ordnung Gottes glatt abzusprechen darum, weil es sich
in irgendeiner Hinsicht – und damit dann, wie gesagt, zweifellos
ganz – als Nicht-Verwirklichung, als ein Bruch dieser Ordnung
darstellt. So gewiß strenggenommen alle solchen Beziehungen im
Verhältnis zu Gottes Ordnung sich als gebrochene Ehen darstellen, so gewiß ist die über ihnen stehende Ordnung selbst
nach wie vor nicht gebrochen, auch über ihnen nicht gebrochen,
und sind sie selbst in der ganzen Gebrochenheit ihres Seins und
Tuns – gewiß nicht gerechtfertigt, wohl aber kraft alles dessen,
was auch in ihrem Verhältnis eine Analogie zu Gottes Ordnung
bedeutet, ein lebendiger Erweis, eine Demonstration für die gött-

liche Heiligkeit des Gebotes und stehen insofern unter dem Schutz seiner Ordnung. Für die fehlende gegenseitige freie Liebe und die dann vielleicht ebenfalls fehlende wirkliche Lebensgemeinschaft in einer Ehe *kann* in diesem Sinn der Wille zur Treue und für die mangelnde Verantwortung gegenüber den anderen Menschen – kann in einem nicht anerkannten Verhältnis die Verantwortung vor Gott und die gegenseitige Liebe eintreten – in beiden Fällen nicht, um das betreffende Verhältnis dem göttlichen Gericht zu entziehen, dem es als subjektiver Bruch der göttlichen Ordnung vielmehr verfallen ist und nicht entgehen wird, wohl aber, um es auch *im* Gericht und *unter* der ganzen Last von Schuld, Anklage und Not, die es dann bedeutet, unter der ungebrochenen objektiven göttlichen Ordnung selbst festzuhalten, die den Menschen nicht fallenläßt, auch wenn er sie noch so mannigfach übertritt. Pars pro toto gilt dann nicht bloß in negativer Hinsicht, hinsichtlich der Übertretung, sondern auch positiv, hinsichtlich der Nicht-Übertretung, hinsichtlich dessen, was ein eheliches oder eheähnliches Verhältnis zweier Menschen immer noch und trotz Allem als in Beziehung zu Gottes Gebot stehend erkennen läßt. Solange wir, d. h. konkret: solange die zwei, die es angeht, an der in diesem Sinn bestehenden Würde ihres Verhältnisses nicht verzweifeln müssen, solange können und sollen sie es nicht als aus der Ordnung Gottes herausfallendes, als durch diese Ordnung für nichtig erklärtes Verhältnis auffassen. Es *ist* dann Ehe nicht durch Verdienst, sondern durch Gnade, durch die Gnade des Schöpfergottes und seiner Ordnung, auch wenn es als anerkannte Ehe noch so «unglücklich», auch wenn ihm die Anerkennung durch Staat, Kirche und Moral formell fehlen sollte.|

Zur Sicherstellung des Begriffs der göttlichen Ordnung als solcher mußte das Alles vorausgeschickt werden. Keine der Bestimmungen unserer Formel wiegt leicht. Die Fragwürdigkeit der Verwirklichung keiner[14] bedeutet nicht die Fragwürdigkeit

---

[14] Gemeint ist wohl: jeder einzelnen dieser Bestimmungen.

unserer Verwirklichung dieser Ordnung überhaupt. Keine [dieser Bestimmungen] ist aber auch nicht in sich gewichtig genug, um unsere Beziehung zu dieser Ordnung selbst – nicht die Beziehung [zu] unserer Verwirklichung der Ordnung, wohl aber [zu] unserer Heiligung durch diese Ordnung – für sich sicherstellen zu können. Es verhält sich mit der Ordnung der Ehe (es verhält sich mit den göttlichen Schöpfungsordnungen überhaupt) so wie nach dem Evangelium mit dem Sonnenschein und Regen Gottes: sie wölbt sich über Gute und Böse, über Gerechte und Ungerechte [vgl. Mt. 5,45], sie bedeutet überall Frage, aber auch überall Antwort. Man wird ihr nicht so bald entfliehen und sich ihr gegenüber im Hafen einer nun wirklich einwandfreien, fugenlosen vollständigen Ehe geborgen wissen können. Sie bedeutet aber auch Halt, Trost, Bestätigung und Wegweisung in den scheinbar zerrüttetsten Verhältnissen. Man soll sie also hören, wie man eben Gottes Wort hört, und nicht so bald meinen: in meiner konkreten Lage *brauche* ich sie nicht mehr zu hören, *kann* ich sie nicht mehr hören. Die einwandfreie, die schlechterdings mögliche Ehe ebenso wie die hoffnungslose, die schlechterdings unmögliche Ehe dürften gleicherweise als Grenzbegriffe zu verstehen und anzuwenden sein, mit deren Verwirklichung zu rechnen man sich immer noch *einmal* und dann gerade *noch* einmal überlegen sollte.

Dies vorausgeschickt versuchen wir nun eine kurze Beleuchtung der einzelnen Bestimmungen des Begriffs der Ehe:

a) Wirkliche Ehe entsteht aus gemeinsamer Erkenntnis freier gegenseitiger *Liebe.* Wir meinen damit jenes Bejahen, Vorziehen, Wählen einer bestimmten Person des anderen Geschlechts, in dem die Bezogenheit zum anderen Geschlecht überhaupt konkret Ereignis wird – ein Wählen, das, wenn nicht Alles täuscht, eine Erwählung, einen speziellen beiderseitigen göttlichen Beruf zu diesem Verhältnis zur Voraussetzung hat. Aber diesen Hintergrund des Problems lassen wir nun auf sich beruhen. Liebe zwischen Mann und Frau besteht da, wo das Eine dem Anderen seelisch und leiblich, menschlich geredet, unentbehrlich geworden ist, wo es sich sein eigenes Leben nicht mehr denken kann ohne die bestimmte Beziehung zu diesem Anderen, ohne seine räumliche Nähe, ohne Zugehörigkeit zu ihm und ohne Gleichtritt mit ihm in allen Dingen. Liebe unterscheidet sich dadurch von sinnlicher oder geistiger oder auch geistig-sinnlicher oder sinnlich-geistiger *Neigung,* daß sie eine totale, restlose, unbedingte Bejahung des Anderen bedeutet. Gewiß steht sie als menschlicher Akt unter dem Vorbehalt, daß wir weder uns selbst noch das Andere ganz zu durchschauen vermögen, daß wir uns also über uns selbst wie über das Andere irren können. Sie ist also totale Bejahung in der Schranke des menschlich-subjektiv Möglichen, an Ehrlichkeit Möglichen. Aber wenn sie in dieser Schranke nicht *totale* Bejahung ist, Bewußtsein *völliger* Unentbehrlichkeit dieses anderen Menschen in der Ganzheit seiner Existenz, dann ist sie *nicht Liebe,* darüber sollte man sich nicht täuschen. |

Wo man sich bloß sinnlich oder auch bloß geistig oder zwar beides, aber bloß ein Stück weit, bloß in gewissen Lebensäußerungen unter Zurückhaltung oder Kritik oder Gleichgültigkeit gegenüber anderen liebt, und wo man solcher sogenannten Liebe in Worten und Taten Ausdruck gibt, da liegt edler oder weniger edler *Flirt* vor, d.h. erotisches Spiel. *Schleiermacher* hat diese Möglichkeit als ein vorbereitendes, tastendes Suchen der eigentlichen Liebe für erlaubt und normal erklärt.[15] Ich würde doch sagen, daß dies bloß für die rückblickende Betrachtung gelten kann: was faktisch Spiel gewesen ist, *kann* in diesem Sinn den Ernst vorbereitet haben. Aber doch wohl nur dann, wenn es damals selber ernst gemeint gewesen ist. |

Auch die andere Möglichkeit besteht, daß irgendeine sachliche Beziehung zwischen Mann und Frau bewußt oder unbewußt oder halbbewußt von erotischem Spiel *begleitet* ist. Man kann aber doch wohl nicht an sich und bewußt erotisch spielen wollen. Und zwar darum nicht, weil bewußtem Spiel ja besten Falles

---

[15] Vgl. dazu F. Schleiermacher, *Vertraute Briefe über Friedrich Schlegels Lucinde,* in: Sämtliche Werke, 3. Abt. Zur Philosophie, Bd. 1, Berlin 1846, S. 421ff., darin vor allem den *Versuch über die Schamhaftigkeit,* S. 450ff.

Neigung, aber gerade nicht Eros zugrunde liegen würde. Der wirkliche Eros spaßt nicht und läßt nicht mit sich spaßen. Wo zwei Menschen sich zu lieben meinen, da müßten sie sich also vor Allem fragen, ob es sich zwischen ihnen denn wirklich um Liebe und nicht bloß um Neigung handeln sollte. Ob man einander wirklich unentbehrlich ist, total ja zueinander sagen, ohne alle Zurückhaltung einander sich auftun und angehören will, das ist eine Frage, die man eigentlich (wenn man rechtzeitig weiß oder sich sagen läßt, daß es darauf ankommt) bei einigermaßen entwickelter subjektiver Ehrlichkeit bejahen oder verneinen können sollte. Kann man sie *nicht* bejahen, dann sollte eigentlich kein Opfer zu schwer und keine Rücksichtnahme zu wichtig sein, um sich aus einem noch nicht zur Ehe gewordenen Verhältnis schleunigst zurückzuziehen, denn dann wartet nach menschlichem Ermessen sicher die in dieser Hinsicht «unglückliche» Ehe.|

Und wo immer andere Motive bei einer Eheschließung im Mittelpunkt stehen oder auch nur mitreden, da dürfte die Frage brennend sein, ob man sich denn auch lieb habe, d. h. aber ganz, auf der ganzen Linie, also z. B. mit Inbegriff der Familieneigentümlichkeiten des Anderen, mit Inbegriff auch seiner Fehler und Schrullen, ohne alle Subtraktionen, ohne allen Gebrauch von Scheuklappen gegenüber kritischen Punkten einfach lieb hat? Solche anderen Motive können sein: Rücksicht auf Vermögen, auf elterliche Wünsche, auf gesellschaftliche Vorteile, gemeinsame sachliche Interessen, Mitleid mit dem Anderen oder auch Hochschätzung seines Charakters, seines Weges, einzelner seiner Eigenschaften. Mögen sie mitreden, aber eben: je mehr sie mitreden, um so mehr ist zu bedenken: und wenn das Alles zugleich mich bestimmte ... und ich hätte der Liebe nicht [vgl. 1. Kor. 13,1–3], so soll es sicher nicht sein!|

In der Erweckungsbewegung im Anfang des vorigen Jahrhunderts kam unter anderen Merkwürdigkeiten auch das vor, daß die Leute sich vornahmen, sich ihre Ehegatten nur noch ganz direkt vom Herrn, d. h. ohne sie vorher gesehen zu haben, schenken zu lassen. Wie das zuging, mag der Anfang und das Ende eines Abschnitts aus der Lebensgeschichte des pommerschen und späteren Berliner Predigers *Gustav Knak* zeigen (Wangemann S. 87f.), so geschehen im Jahre 1833: «Beide Freunde verbanden sich noch einmal in dem Vorsatz, den sie längst gefaßt hatten, nur mit einer wahrhaft bekehrten, dem Herrn Jesu auf Tod und Leben gänzlich ergebenen frommen und züchtigen Jungfrau voll sanftmütigen und stillen Geistes in den heiligen Ehestand zu treten. Beide knieten nieder im Gebet, um die Sache in die treuen Hände des Herrn zu legen. Als sie vom Gebet aufstanden, sprach Gustav in unbeschreiblicher Freude und heiligem Ernst: «Jetzt eben hat mir der Herr die Jungfrau gezeigt, die er für dich zur Lebensgefährtin ersehen hat. Es ist Caroline Zwarg, die Schwägerin unseres teuren Lutze, eine Jungfrau, die ich seit längerer Zeit kenne und beobachtet habe; laß uns niederknien und dem Herrn die Sache befehlen.» Die Freunde beteten abermals, und auch Karl wurde in seinem Herzen gewiß, daß die Hand des Herrn hier regierte... Die Sache kam dann in der Tat zustande. Aber nun erwacht in demselben Gustav auch eine «Freudigkeit», um ein anderes, ihm ebenfalls persönlich unbekanntes Mädchen für sich selber anzuhalten. Aber: «Ich möchte die teure Mathilde auch nicht erst sehen, in meinem Herzen sind über sie durchaus keine Zweifel!» Mathilde ihrerseits träumt in derselben Nacht von Gustav, den sie nur dem Namen nach kennt. Und die Geschichte endet wie folgt: «Pochenden Herzens betrat er die Rektoratswohnung. Eine weibliche Gestalt begegnete ihm. ‹Sollte die es sein?› denkt er und sein Atem stockt – er hatte sie sich doch anders gedacht. Sie war es nicht. Als er aber in das Zimmer tritt, da sind beide, die sich nie zuvor gesehen hatten, keinen Augenblick zweifelhaft. Sie eilen zu dem stillen Gebetsplatz. Wo Mathilde bisher um Gustav gebetet hatte, da dankt sie nun mit ihrem Gustav.»[16] Man wird doch auch das ein unerlaubtes und gefährliches Experimentieren nennen müssen. Durch eine ähnliche

---

[16] Vgl. Th. Wangemann, *Gustav Knak. Ein Prediger der Gerechtigkeit, die vor Gott gilt.* Berlin 1879, S. 91.94ff., neu bearbeitet und mit einem Vorwort versehen von S. Knak, Berlin 1928, S. 72.75ff.

erbauliche Verlobung ist *Richard Rothe* für seine Lebtage zu einem Kreuzträger geworden.[17] Was dabei gemeint ist, ist offenbar die Verantwortung vor Gott, ohne die es in der Tat keine wirkliche Ehe gibt. Aber diese Frage darf die Frage nach der einfachen irdischen Liebe keineswegs niederschlagen. Sie hat ihre *besondere* Verantwortung *neben* jener. |

Mann und Frau müssen sich freilich auch in Gott finden können, aber lieb haben müssen sie sich, wenn es mit rechten Dingen zugeht, wie Mann und Frau sich lieb haben, und d. h. dann auch nicht um ihrer Christlichkeit willen. Sich lieb haben heißt, das Andere auch in seinen Fehlern und Schrullen jedem Anderen in seinen Tugenden unbedingt vorziehen, heißt sich so lieb haben, daß man weder offen noch heimlich zueinander sagt: ich habe deine Art, deine Gedanken, deine Tätigkeit, deinen Charakter, deine Rolle nach außen [gern], sondern [daß man] vorbehaltlos ehrlich [sagt]: ich habe *dich* lieb, aber um deswillen dann allerdings auch Alles, was du bist und hast und tust, und in dem Allem begehre ich nichts Anderes, als mit dir zu gehen. Dann, dann und vorher nicht, *liebt* man mit dem durchaus irdischen Eros, der hier das Wort führen darf und soll. Alles Andere ist gefährlicher Dilettantismus der Liebe. Wir werden uns hüten zu sagen, daß der Mangel an Liebe in dieser strengen Fassung des Begriffs, die Selbsttäuschung über das Vorhandensein dieser Liebe, eine Ehe unmöglich machen müsse. Die Verantwortung gegenüber Gott und den Menschen, in der Zweie in die Ehe treten, kann diesen Mangel zudecken. Auch die Treue, in der sie trotz dieses Mangels aneinander festhalten, kann ihn zudecken. Auch wirkliche Lebensgemeinschaft kann trotzdem eintreten und diesen Mangel zudecken. Aber wenn wir fragen: wie Ehe entsteht unter Gottes Ordnung? dann werden wir nicht dringend genug auf dieses schöpfungsmäßige Requisit hinweisen, werden wir den Be-

---

[17] Vgl. F. Nippold, *Richard Rothe.* Ein christliches Lebensbild, auf Grund der Briefe Rothes entworfen. 2 Bd. Wittenberg 1873/74, Bd. 1, S. 248 ff., sowie A. Hausrath, *Richard Rothe und seine Freunde,* 2 Bd. Berlin 1902–1906, Bd. 1, S. 193 ff.

griff der Liebe nicht rigoros genug fassen können. Ein durch Gottes Gnade zugedeckter Mangel ist darum doch ein Mangel, und es wäre frevelhaft, daraufhin sündigen zu wollen, daß Gott die Sünde zudecken kann.|

Wir wollen nicht vergessen, auch das noch ausdrücklich hinzuzufügen, daß das Vorhandensein wirklicher Liebe unter Umständen erst spät und auf weiten Umwegen erkannt werden kann und muß, daß also Verzweiflung in einer schon geschlossenen und nachher diesen Mangel entdeckenden Ehe nicht notwendig eintreten muß. Es wäre aber wiederum frevelhaft, auf diese Möglichkeit hin ohne ehrlich erkannte wirkliche Liebe in die Ehe treten zu wollen.|

Und nun wäre auf der anderen Seite zu sagen: Wo diese freie gegenseitige Liebe zwischen zwei Menschen besteht (wir werden den letzten Vorbehalt, daß wir das nur mit menschlicher Gewißheit auch von uns selber wissen können [nicht aufheben dürfen]), da stehen sie auch, was auch im übrigen gegen ihr Verhältnis zu sagen sein möge, in diesem Punkt unter dem Segen und Schutz, auch unter der Zucht und Weisung der Gottesordnung der Ehe, da verbindet sie ein vielleicht ganz dünner, aber unzerreißbarer Faden mit der heiligenden Macht des Gebotes. Niemand ist gerechtfertigt, weder [durch] die lieblose Ehe noch die vielleicht ehelose Liebe. Aber wenn dort die Ordnung als solche in anderer Hinsicht ihre Würde und Kraft bewähren kann und in tausend Fällen bewährt, zudeckend, was menschlich verfehlt worden ist, so kann sie es, wo vielleicht nur diese Analogie besteht, in dieser Hinsicht tun. Ob sie es tut, das steht hier wie dort nicht in unserer Macht. Wohl aber steht es in unserer Macht, darauf zu achten, daß das Gebot in bezug auf die Ehe jedenfalls auch dieses ist, daß sie, um wirklich zu sein, der Liebe bedarf, des erotischen Ernstes.

b) *Lebensgemeinschaft* ist das, was gemeint ist im Begriff Ehe, und zwar völlige, leibliche und seelische Lebensgemeinschaft, und zwar vollzogene Lebensgemeinschaft. Dadurch unterscheidet sich Ehe von Liebe, daß in ihr, wenn sie nämlich wirkliche Ehe ist, genau das, was wirkliche Liebe sucht und begehrt, Ereignis ist. Eben darum gibt es freilich auch keine wirkliche Ehe ohne wirkliche Liebe, ist es jedenfalls etwas sehr Besonderes, ist es Gnade, Segen der Ordnung als solcher, wenn es dennoch ohne wirkliche Liebe wirkliche Ehe geben sollte. Denn das auf den Sinn der Ehe als Lebensgemeinschaft Hinzielende ist ja eben die Liebe. Aber etwas Anderes ist dieses Hinzielen, ist das herzliche Bejahen, ein Anderes ist das faktische Vollziehen dieser Lebensgemeinschaft. Amor ist bekanntlich blind. Er kann für sich allein noch keine Garantien geben dafür, daß das Begehrte als solches dann auch wirklich Ereignis wird. Auch ganz Anderes könnte Ereignis werden. Wirkliche Ehe ist *Bewährung* der Liebe, nämlich Bewährung dessen, daß man nun tatsächlich nicht nur zueinander sich gehörig *weiß,* sondern beisammen *ist,* nicht nur totaliter ja zueinander *sagt,* sondern dieses Ja *lebt* in der Folge von unabsehbar vielen Tagen zu je vierundzwanzig Stunden, nicht nur das Andere *lieb* hat, sondern seiner und seiner ununterbrochenen Gegenwart nun wirklich *froh* ist, seines Sonntags- und seines Werktagsgesichtes, seiner Tugenden und seiner Schrullen, seiner Vitalität und Müdigkeit, daß durch das Alles hindurch in gleicher Weise das Ja, Ja, Ja der Liebe sich wiederhole. Diese Bewährung der Liebe ist die Ehe. Sie findet in keinem Fall selbstverständlich statt. Man wird freilich sagen müssen, daß wirkliche Liebe diese Bewährung *besteht* und daß Liebe, die diese Bewährung nicht besteht, auch keine wirkliche Liebe gewesen ist. Aber auch wirkliche Liebe fällt unter den Begriff der Ehe nur dann, wenn sie diese Bewährung so oder so *bestanden* hat, wenn man nicht nur hofft, sondern aus konkreter Erfahrung weiß, daß man in Liebe miteinander leben *kann.* Aber man weiß das nicht so schnell, und einer Wiederholung wird als eine menschliche Erfahrung auch diese Erfahrung nicht unbedürftig sein.

Von diesem Begriff der Lebensgemeinschaft aus ist zunächst zu erwägen, ob es nicht Verhältnisse geben dürfte, die ungeachtet der nach subjektiv ehrlichem Urteil vorhandenen Liebe *zur Ehe nicht geeignet sind.* Das bürgerliche Gesetzbuch kennt bekanntlich den Unterschied von erlaubten und unerlaubten Verwandtschaftsgraden, und die heikle Kasuistik, die sich an die Frage anknüpft, nimmt in den mittelalterlichen und altprotestantischen Dogmatiken einen viel breiteren Raum ein, als man gewöhnlich weiß. Man redet ferner von «unnatürlichen» Ehen bei allzugroßen Altersunterschieden, besonders dann, wenn etwa der weibliche Teil der erheblich ältere sein sollte, aber auch in manchen Fällen von auffallenden Standesunterschieden oder wo ein Teil oder beide mit einer schweren Krankheit behaftet sind. Hier wäre auch des besonders schwierigen Problems der konfessionell gemischten Ehen zu gedenken. Wir stehen hier vor Punkten, wo wir uns darüber klar sein müssen, daß Ethik weder Hygiene noch Eugenik, noch auch praktische Psychologie ist. Von den damit angedeuteten möglichen Betrachtungsweisen wird man sich ja in concreto leiten, aber doch wohl nicht letztinstanzlich leiten lassen, wenn man selbst in solchem Fall sich ethische Rechenschaft ablegen oder Anderen seelsorgerlichen Rat geben möchte. Denn die ethische Frage, die hier in Betracht kommt, kann nicht lauten: Was ist gesund? praktisch? ratsam? Ethische Besinnung wird also nicht wohl mit generellen Urteilen über jene Genera von eheerschwerenden Möglichkeiten endigen können. Sondern die ethische Frage lautet: Was ist *geboten* im Blick darauf, daß Ehe Lebensgemeinschaft ist?, und an Hand dieser Frage wird sie jeden einzelnen Fall, der unter eines jener Genera gehört, für sich betrachten. Und dann wird es wohl so sein, daß unter diesen Fällen viele, ja wohl die meisten tatsächlich solche sind, bei denen eben die Möglichkeit wirklicher Lebensgemeinschaft in dem Grade gefährdet erscheint, teils wegen zu großer Nähe, teils wegen zu großer Ferne zwischen den beiden Menschen, daß auch die Ethik (oder vielmehr dann die konkrete ethische Besinnung) zu einem anderen Ergebnis als zu einem bestimmten Nein schwerlich gelangen wird. Aber es ist wichtig, sich auch dann klar darüber zu bleiben, daß der Mensch, der sich über sein eigenes Tun ethische Rechenschaft ablegt, oder der theologische Seelsorger Anderer als solcher nicht als Hygieniker, nicht als Eugeniker und auch nicht als praktischer Psychologe zu denken und zu urteilen hat. Es hieße fremdes Feuer auf den Altar bringen, wenn man sich nicht die Offenheit für gewisse Möglichkeiten des konkreten Falles wahren würde, auch da, wo die Anderen die Akten für geschlossen halten möchten. Ethisch schlechthin ausgeschlossen wird man nur die Fälle nennen dürfen, die unter den Begriff der «Blutschande» fallen, und zwar darum, weil in diesen Fällen eine ganz andere Lebensgemeinschaft, nämlich die der Familie im nächsten Sinn, schon vorhanden ist, die als solche mit der ehelichen Gemeinschaft dem Begriff nach nicht koinzidieren kann, weil die Beziehung zwischen Mann und Frau hier von Haus aus, wenn es sich nicht um kranke Menschen handelt, geschlechtlich neutral ist.

Eben an dem Begriff der Lebensgemeinschaft ist dann weiter das *Leben in der Ehe selbst* zu messen, sofern es unter diese Ordnung fällt und nicht besser unter anderen Gesichtspunkten zu verstehen ist. Es kann nicht Sache der Ethik sein, das «Buch der Ehe», das wohl immer wieder geschrieben werden muß, auch nur andeutungsweise zu entrollen. Halten wir bloß fest: Es geht um Gemeinschaft, eben um die Bewährung dessen, was die Liebe gesucht und gefunden zu haben meint. Es geht weder bloß um leibliche noch bloß um geistige, sondern es geht um leibliche und geistige Gemeinschaft, und zwar um die Gemeinschaft, in der der Mann durchaus der Mann und die Frau durchaus die Frau ist, [in der] nun aber dieser Mann dieser Frau, diese Frau diesem Mann auf Grund der Wahl der Liebe *ganz* zugewendet [ist]. Jedes «nicht ganz», jedes Übereinanderhinwegsehen und Aneinandervorbeileben bedeutet die *gebrochene* Ehe. Also auch jede Umdeutung des ehelichen Verhältnisses in ein anderes, z.B. in ein kameradschaftliches oder freundschaftliches, oder der Rückzug von der ehelichen Gemeinschaft von Mann und Frau auf die familiäre Gemeinschaft von Vater und Mutter. Es ist klar, daß eine solche Umdeutung, ein solches geordnetes Aneinandervorbeileben um der Treue willen in vielen Fällen die einzige Möglichkeit sein wird, eine Ehe zu retten. Aber eben: als gebrochene Ehe dann zu retten, d.h. als Ehe, die um jenes Aneinandervorbeilebens willen offenbar gegen das Gebot streitet, auch wenn sie das in anderer Hinsicht nicht tut und also insofern die Analogie zu Gottes Ordnung behauptet. Eben indem sie dies in anderer Hinsicht tut, ist der Fall nun auch in dieser Hinsicht, hinsichtlich der Lebensgemeinschaft, *nicht* erledigt, kann der Kompromiß eben nur ein Kompromiß sein, wird dieselbe Ordnung Gottes, die uns zu unserem Heil nicht ganz hat fallenlassen, auch in dieser Hinsicht eine offene Frage, eine offene Wunde sein und bleiben müssen.

An dieser Stelle wird auch auf die Frage nach der *Überordnung* des Mannes und der Unterordnung der Frau in der Ehe Bescheid zu geben sein. Man hat diese Frage von der Männer- und von der Frauenseite aus dadurch verwirrt, daß man den konkreten Sinn nicht beachtete, in dem die Bibel mit Recht davon redet und der auch für den Sinn und das Verständnis der bekannten Stelle in den Trauliturgien maßgebend sein muß. Es handelt sich eben nicht abstrakt und allgemein um Über- und Unterordnung, Herrschaft und Untertänigkeit, sondern ganz speziell und einzigartig um die Ordnung *dieses* Verhältnisses. Was kann aber Überordnung und Unterordnung hier Anderes bedeuten, als daß der Mann eben der Mann und die Frau eben die Frau ist, beide aber als solche sich restlos zugewendet sein sollen? Wer etwas von Liebe weiß, der wäre beinahe versucht zu lachen darüber, daß hier ein Problem bestehen soll. Es gilt doch einfach die Probe: Wo zwei Menschen in Bewährung gegenseitiger freier Liebe miteinander leben, da vollzieht sich eben diese Sonderung der Funktionen – nicht einmal notwendig in jener doch etwas mechanischen und steifleinenen Weise, die die Ethiker an dieser Stelle als Lösung des Knotens zu empfehlen pflegen, wonach dem Manne mehr das Ministerium des Äußeren, der Frau mehr das Ministerium des Inneren zukäme, sondern – in aller Freiheit (und gewiß nicht ohne allerlei scheinbare, aber doch nur scheinbare Umkehrungen) so, daß der Mann faktisch vorausgeht, die Frau nachfolgt. [Es ist] ein Vorangehen und Nachfolgen oder also ein Herrschen und Untertansein, das doch (eben damit, daß es sich um Mann und Frau, die sich lieb haben, handelt) nur die gegebene Form eines Miteinandergehens, eines immer neuen Suchens und Findens jenes Gleichtrittes, also des eigentlichen Lebens der Liebe bedeuten kann, jenes Spiel der wahren Liebe, in dem Vorangehen keinen selbstsüchtigen Vorsprung und Nachfolgen keinen ärgerlich oder trauernd hinzunehmenden Nachteil bedeutet, in dem vielmehr ein Jedes um des Anderen und damit auch um seiner selbst willen gerade diese Rolle zu spielen hat. Summa: wirkliche Lebensgemeinschaft bedeutet, daß diese Frage – nicht etwa nicht gestellt ist oder ausscheidet, wohl aber durch das Leben der Liebe fortwährend sinngemäß beantwortet wird. Wo sie eine Frage ohne Antwort bedeutet, da bedeutet sie als solche eine Fragwürdigkeit der Lebensgemeinschaft der Ehe.

Noch ein Letztes sei hier gesagt: Es handelt sich um die Lebensgemeinschaft zwischen *Mann und Frau*. Es bedeutet wiederum ein gefährliches, überethisches, falsch idealistisches Spielen mit der Wirklichkeit, wenn man den Sinn der Ehe, besonders hinsichtlich ihrer leiblich-natürlichen Seite, in der Erzeugung und Erziehung der Kinder sucht. Gewiß ist die Ehe als Voraussetzung der Familie Mittel zu diesem Zweck. Aber sie ist als Ehe auch und zuerst Selbstzweck, und es ist unmenschlich und ungöttlich zugleich – wir müssen uns hier mit *Schleiermacher* einverstanden erklären,[18] – sie dem Zwecke der Familie zum vornherein unterzuordnen. Wenn Mann und Frau sich wirklich suchen und finden, dann tun sie es um ihrer selbst willen, in Liebe – und Liebe hat keinen Zweck – oder sie tun es gar nicht. So, gerade so, in ihrer eigenen Würde ist die Ehe die natürliche, die schöpfungsmäßige Voraussetzung der Familie. Kinder sind eine Gabe Gottes, durch die sich die Gemeinschaft der Ehe, ohne dadurch als solche aufgehoben zu werden, zur Gemeinschaft der Familie erweitert. Die Lehre, daß die Kinder der Zweck der Lebensgemeinschaft der Eltern in der Ehe seien, ist eine ehezerstörende

---

[18] Vgl. dazu die *Predigten über den christlichen Hausstand,* 1820.1826, Berlin 1843, S. 549ff. S. spricht in den ersten beiden Predigten von der Ehe, S. 553ff., und – deutlich abgehoben davon – in den nachfolgenden Predigten von der Familie, S. 579ff.

Lehre, von der aus der Schritt zum Malthusianismus[19], zur künstlichen Geburtenbeschränkung so weit nicht ist, wie es aussieht. In der Lebensgemeinschaft von Mann und Frau selbst müssen ihre allerdings unentbehrlichen Regeln und Schranken begründet sein, oder sie sind gar nicht begründet und können, von ihrem angeblichen Zweck her aufgerichtet, jeden Augenblick auch in ihr Gegenteil umschlagen.

Wir fassen uns nun kürzer in bezug auf die beiden noch übrigen Punkte.

c) Ehe ist der Vollzug solcher Lebensgemeinschaft *in der Verantwortung vor Gott und vor den anderen Menschen*. Ich habe die Verantwortung vor *Gott* nur um der Vollständigkeit der Definition willen genannt, denn wir reden ja vom Tun des Menschen hier überhaupt nur unter dem Gesichtspunkt dieser Verantwortung. Aber es ist ja gewiß nicht überflüssig und unangebracht, gerade hier an diesen unseren allgemeinen Gesichtspunkt auch ausdrücklich zu erinnern. Wir sind doch vielleicht als Geschöpfe Gottes nirgends so sehr bei uns selbst wie gerade hinsichtlich unserer Geschlechtlichkeit, also vielleicht doch auch nirgends so sehr der Erinnerung bedürftig, daß wir uns als Geschöpfe vor dem Schöpfer zu verantworten haben, daß Alles in Unordnung ist auch bei scheinbarster Ordnung, wenn diese Verantwortung fehlen sollte, und umgekehrt Alles in Ordnung auch bei scheinbarster Unordnung, wo diese Verantwortung stattfindet. Und nun fahren wir gleich fort: Verantwortung vor Gott wird in der Regel zusammenfallen mit Verantwortung auch vor den *Menschen*. In der Regel sage ich, denn so koinzidieren unser Verhältnis zu Gott und das zu unseren Mitmenschen nun einmal nicht, daß man die

[19] Genauer: Neomalthusianismus, in Anknüpfung an Name und Werk des englischen Bevölkerungspolitikers Th. R. Malthus (1766–1834) später gebildete Anschauung, wonach eine Einschränkung der Bevölkerungsvermehrung weder von den von M. genannten repressiven Faktoren, wie Kriegen und Seuchen, noch von den präventiven Faktoren, wie Ehelosigkeit, Spätheirat oder Enthaltsamkeit, sondern von der Anwendung empfängnisverhütender Mittel und einer bedingten Zulassung der Schwangerschaftsunterbrechung zu erwarten sei.

Möglichkeit ausschließen dürfte, daß gerade auf diesem Gebiet etwas wohl unter Verantwortung vor Gott, nicht aber unter Verantwortung auch vor den Menschen geschehen kann, daß es eheähnliche Bindungen gibt, deren schwere Mangelhaftigkeit nichts daran ändert, daß sie insofern legitim sind, als sie vor Gott eingegangen und vollzogen sind, ohne daß sie – und das ist eben ihr schwerer Mangel – die Legitimität des Zivil- und Kirchenrechts und einer geltenden Moral in Anspruch nehmen könnten. Aber die Ausnahme bestätigt die Regel, und die Regel lautet hier wie sonst, daß die Verantwortung vor Gott sich konkret in der Verantwortung gegenüber dem Mitmenschen zu vollziehen hat, daß also Ehe, um Ehe zu sein, außer ihren inneren Kriterien auch der Anerkennung von außen grundsätzlich bedürftig ist.|

Die Instanzen, die hier in Betracht kommen, sind die Familie, speziell die *Eltern, der Staat* und die *Kirche.* Wobei die Anerkennung durch die Eltern, die juristisch keine oder doch nur geringste Bedeutung hat, ethisch gerade die bedeutsamste ist, weil sie die Anerkennung der zunächst liegenden Instanz ist und weil die Familie eine Schöpfungsordnung ist, was man vom Staat und von der Kirche nicht sagen kann. Ehe bedeutet, auch abgesehen von der Nachkommenschaft, eine Erweiterung der Familie im engsten Sinn. Das ist es, was den Eltern das Recht gibt bei der Begründung einer Ehe mitzureden. Mitzureden, mehr kann man allgemein nicht sagen. Denn Erwachsene stehen hier, wenn auch als Kinder, den Eltern gegenüber. Mitreden heißt also weder befehlen noch verbieten. Aber darin besteht die Verantwortung in dieser Hinsicht, daß man die Eltern mitreden läßt und auf sie hört. Ehe ohne den Segen der Eltern ist auf alle Fälle eine gewagte, Ehe ohne den Versuch einer Verständigung mit den Eltern sehr wahrscheinlich eine verfehlte Sache. Aber nun steht ja die Ehe nicht nur im Rahmen der Familie, sondern auch im Rahmen der menschlichen Gemeinschaft überhaupt. Daß diese gerade staatlich und kirchlich verfaßt ist, läßt sich nicht als Schöpfungsordnung begründen, aber in ihrem Namen offenbar handeln nun also der Staat und die Kirche, wenn sie Anzeige, Öffentlichkeit, Geneh-

migung einer wirklichen Ehe fordern, wenn sie ihre Anerkennung ihrer Legitimität davon abhängig machen, daß dieser Mann
und diese Frau ihrerseits die menschliche Gemeinschaft anerkennen dadurch, daß sie die Proklamierung der Gültigkeit ihrer Ehe
beim Staat und die Verkündigung des göttlichen Segens über sie
bei der Kirche einholen. Die gegenseitige freie Liebe können
ihnen Eltern, Staat und Kirche weder geben noch nehmen. Den
wirklichen Vollzug der ehelichen Lebensgemeinschaft können
ihnen diese Instanzen nicht garantieren. Sie können nur in kom-
petenter Weise anerkennen, daß dieser Schritt in Verantwortung
vor Gott nicht nur (für die sie ebenfalls nicht einstehen können), sondern jedenfalls auch in Verantwortung vor den Menschen
stattgefunden hat. Also nicht diese Anerkennung allein und an
sich macht die Ehe zur Ehe – die Art, wie *Gogarten* gelegentlich
bei der Frage nach dem Wesen der Ehe von Standesamt und
Traualtar zu sprechen pflegt, dürfte doch auf eine Überspitzung
hinauslaufen[20] – aber: *auch* diese Anerkennung macht die Ehe zur
Ehe, auch sie ist zu ihrer Wirklichkeit grundsätzlich unentbehrlich, nur unter Anerkennung eines schweren Mangels entbehrlich.
Denn die Ehe ist eine bestimmte Seite des göttlich geordneten
menschlichen Lebensaktes. Dieser Lebensakt spielt sich aber nicht
monadenhaft ab, sondern in unserem Zusammensein mit dem
Leben der anderen Menschen. Wie die Arbeit diese Beziehung zu
dem Mitmenschen hat, so auch die Ehe. Der Segen der Eltern, die
standesamtliche und die kirchliche Trauung sind sinnvoll als Zeugnis dafür, daß die Ehe in dieser Beziehung *steht,* und damit indirekt für die Konkretheit der Bindung an Gott, in der sie als
wirkliche Ehe allein eingegangen werden kann.

d) Von der *Lebenslänglichkeit* der Ehe ist nun noch etwas zu
sagen. Nicht viel, gerade weil sich in dieser Bestimmung alle ihre
Probleme zusammendrängen. Ja, wenn es «Ehe auf Zeit» gäbe,
wie der wunderschöne Ausdruck der modernen Ehereformer lau-

---

[20] Vgl. hierzu die von F. Gogarten wenig später dargelegten allgemeine-
ren Erwägungen in seiner *Politischen Ethik*. Versuch einer Grundlegung,
Jena 1932, S. 118.

tet, dann gäbe es wirklich mit einem Schlag keine Eheprobleme und keine Ehenot mehr, aus dem einfachen Grunde, weil es dann eben keine Ehe mehr gäbe. An die Stelle der Liebe träte dann der prinzipielle und andauernde Flirt, an die Stelle der vollzogenen Lebensgemeinschaft ein gemächliches und mit den Partnern angenehm abwechselndes «Es-miteinander-Probieren», an die Stelle der öffentlich und verantwortlich eingegangenen Bindung eine Reihe von privaten und unverbindlichen, vorläufigen Übereinkünften. Was Anderes soll man dazu sagen, als daß das Alles sehr schön oder auch nicht sehr schön, aber auf alle Fälle eben nicht Ehe wäre? Und möglich doch nur dann, wenn die ganze konkrete Bezogenheit eines Mannes zu einer Frau, wie gebrochen sie in ihrer Wirklichkeit immer sein möge, nicht unter *allen* Umständen so gebieterisch die Tendenz auf Einheit, Ganzheit, Dauer hätte und eben damit auf eine Ordnung hinwiese, an der der Lauf und der Wechsel der Zeit nichts ändern kann. Der Begriff des Flirtes, des Eheversuches, der vorläufigen Übereinkunft und damit der ganze Begriff der Zeitehe werden dem Problem dieser Tendenz, dieses Hinweises nun einmal nicht gerecht. Man kann es auch so sagen: man braucht ja diese in fauler Absicht gebildeten Begriffe selbst nur ernst zu nehmen, sie nur in ihre Konsequenzen zu verfolgen, um darauf gestoßen zu werden, daß auch hinter ihnen der Begriff einer beständigen Gemeinschaft steht. Man versuche es nur, wirklich *erotisch* zu spielen, um sich zu überzeugen, daß *dieses* Spiel ernst ist, daß es uns ganz in Anspruch nimmt. Man mache doch einen wirklichen *Ehe*versuch, um sich zu überzeugen, daß man, wenn man wirklich das versucht, mit Abbrechen gar nicht rechnen kann. Man versuche doch eine vorläufige Übereinkunft in *dieser* Sache, um sich zu überzeugen, daß wirkliche Übereinkunft hier nur mit der Absicht auf Dauer möglich ist. Dilettanten der Liebe und der Ehe müssen es sein, die diesen Begriff der Zeitehe ersonnen haben. Für jeden, der hier weiß, von was er redet, und nicht bloß schwatzt von Dingen, die er nicht versteht, bricht dieser Begriff in sich selbst zusammen, so einleuchtend er sich zunächst darzubieten scheint. Nicht die

Kirche und nicht der Staat haben die lebenslängliche Ehe erfunden, sondern sie haben die Ehe gefunden in *dieser* Wahrheit, neben der es keine andere gibt. Der erste und kleinste Schritt, den man tut in dem ungeheuren Kosmos der Ehe, bedeutet, ernst bedacht und recht verstanden, daß man eine Türe hinter sich zuschließt, die sich anders als auf das Geheiß des Herrn über Leben und Tod nicht wieder öffnen wird, durch die es grundsätzlich kein Zurück gibt. Das eben ist der furchtbare Ernst der Ehe. Darum erklärt die alte Basler Trauliturgie die Worte «Seines *Segens* euch *getrösten*» mit den anderen Worten: «Mithin das *Joch* der Ehe desto *geduldiger* tragen möget»[21]. Es ist eben der Segen der Ehe, dessen man sich trösten darf, und ihr Joch, das schlechterdings geduldig getragen werden will, daß ihre Grenze mit der Grenze der *Zeit* zusammenfällt.|

Weiter soll man freilich nicht gehen. Ewige Liebe kann man sich nicht schwören. Hier gilt: «Sie werden weder freien noch sich freien lassen!» (Matt. 22,30), und daneben ist die Verkündigung der Fortdauer auch des schönsten Verhältnisses in die Ewigkeit hinein ein sentimentaler Unfug, den wenigstens Theologen unterlassen sollten. Die Bestimmung der Lebenslänglichkeit ist wahrhaftig gerade ernst genug. Sie bedeutet, daß der Begriff der *Ehescheidung* schlechterdings nur als ein Grenzbegriff in Betracht kommen kann. «Von Anbeginn ist es *nicht* also gewesen» (Matth. 19,8). Daran ist nicht zu rütteln. Man wird sich, um das zu verstehen, nur nicht gerade an den juristischen Sinn des Begriffs Ehescheidung halten dürfen. Die Ehescheidung im juristischen Sinn ist ein letzter und dann vielleicht unvermeidlicher Punkt in einer langen Reihe, auf deren frühere Punkte viel mehr ankommt als auf diesen letzten. Ehescheidung ist grundsätzlich jeder Akt, durch den die Ehe negiert wird, in dem die Treue aus-

---

[21] Vgl. *Kirchenbuch für die evangelisch-reformierten Gemeinden der Kantone Basel-Stadt und Basel-Land,* Basel 1911, S. 315: «Damit ihr nun in euerm Ehestande Gott wohlgefallen, seines Segens euch getrösten und das Joch der Ehe desto geduldiger tragen möget, so hört und beherzigt die Ermahnungen, welche das Wort Gottes den Eheleuten gibt.»

setzt, in dem die Einheit, die Ganzheit, die Dauer der Ehe unterbrochen wird. Hier muß man fragen: ob Ehescheidung erlaubt sei oder nicht, um dann sofort zu sehen, daß die Ehe freilich fortwährend geschieden wird, daß es freilich «um eures Herzens Härtigkeit willen» [ebd.] fortwährend auch geordnete Formen dieses unordnungsmäßigen Wesens, wohltätige, d. h. die Lage erleichternde, entspannende Kompromisse geben mag, endlich und zuletzt in der Tat auch den Kompromiß, den man Ehescheidung im juristischen Sinne nennt, daß das Alles aber gar nichts daran ändern kann, daß in der *Ordnung* der Ehe, nach der wir zu fragen haben, die Möglichkeit der Ehescheidung, des Versagens der Treue weder in jenem eigentlichen und primären noch in diesem sekundären juristischen, aber allerdings abschließend bedeutungsvollen Sinne vorgesehen ist, sondern von der Ordnung der Ehe aus gesehen wird es hier wie dort immer heißen: «der bricht die Ehe». Sofern dabei *geordnete* Unordnung vorliegt, ist auch hier Gehorsam nicht unmöglich, sofern es doch nur geordnete *Unordnung* ist, ist dasselbe Tun Ungehorsam. Etwas Anderes ist die *Vergebung*, etwas Anderes die *Anerkennung* der menschlichen Sünde. Die letztere in der göttlichen Ordnung vorgesehen zu finden, werden wir eben *nicht* erwarten dürfen. Gerade an der Bestimmung der Lebenslänglichkeit der Ehe dürfte das tausendfältige Nicht-Verwirklichen dieser Ordnung durch die, die unter ihr stehen, einsichtig werden. Kann man sich wundern, wenn wir sie zu Kompromissen, vielleicht zu jenem letzten Kompromiß greifen sehen? Ob er keine andere Möglichkeit hatte als diese, wer will das etwa für einen Anderen entscheiden? Wir glauben auch an eine Vergebung der tausendfachen Sünde, ja noch mehr an eine Freiheit der Kinder Gottes in der ganzen Gebrochenheit ihres Tuns auch in dieser Hinsicht. Aber daß wir Andere nicht richten und für sie und für uns selbst an Vergebung glauben, das darf nicht bedeuten, daß wir das Gebot verkrümmen zu ihren oder unseren Gunsten. Wir richten keinen Anderen, weil wir uns mit ihm gerichtet wissen. Wir glauben an Vergebung und bekennen damit, daß wir gesündigt haben. Damit anerkennen wir aber, und dabei muß es sein Bewenden haben, daß ⌜nicht erst und nicht allein, aber auch⌝ Ehescheidung im eigentlichen und im juristischen Sinn *Unordnung* ist, geordnete Unordnung vielleicht, aber Unordnung, daß sie uns so oder so mit der Frage belastet, wie wir vor Gott damit bestehen werden, und daß wir diese Last tragen müssen. Gottes Gnadenordnung steht in einem anderen Buch. Dieses Buch ist immer auch aufgeschlagen. Aber wenn wir wissen wollen, was Gottes Ordnung ist – und dessen werden wir, unter der Gnade stehend, nicht weniger, sondern mehr gedenken, daß wir unter Gottes Ordnung stehen –, dann ist einzusehen, daß Ordnung heilsamerweise diese und keine andere ist.

3. Mit der Wirklichkeit unseres Daseins einerseits und andererseits mit dem Vollzug der Ehe nach ihrer natürlichen Seite wird eine dritte Ordnung sichtbar, die Ordnung der *Familie,* d.h. die der Natur der Sache nach ein bestimmtes Stetigkeitsprinzip in sich tragende Beziehung zu Vater und Mutter einerseits, zu den eigenen Kindern andererseits, um gegen uns aufzustehen mit der Würde des Gebotes, mit der Frage: wie wir vor dem Gebot Gottes, das auch sie verkörpert und vertritt, mit unserem Tun zu bestehen gedenken. Gibt es eine solche Ordnung, dann werden wir auch sie als eine Seite des göttlichen Schöpfungsgebotes, der lex naturae, zu verstehen haben. Denn auch diese Beziehung und mit ihr die in ihr gesetzte Bindung, wie man diese auch verstehen, wie sie sich auch geschichtlich gestalten möge, ist schon mit unserem Leben als solchem gegeben. Sie bedeutet aber eine Bindung; diese Ordnung besteht also wiederum darum, weil unser Leben das Leben von Menschen ist. Alte und Junge, Anhänglichkeit, Fürsorge und dergleichen als Inhalt der Beziehung zwischen beiden gibt es freilich auch in der Tierwelt. Aber von Eltern, von Vater und Mutter und Kindern pflegt man doch im Blick auf eine Affen- oder Katzenfamilie in der Regel nur im Scherz zu reden, wie es andererseits mindestens eine Saloppheit bedeutet, wenn jemand von seinem Vater per «der Alte» redet, und jede Mutter es sich wohl verbitten wird, daß man ihr Kind als ihr Junges bezeichnete!

Gerade der schöne deutsche Komparativ «die Ältern», der leider durch die moderne Orthographie wie so viel Anderes verwischt ist, zeigt im Unterschied etwa zu den parentes der Römer, daß jedenfalls unsere Sprache etwas weiß von einer über den instinktiven Inhalt dieser Beziehung hinausgehenden Über- und Unterordnung. Mit der Geistleiblichkeit des Menschen ist eben gegeben, daß diese Beziehung, die an sich eine rein natürliche ist und den Menschen vom Tier noch nicht unterscheidet, zum Gegenstand der Erkenntnis wird. Erkenntnis aber entdeckt die Notwendigkeit dieser Beziehung, das unseren Lebensakt Bindende, das uns selbst Verpflichtende der Tatsache, daß wir in dieser Beziehung stehen. Erkenntnis erhebt die Ordnung ins Bewußtsein, übersetzt das Gegebensein des faktischen Geschehens in eine Aufgabe des Handelns, in eine gegenüber unserem faktischen Handeln aufgeworfene Frage. Paulus hat Eph. 6,2, zu dem hier in Betracht kommenden Stück des Dekalogs [vgl. Ex. 20,12] eine doppelte Anmerkung gemacht. Er nennt diese ἐντολή nämlich die erste, d.h. doch wohl die naheliegendste und natürlichste der sich von unserem Leben selbst und von unserer individuellen Lebensbestimmtheit abhebenden Forderungen oder Ordnungen. Und er betont, daß sie ἐν ἐπαγγελίᾳ gegeben sei, in und mit der Verheißung: «auf daß es dir wohl gehe und du lange lebest auf Erden», womit offenbar ihre unveräußerliche Zugehörigkeit zu unserem schöpfungsmäßigen Leben noch einmal unterstrichen wird. Man kann – dies dürfte doch wohl der nächste Sinn dieser Bemerkungen des Apostels sein – nicht leben, ohne alsbald auf diese Ordnung zu stoßen, und das Leben selbst ist in seinem Bestand und Fortgang an diese Ordnung geknüpft.|

Aber was ist nun ihr besonderer, charakteristischer, also von der Beziehung zwischen Alten und Jungen in der Tierwelt einerseits und von den übrigen Beziehungen zwischen den Menschen andererseits sich unterscheidender Inhalt? «*Ehre* Vater und Mutter!» sagt der Dekalog bekanntlich, und es ist vielleicht nicht so abwegig und willkürlich, wie es auf den ersten Blick aussehen mag, wenn in Analogie dazu der Begriff der «Ehrfurcht vor dem

Kinde» aufgestellt worden ist.[22] Wenn der Begriff «Ehre» hier sachgemäß angewendet ist, dann bedeutet das zunächst im Blick auf das Verhältnis der Kinder zu den Eltern – und damit bekommt jene doppelte Anmerkung Eph. 6,2 doppeltes Gewicht –, daß die Kinder die Eltern grundsätzlich in der Blickrichtung zu sehen haben, in der – natürlich im unendlichen qualitativen Unterschied von Schöpfer und Geschöpf – Gott zu sehen ist. Auf diesen Zusammenhang weist uns ja auch die biblische Verwendung der Begriffe «Vater» und «Kind» für das Verhältnis von Gott und Mensch. Durchaus nicht jeder Mitmensch ist von Haus aus in dieser Blickrichtung zu suchen (der Ehegenosse z.B. sicher nicht), wohl aber Vater und Mutter. Eben dieser Zusammenhang liegt aber auch im Wesen der Sache und dürfte in der Tat der Gegenstand der Erkenntnis sein, um die es für uns Menschen in bezug auf dieses Verhältnis geht. Die «Ältern» in diesem prägnanten Sinn des Wortes, die höchst konkret älter sind als wir, vor uns da waren, sie waren es ja in dem entscheidenden Sinn als unsere Erzeuger, unsere parentes. Ihre fruchtbare Vereinigung war und ist innerhalb der zeitlichen Wirklichkeit unsere eigene ratio essendi, die geschöpfliche Wiederholung des Schöpferrufes: «Es werde!», kraft dessen wir als Geschöpfe Gottes existieren. Gewiß findet hier nur Analogie statt. Aber sie findet statt, und zwar ganz und gar einzigartig für jeden Menschen in *seinen* Eltern. *Sie* repräsentieren für ihn das Wunder der Schöpfung und des Schöpfers, ohne den er nichts wäre. Darum kommt den Eltern unsererseits das Besondere, Charakteristische zu: eben *Ehre* als den Repräsentanten des Schöpfergottes, was so niemand sonst für uns sein kann. Darum ist dieses Gebot nicht nur darum das erste, weil es dem Menschen zuerst begegnet, sondern auch darum, weil es ihn zuerst und in ganz einzigartiger Weise an den Schöpfer bindet. Darum läßt sich die Lebensverheißung nach dem Dekalog von der Beachtung des gerade so auftretenden Schöpfungsgebotes nicht trennen,

[22] So: Ellen Key, *Das Jahrhundert des Kindes,* Berlin 1902. 1905[10], S. 181 u. ö.

darum finden wir seine Übertretung im Alten Testament so mit grimmigen Drohungen umgeben.[23]|

Dieses Ehren wird nun in concreto etwas sehr Verschiedenes bedeuten für das junge wie für das selbst schon erwachsene Kind: aus dem strikten Gehorsam wird hier mit der Zeit notwendig als Ausdruck derselben Ehrung ein nicht minder striktes Hören, wie es eben einem selbständigen Menschen zukommt. Etwas Anderes gegenüber den selbst in der Vollkraft des Lebens stehenden, etwas Anderes gegenüber den selbst in dieser oder jener Hinsicht bedürftig gewordenen Eltern: aus dem untergeordneten, empfangenden, sich weiden lassenden Ehren kann dann unter Umständen, ohne aufzuhören, ein wirkliches Ehren zu sein, ein überlegenes, helfendes, leitendes Ehren werden. Ein Anderes gegenüber Eltern, die nach unserer Einsicht unser Zutrauen und unseren Respekt verdienen, ein Anderes gegenüber solchen, denen gegenüber beides für uns vielleicht erschüttert ist: gibt es eine Ehrung in freudiger Aufgeschlossenheit und Verbundenheit, so kann und muß es auch eine solche in bloßer Bereitschaft dazu, in relativer Zurückhaltung geben. Keine Bedrohung unseres Gehorsams kann eine Bedrohung des Gebotes bedeuten, das ist die Regel, nach der auch hier zu denken ist. Und man wird die Sache gewiß, über die direkten Beziehungen zwischen Kindern und Eltern hinausgehend, auch so wenden dürfen und müssen: Vater und Mutter ehren heißt, ihnen Ehre machen, d.h. so handeln, daß jene Analogie des göttlichen Schöpfungsaktes, der wir unsere Existenz verdanken, durch unsere Existenz, also durch unsere Tat heilig gehalten werde nicht nur im Blick auf den Schöpfer selbst, sondern auch, weil im Blick auf den Schöpfer selbst, im Blick auf die, die nach seiner Ordnung das Werkzeug waren, kraft dessen wir als seine Geschöpfe existieren.|

Also die Frage ist gestellt, wie sie in bezug auf unsere konkrete Beziehung zum anderen Geschlecht gestellt ist: ob man sie als unter

---

[23] Vgl. Ex. 21,15.17; Lev. 20,9; Dtn. 21,18–21; 27,16; Prov. 20,20; 30,17; Jes. 45,10.

der Ordnung der Ehe stehend erkennen könne – so hier in bezug auf unsere Eltern: ob und inwiefern die Ordnung der Familie, das «Ehre Vater und Mutter!» anerkannt ist in unserem Tun. Die Frage ist aber auch nach der anderen Seite gestellt, an die Eltern in bezug auf die Kinder, ein ganz anderes, gerade das umgekehrte «Ehren», wenn wir bei diesem Begriff bleiben wollen, kommt hier in Betracht. Dürfen und müssen wir die Erzeugung des Menschen verstehen als Analogie zum göttlichen Schöpfungsakt, dann ist das Verhältnis der Eltern zu den Kindern dadurch geregelt, daß sie sie, gewiß nur wie ein Geschöpf das andere, aber nun doch innerhalb der geschöpflichen Welt in ganz einzigartiger Weise in der Blickrichtung sehen, in der Gott der Schöpfer sie sieht. Eph. 3,15 ist hier zu bedenken, die merkwürdige Stelle von der aus Gott stammenden «Väterlichkeit» im Himmel und auf Erden. Also nicht an der Ehre des Schöpfers nehmen die Kinder teil, das ist eben ihr unaufhebbarer Unterschied von den Eltern, wohl aber, und das ist auch eine Ehre, an der Ehre des Geschöpfs, das Gott in Liebe gewollt und ins Dasein gerufen, das er gerade in dieser und dieser Bestimmtheit seiner Existenz haben wollte, dem er damit eine eigene, eben seine Wirklichkeit, wirkliche Freiheit gegeben hat, das er in dieser seiner Freiheit erhält, begleitet und regiert. Alles Geschaffene existiert im Segen und durch den Segen des Herrn, das ist der tiefe Sinn des die Lehre von der Schöpfung ergänzenden und erklärenden Dogmas von der Vorsehung, das hier zu bedenken ist. Darum ist in der Bibel so viel vom Segen der Eltern die Rede als von dem eigentlich und letztlich Entscheidenden, was sie für ihre Kinder tun und ihnen hinterlassen können. Sie können, gewiß als Geschöpfe, aber nach der Ordnung Gottes, wahrhaftig segnen. Und darin besteht letztlich alles Sorgen für die Kinder, alle Erziehung und Leitung durch Weisung und vor Allem durch Vorbild, alles wirkliche Lieben und Betreuen der Kinder, daß man sie als Mittler des göttlichen Segens selber segne, weil man diesen jungen Menschen gegenüber dazu – nur diesen in dieser Weise und diesen letztlich nur dazu – von Gott selbst darum, daß man eben ihr Vater oder ihre

Mutter ist, eingesetzt ist. Und die ethische Frage, die an alles elterliche Tun gerichtet ist, wird dahin zu formulieren sein, ob unser Tun und Lassen ihnen gegenüber an diesem Maßstab gemessen sich rechtfertigen läßt, daß wir ihnen mutatis mutandis vor Augen stellen, wie der Schöpfer an ihnen handelt, ob sie in der Verlängerung der Blickrichtung, in der sie uns sehen, tatsächlich den Schöpfer zu sehen bekommen oder vielleicht einen bösen launischen Tyrannen, einen wunderlichen Demiurgen sehen müssen. Eltern sind verantwortlich dafür, daß die Kinder ektypisch in ihnen etwas zu sehen bekommen von der Güte und Strenge Gottes.

Soviel über die Prinzipien der christlichen Hausordnung, deren Anwendung wahrlich nicht etwa Sache der Freiheit im Sinne von Willkür, wohl aber Sache des göttlichen Gebotes ist, dem wir, indem wir uns an Hand dieser Prinzipien besinnen, im Einzelnen wohl begegnen werden, so wie es eben *uns*, einem jeden in ganz besonderer Weise begegnet.

4. Als unter einer Ordnung stehend haben wir endlich unser Zusammenleben mit den Menschen überhaupt zu verstehen. Nach einer Schöpfungsordnung fragen wir hier. Es würde ja naheliegen, hier in derselben Weise nach den Begriffen der Kirche und des Staates zu greifen, wie wir in bezug auf die Ordnung unseres Geschlechtslebens nach dem Begriff der Ehe und in bezug auf die Ordnung unseres Verhältnisses zu unseren Allernächsten nach dem Begriff der Familie gegriffen haben. Aber wenn wir uns auch nicht weigern werden, auch Staat und Kirche als Gottesordnungen zu verstehen, so sind sie das doch in einem ganz anderen Sinn als Arbeit, Ehe und Familie, nämlich jedenfalls gerade nicht als Schöpfungsordnungen, nicht als Ordnungen, die schon mit unserer Existenz als Menschen gegeben sind. Kirche und Staat setzen die Sünde voraus und verkörpern also Gottes Ordnung als Gegenwirkung gegen die Sünde, in ihrer Wirklichkeit als Gnade und als Gesetz. Daß wir auch die Ordnungen der Arbeit, der Ehe und der Familie nur in der Gebrochenheit ihres Kontrastes zu unserer Übertretung kennen, ändert nichts daran, daß sie nicht erst in

diesem Kontrast, sondern schon als Ordnung unserer Existenz ganz abgesehen von diesem Kontrast Gültigkeit haben. Das kann man aber von Kirche und Staat nicht sagen. Kirche und Staat lassen sich nur als göttliche Notordnungen verständlich machen. Kirche und Staat beziehen sich beide, wenn auch in sehr verschiedener Weise, auf den ungehorsamen, aber durch Gottes Gnade nicht sich selbst überlassenen Menschen und haben uns darum erst im nächsten Kapitel zu beschäftigen. Aber Kirche und Staat sind nun doch nicht ohne Voraussetzungen in der Schöpfungsordnung. Das positive Gesetz ist gemessen am natürlichen, sagten die alten Ethiker. Nach diesen Voraussetzungen haben wir hier zu fragen.

Für Kirche und Staat ist offenbar bezeichnend einmal die *Gleichheit* aller Menschen, die in ihnen als Formen der Gemeinschaft zusammengefaßt sind, sodann aber und ebenso die *Führung,* mit der beauftragt in beiden kraft derselben Ordnung Einzelne aus der Menge der Übrigen heraustreten, um im Namen der Ordnung, die für Alle gilt, stellvertretend für die Anderen und an ihnen zu handeln. Gleichheit bedeutet in der Kirche die gemeinsame Anerkennung des Aufruhrs gegen Gott, dessen sich die ganze Gemeinde schuldig weiß, und der Barmherzigkeit Gottes, von der sie in allen ihren Gliedern allein leben will. Führung bedeutet in der Kirche das Vorhandensein eines besonderen Dienstes der Verkündigung des Gesetzes und der Gnade. Gleichheit bedeutet im Staate die Repression des Kampfes Aller gegen Alle, der Unterdrückung der Schwachen durch die Starken durch das Mittel des durch die Gewalt aufrechterhaltenen Rechtes. Und Führung bedeutet im Staate das Vorhandensein eines Wächteramtes zur Wahrung des Rechtes durch Ausübung der Gewalt. Diese Gleichheit der Menschen untereinander und diese Führung durch Einzelne weist in ihrem Wesen hin auf eine schon vorhandene schwere Störung des Verhältnisses des Menschen zu Gott und zu seinem Nächsten. Sie ist offenbar nicht Schöpfungsordnung. Sie kann aber, wenn sie wirklich Gottesordnung ist, der Schöpfungsordnung auch nicht widersprechen, sie muß in ihr ihre Wurzeln haben, Wurzeln, die mit der Abwehr- und Hilfsordnung von Kirche und Staat nicht zu verwechseln, sondern einfach als Lebensordnung zu verstehen sind. Und in der Tat: das Leben jetzt als Zusammenleben Aller betrachtet, fordert von Haus aus, wie es die Arbeit, wie es die Ehe und Familie fordert, so auch und in derselben Allgemeinheit und Ursprünglichkeit gegenüber allen geschichtlich gewordenen und sich verändernden Verhältnissen eine Entsprechung zu dem, was Kirche und Staat in regno gratiae als Gebot des Schöpfergottes[24] bedeuten, eine Wirklichkeit der lex naturae auch nach dieser Seite. Die alte Ethik faßte das, was hier gemeint ist, zusammen in den Begriff der *Billigkeit,* aequitas. Ich ziehe vor, die zwei Begriffe *Gleichheit* und *Führung* zu gebrauchen, um sofort etwas Deutliches zu sagen. Und ich sage nicht einfach Gleichheit und Ungleichheit, um mit Führung sofort sagen zu können, auf was es bei der der Gleichheit in der Tat entsprechenden Ungleichheit ankommt.|

Das Zusammenleben der Menschen gründet sich von Hause aus auf ihre Gleichheit. Wo sie in Frage gestellt ist, da ist auch das Zusammenleben in Frage gestellt und, wenn Leben immer Zusammenleben ist, das Leben selber. Um die Gleichheit im Verhältnis zu Gott dem Schöpfer handelt es sich und damit auch [um] die Gleichberechtigung des Anspruchs auf das Leben und Alles, was das bedeutet. Unser aller Recht in dieser Beziehung ist dadurch bedingt und beschränkt, aber auch dadurch gesetzt und aufgerichtet, daß wir unser Leben nicht aus uns selbst, sondern aus Gott haben, von Gott jeden Augenblick aufs neue empfangen müssen, um es zu haben! In der Erkenntnis dieser meiner Abhängigkeit erkenne ich mich als Mensch – das macht mich zum Menschen, daß ich diese Abhängigkeit erkenne und durch mein Tun bejahe. Und indem ich mich in dieser Erkenntnis mit dem Anderen treffe, erkenne ich ihn als *Mit*menschen, das macht ihn zu meinem Mit*menschen,* daß er mir zum Spiegel meiner eigenen Selbsterkenntnis als Gottes Geschöpf wird, daß ich ihn als solchen

---

[24] Gemeint ist: als Gebot des Versöhnergottes.

wiederum durch mein Tun bejahe. Humanität heißt also einerseits Wissen um unsere durch keinen Unterschied aufzuhebende Gleichheit vor Gott. Daß es einen Rationalismus gibt, der nur von diesem Einerseits weiß – aber dann sicher auch von diesem nicht, wie man davon wissen müßte –, das gibt einer Romantik noch lange nicht Recht, die von diesem Einerseits gar nichts wissen will, um dann sicher auch von dem von ihr einseitig behaupteten Andererseits nicht recht zu wissen. Sinnvoll ist auch die feinste und gerechtfertigste Gliederung der Gesellschaft nicht in sich, sondern nur unter der Voraussetzung der wesentlichen, eben auf Gleichheit beruhenden Kontinuität aller ihrer Glieder. Wo diese bedroht ist, da ist vom Naturrecht aus mit Recht zu fragen, ob die vermeintliche Ordnung nicht heimliche Unordnung sei. Denn Führung an sich, Führung der Einen durch die Anderen, ist ein rohes Stück aus dem Kampfe ums Dasein. Leithammel und Führerelefanten gibt es auch in der Tierwelt. Führung wird sinnvoll auf dem Hintergrund der Gleichheit, sofern Alle dasselbe Anliegen haben. Das Recht im Recht, das richtige Recht ist das für Alle gültige, das von Allen zu respektierende, aber auch alle schützende Recht. Das Kriterium alles Handelns, bei dem ich irgendwie führend, also scheinbar mit mehr Recht als die Anderen, aus ihrer Reihe hervortrete, liegt darin, daß ich nichts tue, als daß ich das Recht Aller aufrichte und wahre.|

Unter dieser Ordnung also steht der Wille zum Leben, steht aber auch die Ehrfurcht vor dem fremden Leben, durch sie unterscheidet sich das Gebot des Lebens von einem bloßen Instinkt: Es gibt keinen Anspruch des Lebens, ob es nun mein eigenes oder ein fremdes ist, das sich nicht legitimieren müßte vor der Erkenntnis, daß der Anspruch Aller grundsätzlich mit Recht derselbe ist. Wo diese Erkenntnis unterschlagen wäre, da wäre die Erkenntnis Gottes unterschlagen, denn vor Gott müssen wir uns Alle als im gleichen Sinn zum Leben berufen erkennen. Aber nun ist dieses Leben, zu dem wir berufen sind, ja ein besonders bestimmtes für jeden einzelnen Menschen. Und das muß uns allerdings hindern, diese schöpfungsmäßige Gleichheit als eine mechanische Einerleiheit zu verstehen. Nicht, daß jetzt die Ungleichheit, in der wir nebeneinander existieren, doch noch einen höheren Anspruch des Einen vor dem Anderen begründete – wir haben das bereits bei einem früheren Anlaß abgelehnt[25] – wohl aber bedeutet diese Ungleichheit, daß nicht Allen im Zusammenleben Aller dieselbe Stellung im Verhältnis zu den Anderen zukommen kann, daß es immer Einigen auf Grund ihres besonderen Berufes zukommen wird, zu führen, Anderen aber nachzufolgen. Eben damit das Anliegen Aller zur Geltung komme, können nicht alle führen, nicht alle folgen, muß sich unser Zusammenleben jetzt in dieser, jetzt in jener Hinsicht gliedern und differenzieren, ganz anders in politischer, ganz anders in wirtschaftlicher, ganz anders in wissenschaftlicher und wieder ganz anders in kirchlicher Hinsicht. Die Gesellschaft trägt aber die Möglichkeit solcher Gliederung und Differenzierung von Hause aus in sich, so gut wie die Gleichheit ihrer einzelnen Subjekte. Humanität heißt also andererseits: Wissen um diese Möglichkeit. Wo sie verkannt oder geleugnet wird, da ist wieder das Zusammenleben der Menschen und damit ihr Leben überhaupt in Frage gestellt. Unser Anspruch, mit bloß gleicher Pflicht neben den Anderen zu stehen, wird sich also legitimieren müssen vor dem Anspruch der Frage, ob wir nicht in dieser oder jener Hinsicht die außerordentliche Pflicht der Führung haben, und unser Anspruch auf gleiches Recht mit allen Anderen vor dem Anspruch der Frage, ob da nicht Andere sind, die uns gegenüber das außerordentliche Recht der Führung geltend zu machen haben. Nicht erst damit, daß wir Sünder sind, die durch Gottes Gnade unter dem Gesetz stehen, sondern schon damit, daß wir als Menschen leben, kommt solche Überordnung und Unterordnung beständig in Frage, nicht in Aufhebung, sondern in Betätigung unserer Gleichheit vor Gott. Weil sie Gleichheit vor Gott ist, darum kann sie in concreto jeden Augenblick Ungleichheit unter den Menschen bedeuten. Und wieder müßten wir Gottes vergessen, wenn wir vergessen wollten, daß die Frage nach dem Sinn unseres Tuns auch in dieser Hinsicht gestellt ist.

[25] s. oben S. 400 f.

Gottes Gebot wird von mir erfüllt, d.h. mein Tun ist gut, ist Gehor-
sam gegen das Gebot des Lebens, ist meiner Berufung entsprechend
und in der Ordnung, sofern mir gesagt ist und ich mir gesagt sein
lasse, daß es in Übereinstimmung steht mit dem Willen des Schöpfers
des Lebens. Daß mir das gesagt ist und daß ich mir das gesagt sein
lasse, das ist das Werk des Wortes und Geistes Gottes des Vaters
oder die Wirklichkeit des Glaubens.

1.

Auf das Problem unseres Tuns als solchen unter dem Gesichtspunkt des Schöpfergebotes haben wir nun noch kurz einzutreten.
Wir wissen, daß wir zum *Leben* bestimmt sind in der unauflöslichen
Korrelation des Willens zum Leben und der Ehrfurcht vor dem
Leben. Wir wissen, daß diese unsere Bestimmung präzisiert ist
einerseits durch den an jeden Menschen im Besonderen ergehenden *Beruf,* andererseits durch die *Ordnung,* die unser Leben als
menschliches Leben qualifiziert. Eine ganze Anzahl von Kriterien
sind sichtbar geworden, an denen unser Handeln gemessen ist, teils
in bezug auf seinen Inhalt, teils in bezug auf uns selbst als die Handelnden, teils in bezug auf die Form unseres Handelns. Wir
haben aber noch nicht nach unserem Handeln als solchem gefragt, nach dem Lebensakt selber, der unter allen diesen Bestimmungen steht, nach dem Subjekt aller dieser Prädikate, wir können auch sagen: nach der Erfüllung des Schöpfergebotes.

Man könnte freilich den Stand unserer Nachforschung ebensogut dahin bestimmen, daß wir ununterbrochen eben danach
gefragt haben, und daß uns nun nur noch übrig bleibt, eben diese
Frage als den Sinn aller gestellten Fragen ausdrücklich heraus-
zustellen. Wir konnten ja gar nicht anders, als von jedem der
berührten Punkte aus die Linie zu ziehen oder doch anzudeuten
nach dem Mittelpunkt hin, nach der fallenden Entscheidung
unseres konkreten Handelns, in der wir nicht *einem* Kriterium,

sondern *dem* Kriterium, dem *un*zweideutigen Kriterium [unterliegen], in der wir Gott selbst und seinem Gebot begegnen müssen, in der wir verantwortlich gemacht [sind], in der über die Güte oder Bosheit unseres Tuns nicht unsere, sondern Gottes Entscheidung fällt. Um dieses Hinweises willen allein berührten wir ja überhaupt alle jene Punkte. Weil wir als Menschen keiner Zentralschau fähig sind, sondern Besinnung nur üben können, indem wir unterscheiden, wissend, daß das Unterschiedene in sich Eines ist, vollzogen wir die relative Abstraktion des Schöpfergebotes im Unterschied zu dem, was Gottes Gebot auch ist: Versöhnergebot und Erlösergebot, vollzogen wir weiter die relative Abstraktion jener drei Gesichtspunkte und erlaubten wir uns, immer nicht mit letztem, sondern nur mit vorletztem Recht unter diesen drei Gesichtspunkten exempli causa diese und diese in Betracht kommenden Einzelmomente, einzelne Möglichkeiten oder Gruppen von Möglichkeiten menschlichen Tuns, herauszugreifen und zu diskutieren. Nicht um der Konkretionen willen, sondern um diesen Hinweis konkret zu vollziehen, haben wir uns auf eine ganze Reihe von Konkretionen eingelassen und werden wir uns auch in den nächsten Kapiteln auf solche einlassen müssen. Eben darum nicht in der Absicht und nicht mit dem Erfolg der Aufstellung eines Gesetzbuches des christlichen Lebens – I. Teil «Die lex naturae» etwa –, eben darum ohne das Urteil über Güte oder Bosheit bestimmter Handlungen vorwegzunehmen, sondern uns begnügend damit, das Aufgeworfensein der ethischen Frage hier zunächst im Blick auf unser Geschaffensein als solches und also unter den drei Gesichtspunkten der Bestimmung zum Leben, des Berufs und der Ordnung zu anerkennen und damit den Ausblick auf das uns in Anspruch nehmende, uns heiligende Wort Gottes in der Tat zunächst als lex naturae – aber um seiner selbst, nicht um der lex naturae willen – zu gewinnen. Auch der dritte Gesichtspunkt, der der Ordnung, dürfte ja nicht etwa so verstanden werden, als sei eine Handlung oder Handlungsweise darum, weil wir sie (etwa auf dem Gebiet der Arbeit oder der Ehe) als «ordnungsmäßig» oder «nicht ordnungsmäßig» meinen beurteilen zu müssen, als gut oder böse bezeichnet. Denn wenn dieselbe Handlung, nur schon auf ihre Ordnungsmäßigkeit angesehen, ein ganz anderes Gesicht haben kann, je nachdem wir sie z. B. als Arbeitsleistung oder in ihrer Bedeutung im Verhältnis zur Ordnung der Familie betrachten, so wäre auch damit, daß wir sie vielleicht eindeutig als ordnungsmäßig im Sinn von § 9 verstehen könnten, über ihre Güte noch nicht entschieden, weil dieselbe Handlung außerdem auch unter dem Gesichtspunkt des Inhalts im Sinn von § 7 und unter dem Gesichtspunkt der subjektiven Berufung im Sinn von § 8 zu beurteilen wäre. Und auch dann, wenn wir etwa in der Lage wären, eine bestimmte eigene oder fremde Handlung von allen Seiten in der ganzen Komplexheit der in diesem Begriff der bestimmten Handlung sich schneidenden Linien ethisch zu durchschauen [und es uns] also [möglich wäre], unter allen drei Gesichtspunkten mit der ganzen Fülle von Fragen, die jeder in sich enthält, sobald man ihm ernstlich nähertritt, in bezug auf die Güte [dieser Handlung] eine höchst wahrscheinlich richtige Antwort zu geben – so müßten wir uns noch einmal sagen, daß diese höchst wahrscheinlich richtige Antwort das entscheidende Wort *Gottes* nicht wäre, sondern bestenfalls das reife Resultat unserer Zurüstung für den Augenblick, in dem wir diesem entscheidenden Worte zu begegnen haben, und als ethische Wissenschaft vorgetragen, doch nur das hoffentlich wohlüberlegte, auf breiter Lebenserfahrung, umsichtigem Nachdenken, tiefer Schrifterkenntnis und ernster Gebetsgewohnheit beruhende Wort des Professors so und so [ist], das durch das Wort Gottes selbst jeden Augenblick wieder umgestürzt werden kann. Aufgabe einer theologischen Ethik und einer ernsthaften Ethik überhaupt kann es aber nicht sein, in eine solche technisch und architektonisch noch so meisterhaft, einleuchtend und befriedigend abgeschlossene Sackgasse ethischer Überzeugungen hineinzuführen, sondern im Gegenteil: alle noch so vortrefflich abgeschlossenen ethischen Überzeugungen grundsätzlich wieder zu öffnen, nicht nach der Seite menschlicher Willkür, sondern nach der Seite des entscheidenden Wortes Gottes selbst, in der Richtung des Ereignisses des göttlichen Gebietens, an dem wir allezeit unsere Wunder erleben können, und wenn wir unserer Sache vorher noch so sicher geworden wären. |

Das kann es also nicht bedeuten, wenn wir nun zum Schluß noch auf die Handlung selbst und als solche auf die Erfüllung des Gebotes zu sprechen kommen, daß nun das entscheidende Wort Gottes etwa doch noch vorweggenommen, eine solche Bestimmung und Bedingtheit des menschlichen Handels aufgezeigt werden sollte, in der wir ihre Güte oder Bosheit in jener Abstraktion von der göttlichen Entscheidung zu fassen bekämen, in der wir sie als in unsere Hand gegeben uns denken könnten, um so unmittelbar vor Torschluß doch noch in die Würde des Herkules am Scheidewege, in die Würde des liberum arbitrium eingesetzt zu werden. *Mὴ γένοιτο!* Wir dürfen und wollen dieser Frage nach der Handlung selbst und als solcher *nicht* ausweichen. Es würde ja wahrhaftig eine Lücke nicht nur, sondern einen bösen Fehler in unserer Umschreibung der göttlichen Inanspruchnahme unseres Handelns bedeuten, wenn der Schein entstehen sollte, als sei die Frage nach der Bedeutung dieses Ereignisses von allen Seiten gestellt, nur nicht gerade vom Handeln selbst, von dem Ereignis unserer Entscheidung her, als laute die Antwort der Ethik auf alle die von ihr festgestellten Fragen nun etwa so: «Lieber Freund, du hast nun gehört, in wie vielen Richtungen du dich allein unter dem Gesichtspunkt der lex naturae zu besinnen allen Anlaß hast im Blick auf das, was du alle Tage tust. Nun geh eben hin und sieh zu, wie du mit dem Leben fertig wirst, was du nach allseitiger reiflicher Überlegung tun willst. Besinn dich, und dann benimm dich danach! Leb wohl und Gott befohlen!» Nun ja: «Gott befohlen!» – dieses Letzte stimmt allerdings, wenn es ernsthaft gemeint und verstanden ist, und etwas Anderes, Besseres als ein Versuch, dieses «Gott befohlen» sehr ernst zu nehmen, kann der Sinn dieser unserer letzten Überlegung nicht sein wollen. Aber eben dieses «Gott befohlen» will offenbar sehr ernst genommen, es will im Blick auf unser Entscheiden und Handeln noch einmal ganz für sich ausgesprochen, betont und unterstrichen, es will von Allem «Dir selbst überlassen!» oder vielleicht auch: «Dem Schicksal, dem Zufall überlassen!» bestimmt unterschieden sein, gerade damit das Ende vom Lied nicht etwa plötzlich von *dieser* Seite her das liberum arbitrium, das kühne vollmächtige Wählen des Menschen zwischen Gut und Böse sei, damit nicht etwa als deus ex machina im Kreuzungspunkt all der Linien und Fragen – als Alexander gegenüber dem gordischen Knoten der großen ethischen Problematik – doch noch durch die Hintertüre der bewußte Herkules auftrete, sich Alles beherrschend in den Vordergrund stelle, um das letzte Wort zu sprechen. |

Also nicht zu Ehren dieses Herkules, sondern um ihm endgültig den Abschied zu geben, ist es nötig zu fragen: Was macht die Handlung als solche zur guten Handlung? Was heißt Erfüllung des Gebotes? An welchem Maßstab ist meine Handlung selbst und als solche, das Subjekt aller der im Bisherigen erörterten Prädikate, gemessen? Die Tragweite dieser unserer letzten Überlegung dürfte nicht zu verkennen sein. Wir fragen hier implicite nach der Antwort auf alle im Bisherigen gestellten Fragen. Der Maßstab, an dem gemessen mein Tun als solches gut oder böse ist, entscheidet offenbar sofort und mit einem Schlag auch darüber, ob es Gehorsam gegen das Gebot des Lebens ist oder nicht ist, ob ich meinem Beruf getreu oder nicht getreu bin, ob es ordnungsmäßiges Tun ist oder nicht ist. Erfüllung des Gebotes ist ein absolutes Geschehen, das unser Verhältnis zu Gottes Gebot in *allen* seinen Relationen qualifiziert oder als Nicht-Erfüllung disqualifiziert. Eben darum darf nun zur Bestimmung des Begriffs Erfüllung, wenn die Aufgabe einer theologischen Ethik nicht noch im letzten Moment preisgegeben werden soll, kein anderer Begriff zur Anwendung kommen als ein solcher, der (scheinbar die Quadratur des Zirkels!) einerseits eine deutliche Bestimmung der Handlung als solcher bedeutet, der uns also noch einmal und nun im zentralsten Punkt an unsere Verantwortlichkeit erinnert, andererseits nun aber auch und gerade die Handlung als solche als von Gott bestimmt darstellt, ein Begriff, in Erkenntnis dessen also nicht nur die Haltung des Herkules ausgeschlossen, sondern auch die Haltung des mit dem ihn erwählenden Gott ringenden, des betenden Jakob als die einzige Möglichkeit übrig gelassen ist [vgl. Gen. 32]. Die Bestimmung, die hier allein in Betracht kommen kann, ist die Bestimmung unseres Tuns durch die Wirklichkeit des Glaubens.

2.

Was könnte und müßte das heißen, wenn mein Handeln als Geschöpf im Verhältnis zum Gebot des Schöpfers in diesem Augenblick gut, also Erfüllung dieses Gebotes, wäre, wenn ich in diesem und diesem Augenblick so lebte und mit allem fremden Leben zusammenlebte, wie Gott, der Schöpfer alles Lebens, das Leben gelebt haben will, genau in dem Beruf, zu dem er mich als creator ex nihilo in diesem Augenblick berufen hat, und genau in der Ordnung, unter die er mich als solcher gestellt hat? Wir müssen zurückhaltend sein, wenn wir nun dieses Geschehen als das Geschehen oder Tun des Willens Gottes bezeichnen. Die Zurückhaltung ist geboten schon im Blick auf die dritte Bitte des Unservaters: «Dein Wille geschehe wie im Himmel so auf Erden!» [Mt. 6,10]. Das heißt offenbar: in der Welt der Endlichkeit, als Tun des Geschöpfs, und zwar des Menschen, nicht eines Engels, innerhalb der Grenze, in der wir leben *so*, d.h. entsprechend, analog, konform dem Tun Gottes selbst im Himmel, das als solches von unserem Tun so unterschieden bleibt, wie eben der Himmel von der Erde unterschieden ist. Es ist also nicht angebracht, das Tun des Guten als Einigung des menschlichen mit dem göttlichen Willen zu beschreiben. Auch das vom Menschen vollkommen, auch das vom Menschen in Gott vollbrachte Gute ist und bleibt ein kreatürlich Gutes. Gut sein heißt durchaus nicht sein wie Gott. Von einer der des Vaters im Himmel analogen Vollkommenheit redet selbstverständlich auch das ὡς in dem bekannten Wort Jesu Matth. 5,48, von einer Nachbildung, aber nicht von einer Wiederholung oder Verdoppelung der göttlichen Vollkommenheit. Das Gute tun heißt nicht mit der Güte unseres Tuns an die Stelle Gottes treten. Als seine *Geschöpfe* nimmt uns Gott in Anspruch für das Geschehen seines Willens, nicht aber, weder gegenwärtig noch als in spe, als seinesgleichen. Also auch nicht, um uns zu seinesgleichen zu erheben, gerade nicht im Sinne jener vierten, zur Trinität hinzutretenden Hypostase, von der *Florenskij* so gerne redet.[1] Das Geschehen des Guten durch unsere Tat bedeutet, wenn wir die Begriffe Gott und Gebot nicht auflösen wollen, in keinem Sinn eine Vergottung des Menschen, sondern vielmehr gerade Menschwerdung des Menschen, echt und wirklich menschliches Tun. Ausnahmslos alle Bestimmungen des göttlichen Gebotes, denen wir in diesem Kapitel begegnet sind, und ausnahmslos alle, denen wir noch begegnen werden, weisen uns *in* diese Schranken und nicht über sie hinaus. Daß wir Menschen, nicht daß wir Götter sein sollen, ist uns geboten. |

Schon darum legt sich nun der Begriff des *Glaubens* nahe zur Umschreibung der Erfüllung des Gebots. Glaube überbrückt den Abstand des Geschöpfs vom Schöpfer, ohne ihn aufzuheben. Glaube behauptet ihn vielmehr, indem er ihn überwindet. Glaube ist der Schritt, aber eben immer der Schritt des Menschen zu Gott hin. Glaube ist im Gegensatz zu aller Mystik des Kopfes, des Bauches *und* des Herzens, im Gegensatz zu allem unkritischen mystischen Idealismus, ist damit gesagt, Bejahung Gottes unter uneingeschränkter, resoluter Bejahung der Endlichkeit, der Geschöpflichkeit, der Inkommensurabilität des Menschen ihm gegenüber. Der Glaube und der Glaube allein tut nur schon darum das Gute, weil er zugleich die Anerkennung ist, daß nur Einer

[1] P. A. Florenskij (1881–?), russischer Theologe und Religionsphilosoph, wurde beeinflußt durch Chomjakow (s. oben S. 173 Anm. 9) und Solowjew und wirkte durch seine Gedanken über die organisch-mystische Natur der Kirche sowie über die Verklärung des gesamten Kosmos durch die Menschwerdung Christi. Als sein theologisch-philosophisches Hauptwerk gilt: *Der Pfeiler und die Grundfeste der Wahrheit*, Moskau 1914, in Auszügen deutsch veröffentlicht in: *Östliches Christentum*, Dokumente II, Philosophie. In Verbindung mit N. v. Bubnoff hrsg. von H. Ehrenberg, München 1925. K. B. bezieht sich offensichtlich auf den 10. Brief: *Sophia*, S. 133f.

ursprünglich, ewig, in sich selbst begründet gut ist [vgl. Mk. 10,18]. Tun des Guten ist also, wo es stattfindet, eindeutig ein Tun innerhalb der Kreaturgrenze, *auf Erden.* Aber nun auf Erden *wie im Himmel,* also: auf Erden in Übereinstimmung mit dem, was im Himmel, was durch Gott selber geschieht. Wir denken hier nochmals an die Wendung «symmetria» und «consensus» bei *Calvin.*[2] Das müßte gutes Tun heißen: menschliches Tun, das als solches das Wohlgefallen Gottes hätte, darum, weil es auf Erden, in der geschaffenen Welt, sein, Gottes eigenes Tun – nicht verwirklichte, das tut er selber und allein –, wohl aber darstellte, repräsentierte, sein Spiegel und Abbild wäre, dessen sich Gott darum freute, weil er darin sein eigenes Wollen eben als in einem endlichen, geschöpflichen, zeitlichen, aber wirklichen Spiegel wiedererkennen würde. In dem Augenblick, würden wir das Gute tun, wo Gott uns vorfände, begriffen in der zeitlichen Vollstreckung des ewigen Gedankens, kraft dessen wir in diesem Augenblicke so existieren, so leben, in diesem Beruf und unter dieser Ordnung, wo unser Tun – wohlverstanden nicht unser Gefühl, unsere Gesinnung, unser Denken, sondern, das Alles freilich inbegriffen, unser Tun, unser Existieren in diesem Augenblick in seiner Totalität eine menschliche Bejahung Gottes wäre. Der Inhalt dieses fruchtbaren Augenblicks wäre offenbar *die* Antwort auf die sämtlichen Fragen, von denen wir unser Tun im Blick auf das Schöpfergebot umstellt sahen. Nicht mehr, aber auch nicht weniger. In diesem Augenblick lebten wir, nicht göttlich, aber menschlich, dafür wirklich, jenes Leben im Zusammensein mit anderem Leben, wie Gott als der Schöpfer des Lebens es gemeint hat, stünden wir in unserem Beruf und unter seiner Ordnung. Diese existentielle Bejahung Gottes ist eben der Glaube. Denn der Glaube ist nicht eine Anerkennung Gottes im Prädikat, sondern im Subjekt, eben als Existenzakt. Glaube ist Gehorsam. Darum geht es ja offenbar, wenn es nicht um Vergottung geht. Glaube als Gehorsam ist *die* Überwindung des unendlichen qualitativen

[2] s. oben S. 148.

Gegensatzes des Geschöpfs zum Schöpfer, in der dieser Gegensatz zugleich behauptet wird. Im Glauben trauen wir nämlich Gott zu, daß *er* recht hat in bezug auf die Notwendigkeit unserer Existenz, daß *er* unsere Lebensnotwendigkeit, daß *er* die lex naturae ist. Im Glauben verlieren wir jeden anderen in Betracht kommenden Boden unter den Füßen und leben in diesem Zutrauen.

Aber die entscheidende Bestimmung steht noch aus. Wie und woher sollen wir denn wissen, daß es einen solchen Augenblick des Wohlgefallens, ein solches Existieren in der Übereinstimmung des geschöpflichen Willens mit dem des Schöpfers jemals gab, gibt, oder geben wird? Was haben wir, was wissen wir denn Anderes, als daß wir von allen Seiten *gefragt* sind nach dieser Übereinstimmung? Und haben wir nicht eben nochmals uns erinnert, daß es als Antwort auf dies Gefragtsein, nämlich als uns verfügbare Antwort im besten Fall höchst wahrscheinliche, nämlich höchst erfahrungsvoll, höchst vielseitig durchdachte, höchst fromme menschliche Antworten gibt: die Antworten, die wir uns selbst von Fall zu Fall prüfend und wählend zwischen den einleuchtendsten oder auch den aufdringlichsten Möglichkeiten nach bestem Wissen und Gewissen zu geben pflegen und dann – ja dann auch wohl noch die Antworten der Professoren in den Lehrbüchern der philosophischen und theologischen Ethik, in denen uns über Gut und Böse Bescheid gesagt wird, wenn wir wirklich Lust haben, uns darüber von einem Professor Bescheid sagen zu lassen. Soll nun etwa doch eine solche menschliche Antwort, ob es unsere eigene oder die eines Anderen ist, darum weil wir sie für die beste halten, die Antwort sein auf die Frage nach dem Guten? Dürfen und sollen wir uns danach richten, im Vertrauen, dann das Gute, das mit Gottes Willen übereinstimmende und darum Gott Wohlgefällige zu tun – darum weil wir sie für so gut halten, weil sie uns so einleuchtet oder weil uns wenigstens nichts Anderes übrigbleibt, weil wir in ihr wenigstens das kleinste Übel erkannt haben? Und sollte das vielleicht der Glaube sein, der Glaube, der das gute Werk vollbringt: daß wir eben glauben – aber würden wir dann nicht besser sagen: [daß wir] meinen oder überzeugt sind oder uns durchgerungen haben dazu: Das und das ist gut und will von mir getan sein? Offenbar würden wir damit nicht weniger als alle Voraussetzungen umstoßen, von denen wir herkommen. Das Gute wäre dann also doch nicht sowohl das uns Gebotene als das aufs trefflichste von uns Erwählte und somit der Glaube letztlich und eigentlich Glaube an uns selbst als die so trefflich Wählenden. Das mag freilich sein, daß wir unser Tun insofern als gut zu beurteilen in der Lage sind, als wir es in Übereinstimmung mit uns selbst, mit den letzten uns bekannten Voraussetzungen unserer Existenz finden. Aber wer sind wir selbst? Und was ist es mit unserer Güte, die dann der Maßstab des Guten wäre? Das ist die Frage, die alsbald hinter jeder von da aus gegebenen Antwort auftaucht, und wollten wir auch ihr mit einem mutmaßlichen Urteil begegnen, das uns zu solchem Urteil legitimierte, so stünde die dritte Frage gegen uns auf, von welchem Standort aus dieses uns legitimierende Urteil abgegeben sein möchte, und hinter der dritten die vierte und fünfte ohne Ende... Ethische Überzeugung ist eine gute Sache, und wenn wir sie Glauben nennen wollen, so kann uns natürlich niemand daran hindern, nur sollten wir uns klar sein darüber, daß kein derartiger ethischer Überzeugungsglaube uns etwa dessen gewiß machen kann, daß unser Tun sich in Übereinstimmung auch mit dem Willen Gottes befinde. Das Wissen *darum* ist in bestimmtem Unterschied zu jeder Überzeugung, Meinung oder Einsicht der Glaube im biblischen und reformatorischen Sinn des Begriffs.

Das ist aber das Wesen des Glaubens: Einmal, daß dem Menschen ein *Wort* gesagt ist, nicht etwa als ein solches, das er sich zuerst selbst gesagt hat, sondern gesagt ist als das Wort Gottes des *Vaters,* d. h. aber des Offenbarers der Wahrheit, hinter dem kein Anderer steht, der in ihm offenbar würde, weil er selber die Wahrheit ist, dessen Wort sich also auch an keinem Anderen messen und verifizieren läßt, weil es selber das Wort der Wahrheit ist, der ursprüngliche Logos, an dem alle anderen Worte gemessen sind und der Verifizierung bedürfen, dessen Erkenntnis sich also nicht anders vollziehen läßt als in Form von An-Erkenntnis. Daß dieses Wort der Wahrheit dem Menschen gesagt ist, das ist das Wesen des Glaubens. Das Wesen des Glaubens ist aber zum Anderen – wir sagen dasselbe damit und doch nicht dasselbe –, daß der Mensch dies Wort sich gesagt sein läßt, nicht wie man sich gesagt sein läßt, wovon man sich überzeugt hat, sondern gesagt sein läßt vor aller und abgesehen von aller Überzeugung durch den *Geist* Gottes des Vaters, d. h. eben als Offenbarung des Offenbarers, der selbst die Wahrheit ist, dem gegenüber also keine Rückfrage und Kontrolle möglich ist, dem die An-Erkenntnis zu versagen keineswegs eine Möglichkeit, sondern nur als ausgeschlossene, absurde Unmöglichkeit, als mysterium iniquitatis, denkbar ist. Dieses Sich-Gesagtseinlassen des Wortes durch die Macht des Geistes Gottes, das Wunder des menschlichen Vernehmens des göttlichen Logos, das ist der Glaube.|

Gewiß, wir können ihn statt theologisch auch anthropologisch definieren; wir müssen das sogar tun, um ausdrücklich daran zu erinnern, daß es der Mensch in seiner zeitlichen Existenz ist, dem hier gesagt wird, der sich hier sagen läßt. Wir definieren also den Glauben mit *Luther* als das «Trauen und Wagen des *Herzens*» in bezug auf Gott,[3] d. h. aber als ein solches Trauen und Wagen, bei dem die Mitte unseres Daseins in Frage gestellt und kompromittiert ist, in dem wir existieren, in dem wir nicht weniger als uns selbst loslassen, preisgeben, aufs Spiel setzen müssen, um Gott unseren Herrn sein zu lassen, von ihm alles Gute zu erwarten. Wie ein Schwimmer im Augenblick, wo er mit den Füßen den Boden verläßt, sich nun eben *ganz* vom Wasser will tragen lassen. Oder wie ein Radfahrer aufsteigt und die Wiederherstellung des damit zunächst aufgegebenen Gleichgewichtes *nur* noch von der raschen Vorwärtsbewegung erwartet. Aber gerade diese Bilder zeigen deutlich, daß die anthropologische Definition erst durch die theologische gehaltvoll wird. Im Wasser den Boden verlassen heißt noch nicht schwimmen, so gewiß das geschehen muß. Und das

[3] Vgl. Luthers Auslegung des 1. Gebotes im *Großen Katechismus* von 1529, WA 30,1,132–133 bzw. *Die Bekenntnisschriften der evang.-lutherischen Kirche,* S. 560.

Gleichgewicht aufgeben und aufspringen heißt noch nicht rad-
fahren, so gewiß auch das geschehen muß. Alles hängt daran,
daß das Wasser mich nun wirklich trägt, daß die rasche Vorwärtsbewegung nun wirklich stattfindet, und das bedeutet eine gegenüber jener ersten sachlich ganz unabhängige zweite Seite dieser
Ereignisse. Der «Objektgehalt» jenes Loslassens könnte auch das
Untersinken, und der Objektgehalt jenes Aufspringens könnte
auch das Umfallen sein.[4] So ist auch das Trauen und Wagen des
Herzens, so gewiß es stattfinden muß, wo geglaubt werden soll,
noch nicht und nie an sich der Glaube. Es könnte immer noch
ein Meinen und Überzeugtsein und dann vielleicht auch ein Wähnen der Sinn dieses anthropologisch zu beschreibenden Geschehens sein. Und «Gott» könnte auch ein bloßer «Objektgehalt»
einer in bezug auf die Wahrheitsfrage nur durch mich selbst bedingten Einsicht sein. Alles hängt daran – und darum eben ist die
theologische Bestimmung des Glaubens so ausschlaggebend wichtig, darum muß hier das Entscheidende in trinitarischen Formeln
gesagt werden –, daß *Gott* zur Stelle ist, wo solches Trauen und
Wagen des Herzens stattfindet: damit Glaube nicht etwa ontolo-
gisch ein Wahnsinn, ein Sprung ins Dunkle sei, so sehr er immer
phänomenologisch die Gestalt eines solchen haben mag und muß.
Glauben heißt nicht irrationales Taumeln, sondern wohlerwoge-
nes, ja in «unerhörter Sicherheit» vollbrachtes Schreiten. Wo
immer Gott geglaubt wird, da geschieht es – als Trauen und Wagen des Herzens in und mit der völligen Selbstpreisgabe, mit der
sich das verbindet, in der Ungewißheit, die diesem menschlichen
Tun so gut wie allem anderen eigen ist – im Blick auf den Gegenstand dieses Tuns gesagt, in der Bestimmtheit, die ihm von ihm
her eigen ist, in stahlharter Gewißheit. Es wird doch eben, wo
geglaubt wird, daraufhin geglaubt, daß uns das Wort gesagt ist,
und daß wir es uns durch den Geist haben sagen lassen. |

---

[4] Randbemerkung von K. B.: «*L.!*» – offenbar als «Luther» zu lesen und
eine Kritik des Glaubensverständnisses im Sinne der reinen fides qua creditur
implizierend.

Also dem Wort und dem Geist des Vaters, also Gott selbst eignet die Gewißheit des Glaubens. Also wer sich hier aufblähen wollte mit *seiner* Gewißheit, der spränge freilich ins Dunkle, der würde sich wohl mit einem fragwürdigen «Objektgehalt» seines Glaubens zufrieden geben müssen. Aber eben das ist das doppelseitige Wesen des Glaubens, daß hier menschliches Trauen und Wagen in seiner ganzen Ungewißheit teilnimmt an der unüberbietbaren Selbstgewißheit Gottes, weil hier dem Menschen das Wort Gottes gesagt und von ihm durch den heiligen Geist vernommen ist. Und hier, hier in der Wirklichkeit des Glaubens, eben in dieser göttlichen Gewißheit, in der vollen menschlichen Ungewißheit, hier findet nun auch, wo sie stattfindet, die Einsicht statt in die Übereinstimmung unseres Tuns mit dem Willen Gottes. Wir können nicht an sich wissen, was gut und böse ist. Wir können es uns aber im Glauben sagen und gesagt sein lassen. Als Augenblick des Glaubens kann der Augenblick meiner Entscheidung der Augenblick göttlicher Klarheit sein, in dem ich nicht nur – Gott sagt es – das Gebot erfülle, sondern auch bei aller ernsten Anerkennung der mich von allen Seiten bedrängenden Fragen *weiß,* daß ich es erfülle, weiß gegen alles mein Wissen um die Schwere jener Fragen und um die Relativität der Antworten, die ich darauf zu geben vermag, nämlich weiß in der Teilnahme an der Selbstgewißheit Gottes, welche Teilnahme nicht mein Werk, sondern das Werk des Wortes und Geistes des Vaters in mir ist, die erkenntnistheoretisch zu begründen ich also weislich unterlassen werde, die ich meinerseits nur dadurch beweisen kann, daß ich durch sie erleuchtet, faktisch in diesem Augenblick als dem Augenblick des Glaubens innerlich erhobenen Hauptes vor Gott tue, was ich tue.|

Indem ich glaube, ist mir ja gesagt und lasse ich mir sagen, daß mein Schöpfer mir gnädig ist, daß er es mit mir hält – ich weiß wirklich nicht warum, aber er sagt es mir, und daran halte ich mich – daß ich ihm also (in vorweggenommener Beantwortung aller Fragen, die ich an mich gestellt sehe) so wie ich bin, recht bin, ihm wohlgefalle. Gewiß vernehme ich im Glauben auch mein Urteil, aber wie dieses Urteil auch laute, ich würde es ja nicht im Glauben vernehmen, wenn ich nicht zugleich und vor Allem vernähme, daß Übereinstimmung, Frieden, Entsprechung besteht zwischen meinem und seinem Willen, daß kein Mysterium iniquitatis, das durch den Glauben freilich auch aufgedeckt ist in mir, verwehren kann, daß meine Existenz Ja und nicht Nein bedeutet vor Gott, daß ich, die ganze Problematik meines Tuns eingerechnet und durchschaut, Gottes Gebot halte und erfülle. Was ich im Glauben tue, das ist nicht Sünde, das ist das Gute, und wenn – wir reden vom extremsten Fall, um ganz deutlich zu sein – alle Wahrscheinlichkeit nach meinem Urteil und dem aller Anderen dagegen spräche. Im Glauben lebe ich, wie Gott das Leben gelebt haben will, stehe ich in meinem Beruf, stehe ich unter Gottes Ordnung. Es wäre verbrecherisch, das zu sagen anders als eben im Blick auf die Wirklichkeit des Glaubens, die schlechterdings darin besteht, daß mir dies gesagt ist und ich es mir habe sagen lassen von Gott, der alles weiß, der mich besser kennt, als ich mich selbst kenne! Im Blick auf diese Wirklichkeit muß das gesagt werden!|

In der Wirklichkeit des Glaubens steht der Schöpfer des Lebens selber dafür ein, daß mein Tun das Rechte ist. Im Glauben darf ich nicht nur, sondern muß ich so handeln, wie ich handle. Zweifeln in bezug auf mein Handeln hieße jetzt an Gott selbst zweifeln. Nach dem Urteil einer anderen Instanz fragen hieße jetzt Gott nicht Gott sein lassen. Unfroh statt frisch zu tun, was ich tue, hieße jetzt, an Gottes Stelle doch wieder das Schicksal oder einen Dämon vermuten. Ich würde dann *nicht* glauben, vom Glauben wieder abfallen, und als Werk des Unglaubens wäre mein Werk, dasselbe Werk, und wenn es nach meinem eigenen Urteil und dem aller Anderen das vollkommenste Werk wäre, Sünde, Übertretung, Frevel. Als Werk des Glaubens kann es nur gutes Werk sein. Keine Fragwürdigkeit, kein Bedenken, keine Anklage von innen oder außen kann und darf mich dann stören, kann und darf mir dann die Klarheit nehmen: gutes, Gott wohlgefälliges Werk. Wie dasselbe Werk als Werk des Unglaubens zweifellos in seiner Totalität *kein* gutes Werk wäre. Gutes Werk, nicht auf Grund irgendeiner Eigenschaft, die ich ihm gegeben, gut auch nicht darum, weil ich so innig oder kühn dabei geglaubt habe, sondern gut kraft dessen, was Gott dazu sagt durch sein Wort in seinem heiligen Geist, der Vater, der der «Vater aller Güte»[5] ist, oberste und letzte Instanz, der, indem ich glaube, gesprochen, und zwar endgültig gesprochen hat. |

Im Glauben *bin* ich gerecht, gerecht dem Gebote des Schöpfergottes, nicht gerecht geworden, aber gerecht gesprochen durch dasselbe Wort, durch das ich geschaffen bin und das die Wahrheit dieses meines Augenblickes ist, auch wenn ich selbst und die ganze Welt es nicht fassen könnten, und wie sollten sie es je fassen? «Macht aber diese Lehre nicht sorglose und verruchte Leute?» könnten wir jetzt mit Fr. 64 des Heidelberger Katechismus fragen. Wir antworten auf diese sehr wohl aufzuwerfende Kontrollfrage in drei Punkten, indem wir uns zugleich das Wesen dieses rechtfertigenden Glaubens, soweit es in diesem Zusammenhang möglich und nötig ist, noch einmal vor Augen zu stellen suchen.

1. Auch diese letzte und höchste Bestimmtheit unseres Tuns, sofern es bestimmt sein soll durch die uns widerfahrende göttliche Inanspruchnahme, bedeutet, indem wir sie feststellen, eine an uns gerichtete *Frage*. Wird denn der Augenblick unserer Entscheidung, dem wir entgegengehen, wirklich der Augenblick unseres Glaubens sein? Dieses Zukünftige ist uns offenbar schon als Zukünftiges nicht in die Hand gegeben, daß wir damit einschlafen könnten wie die törichten Jungfrauen mit ihren brennenden Ampeln [vgl. Mt. 25,1–13]. Auch damit nicht – und das scheint ja eben dies Gleichnis sagen zu wollen –, daß wir vielleicht jetzt in der Gegenwart, im Augenblick der Zurüstung auf die Entscheidung des nächsten [Augenblicks], im Glauben *stehen* sollten. Glaube wird auch in diesem nächsten Augenblick ganz neu ein Sprung, ein Trauen und Wagen sein, und zwar ein solches Trauen und Wa-

---

[5] Vgl. J. J. Schütz (1640–1690), *Sei Lob und Ehr dem höchsten Gut, dem Vater aller Güte* (1675), EKG 233, Schweiz. Kirchengesangbuch 49.

gen, bei dem wir ganz darauf verzichten müssen, uns selbst zu verstehen und recht geben zu können, ein Loslassen aller, aber auch aller Stützen auf das hin, was uns gesagt werden wird und was wir uns sagen zu lassen haben werden. Wer da weiß, wie schrecklich es ist, glauben zu müssen und nur noch glauben zu können, im Glauben seine einzige Rettung suchen zu müssen in Gottes Gericht, der wird es wohl unterlassen, mit dieser Wirklichkeit zu rechnen als mit einer bequemen Möglichkeit, nach der man nur zu greifen brauchte, um aller Sorgen in bezug auf die große Frage: «Quid sum miser tunc dicturus?»[6] quitt und ledig zu sein. Ja, «quid sum miser tunc dicturus?», wenn es im entscheidenden Augenblick auf den Glauben ankommen wird? Die wirklich «sorglosen und verruchten Leute» werden sich mit *diesem* Aspekt jedenfalls nicht beruhigen. Der wüßte nicht einmal anthropologisch, was Glaube ist, der nicht wüßte, daß er das schwerste und grimmigste Ausharren in der Anfechtung bedeutet. Und wer das weiß, der wird sich sein Gefragtsein auf keinen Fall damit leicht machen, daß er sich gemächlich vornimmt, zu glauben, und also sich sagen zu lassen, daß er trotz Allem ein leidlich guter Mensch sei. Im Gegenteil, das bedeutet ja die Spitze und den Kern aller an uns gerichteten Fragen, daß wir gefragt sind, ob wir das, was wir tun werden, denn auch im Glauben tun werden, und ob wir wissen, daß es ohne Glauben getan, Sünde wäre [vgl. Röm. 14,23], und wenn es dem Tun Christi selbst in allen anderen Punkten ähnlich wäre.

2. Die Glaubensfrage ist nicht eine neben anderen, sondern die absolute Frage mit dem Hinweis auf die absolute Antwort. Sie ist *die* ethische Frage, die Frage nach unserem Handeln selbst, nach der Erfüllung des Gebotes in concretissimo. Eben darum sind neben ihr alle anderen Fragen *relativ*. Aber noch einmal ist einzuschärfen: Relativität heißt Relation, und Relation heißt Beziehung. Das also kann die Relativierung aller anderen Fragen

[6] Aus der Sequenz *Dies irae, dies illa* der 1. Messe am Sonntag Allerseelen. Vgl. *Das Vollständige Römische Meßbuch,* lat. u. deutsch, hrsg. von A. Schott OSB, Freiburg, Basel, Wien 1963, S. [200f.].

durch diese Frage nicht bedeuten, daß sie sie auswischte, daß das Gesetz aufgehoben wäre durch den Glauben. Nicht nur, daß der Glaube selber Gesetz ist, daß wir also zuletzt und zuhöchst von einer Glaubensfrage reden müssen. Sondern: gerade indem es im Glauben darum geht, daß unser Werk von Gott als gutes Werk erfunden werde, sind mit dem Gestelltsein dieser Frage die anderen Fragen auf der ganzen Linie als Fragen erst recht lebendig geworden. Wäre uns nicht zuhöchst und zuletzt die Glaubensfrage, d. h. aber die Gottesfrage, gestellt, dann, dann könnten wir die ethische Problematik sehr wohl als ein intellektualistisches Sich-Skrupelmachen, auf das sich ein gesunder tüchtiger Mensch am besten so wenig wie möglich einlasse, auf die Seite schieben und, «sorglos und verrucht» handelnd, dem lieben Gott und den Ethikern überlassen. Darum *brennen* doch alle diese Fragen, weil die Glaubens- und Gottesfrage als die in ihnen allen entscheidende, aber auch sie alle begründende Frage hinter ihnen steht. Der würde eben nicht glauben, der nicht in härtester Angefochtenheit glaubte. Der würde sich also auch nicht auf die Glaubensfrage besinnen, der nicht eben darum auf der ganzen Linie in der Besinnung stünde. Dem Augenblick der Entscheidung als dem Augenblick des Glaubens entgegengehen, kann gar nicht heißen, fliehen vor dem Abgrund, den das Gebot Gottes in seinen Relationen vor unseren Füßen aufreißt. Am Rande dieses Abgrundes und nicht anderswo gibt es Bereitschaft für den Glauben, den der kommende Tag von uns fordern wird, wenn er der Tag unseres Bestehens im Gericht sein soll.

3. Die Möglichkeit, «sorglos und verrucht» an die rettende Möglichkeit des Glaubens zu denken, ist damit hermetisch ausgeschlossen, daß wir über das theologische Wesen des Glaubens, über das Zur-Stelle-Sein Gottes mit seinem Wort und seinem Geist keine Verfügung haben. Weder unsere Glaubensinnigkeit noch unser Glaubensmut, weder unser Verneinen aller unserer eigenen Möglichkeiten noch unser Bejahen der Möglichkeiten Gottes gibt uns auch nur im geringsten eine Garantie dagegen, daß unser Glaube nicht doch im entscheidenden Augenblick eine leere

opinio, eine bloße Meinung oder Überzeugung, sein könnte, gibt uns irgendeinen Griff auf das Werk Gottes, kraft dessen es wahr ist, daß unser Werk gutes Werk ist. Denn eben, daß der Glaube Gottes Werk ist, das opus ad extra der heiligen Dreieinigkeit, dies sein theologisches Wesen macht unser im Glauben getanes Werk zum guten Werk. Was bleibt uns also übrig, wenn wir wissen, daß die Glaubensfrage die entscheidende Frage ist, als betende Hände zu diesem Dreieinigen Gott zu erheben? Und was könnte diese Haltung, die schließlich gar keine Haltung ist, sondern die tiefe Not des Menschen, der sich ohne die Barmherzigkeit Gottes verloren weiß, was könnte sie etwa mit «sorglosem und verruchtem» Leichtsinn in bezug auf die Zukunft zu tun haben?

Wir haben also auch hier, am vorläufig letzten Punkt unseres Weges, keine Antwort gehört, die nicht als solche fruchtbarste und umfassendste Frage – ethische Frage wäre. Aber wir haben eine Antwort gehört.